浙江文化研究工程成果文库

姜云飞 著

戴望舒年谱

浙江大学出版社
ZHEJIANG UNIVERSITY PRESS
·杭
州

图书在版编目(CIP)数据

戴望舒年谱 / 姜云飞著 . —杭州:浙江大学出版社,2024.4
(浙江现代文学名家年谱 / 洪治纲主编)
ISBN 978-7-308-24871-6

Ⅰ.①戴⋯ Ⅱ.①姜⋯ Ⅲ.①戴望舒(1905-1950)—年谱 Ⅳ.①K825.6

中国国家版本馆 CIP 数据核字(2024)第 081689 号

戴望舒年谱

姜云飞　著

责任编辑	胡　畔
责任校对	赵　静
封面设计	周　灵
出版发行	浙江大学出版社
	(杭州市天目山路 148 号　邮政编码 310007)
	(网址:http://www.zjupress.com)
排　版	浙江大千时代文化传媒有限公司
印　刷	杭州宏雅印刷有限公司
开　本	880mm×1230mm　1/32
印　张	15.375
字　数	380 千
版 印 次	2024 年 4 月第 1 版　2024 年 4 月第 1 次印刷
书　号	ISBN 978-7-308-24871-6
定　价	108.00 元

浙江省文化研究工程指导委员会

浙江现代文学名家年谱
编纂委员会

浙江文化研究工程成果文库总序

有人将文化比作一条来自老祖宗而又流向未来的河,这是说文化的传统,通过纵向传承和横向传递,生生不息地影响和引领着人们的生存与发展;有人说文化是人类的思想、智慧、信仰、情感和生活的载体、方式和方法,这是将文化作为人们代代相传的生活方式的整体。我们说,文化为群体生活提供规范、方式与环境,文化通过传承为社会进步发挥基础作用,文化会促进或制约经济乃至整个社会的发展。文化的力量,已经深深熔铸在民族的生命力、创造力和凝聚力之中。

在人类文化演化的进程中,各种文化都在其内部生成众多的元素、层次与类型,由此决定了文化的多样性与复杂性。

中国文化的博大精深,来源于其内部生成的多姿多彩;中国文化的历久弥新,取决于其变迁过程中各种元素、层次、类型在内容和结构上通过碰撞、解构、融合而产生的革故鼎新的强大动力。

中国土地广袤、疆域辽阔,不同区域间因自然环境、经济环境、社会环境等诸多方面的差异,建构了不同的区域文化。区域文化如同百川归海,共同汇聚成中国文化的大传统,这种大传统如同春风化雨,渗透于各种区域文化之中。在这个过程中,区域文化如同清溪山泉潺潺不息,在中国文化的共同价值取向下,以自己的独特个性支撑着、引领着本地经济社会的发展。

从区域文化入手,对一地文化的历史与现状展开全面、系统、扎实、有序的研究,一方面可以藉此梳理和弘扬当地的历史传统和文化资源,繁荣和丰富当代的先进文化建设活动,规划和指导未来的文化发展蓝图,增强文化软实力,为全面建设小康社会、加快推进社会主义现代化提供思想保证、精神动力、智力支持和舆论力量;另一方面,这也是深入了解中国文化、研究中国文化、发展中国文化、创新中国文化的重要途径之一。如今,区域文化研究日益受到各地重视,成为我国文化研究走向深入的一个重要标志。我们今天实施浙江文化研究工程,其目的和意义也在于此。

千百年来,浙江人民积淀和传承了一个底蕴深厚的文化传统。这种文化传统的独特性,正在于它令人惊叹的富于创造力的智慧和力量。

浙江文化中富于创造力的基因,早早地出现在其历史的源头。在浙江新石器时代最为著名的跨湖桥、河姆渡、马家浜和良渚的考古文化中,浙江先民们都以不同凡响的作为,在中华民族的文明之源留下了创造和进步的印记。

浙江人民在与时俱进的历史轨迹上一路走来,秉承富于创造力的文化传统,这深深地融汇在一代代浙江人民的血液中,体现在浙江人民的行为上,也在浙江历史上众多杰出人物身上得到充分展示。从大禹的因势利导、敬业治水,到勾践的卧薪尝胆、励精图治;从钱氏的保境安民、纳土归宋,到胡则的为官一任、造福一方;从岳飞、于谦的精忠报国、清白一生,到方孝孺、张苍水的刚正不阿、以身殉国;从沈括的博学多识、精研深究,到竺可桢的科学救国、求是一生;无论是陈亮、叶适的经世致用,还是黄宗羲的工商皆本;无论是王充、王阳明的批判、自觉,还是龚自珍、蔡元培的开明、开放,等等,都展示了浙江深厚的文化底蕴,凝聚了浙江人民求真务实的创造精神。

代代相传的文化创造的作为和精神,从观念、态度、行为方式和价值取向上,孕育、形成和发展了渊源有自的浙江地域文化传统和与时俱进的浙江文化精神,她滋育着浙江的生命力、催生着浙江的凝聚力、激发着浙江的创造力、培植着浙江的竞争力,激励着浙江人民永不自满、永不停息,在各个不同的历史时期不断地超越自我、创业奋进。

悠久深厚、意韵丰富的浙江文化传统,是历史赐予我们的宝贵财富,也是我们开拓未来的丰富资源和不竭动力。党的十六大以来推进浙江新发展的实践,使我们越来越深刻地认识到,与国家实施改革开放大政方针相伴随的浙江经济社会持续快速健康发展的深层原因,就在于浙江深厚的文化底蕴和文化传统与当今时代精神的有机结合,就在于发展先进生产力与发展先进文化的有机结合。今后一个时期浙江能否在全面建设小康社会、加快社会主义现代化建设进程中继续走在前列,很大程度上取决于我们对文化力量的深刻认识、对发展先进文化的高度自觉和对加快建设文化大省的工作力度。我们应该看到,文化的力量最终可以转化为物质的力量,文化的软实力最终可以转化为经济的硬实力。文化要素是综合竞争力的核心要素,文化资源是经济社会发展的重要资源,文化素质是领导者和劳动者的首要素质。因此,研究浙江文化的历史与现状,增强文化软实力,为浙江的现代化建设服务,是浙江人民的共同事业,也是浙江各级党委、政府的重要使命和责任。

2005年7月召开的中共浙江省委十一届八次全会,作出《关于加快建设文化大省的决定》,提出要从增强先进文化凝聚力、解放和发展生产力、增强社会公共服务能力入手,大力实施文明素质工程、文化精品工程、文化研究工程、文化保护工程、文化产业促进工程、文化阵地工程、文化传播工程、文化人才工程等"八项工程",实施科教兴国和人才强国战略,加快建设教育、科技、卫生、体育等"四个强省"。作为文化建设"八项工程"之一的文化研究工程,其任务就是系统研究浙江文化的历史成就和当代发展,深入挖掘浙江文化底蕴、研究浙江现象、总结浙江经验、指导浙江未来的发展。

浙江文化研究工程将重点研究"今、古、人、文"四个方面,即围绕浙江当代发展问题研究、浙江历史文化专题研究、浙江名人研究、浙江历史文献整理四大板块,开展系统研究,出版系列丛书。在研究内容上,深入挖掘浙江文化底蕴,系统梳理和分析浙江历史文化的内部结构、变化规律和地域特色,坚持和发展浙江精神;研究浙江文化与其他地域文化的异同,厘清浙江文化在中国文化中的地位和相互影响的关系;围绕浙江生动的当代实践,深入解读浙江现象,总结浙江经验,指导浙江发展。在研究力量上,通过课题组织、出版资助、重点研究基地建设、加强省内外大院名校合作、整合各地各部门力量等途径,形成上下联动、学界互动的整体合力。在成果运用上,注重研究成果的学术价值和应用价值,充分发挥其认识世界、传承文明、创新理论、咨政育人、服务社会的重要作用。

我们希望通过实施浙江文化研究工程,努力用浙江历史教育浙江人民、用浙江文化熏陶浙江人民、用浙江精神鼓舞浙江人民、用浙江经验引领浙江人民,进一步激发浙江人民的无穷智慧和伟大创造能力,推动浙江实现又快又好发展。

今天,我们踏着来自历史的河流,受着一方百姓的期许,理应负起使命,至诚奉献,让我们的文化绵延不绝,让我们的创造生生不息。

2006 年 5 月 30 日于杭州

浙江文化研究工程成果文库序言

易炼红

国风浩荡、文脉不绝，钱江潮涌、奔腾不息。浙江是中国古代文明的发祥地之一、是中国革命红船启航的地方。从万年上山、五千年良渚到千年宋韵、百年红船，历史文化的风骨神韵、革命精神的刚健激越与现代文明的繁荣兴盛，在这里交相辉映、融为一体，浙江成为了揭示中华文明起源的"一把钥匙"，展现伟大民族精神的"一方重镇"。

习近平总书记在浙江工作期间作出"八八战略"这一省域发展全面规划和顶层设计，把加快建设文化大省作为"八八战略"的重要内容，亲自推动实施文化建设"八项工程"，构筑起了浙江文化建设的"四梁八柱"，推动浙江从文化大省向文化强省跨越发展，率先找到了一条放大人文优势、推进省域现代化先行的科学路径。习近平总书记还亲自倡导设立"文化研究工程"并担任指导委员会主任，亲自定方向、出题目、提要求、作总序，彰显了深沉的文化情怀和强烈的历史担当。这些年来，浙江始终牢记习近平总书记殷殷嘱托，以守护"文献大邦"、赓续文化根脉的高度自觉，持续推进浙江文化研究工程，接续描绘更加雄浑壮阔、精美绝伦的浙江文化画卷。坚持激发精神动力，围绕"今、古、人、文"四大板块，系统梳理浙江历史的传承脉络，挖掘浙江文化的深厚底蕴，研究浙江现象、总结浙江经验、丰富浙江精神，实施"'八八战略'理论与实践研究"等专题，为浙江干在实处、走在前列、勇立潮头提供源源不断的价值引导力、文化凝聚力、精神推动力。坚持打造精品力作,目前一期、二期工程已经完结,三期工程正在进行中,出版学术著作超过1700部,推出了"中国历代绘画大系"等一大批有重大影响的成果,持续擦亮阳明文化、和合文化、宋韵文化等金名片,丰富了中华文化宝库。坚持砥炼精兵强将,锻造了一支老中青梯次配备、传承有序、学养深厚的哲学社会科学人才队伍,培养了一批高水平学科带头人,为擦亮新时代浙江学术品牌提供了坚实智力人才支撑。

文化是民族的灵魂,是维系国家统一和民族团结的精神纽带,是民族生命力、创造力和凝聚力的集中体现。在以中国式现代化全面推进强国建设、民族复兴伟业的新征程上,习近平文化思想在坚持"两个结合"中,以"体用贯通、明体达用"的鲜明特质,茹古涵今明大道、博大精深言大义、萃菁取华集大成,鲜明提出我们党在新时代新的文化使命,推动中华文脉绵延繁盛、中华文明历久弥新,推动全党全国各族人民文化自信明显增强、精神面貌更加奋发昂扬。特别是今年9月,习近平总书记亲临浙江考察,赋予我们"中国式现代化的先行者"的新定位和"奋力谱写中国式现代化浙江新篇章"的新使命,提出"在建设中华民族现代文明上积极探索"的重要要求,进一步明确了浙江文化建设的时代方位和发展定位。

文明薪火在我们手中传承,自信力量在我们心中升腾。纵深推进文化研究工程,持续打造一批反映时代特征、体现浙江特色的精品佳作和扛鼎力作,是浙江学习贯彻习近平文化思想和习近平总书记考察浙江重要讲话精神的题中之义,也是浙江一张蓝图绘到底、积极探索闯新路、守正创新强担当的具体行动。我们将在加快建设高水平文化强省、奋力打造新时代文化高地中,以文化研究工程为牵引抓手,深耕浙江文化沃土、厚植浙江创新活力,为创造属于我们这个时代的新文化贡献浙江力量。要在循迹溯源中打造铸魂工程,充分发挥习近平新时代中国特色社会主义思想重要萌发地的资源优势,深入研究阐释"八八战略"的理论意义、实践意义和时代价值,助力夯实坚定拥护"两个确立"、坚决做到"两个维护"的思想根基。要在赓续厚积中打造传世工程,深入系统梳理浙江文脉的历史渊源、发展脉络和基本走向,扎实做好保护传承利用工作,持续推动优秀传统文化创造性转化、创新性发展,让悠久深厚的文化传统、源头活水畅流于当代浙江文化建设实践。要在开放融通中打造品牌工程,进一步凝炼提升"浙学"品牌,放大杭州亚运会亚残运会、世界互联网大会乌镇峰会、良渚论坛等溢出效应,以更有影响力感染力传播力的文化标识,展示"诗画江南、活力浙江"的独特韵味和万千气象。要在引领风尚中打造育德工程,秉持浙江文化精神中蕴含的澄怀观道、现实关切的审美情操,加快培育现代文明素养,让阳光的、美好的、高尚的思想和行为在浙江大地化风成俗、蔚然成风。

我们坚信,文化研究工程的纵深推进,必将更好传承悠久深厚、意蕴丰富的浙江文化传统,进一步弘扬特色鲜明、与时俱进的浙江文化精神,不断滋育浙江的生命力、催生浙江的凝聚力、激发浙江的创造力、培植浙江的竞争力,真正让文化成为中国式现代化浙江新篇章中最富魅力、最吸引人、最具辨识度的闪亮标识,在铸就社会主义文化新辉煌中展现浙江担当,为建设中华民族现代文明作出浙江贡献!

2023年12月

凡　例

一、本丛书之谱主均系公认的浙籍作家。其主要标识为出生于浙江,或童年、少年时期在浙江度过,或长期与浙江保持密切联系,其家世影响、成长经历、文学素养的形成,受到浙江地域文化的浸染,其文学观念、文学创作留有鲜明的浙江文化印记。浙江"身份"尚存争议的作家,暂不列入。

二、本丛书之谱主的主要文学成就,均在"中国现当代文学"时期(包括 1949 年以前的"现代"期和中华人民共和国成立后的"当代"期)产生过广泛影响的各种文学创作、文学活动及其他相关文化活动。其他历史时段与谱主相关的活动,从略记述。

三、每位谱主之年谱为一册,以呈现谱主之文学创作、文艺思想、文学组织、文学编辑等成就为重点,相关背景呈示多侧重其与文学的关联性;年谱亦涉及谱主在中国革命史、思想史、文化史上的成就与贡献,充分展示谱主在建构我国 20 世纪新文化中的特殊贡献。

四、每部年谱共由三部分组成。第一部分为家世简表、谱主照片等有关材料;第二部分为年谱正文和少量插图,图片配发在正文相应部位,以便文图互证;第三部分为谱主的后世影响,主要包括正文未及的谱主身份、价值的确切定位及相关悼念、纪念活动,以及谱主的全集出版、著作外译、谱主研究会的成立、重要研究成果等,均予以择要展示。文后附参考文献。

五、年谱使用规范的现代语体文。直接引用资料采用原文文体;人名、地名、书名、文章篇名及引录的原著繁体字或异体字文句,凡可能引起歧义、误解者,仍用原繁体字或异体字。

六、年谱以公历年份作为一级标题,括号内标注农历年份。谱主岁数以"周岁"表述,出生当年不标岁数,只标为是年"出生"。为便于阅读,按通行出版惯例,年、月、日及岁数均采用阿拉伯数字。

七、年谱在一级标题下,以条目形式列出本年度与谱主的文学(文化)活动密切相关、对谱主产生重要影响的若干条"年度大事记"。

八、年谱以公历月份作为二级标题。在二级标题之下,以日期标识谱主相关信息。所有日期均为公历;若农历涉及跨年度等特殊情况,则换算为公历将所述内容置于相应年份,以利于读者识别。

九、年谱中部分具体日期不明的重要信息,均置于当月最后位置,以"本月 ……"说明之;若有关信息只能确定在"春季""夏季"之类时间段内,则置于本季度末,以"春 ……""夏 ……"等加以说明;若有关信息只能确定在本年度的,则亦置于本年度末,以"本年 ……"进行表述。

十、中华人民共和国成立前国家、民族、地名、组织、机构、职官等名称,除明显带有歧视、污蔑含义者须加以适当处理外,原则上仍用文献记载的原名称。

十一、鉴于资料来源多元和考证繁杂,年谱中若观点出现有待考证或诸说并存的,借助"按……"的形式,简要表述编撰者的考辨,或者以注释形式加以说明。

十二、凡有补充、评述等特别需要说明的内容,皆以注释形式说明。对以往诸家有关谱主传记文字的误记之处,在录入史实后,均用注释的方式予以纠正。

十三、年谱正文原则上不特别标识信息来源;若确需说明的,则以分门别类的方式,在正文表述中进行适当处理。

十四、年谱注释从简。确需注释的,统一采用当页脚注。发表报刊一般不注,用适当方式通过正文直接表述;其中,民国时期报刊之"期""号"等,原则上依照原刊之表述。

十五、因时代关系,部分历史文献之标点符号不甚规范,录入时已根据现时标点符号规范标点。以往相关书籍史料中收录的谱主文献,不同版本在部分文献上有不同的断句,本年谱所录之文系在比对各种资料后基于文意定之。

十六、谱主已知的全部著述,均标注初刊处、写作日期、初收何集、著述体裁(如小说、散文、漫画、艺术论述、童话、诗词、评论、译文、书信、日记、序跋等)。若谱主著译版本繁多,一般仅录入初版本。若该作品有多处重刊、转载或收入作品集,则在正文中进行说明,以表明作品的重要性和社会影响。未曾发表的作品注明现有手稿及作品的现存之处。

十七、谱主的主要社会评价,既反映正面性评价,也反映批评性评价,以体现存真的目的,尽可能体现年谱对谱主的全面评价意义。有代表性的评价文字,节录原文以存真。社会评价文字根据原文发表时间,放在相应的正文中表述;若无法确定时间,则放在相应的月份末尾或年份末尾予以恰当叙述。

十八、年谱若遇历史文献中无法辨认之字,则用"□"表示。

十九、年谱中有关谱主的后世影响,根据不同谱主状况,依照类别和时间顺序,在谱后进行详略有别的叙述。

《浙江现代文学名家年谱》编纂委员会

2020 年 8 月

家 世 简 表

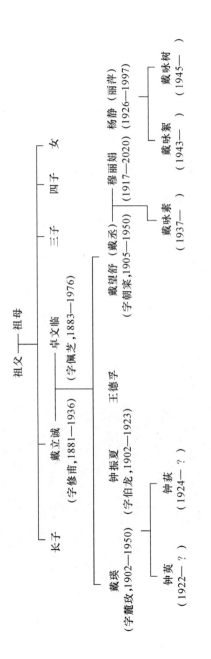

戴望舒

戴望舒、杨静和三个女儿，1941年1月于香港①

---

① 祖父母名字、生卒年不详。父亲戴立诚（1881—1936），字修甫；母亲卓文临（1883—1976），字佩芝。姐姐戴瑛（1902—1950），字蕙玫，小名阿宝。第一任妻子穆丽娟（1917—2020），浙江慈溪人，著名作家穆时英之妹。1936年与戴望舒结婚，1943年离婚。育有长女戴咏素，1937年生。1960年从北京电影学院表演系毕业后从事演员工作，1972年夏调广州珠江电影制片厂任编辑至退休，后返沪居住。

第二任妻子杨静（丽萍）（1926—1997），1943年与戴望舒结婚，1949年离婚。育有二女，分别是戴望舒次女戴咏絮与三女戴咏树。次女戴咏絮，1943年出生。毕业于北京外国语学院俄语系，分配到张家口从事英语教学工作，后调北京中等教育出版社任编辑至退休。三女戴咏树，1945年出生。曾就读于北京舞蹈学校，后为自由职业者。参戴咏素（执笔）、戴咏絮、戴咏树：《忆父亲——纪念戴望舒诞辰一百周年》，《诗刊》2005年第21期。

目　录

1905年(乙巳,清光绪三十一年) 出生

▲8月,中国同盟会在日本东京成立。

▲9月,清廷下诏废止延续了1300年的科举制,开始推广学堂。

▲11月,中国同盟会机关报《民报》在日本东京创刊,孙中山在发刊词中提出"三民主义"。

▲本年,杭州宗文义塾顺应"兴新学"潮流,自改"杭州宗文学堂",聘请清光绪二年举人朱煜为学监、堂长。

10月5日 农历九月初七,诞生于杭州,生肖蛇。取名朝寀,字丞,小名海山,笔名戴望舒。①

祖父为南京祖洪成谷村(音)人,因与人合伙经营织丝工场,迁居杭州,生四子一女。逝后家业由长子经营。

父戴立诚(1881—1936),字修甫,生于1881年农历二月十五日,卒于1936年6月初,排行居二。少时随姑母到天津读书,中学毕业后在京奉铁路北戴河车站任电报员。辛亥革命后辞职南归,在杭州财政局任职员,后又调入杭州中国银行供职至退休。戴修甫有哮喘病,女儿戴瑛和儿子戴望舒都有遗传。

戴修甫性格开朗,喜欢养花弄鸟,琢磨专精,所种的兰草皆

---

① 戴望舒曾用过许多笔名:戴梦鸥、梦鸥生、信芳、郎芳、江思、补血针、周彦、艾昂甫、吕安瑟、屠思、莳甘、苗秀、方仁、庄重、戴月、冼适、佩华、易应、亚巴加、唐苔、孙诚、常娥、陈御月、月、艺圃、陈艺圃、白衔、张白衔、张白简、吴家明、杜万、江文生、江湖、文生、达士、尧若、林泉居、林泉居士、易鱼等,以戴望舒行世。

1

是精品,所养的画眉、百灵也婉转善鸣。他爱好书法,中学时代还曾得过奖。王文彬教授收集有一份戴修甫乙亥年(1935年)的日记残页复印件,竖行行书,笔法劲逸圆润,流畅雅致,确实有一定的功力。他性格宽厚,为人热心,亲家、女婿生大病,请医问药都亲自随侍,除女婿因时疫伤寒未能治好外,其他人都在他的悉心护理下痊愈。他是中国银行老员工,为人活络,常给亲友介绍工作,不仅重情谊也不失风趣。中年发胖后,照过一张相片,身披玄色袈裟,袒胸露腹,手捏佛珠,表明自己像乐善好施、笑口常开的弥勒佛[①]。在戴望舒18岁时发表的《我之家庭》中,描写父亲是"一位很通达,知世故,善交际,有学问的父亲。他曾只身行白山黑水,大江南北间。他也到过俄罗斯等地。洞悉世故人情,常常拿话来教训我。他是个极豪爽的人。茶余烟歇,往往讲讲当年豪气和奇闻奇迹给我听"[②]。在40年后于香港所写的《父与子》中,戴望舒作为一个5岁女儿的父亲,回忆自己作为孩子的感受时仍说,"父亲给我的印象,始终是严厉的可怕"[③]。

母卓文临(1883—1976),字佩芝,生于1883年农历七月初,卒于1976年2月12日。祖籍浙江塘栖。祖父做过官,有"卓半城"之称,到父辈家道中落。兄弟姐妹8人,排行居四。7岁母亲去世,父亲续弦后,生活艰难,常缺衣少食。14岁时父亲和继母要迁居浙东,她不愿跟随,哭求大姐向父亲求情留下,由大姐安排到尼庵暂住。1901年由媒婆介绍嫁给戴修甫,育有一女一子。卓佩芝较为严厉,时有打骂孩子的情况发生。童年的望舒很黏姐姐,有一次戴瑛跟表兄约会,少不更事的他一定要跟去,曾被

---

① 钟萸:《我的回忆》(手稿)。
② 戴望舒:《我之家庭》,载《妇女旬刊》第4号,1923年1月。
③ 戴望舒:《父与子》,《香岛日报·日曜文艺》6号,1945年8月6日。

父亲戴修甫 20 世纪 30 年　　　　母亲卓佩芝 20 世纪 60 年代在上海
代于杭州

姐姐戴瑛 20 世纪 20 年代于北平

母亲把头蒙在被子里,打到小肠岔气①。但在 18 岁望舒的笔下,却写母亲"爱惜我到万分","伊对长辈以敬,对同辈以和。总之,

————————————

① 钟萸:《我的回忆》(手稿)。

3

伊可以做妇女的模范"。①可见他对理想家庭的向往。②

姐姐戴瑛(1903—1950),字麓玫,小名阿宝,生于 1903 年农历正月二十,卒于 1950 年 11 月 1 日。杭州弘道女中毕业。原配钟姓表兄钟振夏(字伯龙,1902—1923),夫早逝,育有两女,长女钟萸在外婆家长大,与舅舅戴望舒关系尤其密切。戴瑛曾与望舒在上海大学的同学孔另境(令俊)同居,后与日本留学归来的王德孚结婚。

关于戴望舒的出生日期众说纷纭③,各种传记资料中至少有四种说法:1905 年 3 月 5 日、10 月 5 日、11 月 5 日(农历九月七日),1906 年 10 月 18 日(农历九月一日)。仅王文彬的四个研究成果中出现的戴望舒出生日期就前后有三种说法,不过均未给出说明依据。

---

① 戴望舒:《我之家庭》,载《妇女旬刊》1923 年 1 月第 4 号。这是戴望舒唯一一篇自述家世的文章。

② 钟萸 2004 年 3 月 5 日致王文彬教授的信里说:"《我之家庭》还是一篇小说,不能作纪实来看。"

③ 关于戴望舒的出生日期的各种说法:1.阙国虬在《福建师大学报》1982 年第 2 期上的《戴望舒著译年表》中指出戴望舒的出生年月是:"一九〇五年 一岁。10 月 5 日出生";2.1987 年郑择魁、王文彬的《戴望舒评传》里是"1905 年 3 月 5 日";3.1995 年王文彬的《戴望舒与穆丽娟》一书中,说戴望舒生于"1905 年 11 月 5 日";4.2005 年王文彬发表在《新文学史料》上的《戴望舒年表》中,维持"11 月 5 日"说法,但多了"农历九月七日"的补充信息。与收录在 1993 年的《中国现代作家选集·戴望舒》卷中应国靖的《戴望舒年表》中的信息一致。而陈丙莹 1993 年在重庆出版社出版的《戴望舒评传》和刘保昌 2007 年的《戴望舒传》皆取这一说法。北塔 2003 年出版的《雨巷诗人——戴望舒传》和 2020 年修订本《让灯守着我——戴望舒传》中都没有涉及戴望舒具体的出生日期;5.商务印书馆 2006 年版王文彬的《雨巷中走出的诗人——戴望舒传论》中,戴望舒的出生年月又修订为:"1905 年 10 月 5 日(农历九月七日),戴望舒——本书的传主——在杭州的一户平民家中诞生了",同样没有说明修改的依据;6.另还有一说:戴望舒表弟钟韵玉在 1996 年 5 月 19 日致骆寒超先生的信中写的是:望舒"是 1906 年 10 月 18 日阴历九月一日生,肖马"。

戴望舒外甥女、姐姐戴瑛第一次婚姻中与表哥钟振夏（钟韵玉之兄）所生的长女钟萸，写给戴望舒长女戴咏素的信中两次提到"爸爸的生日是阴历九月初七"。而有一封落款无年份只有"10月5日"的信里特别提醒："10月29日阴历九月初七是爸爸83岁生日（虚岁）"，且提到"上个月23日的《新民晚报》上，孔明珠写了一篇'断指的故事'，里面说起的断指，跟爸爸诗里的'断指'，大概是一回事。我小时候一直看到的"。查阅《新民晚报》，孔明珠的这篇文章刊登在1987年9月23日。故钟萸的信应该是1987年10月5日所写的，由此可以推算出1987年"83岁（虚岁）"的戴望舒生日应该是1905年的农历九月初七。另戴咏素、戴咏絮、戴咏树发表在《诗刊》2005年第21期上的《忆父亲——纪念戴望舒诞辰一百周年》里也明确提到："父亲是一九〇五年农历九月初七生人，离今年已有一百年了。"

关于戴望舒的生肖，据钟萸2003年给王文彬教授的信中回忆："外公属马，外婆属猴；母亲属兔，舅舅属蛇，相差两岁。"虽然人的记忆会出差错，农历阳历也容易记混，但中国人的生肖是固定的，且在阳历还没有普遍使用的晚清和民国，人们用生肖和阴历记生日算年龄更常见可靠。而钟萸父亲早逝，母亲戴瑛与孔另境同居，离开杭州后又改嫁王德孚，之后主要由外婆带大，和舅舅关系十分亲密，亲如父女。所以她写给咏素姐妹的信中称呼戴望舒偶尔为"舅舅"或"你爸爸"，大部分时候省略"你"直称"爸爸"。她给戴咏素的信中多次回忆：戴望舒十分疼爱她。早年在杭州家里文友聚会高谈阔论时，会把钟萸"抱在膝头"。跟施绛年恋爱期间还曾带她一起去看电影吃冰激凌。钟萸10岁时戴望舒送给她一套中华书局（或商务印书馆）的礼券，让她买了一大套爱不释手的外国童话，给她创造良好的教育机会培养她。戴望舒从法国回来就只送给她好几样羡煞妹妹的礼物：一个会转眼珠的洋娃娃、一串青绿色的珠子和一把时尚洋绸伞。对于这样一个关系亲密、深挚的亲人，她记忆中关于戴望舒的生肖属蛇应该更接近事实。而钟韵玉曾写信给钟萸说《新民晚报》有编辑让他写写戴望舒，他承认自己与戴望舒只有青少年时期的接触，没什么其他资料，希望钟萸给他提供一些（参钟萸致戴咏素 1986 年 4 月 20 日函），所以他的记忆不如钟萸的确切也属正常，他给骆寒超先生信上所言，极有可能是把戴望舒父亲属马的印象错记到戴望舒身上了。

综上所述，从目前考证的情况来看，基本能够确定戴望舒生肖属蛇，出生在农历"1905 年的九月初七"，查阅万年历，由此确定戴望舒的出生日阳历应该就是 1905 年的 10 月 5 日，阙国虬最早的说法和王文彬 2006 年的《雨巷中走出的诗人——戴望舒传论》中的修订是正确的。

1906 年(丙午,清光绪三十二年)　1 岁

▲1 月,城乡各地一律停止乡试、会试,开始遍设蒙小学堂。
▲6 月,《时报》在上海创刊。
▲9 月,清廷发布"仿行宪政"上谕,宣布预备立宪原则。
▲11 月,吴趼人等在上海创办《月月小说》。

本年　父亲在北戴河车站任电报员,与母亲和姐姐居杭州。

1907年(丁未,清光绪三十三年) 2岁

▲1月,《中国女报》在上海创刊。秋瑾、陈伯平任编辑兼发行人。

▲7月,徐锡麟刺杀安徽巡抚恩铭失败,从容就义;光复会起义失败,秋瑾在绍兴就义。

▲12月,清末立宪运动兴起。

本年 居杭州。父亲从北戴河车站每月寄钱回家,供给家用。虽家境贫寒,但祖母礼数严苛。据钟荑《我的回忆》手稿里说:卓佩芝被要求穿"高低儿"(旗装,鞋底当中有木块),早晚都要向婆婆跪拜请安,怀孕了还要承担大家庭繁重的家务。有一次戴瑛看到大伯家买了一担黄金瓜,也吵着哭着要买很多,母亲说我们怎么好和他们比。戴瑛仍旧哭闹,卓佩芝就打了她几下。婆婆知道后,抓住卓佩芝的头发把她拖到祖宗堂前,让她跪下,一面打,一面骂,甚至把她头上的钗都打断了。直到戴望舒会走路后(3岁),戴修甫才把他们母子三人接到北戴河。

9月 清浙江提学使支恒荣派员在对杭州宗文学堂进行分科考察后,发文立案,允准学校定名为"杭州公立宗文中学堂",朱煜任堂长。

1908 年(戊申,清光绪三十四年)　3 岁

▲2 月,杭州各界在凤林寺召开秋瑾追悼大会,与会 400 余人。革命党人借此秘密商议革命策略。

▲8 月,美国国会通过庚子赔款退还中国案,自 1909 年起接受派遣中国留学生 100 名(第 5 年起改为 50 名)。

▲8 月,清廷颁布了中国历史上第一部宪法性文件《钦定宪法大纲》。

▲11 月,光绪、慈禧相继离世,末代皇帝溥仪即位,年号宣统。

本年　与母亲和姐姐一起被父亲接到北戴河车站生活。由于生活窘迫,卓佩芝给车站几个同仁包饭补贴家用。因忙碌无暇照顾孩子时,常用一根长绳子的两端把俩孩子的手一端一个拴起,扣在箱环上。姐姐戴瑛从小活泼好动有主意,想出点子让望舒尽量靠近箱环,绳子就可延伸到门外,她便可以到门外玩了。望舒很依从姐姐,基本乖乖听话照做,他温顺的性情可见一斑。[①]

这一年望舒害了一场天花,病愈后在脸上留下瘢痕,俗称"麻子",给望舒带来一生无法解脱的苦恼,也成为他的一块心

---

①　钟萸:《我的回忆》(手稿)。

病①。成年后,还曾经问过母亲,"为什么没把我的天花治好?"②据穆丽娟说,母子感情很平淡,望舒既不是孝子也不是逆子。③

1909年(己酉,清宣统元年)　4岁

▲2月,《教育杂志》在上海创刊。

▲3月,周氏兄弟合译的《域外小说集》第一集出版。

▲5月,学部奏准变通初等小学堂章程和中学堂课程。

▲10月,浙江咨议局召开成立大会,议员112人,陈时夏、沈钧儒当选为副议长。

本年　居北戴河车站。受到母亲的文学启蒙。

望舒母亲卓佩芝因家道中落,母亲去世父亲续弦,未曾读

---

① 戴望舒成名后,一些小报常以"麻皮诗人"为噱头,添油加醋渲染他的失恋、离异是因为脸上的这个缺陷。甚至连一些介绍他对文坛贡献的正面文章都免不了俗,用上"大黑麻皮爱情受挫"这样的小标题;更有直接作大标题博眼球的无良消息见诸报端,如因士的《麻皮诗人戴望舒被人检举》(《七日谈》1946年第10期);中学文友张天翼也以望舒的这个生理特点作小说素材,借老同学间的闲聊暗讽他为"麻子"(张天翼:《猪肠子的悲哀》,《北斗》1卷4期,1931年12月);还有诗人纪弦(路易士)几十年后还记得当年上海文友在新雅餐厅聚会时,有一次戴望舒忘带钱便提议谁个子最高谁付账,纪弦立即回应,"谁脸上有装饰趣味的谁请客",席中没学过画的一时反应不过来什么叫装饰趣味,杜衡便抢着说:"就是麻子嘛!"引起不相识的邻桌都跟着一起哄堂大笑。虽是貌似并无恶意的友朋间的调侃,也可以想象望舒当时的尴尬、难堪(纪弦:《戴望舒二三事》,《香港文学》1990年第67期)。

② 据施蛰存先生1994年6月9日所谈,转引自王文彬《雨巷中走出的诗人——戴望舒传论》,商务印书馆2006年版,第8页。

③ 据穆丽娟女士1994年6月11日所谈,转引自王文彬《雨巷中走出的诗人——戴望舒传论》,商务印书馆2006年版,第8页。

书,但跟她关系最密切的大姐有幸发蒙,能成本地讲述《西游记》《水浒传》等一些古典说部。卓佩芝在姐姐的熏陶下,也能成本讲述《西游记》《水浒传》,一直到晚年,还讲给第五代子女听。①童年的望舒从母亲娓娓动听的故事中,萌发了对文学最初的爱好。他后来在《读〈水浒传〉之一得》中也提及:"在童稚的时候,它(《水浒传》)做过我的好侣伴,到现在两鬓垂斑的时候,它仍不失是我的枕边秘籍。"②

此外,母亲唱的"南音"(南方民歌)也给了望舒文学滋养,同时还开启了他对人生节律的一种朦胧感知。在40年代的香港,他写《冬前腊鸭》时首先想到的就是母亲唱的"春夏秋冬天过天,寒来暑往又一年"这样的句子,使他逐渐意识到春夏秋冬代序变化的四季更替和人生规律③。母亲的文学启蒙,成为无意识的养分,在此后的诗歌创作中,化生为一种独特的春秋包孕往复回环的时空意识和感觉想象逻辑④。

1910年(庚戌,清宣统二年) 5岁

▲5月,同盟会员在保定成立共和会,以推翻清朝专制、建立共和国为宗旨。

▲8月,商务印书馆《小说月报》创刊,由南社社员王蕴章主

---

① 钟萸:《我的回忆》(手稿)。
② 戴望舒:《读〈水浒传〉之一得——幽居识小录之一》,载《大众周报》第1卷2期(署名白衔),1943年4月。
③ 戴望舒:《冬前腊鸭》,《大众周报》第1卷13期,1943年6月26日。
④ 姜云飞:《论戴望舒的圜道思维与感觉想象逻辑》,《文学评论》2008年第2期。

编,宗旨为"多译名作,缀述旧闻,灌输新理,增进常识"。

▲9月,中国人自行设计的第一条铁路——京张铁路通车。

约本年前后　居北戴河。据戴望舒18岁所写的散文《回忆》中称,那是天真烂漫、不解忧苦的年纪,一天到晚与邻家女孩曼云妹妹在北戴河碧海连天、轻鸥翔舞的海滨玩耍,捡贝壳,挖泥沙,携着小手唱歌,被大人称作"天上的安琪儿"。①

1911年(辛亥,清宣统三年)　6岁

▲4月,同盟会领导的广州起义爆发,七十二烈士葬于黄花岗。

▲8月,《申报》副刊《自由谈》创刊。

▲10月,武昌起义胜利,革命军成立湖北军政府。各省纷纷宣告脱离清政府独立,史称辛亥革命。

▲12月,孙中山被推选为临时大总统。

▲12月,浙江省临时议会在杭州成立。

本年　在北戴河的无忧时光,蒙上了不幸的阴影。在海边的玩耍中,目睹小伙伴曼云妹妹为捡贝壳被海浪卷走,自己也晕了过去。其后"终日在海滨盘桓着",痴痴地想象曼云妹妹已化作鸥鸟,"但是我想化作鸥呢? 除非是在梦寐中罢"。这段遭际

---

①　戴望舒早期散文《回忆》(上)追叙了在北戴河与邻家女孩曼云妹妹青梅竹马、两小无猜的美好时光。见《兰友》第8期,1923年3月21日。

在望舒幼小的心中刻下了哀伤的第一道印痕,18 岁借文学创作追忆这段往事时,依然视为心灵的"创痛"①。早期笔名取为"戴梦鸥""梦鸥生"应与此记忆相关。

1912 年(壬子,民国元年) 7 岁

▲1 月,孙中山就任临时大总统,中华民国南京临时政府成立,改用阳历。

▲1 月,废杭州府,仁和与钱塘县合并,置杭县,直属浙江省,为省会所在地。

▲2 月,清帝颁诏退位。孙中山辞职,袁世凯接任临时大总统。

▲8 月,同盟会联合统一共和党等 4 个政治团体组成国民党,孙中山任理事长。

▲11 月,杭州光复。

▲12 月,孙中山视察之江学堂,并在慎思堂前与校中师生合影。

本年 戴修甫辞职,携全家由北戴河南归,居住在杭州大塔儿巷十号。

关于戴望舒在杭州的居住地址也有多种说法,歧义主要在于大塔儿巷的门牌号,目前共有 4 种:"大塔儿巷 16 号""11 号"

---

① 戴望舒:《回忆》(下),《兰友》第 10 期,1923 年 4 月 11 日。

"8号"和"28号"①。其中"28号"的说法,主要来自戴望舒1927年12月22日曾以虚拟大哥"戴望道"名义给曾朴写信,留的通信地址为"杭州大塔儿巷二十八号"。因为该信公开刊于1928年2月16日《真善美》第1卷,是后世可依的直接资料,故2006年王文彬在《雨巷中走出的诗人——戴望舒传论》中采用了这个地址并在脚注中进行了说明。

但如果28号确是戴宅住址,那么"戴望舒在家中办兰社和《兰友》,编辑部就在他家"②这一说法就不能成立了。因为据今可查的《兰友》第8—17期刊头赫然都印着:"编辑所和发行所在大塔儿巷第十号兰社内"。故本谱认为戴望舒杭州住址应为大塔儿巷10号。此说有一较为可靠的旁证:戴望舒表弟钟韵玉在1982年6月9日的《新民晚报》的《夜光杯》栏发表的《从小红帽想起戴望舒》一文中,明确提到,望舒母亲是钟的四姨母,对小辈慈爱,烧得一手好菜,"所以我常去做客,有时就住在他家大塔儿

---

① 关于戴望舒在杭州的住址主要有如下几种说法:1.温梓川发表于1967年10月马来西亚《蕉风》第180期上的《"现代派诗人"戴望舒》一文中说,"在赴法之前,有一个时期他住在杭州大塔儿巷十六号";2.王文彬1987年在《戴望舒评传》中说"戴望舒出生在浙江省杭州市大塔儿巷十一号";3.王文彬1995年的《戴望舒与穆丽娟》一书中,又说"戴望舒家居杭州市大塔儿巷八号",与评传里的住址不同,但未说明资料来源何处;4.王文彬2005年发表在《新文学史料》上的《戴望舒年表》中又有不同说法:"1912年,7岁。戴修甫辞职南归,住大塔儿巷28号",也并未说明戴望舒住址与此前二次不同的缘由。另沈建中在《施蛰存编年事录》(上)在有关1922年12月的记事中提及:"是月,因宿舍寒冷,先生从学校(施蛰存当年就读的杭州之江大学)搬出,开始寄居大塔儿巷28号戴望舒家中。""与'兰社'成员一起着手筹办以发表旧体诗词、小说为主的社刊《兰友》。"上海古籍出版社2013年版,第48页。

② 郑择魁、王文彬的《戴望舒评传》中提道:"戴望舒、杜衡、张天翼和之江大学学生施蛰存等人也组成一个名为'兰社'的文学团体,并创办了《兰友》半月刊。编辑部就设在戴望舒家中,并由他担任主编",百花文艺出版社1987年版,第5页。另据1996年5月19日戴望舒表弟钟韵玉(姐姐戴瑛的小叔子)给骆寒超先生的信里说:戴望舒"于大塔儿巷十号家中创办兰社,出版《兰友》旬刊"。

巷十号"。①

　　至于戴望舒 1927 年《致曾朴》的亲笔信中留的"大塔儿巷 28 号"，是否可以推测，此信的主体"戴望道"是戴望舒虚拟的兄长，那么住址或许是虚构的？但在通信不发达全靠邮局函递的年代，戴望舒似乎也不太可能留一个假地址。或许地址是真，可以收信，却不是戴望舒家的门牌号？此疑有待后续考证。

　　大塔儿巷东西走向，东起皮市巷，西至中河中路，经小塔儿巷通解放路，长 120 米，宽 3 米。相传南宋时，此地近觉苑寺，有塔曰"城心塔"（又说此塔在清朝时是杭州城区中心的标志），故名塔儿巷，并分称大、小塔儿巷。塔虽早圮毁，但巷名延续至 1949 年后，1966 年改名为灯塔巷，1981 年复名为大、小塔儿巷。往西，穿过小巷和大街，就可以到达美丽的西子湖畔。往北，几条巷的距离有条青吟巷，青吟巷里有个宰相府，据钟英手稿《我的回忆》，望舒"有一个朋友孙蒀泉就住在青吟巷，他有个姑母嫁进宰相府"。

　　大塔儿巷 10 号就坐落在靠近东头皮市巷这边。从大门进去，有个小庭院。戴家门厅正朝庭院，西边有一道门，通向一蒋姓邻居家。门厅后面的右厢房是戴修甫夫妇的卧室，左厢房是戴望舒的卧室兼书房，朋友来了就在这里谈话。钟英几十年后都还记得郁达夫晚上一来，就跟舅舅谈到夜深。房间里面有一张床，一张淡黄色书桌和两大两小 4 个书柜，书柜里曾长期放着一个泡着酒精的断指小瓶，日后戴望舒为此专门创作过一首诗《断指》。

　　大塔儿巷后园就是戴修甫养花逗鸟的地方。园里有一口深井，不论怎样的大旱天，别的井都干涸了，这口井照样有水，井水

---

①　关于戴望舒在杭州的住址，可进一步参考下文关于《兰友》编辑部地址的考证。

14

透凉,"大热天用布袋装西瓜,当中用两条绳串起垂到井里,到下午就可以吃到冰镇西瓜和像凉粉一样的冰镇'石花',加点白糖和醋,就是当时的小孩子们最爱的消暑点心"①。

1913年(癸丑,民国二年) 8岁

▲3月,宋教仁遇刺身亡。

▲7月,"二次革命"爆发,孙中山流亡日本。

▲9月,"二次革命"失败。

▲10月,袁世凯宣誓就任中华民国大总统。

秋 入杭州鹾武小学读书。学校在大塔儿巷西南方向的珠宝巷内,离望舒家较远,但很有名气。校长是钟韵玉的父亲②,也就是望舒的大姨父,日后姐姐戴瑛的公公。他是个国粹派,强调古文、书法、太极拳等,所以孩子们每日的课程总是念经、临帖、练拳,打下扎实的古文功底。

小学阶段 开始阅读古典说部和《水晶鞋》《木马兵》等外国童话。③ 经过小学时段严格的古文训练,少年望舒具备了相当不错的古典文学修养,这使他日后的诗歌创作和古典小说的学术研究都受益匪浅。

---

① 钟萸:《我的回忆》(手稿)。

② 据钟韵玉1996年5月19日致骆寒超先生函。

③ 与表弟钟韵玉是小学同学,据钟韵玉回忆:"下课后同去西湖边摸螺蛳,也同去商务印书馆买书,他喜欢看《木马兵》《水晶鞋》等。"参钟韵玉《从小红帽想起戴望舒》,《新民晚报》1982年6月9日。

1919年(己未,民国八年)　14岁

▲4月,巴黎和会通过决议,否决中国提出的取消列强在华特权和21条不平等条约等内容的提案。

▲5月,北京学生3000多人举行爱国游行,抗议巴黎和会的强权和北洋军阀政府的卖国行径,五四运动爆发。

▲6月,《民国日报》副刊《觉悟》创刊。

▲7月,毛泽东主编《湘江评论》创刊。李大钊等在北京成立少年中国会,创办《少年中国》月刊。

秋　考入杭州宗文中学(男子中学,现为杭州第十中学),至1923年,在宗文中学学习4年。

宗文中学在当地很有名,其前身为宗文义塾,创建于1806年,是浙江省办学历史最悠久的中学。在一百多年的发展历史中,凝聚了深厚的人文底蕴。① 如著名的西泠印社就发源于宗文。据校史记载:1904年,宗文义塾生叶为铭与丁辅之、王福庵、

---

① 本谱所涉宗文中学校史资料,主要来自杭州第十中学(宗文中学)校史墙刻记载,除正文所引内容外,其他重要的还有:1806年(清嘉庆十一年),浙江嘉兴义士周士涟,念孤寒子弟无力求学,击磬募捐,兴办宗文义塾,开杭州"义学"之先河,他的义举深得杭州百姓赞誉,列"杭州七大善举"之第三位,曾得到嘉庆皇帝特赐钦颁御书匾额"乐善好施"以彰。77年后又得光绪皇帝特赐钦颁御书"乐善不倦"匾额以彰。1860年(清咸丰十年),宗文义塾包衙前塾舍毁于太平军兵火。1867年5月18日(清同治六年四月十五日),浙江巡抚马新贻同意杭城名绅丁申、丁丙、沈映钤及宗文义塾旧生周兰的联名上表,将杭州皮市巷南园(现址)拨给宗文义塾。宗文义塾即迁南园新址复塾,设"礼、智、信"三斋。两年后增设"仁、义"两斋。

吴隐在杭州孤山创办西泠印社,至今仍有"天下第一名社"之盛誉。著名国学大师、书法家、西泠印社第三任社长张宗祥(1912—1919 年任社长)就曾是宗文中学的地理教员。这一文脉使得宗文中学美术特色源远流长。

1905 年(清光绪三十一年),科举被明令禁止,杭州宗文义塾顺应"兴新学"潮流,自改"杭州宗文学堂",聘请清光绪二年(1876)举人朱煜为学监、堂长。1907 年 9 月 18 日,清浙江提学使支恒荣发文立案,允准学校定名为"杭州公立宗文中学堂",朱煜任堂长。后以此日为校庆纪念日。1912 年,朱煜校长立"质朴耐苦,诚实不欺"校训。1923 年 8 月,浙江实行"三三新学制",学校先办初中,更名为"杭州私立宗文初级中学"。1956 年 6 月,杭州私立宗文中学转为公办,更名为"浙江省杭州市第十中学",此校名一直沿用至今。

在现杭州第十中学大门两边的围墙上,刻有多幅校史变迁和校史人物的画像和功绩简介。在其中的一块墙刻上可以看到这样的介绍文字:

1923 年(民国十二年)三月,宗文中学学生文学社兰社成立,戴望舒任社长,社员为张天翼、叶秋原、杜衡、施蛰存等。出版旬刊《兰友》。宗文兰社社员在诗歌、小说、散文等方面取得的成就在中国现当代文学史上占有重要地位。

在另一面墙上刻了戴望舒像和《雨巷》的部分诗句:

……

撑着油纸伞,独自

彷徨在悠长,悠长

又寂寥的雨巷,

我希望飘过

......

戴望舒像和《雨巷》的部分诗句①

比戴望舒低一年级的张天翼在《我的幼年生活》一文中也回忆说:"宗文中学是一所私立中学,在校学生有二百多人。一进校门,迎面有一座假山,假山上面有一所图书阅览室。校门西侧带有走廊的平房是教室,教室环抱之间有一小操场。"学校规模不大,但办得很有名气,是"省会一流的学校"。②

1920 年(庚申,民国九年) 15 岁

▲3 月,亚东图书馆出版了胡适的《尝试集》,被称为中国现代文学史上第一本白话诗集。

▲3 月,李大钊、邓中夏、高君宇、罗章龙等在北京大学秘密

---

① 墙刻戴望舒像下的文字为:"杭十中著名校友。""宗文中学 1923 年毕业生。原名戴朝寀,笔名鹃魂,浙江杭县人。现代著名文学家、诗人、翻译家。诗集有《我的记忆》《望舒诗稿》《灾难的岁月》。"其中有一个错误:戴望舒中学时期的笔名是"梦鸥"而不是"鹃魂",后者是兰社成员马天骢的笔名。

② 张天翼:《我的幼年生活》,《文学杂志》第 1 卷第 2 期,1933 年 5 月。

组织马克思学说研究会。

▲3月，段祺瑞政府教育部要求各小学一律废除文言文教材，并扩大到中等学校。

▲4月，《共产党宣言》（全译本）由上海社会主义研究社出版。

▲8月，上海共产主义小组成立，并秘密创办了刊物《共产党》。

▲10月，英国哲学家罗素来华讲学。

本年　在宗文中学就读。与戴望舒同班的同学有戴克崇（杜衡），比他们低一级的有张元定（张天翼）、周颂棣等。

是年，杭州爆发震惊全国的"一师风潮"①。宗文义塾塾生、时任一师国文教师的刘大白正是"一师风潮"的领袖。为声援风潮，一师、一中、工业学校和宗文中学26名学生建立浙江新潮社，开新思想传播先河。沈乃熙（夏衍）、施存统、谢锦文、江馥泉等都是这个社的成员。由于进步师生的坚决斗争，风潮到1920年春天胜利结束，可说是新文化运动在全国风起云涌的一个缩影。

_____

①　一师校长经亨颐崇尚"人格教育"，重视学生个性的发展，提倡"自动、自由、自治、自律"。他支持学生反对"二十一条"、抵制日货的爱国运动，倡导新文化，聘请被称为新文化"四大金刚"的陈望道、夏丏尊、刘大白和李次九担任国文教员，引起了守旧势力的嫉恨。后来，学生施存统在《浙江新潮》第2期上发表《非孝》一文，引起轩然大波。浙江教育当局以此作为经亨颐的"罪证"，企图解除他的校长职务，一师学生发起"挽经复职"的运动，酿成震动全国的"浙江一师风潮"。经过坚决斗争，风潮取得胜利。经亨颐和"四大金刚"后来虽然离开学校，但一批很有影响的新文学作者如朱自清、俞平伯、刘延陵和叶绍钧，又相继到校任教。在他们的引导和支持下，晨光文学社（1921年10月）和湖畔诗社（1922年3月）等社团先后成立，推动着浙江新文学运动的发展。

与一师的新潮进步相反,当年宗文中学的校长是一位研究杭州地方志的学者,思想保守专制,极力反对新文学和白话文,"禁止学生看小说",认为"无论什么小说总是有害的"。在段祺瑞政府已下令废除中小学文言文教科书的情况下,依然固执地采用文言文,学校空气守旧沉闷。

中学早期 望舒个子高大,课余爱打篮球,夏天穿个背心打球,被父亲银行的同事看到了,遂告诉他父母说他赤着胳膊"像个野人"有伤大雅,结果招致父母一顿打骂①。传统守旧的家庭、脾气严厉的双亲、沉闷的学校风气,都对青春期的少年产生一种压抑感。望舒日后忧郁寡欢的性格,除了天花的阴影,跟童少年时期的这些经历也不无关系。几十年后其表弟钟韵玉在回答笔者访谈时也说:戴望舒小时不喜欢跟男孩凑一堆玩,爱自己一个人躲起来看书,"嘻嘻哈哈那一套,他不欢喜的"。②

中学时期的戴望舒

---

① 钟黄:《我的回忆》(手稿)。
② 参 1996 年 5 月 18 日笔者访问钟韵玉先生笔录。

1921年(辛酉,民国十年) 16岁

▲1月,文学研究会在北京中央公园来今雨轩成立。主要发起人有沈雁冰、叶绍钧、郑振铎、王统照、周作人、许地山等12位,提出"为人生的艺术"宗旨。

▲4月,孙中山在广州任临时大总统。

▲6月,创造社在日本成立。主要发起人为郭沫若、郁达夫、田汉等。

▲7月,中国共产党在上海成立,召开了第一次全国代表大会。

▲8月,郭沫若的《女神》由上海泰东书局出版。

▲10月,郁达夫小说集《沉沦》出版,被称为中国现代文学史上第一部白话小说集。

中学阶段 在宗文中学的沉闷空气中,望舒除了从教科书上的古典诗文中汲取心灵的养分外,主要还从当时林纾翻译的外国小说和鸳鸯蝴蝶派的刊物中获取文学的启迪,也结识了一批饶有兴致阅读与研究鸳鸯蝴蝶派文学的学生。那时鸳鸯蝴蝶派在上海和江浙一带的市民社会中相当有人气,市面上流行的刊物和图书品种繁多。五四前后,这类刊物逐渐容纳或改用白话文,也刊登一些与五四爱国运动、新文化运动相呼应的创作和译作。在新文化、新文学还比较薄弱的阶段,这些发行量很大的书刊对于生活圈子与知识眼界都比较窄小的青年无疑是有吸引力的。他们不仅阅读,也模仿鸳鸯蝴蝶派的风格开始写言情小

说和流行文章①,并且喜欢取带有鸳鸯蝴蝶派色彩的笔名。戴望舒最早给自己取的笔名叫梦鸥、戴梦鸥、梦鸥生。学弟张天翼取名张无诤,后来结识的施蛰存取名为施青萍。

1922 年(壬戌,民国十一年)　17 岁

▲3 月,由大东书局发行、包天笑主编的《星期》周刊在上海创刊。

▲4 月,冯雪峰、应修人、潘漠华、汪静之在杭州第一师范成立湖畔诗社,出版《湖畔》诗集。

▲5 月,孙中山下令北伐。

▲5 月,创造社在上海创办《创造季刊》。

▲7 月,中国共产党在上海召开第二次全国代表大会。

▲9 月,中国共产党机关报《向导》周报创刊。

是年　开始发表文学作品,开展文学活动。

5 月

27 日　在《半月》第 1 卷第 18 期,发表《美人名马》(署戴梦鸥)。据 1922 年 6 月 1 日《申报》第 18 版《半月十八期出版》广告:"梅雨连绵,使人闷得甚么似的,排闷的最好方法,便是看半月杂志,今天第十八期又出版了,待我把内容的优点,说给大家听听……此外有梦鸥的美人石马。"据李朝平《戴望舒早期佚作

---

① 张天翼:《我的幼年生活》,《文学杂志》第 1 卷第 2 期,1933 年 5 月。

钩沉》考订,句中的"石"应为"名"之误。^①

6 月

18 日　在《星期》第 16 期上发表论文《小说杂谈》,署名戴梦鸥。此文由多人合著,节录的两段系于戴梦鸥名下:

> "有人说《红楼梦》在中国小说界里可算得数一数二的杰作。我说《红楼梦》自是佳作,不过曹雪芹的宗旨是显扬自己的才力,不在当时社会的改良着想。所以他才大如海,若是论到社会影响与否,却还远逊英国的却耳斯·狄根斯(今译狄更斯)、美国的马克·吐温一筹咧。"(戴梦鸥)

> "社会小说是描写社会的污浊、人情的冷暖,善善恶恶,形形色色都加以针砭,自然是名贵得很。不过这些作品是治标不是治本。讲到治本,最好是那些理想和未来的小说。那些小说能够开社会文化的先声,暗暗的指导社会、改良社会。本刊第三期《活动的家》,第八期《三十年后之西湖》都是寓有改造社会的意思。实是有价值的作品。我很希望天笑一篇一篇的续下去。在下伸长了脖子老等着呢咧。"(戴梦鸥)

从这两则小说杂谈中可以窥见少年望舒心目中的理想文学雏形是可以影响社会变革、开文化先声的载道文学。

夏　结识施蛰存。施蛰存家本在杭州,后来因父亲办厂举家搬到当时属于江苏的松江县(现为上海松江区)。他在松江读完中学后,又考回杭州之江大学读书。出于共同的文学爱好,与望舒成为挚友。

---

① 李朝平:《戴望舒早期佚作钩沉》,《中国现代文学研究丛刊》2016 年第 5 期。

8 月

7 日 在《半月》第 1 卷第 23 号发表小说《债》。写一个佃农如何任劳任怨地干活,结果还是还不起欠地主的债,而地主多次恶狠狠地上门逼债,并要佃农的女儿作抵押。佃农舍不得把女儿送入火坑,半夜里吃老鼠药自杀,被发现后已奄奄一息。小说结尾安排债主良心发现,觉得农民实在太可怜了而免去债务,表现出年轻作者的人道主义博爱精神和对底层劳苦大众的深切同情。

29 日 赵眠云、郑逸梅等人在苏州发起成立星社①。

9 月

本月 与张天翼、叶秋源、李伊凉及马天骢等在杭州成立文学社团兰社。

秋 施蛰存升入杭州的教会大学之江大学外文系,并加入了戴望舒发起的兰社,其他社员有戴涤源、叶为耽、张寒壶、马秋骐、孙昆泉等。施蛰存当时以施青萍的笔名发表了很多作品,在江南地带已形成了不小的名气,加入兰社后马上成为社里文学资格最老的一员,从而扩大了兰社的知名度。

12 日 在《申报》第 18 版《笑林》栏发表《舌》(外三篇),署名戴梦鸥。附文如下:

---

① 在 20 世纪 20 年代初,全国各地形成了文学结社、发行同人刊物的热潮。这些社团一般以文学青年为主体,规模较小,发行周期较短,但总体数量却很庞大,"好比是尼罗河的大泛滥"(茅盾语)。据统计,1922 至 1923 年,仅在上海、苏州、杭州结社的文学社团就有 100 余个,同人刊物有 70 多种,其中最为知名的就是 1922 年七夕在苏州发起的星社及同年在上海发起的青社。

舌

医生坚嘱病妇，稍引出其舌。妇曰："汝以为妇人之舌皆长而无极耶？"

愚仆

愚仆寄信，邮局中人曰："此信稍重，须更加邮票。"仆讶曰："既重矣，再加邮票不更益其重量乎？"

齿

约翰问祖母何以无齿？祖母曰："余年老矣。"约翰曰："马丽妹生才三月，已无齿。岂亦年老耶？"

军人与医生

医生之子谓军人之子曰："令尊战场杀人时其心如何？"军人答曰："与令尊药死病人时一般。"

画师

甲画师谓乙画师曰："余欲聚友人之画装订成一当代名人画录，望君赐绘一纸。"

乙画师曰："余欲集世界十圆纸币装入镜装，以作装饰品，望君亦惠赐数张。"

20日 在杭州《妇女旬刊》第83号发表理想派短剧《势立升长》。全剧一百多字，剧情极为简单。开场时，"犬蹲居场中"，接着顽童阿大上场，"犬"向顽童狂吠，阿大以石投犬。狗的主人"乡人"声叱顽童："这狗是我们的看家狗"，"你这小鬼头敢碰着它一根毛，我就要取你的小命"！"警士"上，怒责乡人："你这混账东西，这么大的人还要欺侮小孩子！真真岂有此理。带了去！带了去！"至此幕闭。"幕后警士叱乡人声，乡人求赦声，小孩吹呼声，犬吠声一时杂作。"剧中的犬及各个人物的戏剧动作依次互相作用，表面上很热闹，实际上空空洞洞，毫无内容。此剧副题为"理想派剧",大概是对当时一些剧作家向壁虚构的讽刺。

　　同日　《妇女旬刊》第 83 号"后记"预告：将在旬刊 85 号，"特请兰社编撰秋季小说号"。可知《妇女旬刊》正是当时兰社成员发表作品的一个重要阵地。

　　30 日　在杭州《妇女旬刊》第 84 号发表小说《波儿（说荟）》（续）。署名梦鸥，标明为"说荟"，应该是作者根据一些史料编纂而成的一篇小说，且此文为"续"，说明此期前应有相承接的前文，但因刊物残缺，未见到。全文用文言写就，摘要如下：

　　　　正值俄国哥萨克军侵略波兰时代。已将华沙包围。另一支赶来攻城的俄军俘虏了该国一独臂青年音乐师波儿，带着他急驱华沙。至时已为夜间。"华沙守卒遥见一劲旅，抹敌军阵脚而过，旗帜一如其国军。孤城得援，其欣乐为如何哉，候军筋符合即启关迎之矣。"俄副司令令波儿："举若箹吹汝波兰之国歌！""此一刹间，波儿举手向天，为祖国祷，为家庭祷。祀已，陈其死白之颜，作惨烈之苦笑，徐徐举其心爱之铜箹，而为末次之声调。斯时城上城下万目睽睽，集注于波儿一身。俄副司令犹眉飞色舞，意箹声一作，则华沙破，而波兰殆矣。诅知箹声既出，乃作变徵之音，尖越以长，告警之调也。"俄副司令大怒，举剑刺其独臂。波儿"颠而下骑。然以卫国心切，殊不即晕，犹力支持其垂断之独臂，拾其心爱之铜箹，鼓气继续作怒鸣之声"。守城波军听箹声乃知"非赴援之军而为狡恶之俄人"，遂潮涌而出，奋勇扑敌，俄军因之大乱。原先围城俄军正在睡梦中，被败退的俄军惊起，误认为波军劫营，又引起相互残杀。俄军终至溃败。"翌晨，旭日未升，晓烟笼树，满城人士咸庆凯旋，歌曲之声闻于四野。"战胜归军于城下，"见一青年之尸仆于地上，曾经万军践踏,几失人状。然尤独臂坚持铜笳,鼓颊,作奋吹状,凛凛然有生气";"举军闻之佥曰:伟哉,可敬哉,此为吾祖国百世之英雄!""被以波兰国徽,异之还葬,全城哀悼,为之墓于波兰历代英雄寝园之中。"

小说借助异域文献,演绎波兰独臂青年音乐师波儿,尽管身处被掳绝境,仍以音乐作誓死的抗争。文言功底深厚,笔致酣畅,激情奔放,洋溢着同情弱小无畏抗暴的革命激情。

10 月

7 日　在《申报》第 18 版《卫生》栏发表《骨骼之卫生与疾病》,署名戴梦鸥。

同日　在《申报》第 18 版《谐著》栏,发表《滑稽墓志》,署名戴梦鸥。

10 日　在杭州《妇女旬刊》第 85 号发表译作《贪人之梦》[英国古尔德斯密(Oliver Goldsmith)著],署名戴梦鸥译,附译后记。小说描写一磨坊工人梦想从磨坊下挖出藏金,结果磨坊挖坏,并无藏金,讽刺贪人心理甚为深切。在译者附记中介绍作者古尔德斯密为英国小说家,1728 年生于朗福之派拉斯,后就学于都柏林大学,曾为牧师、律师、教师、医生等。称这篇小说"着墨不多而异常深刻,能以少少许胜人多多许"。

18 日　在杭州《妇女旬刊》第 86 号发表译作《误会》(续),为第 77 号发表的同题译文续编,在该期"编后记"中说,因译者事忙,"迟至今日才结束",赞誉此文"文情并茂,译笔尤妙"。因《妇女旬刊》77 号缺失,原作者不详。

25 日　在杭州《妇女旬刊》第 87 号发表小说《五百五十年间》。小说讲述了两个高等师范生一生的故事。第一部分写两人求学时期,富家子弟孙乾海,自认人生在世不过一场春梦,劝说刻苦读书怀有教育救国宏大志向的贫寒之子梅坷不必自找苦吃,不如及时行乐。第二部分写"五十年过去了",中国已科学昌明雄飞世界。梅坷"已是握全中国教育界的牛耳了。通国人没有个不晓得他,敬仰他"的,他献身的教育事业也遍及全国。在为他塑建的铜像落成的盛大庆祝会上,梅坷登台演讲,万人颂词。次日报载:于某破屋中发现一倒毙的七十多岁老乞丐,原来是"教育大家梅博士同学",遗书诉说自己少年不知好,中年又浪游无度,倾家荡产,后乞食街头,悔悟已晚,最后绝食而死。第三部分写"五百年又过去了",此时的中国科学发达神速,先驾世界各国。梅坷早已无人知道,他的铜像也早在一百年前就被拆去盖了工厂,即便是送去制造器具,"还嫌铜质太坏咧"!

这篇作品富于当时鸳鸯蝴蝶派道德小说的浓郁气息,但也注入了一些政治幻想小说的元素,想象未来五百年后中国的科学强大;在激励青年人切莫虚度青春努力学习的题旨时,突出了报效祖国的志向。但写梅坷虽取得个人伟大成就,终究被不断前进的历史所淘汰和遗忘,似乎也透出一点历史的虚无感。

本月 在《红杂志》(The Scarlet Magazine)第 1 卷第 8 期发表短文《滑稽问答》,内容俨然旧戏里的插科打诨,类似于现在大众媒体上的脑筋急转弯。如:

问:世界最小之梁为何?

答:鼻梁。

另有一则为:

问:何物为士人所不需,且永不得有,然为女子所必欲者?

答:夫。

11 月

26 日　在杭州《妇女旬刊》第 90 号发表短文《片断之描写·笑》和小说《虚声》,署名梦鸥。小说主人公"他"是一本大杂志的编辑,其实徒有虚名,本人连一张便条都写不好。真正的编辑是他的妻子,所有"择稿"工作都由她担任,但"伊一腔的苦衷"无处可诉。有一日,报上登出消息,说这位编辑夫人同一个青年文学家私奔跑掉了。次日又见报载,这编辑"因为忏悔自己,无心经营下去",杂志只得停刊。讽刺所谓无心其实无能也。

同日《星期》第 39 期上发表了无诤(张天翼)论文《小说杂谈》(之二),讲到几个兰社文友之间的认真切磋。张天翼之前在《星期》周刊上发表《空室》这篇小说,戴望舒发现其中有不真实之处,当即告诉他:"假使是抽空气死,那尸首没有这么好看。"第 2 天又写一张小条子提出具体的修改意见:"尸首不损痕,面色青黯,眼开睛突,口鼻内流出清血水,仰面口开,舌有破痕。"张天翼看了很高兴,并为此写了一篇短文寄给《星期》周刊,承认《空室》的不足之处,并"请阅者诸君原谅"。

12 月

18 日　在《半月》第 2 卷第 7 期发表小说《卖艺童子》,署名戴梦鸥。小说描写了一个饥寒交迫的 11 岁小孩,在戏班里受尽老板的辱骂和鞭打,拖着恍惚的身子去倒悬身子演唱,最后不幸失手身亡。对此,年轻的望舒发出愤激的灵魂拷问:"我真不懂,这提倡人道主义的世界,博爱还及到禽兽身上,鸡鸭倒提着就要受罚,可是他呢? 他在演技的时候倒立在地上不算,还要唱一支小曲……最可怪的就是这些看客,越是看到惨无人道的把戏越是拼命的喝彩,好似幸人之灾,乐人之祸一般。……唉,他也是个人吗?为什么倒不如畜生呢?"从中分明可见五四问题小说先声叶绍钧《这也是一个人?》和鲁迅对看客的批判的余响。

本月 在《红杂志》第 1 卷第 16 期发表两则笑话《红笑》。其中一则笑话叫《拍卖所中》,讲某人在拍卖行中丢了钱包,拍卖行老板帮他告示:拾到钱包来还者可获得 75 元酬谢。有人愿出 100 元,一会儿竟然拍到了 1000 元。最后失主说,钱包里总共只有 300 元。这个笑话是对"贪婪的人心予以犀利的讽刺"。

另一个让人笑不起来的笑话叫《死所》。一胆小鬼问一水手他的父亲、祖父和曾祖父都死在哪里。水手答都死在海里。胆小鬼又问水手何以还要去航海。水手没有正面回答,反问胆小鬼他的祖宗三代死在哪里。胆小鬼答床上,水手则讽刺问胆小鬼何以还要天天晚上上床睡觉。这则文本展示了少年望舒男儿志在四方的宏愿以及对人生意义的思考。

本月 施蛰存因宿舍寒冷,搬出学校,寄居在戴望舒家中,并与兰社成员一起着手筹办以发表旧体诗词、小说为主的社刊《兰友》。①

年底 一行 7 人在杭州的冷泉留影。照片以《冷泉兰影》为题,并署上他们的笔名"梦鸥、涤源、寒壶、无诤、鹃魂、弋红、伊凉",发表在《星期》第 42 期上。

对这段刚刚走上文学创作的青春时光,施蛰存几十年后在《浮生杂咏》中回忆:"湖上忽逢大小戴,襟怀磊落笔纵横。叶张

---

① 据沈建中编撰:《施蛰存先生编年事录》(上),上海古籍出版社 2013 年版,第 48 页。

墨阵堪换鹅,同缔芝兰文字盟。"诗后附文解释:"在杭州一载,识戴望舒、戴杜衡、叶秋原、张天翼,皆中学四年级生,方以文字投寄上海报刊。秋原、天翼,皆善书法,已订润例鬻书。既有同声之契,遂有结社之举。同学闻风而来者凡十许人。成立兰社。"①

1923 年(癸亥,民国十二年) 18 岁

▲6 月,中国共产党第三次全国代表大会在广州举行,决定全体共产党员以个人名义加入国民党,以建立统一战线。

▲6 月,《新青年》迁往广州出版,由瞿秋白担任主编,成为中国共产党的理论性机关刊物。创刊号首次发表《国际歌》的中文词曲。

▲8 月,鲁迅第一部小说集《呐喊》由北京新潮出版社出版。

1 月

元旦 创办了小说旬刊《兰友》,刊头上印着"兰社定期刊物之一·小说旬刊"字样,为横八开长条报纸的形式,每期四至八页不等,每月出版三次,逢一出版,以刊登旧体诗词、小说为主,发表千字左右的作品,以侦探小说居多,也有翻译和幽默笑话等。戴梦鸥(望舒)任主编,由杭州宏文印刷所承印,作为"中华邮务局特准挂号立券之报纸"发行。

---

① 施蛰存:《浮生杂咏》,见《沙上的脚迹》,辽宁教育出版社 1995 年版,第 201 页。

关于《兰友》的编辑部和发行所地址目前有 3 个说法:其一是陈丙莹发表在《新文学史料》2004 年第 1 期上的《戴望舒早期文学创作钩沉》里提到"编辑所及发行所设在清吟巷 7 号兰社内",沈建中的《施蛰存先生编年事录》(上)中也持相同说法。其二是郑择魁、王文彬的《戴望舒评传》(1987)中提到《兰友》的"编辑部就设在戴望舒家中",而戴望舒家的住址是"大塔儿巷 11号"①。其三是王文彬 1995 年在《戴望舒与穆丽娟》一书中提到的戴望舒在家设编辑部,但地址已改为"大塔儿巷 8 号"②。在2006 年的《雨巷中走出的诗人——戴望舒传论》中,王文彬将戴家就是《兰友》的编辑部和发行所的说法修改为"刊物的编辑所和发行所设在杭州清吟巷七号兰社",并在脚注中增加一条辅证:"据钟荑女士来信:'清吟巷七号是娘舅朋友孙泉昆家的地址'"③。查看钟荑女士《我的回忆》手稿,笔迹是"孙葭泉",与《兰友》上的兰社成员名一致。故此处"孙泉昆"应是王文彬的笔误。

而笔者查阅《兰友》原始刊本,所见《兰友》第 8—17 期的刊头,均印着"编辑所和发行所在杭州大塔儿巷第十号兰社内"。不过在骑缝的销售广告中,确实也有"……请函杭州青吟巷兰社可也"的字样。但由于《兰友》原始刊物不全,笔者未能见到第1—7 期如陈丙莹所说的刊头,没有直接依据证实"清吟巷七号兰社"的存在。故起初只能推想兰社和《兰友》可能有两个地址,或者先是"清吟巷 7 号",而后才移至"大塔儿巷第十号"。果然,此推想在接下来查阅到的两则资料中得到证实:

---

① 郑择魁、王文彬:《戴望舒评传》,百花文艺出版社 1987 年版,第 5、1 页。

② 王文彬:《戴望舒与穆丽娟》,中国青年出版社 1995 年版,第 10、4 页。

③ 王文彬:《雨巷中走出的诗人——戴望舒传论》,商务印书馆 2006 年版,第19 页。

资料一,沈建中在《遗留韵事·施蛰存游踪》里有关"兰社与《兰友》"节中写道:"编辑部和发行所均设在清吟巷 7 号兰社内,其实就是'兰社'成员孙弋红(孙昆泉——笔者注)的家里。但施蛰存告诉我,《兰友》旬刊后来的编辑部移至主编戴梦鸥的家里,即大塔儿巷 28 号(也有说是 10 号,待考)。"①

资料二,1923 年 3 月 10 日的《木铎周刊》第 168 期第 4 版"介绍栏"里,有介绍《兰友》的广告:

兰友

小说旬刊

内容——以小说为主间登杂作

撰述者——包天笑、周瘦鹃、戴梦鸥、毕倚虹、李伊凉、戴涤源、孙弋红、张无诤、施青萍、徐卓呆

定价——每份大洋一分全年三角邮费在内邮票兑现十足

发行所——杭州清吟巷七号兰社

《兰友》的广告

此广告是 3 月 10 日所作,《兰友》是 1 月 1 日创刊,按旬刊逢一出版的规律,此时应该是第 7 期已出,第 8 期将出未出时,编辑部发行所地址还没有改动。所以施蛰存的先清吟巷后移至戴望舒家中的说法可以成立。只是估计沈建中未见过《兰友》第 8 期上的刊头标注已修改为"大塔儿巷第十号",故对戴望舒家是 28 号还是 10 号犹有存疑。

---

① 沈建中:《遗留韵事·施蛰存游踪》,文汇出版社 2007 年版,第 15 页。

如是,综合上述考证,笔者所见的《兰友》8—17期刊头所印的"大塔儿巷第十号兰社"应该就是戴望舒家的住址,也是后来《兰友》的编辑部和发行所无误。

7日 在《星期》第45期发表小说《母爱》(署戴梦鸥),刻画了一位善良的母亲十分疼爱儿子,自己将含辛茹苦攒下的钱供儿子吃穿,结果想不到在母亲临死时想见儿子一面都没办到,因为就在母亲闭眼时,儿子却在外面花天酒地,早把病危的母亲抛在九霄云外了。以人道主义抨击冷酷无情的社会现象。

从《债》到《卖艺童子》再到《母爱》,戴望舒早期的三篇小说,主人公都是非病即穷的底层人物和弱势群体。他把笔墨凝聚于主人公的死亡,寄予了无限的同情,揭示黑暗的现实和卑劣的人性才是他们死亡的原因,显示出贯穿一生的人道主义和博爱精神。

10日 在杭州《妇女旬刊》第94号发表散文《我之家庭》。全文如下:

> 我的家庭是一个极简单极清静极有味的家庭。我有一位年老而壮健的祖母,每每在豆棚花下,讲牛鬼蛇神的故事给我听。我有一位很通达知世故善交际有学问的父亲,他会只身行白山黑水大江南北间,他也到过俄罗斯等地,洞悉世故人情,常常拿话来教训我。他是个极豪爽的人,茶馆烟歇,往往讲当年豪气和奇闻奇迹给我听。

> 我的母亲是位慈母,伊爱惜我到万分,伊常有病,可是等到我有病时,伊把自己的病都忘却了。只是替我担忧。伊对长辈以敬,对同辈以和,总之伊可以作妇女的模范。

> 我还有位姊姊,已出阁三年了。不错,我还有个粉妆玉琢的外甥女儿,娇滴滴的怪可人爱,刚过周岁,就能学着唤

舅舅咧。

　　呀，我逸出范围了，这篇是我的家庭，再说下去要愈说愈远了。

　　这是戴望舒仅有的自述家世的文字，全文只有三百余字，简笔勾勒祖母、父母、姐姐和外甥女的形象，亲切活跃，流露出不尽的喜悦、自豪之情。文中说刚过周岁就能唤舅舅的"粉妆玉琢的外甥女儿"就是钟萸，在时隔80年后读到这篇文章，她还深切地感到此文"充满了快乐"。不过对于戴望舒描写父亲"只身行白山黑水大江南北间，他也到过俄罗斯"一事，表示"是否去过俄国，可能我小，没听说过"。并认为："《我的家庭》还是一篇小说，不能作纪实来看。"[①]所以王文彬认为本文和戴望舒18岁时所写的散文《回忆》，"可视为追忆和想象融合之作"[②]。

2月

　　15日　在《兰友》旬刊第5期发表短文《说侦探小说》。此文虽短，但论析相当全面。先说侦探小说的布局，"开端以起得兀突，使人不可捉摸者为佳"。"布局先须满布疑阵，使阅者如入五里雾中，莫辨方向。至全书既终，罪人服法，层层次次如剥茧抽丝，云开日见，全案之真相毕露，所谓山穷水尽疑无路，柳暗花明又一村，读者鲜有不拍案叫绝者也。"次说穿插，提出侦探小说"不可无闲话，亦不可多作闲话。盖无闲话则数语可了，率直乏味；多作闲话则使人厌倦矣。最好于闲话中伏以线索，夹以秘

---

① 参钟萸2004年3月5日致王文彬函。
② 王文彬：《雨巷中走出的诗人——戴望舒传论》，商务印书馆2006年版，第18页。

谬,自能引人入胜也"。最后还分析了叙述方法:"自叙宜于抒情,他叙宜于叙事,侦探小说常为他叙耳。盖他叙式以旁观之人不明侦探之心理,但记其行动,往往出人意料之外,愈觉其神龙现首不现尾,愈显其侦探术之奇妙。"因此,"泰西小说他种多自叙,而侦探小说独用他叙式也"。由此文可见戴这时已超越侦探小说一般阅读者眼界,而能深究其创作规律了。

下旬 施蛰存因参加"非宗教大同盟"活动,为之江大学"校方所不喜,自动辍学"。

本月 鸳鸯蝴蝶派的主要发文阵地《礼拜六》出版至 200 期后停刊。据施蛰存《施蛰存文集·序言》中自述:"《礼拜六》停刊了,其他一些旧文学刊物也逐渐有所改革,至少在文体上,都在努力向新文学靠拢,于是,我的文学习作,也转向新文学。"

3 月

1 日 在《兰友》旬刊第 6 期发表译作《等腰三角形》,E. A. Poe 著,署名梦鸥译。这是戴望舒在《兰友》上发表的第一篇译文,该期《编辑室中之记者》栏赞誉:"梦鸥的《等腰三角形》是翻译泰西名作,没有一句不引人发笑,可谓语句生香了。"

在同期《兰友》的《我友别具谈》栏目中,星社的范菊高在一篇短文中将张无诤、马鹃魂、李伊凉和戴望舒并称兰社"四金刚"。

上旬 之江大学肄业的施蛰存经兰社友人介绍到宁波慈溪普迪小学担任代课教员,同时仍热衷于兰社的文学活动,每逢星期日就返回杭州住在戴望舒家,继续参与编辑社刊《兰友》。[1]

11 日 在《兰友》旬刊第 7 期发表小说《牺牲》,署名梦鸥生。小说假想一位"热度极高的爱国者",背井离乡 30 载,冒着艰险为国寻觅新大陆。终于在太平洋发现一片无人的荒岛,但当他回国时,面对祖国业已沦亡,家园、人民、语言、父母、情人都已消失的悲境,小说叙事者发出痛心疾首的呼喊:"他牺牲了他的金钱、光明、爱情、生命呀,他为了谁牺牲?……"

同日 《兰友》刊登了一份"社员题目录",其中有:"王天恨、王西神、王皇威、王钝根、包天笑、江红蕉、吕碧城、何海鸣、汪隐声、沈家骧、沈剑濡、李伊凉、吴灵园、周瘦鹃、范菊高、范烟桥、施青萍、徐卓呆、徐碧波、姚民哀、姚庚夔、袁寒雪、陈小蝶、陈冷血、陈独醒、孙弋红、毕倚虹、黄转陶、程小青、张舍我、张枕绿、张无诤、赵苕红、赵眠云、郑逸梅、戴涤源、戴梦鸥、严芙孙",共 38 人。这 38 人中,除了兰社的成员外,有的是苏州星社成员,如赵眠云、郑逸梅、范烟桥、黄转陶、范菊高、姚庚夔、徐碧波、包天笑等;有的是上海青社成员,如王钝根、周瘦鹃、毕倚虹、徐卓呆、程小青、江红蕉、张枕绿、赵苕红;有的是一些报刊的编辑,如《最小》报的张舍我等,其中有不少是鸳鸯蝴蝶派的名家。他们的名字登录于此,表达了他们对兰社的支持和器重。

21 日 在《兰友》旬刊第 8 期发表自叙性散文《回忆》(上,署梦鸥生),追忆小时在北戴河的生活,和一个两小无猜的女孩子曼云妹妹一起拾贝壳,女孩被浪卷走化为鸥鸟这一萦绕于心的悲哀故事。

---

① 据施蛰存对沈建中的口述,参沈建中:《施蛰存先生编年事录》(上),上海古籍出版社 2013 年版,第 50 页。

4 月

1 日 在《兰友》旬刊第 9 期连载散文《回忆》(中);《回忆》(下)在《兰友》第 10 期载完,署名梦鸥生。这期的《编辑室中之记者》评论该文"描写入微,运词清逸。真不愧为诗浸透的散文咧"。《兰友》第 7 期曾有青萍(施蛰存)辑《小说家语录》,第三则为斯蒂芬(Stephen)语:"小说家是立足在散文与诗之间的,好的小说应是诗浸透了的散文。"此评论显然来自斯蒂芬的标准。

9 日 在《申报》第 8 版登载一则启事:"鄙人现缺《自由谈》自阳历一月一日起至一月十日,至如蒙海内珍藏家割爱见赠,当以鄙人所藏最精美之书报杂志为交换。迟至者奉璧,然亦稍备赠品以答雅谊。来件请寄:杭州兰社戴梦鸥收可也。"

5 月

1 日 在《兰友》旬刊第 11 期发表译作"冒险长篇"《珊瑚岛》(一)。(二)和(三)分别连载在《兰友》第 14 期和第 16 期上,署名梦鸥生。这一作品的主人公名劳尔法,他的伴侣称他"漫游人"。小说以主人公自述描写了他作为旅行家的一生。在刊出的三节中,已涉及劳尔法航海世家及童年、成年生活。好像故事刚开了头,如何"冒险"、"珊瑚岛"由来等皆未触及。给读者印象,仅为一种节译或改译,而非全译。

随着《兰友》的出版发行,戴望舒的诚挚和才气逐渐被青年文友们发现和认可。星社成员黄转陶在《卡党①小传》一文中对戴望舒作了评价："小说虽不多，描写绝妙"，且"精英文，近译长篇小说《珊瑚岛》，刊《兰友》"。文章还指出，"今春予发起之社辑《癸亥》周刊，蒙结神交，时君撰小说尚初步，每有所作，辄殷殷自谦。及今仅隔数月，已渐臻化境，其进步之速，尤足骇人听闻，或亦聪明过人耶"，"《兰友》现即君编辑，声誉蜚隆"。②

同日　由施蛰存（施青萍）发起的维娜丝文学会，在《兰友》第 11 期的《文坛消息》栏上发表了章程，提出以下的宗旨："本会以破除新旧意见，顺会员内心之情感，发为作品。以创设中国新文学为宗旨一。以整理中国旧文学为宗旨二。以研究及介绍世界文学为宗旨三。"

9 日　在《兰友》旬刊第 12 期发表译诗《爱国·古乐人之曲》，Scott 原著，署戴梦鸥译。这是一首以文言译成的诗。全诗如下：

> 哀莫大于心死兮，息虽存而若亡。彼未尝自言兮，此为我所有之宗邦。
>
> 彼本凉血兮，心常冷如冰霜。彼常天涯海角兮，漂泊之遐荒。
>
> 随萍踪之所至兮，辄安之若家乡。当世设有此人兮，君试加以细细之评量。
>
> 虽狂热之乐人兮，罔为彼而诪张。彼虽位尊兮，彼虽

---

①　卡党，为星社徐碧波所命名。星社成员范菊高在《谈卡党》一文中说："卡者，不上不下之称也。卡党云者，中等作家结合之党会也。"陈丙莹在《戴望舒早期创作钩沉》一文中认为"这应该是对当年刚崭露头角的兰社成员的准确的定位"。

②　黄转陶：《卡党小传》，《最小》报第 71 号。该报 1922 年 11 月 15 日创刊，以后各期只署号数不列出刊时间。

名扬。

虽拥无量之财富兮,如愿以偿,揽高爵大权于一身兮,殊末路之可伤。

生则泯泯无闻兮,将永失夫荣光。死则回复其本原兮,入尘土而痊藏。

既无人洒泪而致敬兮,后无人哀歌而彷徨。嗟尔,酷且野之凯度尼亚兮,有儿生而歧疑兮,其为保姆以育之。有地荆棘丛生兮,佳木葱龙(原文如此)高山崔嵬兮,洪水汹涌。此乃我祖之地兮,任何世人之手兮,畴莫能解余孝思之维系。

由此孝思之维系兮,我与彼崎岖之海畔兮,已早联而为一体。

全诗以谴责对祖国冷漠者起笔,以倾诉浓烈的爱国乡土情感收尾。译笔仿离骚体,古朴激昂,动人心弦,显示出戴望舒相当好的古文功底。

同日 在《兰友》旬刊第 12 期发表小说《国破后》,署名梦鸥生。这篇政治幻想小说以第一人称假想 24 年后(民国三十六年九月)国破第一日,"五色旗委地","樱花之旌""飘飘作舞",主人公虽是一个"年方十五"的少年,"然义愤填膺,出匕首,锋尖制以毒药,刺敌帅于马上"。后由阿兄救出,漂流海上。阿兄告之:"吾辈已为无国之人,而长此漂泊生涯矣!"于是大哭,然为涛声所淹没。小说写得极其沉痛,联系第六期上的《牺牲》,可以看到少年戴望舒有着极为强烈的"无国"之忧,意在警醒民众奋起救国要趁早。这种家国情怀和沉痛笔调,与他后来在日本铁蹄下的香港所写的《狱中题壁》等爱国主义名篇一脉相承。可见日后流亡香港时期,他那么积极地投入抗战文艺活动绝非偶然,爱国的种子早在少年时期就种下了。

《兰友》第 12 期原定为"侦探号",但因发刊日 5 月 9 号正是"国耻纪念日"①,后改为《国耻特刊》。望舒在《编辑室余痛》中沉痛写道:"全国同胞所痛哭流涕的国耻日,在民国十二年的日历上又发现了。政府虽然有否认二十一条的举动,可是还没有圆满的结果。国内民气也消沉的很。如今我们《兰友》在这国耻日,来作一个爱国的呼声。"这一期国耻特刊除戴望舒的两篇之外,共刊登了弋红的《两个纪念日》、伊凉的《国耻纪念前一日》、张无诤的《亡国奴之死》、叶秋原的《死后》。可见兰社虽然倾向于鸳鸯蝴蝶派,但面对家国兴亡的大事,年轻学子们的旧形式下透露出的依然是救国血性,也可见出五四文学革命的一丝流风遗响。

21 日 《兰友》旬刊第 13 期推出"侦探小说号"。发表侦探小说《跳舞场中》,署名戴梦鸥。小说开头写跳舞场中一名舞女遇到危险请求舞伴保护,结尾的逆转出人意料,原来开头紧张、弱小的舞女所倚重寻求保护的舞伴孟光"上将",正是神出鬼没的神偷"屠龙儿",偷走舞女的胸佩,午夜十二点又让她失而复得,其实是他开的一个不大不小的玩笑,用以与神探杜亚宾过招较量。文笔颇有侦探小说的惊险悬疑感。

26 日 在《波光》旬刊 1923 年第 2 期发表旧体诗《御街行》。《御街行》是一首旧体诗词,上阕是对"春好"的赞美、对"春将老"的忧虑以及对"春归"的期盼。下阕写"春去"所带来的"愁",写得清丽、深情、和美。细读之下还带有旧文人的痕迹。

---

① 1915 年 5 月 9 日,袁世凯在日本武力逼迫下签订了丧权辱国的"二十一条",因而 5 月 9 日被国人视为"国耻日"。

6月

1 日　《兰友》旬刊第 14 期出版,刊登预告,将出版"兰社丛书"八种,包括戴梦鸥的《心弦集》、施青萍的《红禅集》、张无诤的《红叶别墅》、李伊凉的剧本《芦萝村》等。此计划终究未能实现。

5 日　在《虎林》1923 年第 6 期发表散文《归舟》,署名梦鸥生。主要写在西子湖畔看春日游湖至夕阳西下的美景,忽遇童年青梅竹马的云珠妹妹携夫归舟却无缘相认的惆怅。

11 日　《兰友》第 15 期出版。本期的"编辑室中之记者"介绍"本期稿件丰富已极。论文、小说、杂作共有十四篇之多。……珊瑚岛只好请读者诸君害一下相思之病了"。

21 日　《兰友》第 16 期出版。译作"冒险长篇"《珊瑚岛》(三)连载结束。在前两期并没有标示译作,但在这最后一次连载完时出现了"梦鸥生译"的字样。

7月

1 日　在《兰友》旬刊第 17 期发表短文《描写之练习(一)》,署名戴梦鸥。文章首先否定了对于文学描写的两种错误观点:一、"以为描写是极容易的事,无中生有,向壁虚构就是了";二、"以为描写是极难的事,非闭户十年,读破万卷不可"。戴望舒说:"这些人都是弄错的,都没有得描写的真诠,所以前者失之不切,后者失之陈腐。"那么,"当如何练习描写才是呢?"他的结论是:"除非实地测验不可",强调观察实际生活才是描写的基础。

本期出版后《兰友》即告停刊。"兰社丛书"也终搁浅。从现可查阅的第 5—17 期中的发文量来看,最多的依次为张无诤、戴梦鸥、李伊凉、施青萍、钱唐邨、徐碧波、孙弋红。从中也可一窥戴望舒的勤奋以及文学初创阶段的自觉敏锐、风趣幽默以及对爱与温暖的向往。

7 日 在《申报》第 8 版发表《赚笑小录》,署名戴梦鸥。

12 日 《世界小报》第 146 号刊登了谢鄂常的《杭州的报屁股(下)》,文中有些夸张地盛赞《兰友》旬刊:"编者都是小说界的健者。他们的作品早已在海上风行。该报编法与内容,可称全浙之魁。"

夏 宗文中学毕业后,逐渐告别鸳鸯蝴蝶派,热心阅读进步报刊,向往进步和革命。

当时邵力子主办的《民国日报·觉悟》副刊,是继《新青年》之后又一领导思想文化斗争的新阵地。从 1922 年 10 月开始,《民国日报》连续刊发了有关上海大学的文章。如 10 月 10 日发表了于右任《教育改革的要义》;10 月 24 日又发表《上海大学欢迎校长》,报道了 10 月 23 日学生手执旗子在细雨中列队欢迎于右任担任校长的情形;1923 年 1 月 7 日至 1 月 23 日,该报还连续报道有关上海大学的纠纷;6 月 14 日刊登《上海大学概况》一文,介绍于右任接办以来,召集教职员详细讨论系科设立的情况等等。这些文章无疑振奋了青年戴望舒的心,"欲求新学作新民"的新视野和新理念,也推动了他对今后学习和生活道路的抉择。

8 月

1 日 在《余光》第 8 期发表旧体诗《春柳》,署名梦鸥生。诗云:"黄烟含碧可人怜,别样丰神别样妍。紫燕裁时飞剪快,黄莺转处贯珠圆。轻笼画舫萦歌舞,闲把金樽看起眠。玉勒金聪湖上路,新条折取做丝鞭。"

16 日　《绿痕》第 6 期刊登阿猫文章《谈谈杭州的小报》,称《兰友》为"大家晓得是小报中之霸王,兰社社员的心血结晶物,几个著述,都很有名"。

下旬　看到上大招生的消息,决定和施蛰存、叶秋原、杜衡等结伴同往上海求学。

9 月

1 日　在《世界小报》发表《卡党小传摘误》,署名梦鸥生。

同日　和施蛰存一起入学位于闸北青云路的上海大学中国文学系。

上旬　与施蛰存在校外附近里弄居民家合租一间厢房作为宿舍。同伴叶秋原考入上海大学外文系,杜衡则进入上海南洋中学就读五年制的毕业班。

据上海大学校史记载:上海大学前身是私立东南高等师范学校,于 1922 年 3 月 18 日成立,校址在上海闸北青岛路青云坊①。学校的创办者是校长王理堂、校务长陈绩武,他们以提倡新文化为号召,设立了国文、英文、美术三科及附中,招收了以皖籍为主的 160 余名学生。后因学生发现校长王理堂等人其实是借学敛财并携款私逃而引发学潮。学生成立自治会要求改组校务,欲请陈独秀或国民党元老于右任为校长。在国共合作背景下,中共认为请国民党出面办学较为有利,学生自治会接受了中共的意见。经学生代表两次恳请和邵力子、柏烈武、柳亚子、杨

---

　　①　今址为青云路 323 号上海市第六十中学。在校内操场西北侧,设立有上海大学遗址纪念墙。

44

杏佛、叶楚伧等国民党要人的劝说,于右任同意接受邀请,遂于1922年10月23日上任,把校名改为上海大学(英译为 The University of Shanghai),并亲自题写了校牌。邵力子(当时是中共党员)出任副校长。校舍为老式石库门2层楼房10余间。1923年,在李大钊推荐下,共产党人邓中夏任总务长(后改称校务长),瞿秋白任教务长兼社会学系主任,校务工作主要由加入国民党的共产党人所主持。设有社会科学院(含社会学系)、文艺院(含中国文学系、英国文学系)和美术科,另外还附设中学部和俄文班。社会学系逐渐成为学校最大的系,该系以学习马克思主义的基本理论为主。陈望道是中国文学系主任,沈雁冰、田汉、刘大白、俞平伯、邵力子、蒋光慈等著名作家学者以及一些早期共产党人如任弼时、张太雷、施存统、恽代英、萧楚女等都担任过教员。

校址闸北青云路地处偏僻,1924年2月迁至西摩路29号(今陕西路南阳路口),条件十分艰苦,设备极其简陋。据茅盾回忆,连校门和校牌都没有,"自然也没什么大礼堂了。把并排的两个房间的墙壁拆掉,两间成为一间算是最大的讲堂",因此被讥笑为"里弄大学"。但校内有一个书摊,卖《新青年》《向导》《中国青年》和其他社会科学的书刊,另外还有一个定期出刊的墙报,宣传进步和革命思想。

1924年下半年,中共以上大师生为骨干,在上海各工人集中地区开办工人夜校,宣传革命组织工会,培养了一批工人骨干。10月13日,上海大学学生会成立。1925年1月,中国共产党第四次全国代表大会决定在党内建立支部一级组织,上海大学是全市第一个建立中共支部的学校。可说当时的上海大学虽然简陋,却是中国最革命的高等学府,是国共两党第二次合作的产物,有"武黄埔、文上大"之说。到 1927 年"四一二"反革命政变时被封,五年间培养了许多优秀人才。

本月开始 戴望舒在上海大学文学系学习,兼听社会学系的课程。社会学系主任瞿秋白的"社会科学概论"很受学生欢迎。"以四间民屋的客堂连贯辟成的狭长的教室内,拥挤得无从插足。数百颗活跃的心灵期待听受一次庄严的启发。"①

望舒同学中有丁玲(蒋冰之)、孔另境(令俊)、张健尔(张闻天的弟弟)、王耘庄(后为梁启超弟子)、王秋心、王环心(秋心、环心二人为堂兄弟)等,相处融洽的有丁玲和孔另境等人。当时上大已兼收女生,这在上海各个高校中是一种新鲜事。戴望舒的班上有五六名女生。每次上课,总是男生先进教室,从第 3 排坐起,前面两排留着让女生坐。待男生坐定,女生这才鱼贯进入教室,一般都只向男生扫一眼,然后垂下眼帘,各自就座,再也不回头。望舒坐在第三排,正在丁玲和王剑虹背后,直到 1924 年暑假丁玲终止上海大学学习。同学近一年时间,见到背影的时候居多,只有在发讲义的时候,教师把一叠讲义交给第一排女生,她们各人取一张,然后交给背后的男同学。戴望舒这时才又一次看见丁玲的长相。施蛰存在给丁玲的诗中有一联云:"六月青云同伺讲,当时背影未曾忘。"所写的正是这样有趣而独特的同学情。②

约在此期间 与施蛰存特地跑到苏州访问星社同人,在阊门酒家、吴苑茶室举行了两天的联欢。

26 日 在《世界小报》第 222 号发表《苏州的两日(一)》,署

---

① 孔另境:《庸园集》,上海永祥印书馆 1946 年版,第 41 页。
② 施蛰存:《怀丁玲诗四首》(之一),《沙上的脚迹》,辽宁教育出版社 1995 年版,第 103 页。

名梦鸥生。

10 月

1 日 在《世界小报》第 227 号续刊《苏州的两日（二）》，署名梦鸥生。

同日 在《笑画》1923 年第 1 卷第 4 期发表《笑话》，署名梦鸥生。内容为小学生讽刺老师讲课功效不凡，与其母亲唱歌一样让他昏昏欲睡。

3 日 在《世界小报》第 229 号续刊《苏州的两日（三）》，署名梦鸥生。

23 日 施蛰存在《民国日报·觉悟》副刊上发表《上海大学的精神》："我早在报纸和上海大学的教授的著作中，看出上海大学的精神，绝不是和旁的大学一样。我相信我自己的观察是不会错的。于是毅然决然地进了上海大学，虽然有好多人劝我谨慎，我总不信，现在上课一个多月了，就我的观察，愈是我感觉到上海大学是有特殊的精神。"而学生们是"秉着刚毅的勇气"，不是来顶大学生的招牌，而是来忍苦求学，"预备做建造新中国的工人的"。从中可见刚入学的青年施蛰存和密友戴望舒对上海大学左翼思想的热烈认同。

在上大期间 与沈雁冰、田汉等教员关系密切。通过孔另境的介绍，戴望舒和施蛰存几乎每周都到沈雁冰家中去。沈雁冰白天在商务印书馆编译所工作，所以他们总是晚上去向沈雁冰讨教。起初，沈雁冰还把他们当作客人，后来熟悉了，望舒他们索性到楼上的房间，与沈雁冰畅谈。若沈雁冰正执笔作文时，他们便静静地翻阅屋里的书刊。沈雁冰当时虽然没有创作小说，但他改版和主编《小说月报》，他的翻译作品以及与鸳鸯蝴蝶派、学衡派、创造社的论争,在文坛上已产生很大影响。①

田汉在课堂上最早介绍法国象征诗人魏尔伦,戴望舒受到
启发,由此萌生对魏尔仑的终生爱好。此外,课后也有亲切的交
往。施蛰存在《浮生杂咏·三十九》中吟咏:"田郎落落矜言笑,
说到橙乡便矫情。维特、迷娘、莎乐美,眉飞色舞到三更。"诗下
自注:时田汉与夫人易漱瑜居民厚北里,"我与戴望舒夜访之。
田平时寡言笑,一谈文学,则少年维特、让·华尔、迷娘、莎乐美,
历历如数家珍,娓娓不休"。橙乡,橙橘之乡,歌德《迷娘曲》中
语,田汉故乡湖南也是橙橘之乡,有与易漱瑜他年归老橙乡
之志。②

据赵景深说,戴望舒就读上海大学中国文学系期间,与施蛰
存和就读上海南洋中学的杜衡结成"文士三剑客"。③

11 月

9 日　与施蛰存、杜衡、李灏等在上海大学发起了青凤文学
会,并在《民国日报·觉悟》(1923 年 12 月 7 日)发表了成立启
事。启事如下:

> 我们很愉快很自由地集合了,互助着研究我们所爱的
> 文学,现在我们觉得我们正如凤鸟一样地在香木中燃烧,我
> 们希望将来的美丽和永生,所以我们便以青凤作为我们的
> 集合名字。

---

① 施蛰存:《怀念孔令俊》,《香港文学》第 92 期,1992 年 8 月 5 日。

② 施蛰存:《浮生杂咏》(三十九),《沙上的脚迹》,辽宁教育出版社 1995 年版,
第 203—204 页。

③ 赵景深:《戴望舒、施蛰存和杜衡》,见《我与文坛》,上海古籍出版社 1999 年
版,第 164 页。

我们也没有一定的组织，也没有章程，也没有什么宣言。我们只是很愉快地报告我们的同志道："我们的青凤文学会从今天起成立了。"

李灏、施蛰存、戴克崇、戴朝宷、叶黄叶、张豪同启

通讯处暂为：上海大学施蛰存转

作为大学生的文学结社，青凤文学会的特色是并不设烦琐的入会章程，也不表明他们的文学立场，只是为了互助研究他们所爱的文学。

29 日　在《世界小报》第 287 号发表《致姚民哀书》，署名戴梦鸥、施青萍。

12 月

9—12 日　在《世界小报》第 297 号—300 号每日续刊《苏州的两日》（四—七），署名梦鸥生。

15 日　在《世界小报》第 303 号续完《苏州的两日（八）》，署名梦鸥生。

1924 年（甲子，民国十三年）　19 岁

▲1 月，中国国民党第一次全国代表大会在广州召开。大会确定了"联俄、联共、扶助农工"三大政策。

▲4 月，《国民政府建国大纲》正式公布，分为军政、训政、宪政 3 个时期。

▲4 月，印度诗人泰戈尔首次来华讲学，12 日抵达上海。

▲12 月，胡适、陈西滢、徐志摩等在北京创办《现代评论》

周刊。

1 月

本月 《小说月报》第 15 卷第 1 期,刊登了对青凤文学会的介绍以及将要出版《青凤》季刊和同人丛书的计划。但据后来叶秋原回忆,他们当时"想出几种文艺方面的书和刊物,老实说,那个时候,我们总觉得太幼稚,虽则写好了一大堆的东西终于不敢问世,所以这青凤社便死了"。虽然青凤文学会尚未正式发足,但在上海大学的相关研究资料中,施蛰存他们发表的这段"成立启事"依然被视为珍贵的史料屡被引用。①

2 月

寒假期间 上海大学校址迁至公共租界的西摩路南洋路口一带(今山西北路 29 弄 4—12 号),并租借对面新建的时应里部分房屋作为临时校舍。

6 月

10 日 《世界小报》刊登胡亚光的《偶忆录》提及:"兰社的社友,新近有大半不做小说了,绝对脱离的,有戴梦鸥、李伊凉、张无净……连从前这班文友的信札,都摒拒不看,置之不理了……"从侧面可见热气腾腾的大学新生活对青年望舒的感召以及文学方向上的潜在变化。

---

① 上海市委党史资料征集委员会编、王家贵等:《上海大学:1922—1927》,上海社会科学院出版社 1986 年版;《上海大学史料》,复旦大学出版社 1984 年版,其中都有对青凤文学会的介绍。

8 月

本月　与施蛰存迁居学校附近的哈同路(今铜仁路)民厚北里。他们租住了一个后厢房,搬进去之后才知道房东是左舜生①,前厢房就是两个月后(10 月 10 日)创刊的醒狮周报社编辑部。于此,他们认识了国家主义派的一群人,其中就有田汉。每逢周日醒狮同仁聚集,畅言无忌,声音洪亮。"我与望舒侧耳听之,常有妙论。"②

同月　叶秋原远赴美国留学。张天翼由杭州来到上海考入上海美术专科学校求学。

秋　蒋光慈结束 4 年留苏生活归国后,至上海大学社会学系任教,与沈泽民和戴望舒的同学王环心、王秋心等组织了春雷文学社,并创办《文学专号》周刊。

秋　朱湘由于译诗才华被陈望道赏识,推荐他到上海大学教英文。③

9 月

新学期开学　施蛰存转入位于上海南车站路的大同大学三年级就读。据施蛰存晚年在《浮生杂咏》(三十三)中解释,是由于"上大为政治宣传学校,气象虽新,实非学府。自愧不能参加

---

① 左舜生:上海震旦大学法文系 1918 届毕业生。曾任上海中华书局编辑所主任。在新文化运动中,幻想用乌托邦式的办法改造中国社会。1924 年与曾琦、李璜等人在上海创办《醒狮》周报,宣传国家主义。

② 施蛰存:《浮生杂咏》(四十二),《沙上的脚迹》,辽宁教育出版社 1995 年版,第 205 页。

③ 余世磊:《朱湘年谱》,安徽教育出版社 2019 年版,第 85—86 页。

革命行动","又去而就读大同大学"。并有诗纪念:"襆被从师沪海滨,欲求新学作新民。知难行亦何曾易,自愧材非革命人。"

25 日　杭州著名的雷峰古塔轰然倒塌。

10 月

本月　林纾(琴南)逝世。

11 月

　　本月　据施蛰存《怀孔令俊》记载:与施蛰存一起在哈同路民厚南里租居。同弄堂内住着张闻天、张健尔兄弟。在孔令俊的介绍下,认识了兄弟俩,张闻天那时是中华书局编辑,正在翻译俄罗斯作家科洛连科的《盲音乐师》。郭沫若、成仿吾、郁达夫、倪贻德都住在这个里内,一座一楼一底的石库门房子,就是创造社了。①。

　　又据施蛰存《浮生杂咏》(四十一)回忆:创造社门上有一信箱,望舒尝试投一诗稿,没有得到回音。他自己投了小说《残花》,两周后有郭沫若的约谈信,但来的却是成仿吾,转达郭沫若的意见,说修改好了可以在《创造周报》上发表。但不久《创造周报》停刊,《残花》终未发表。

---

　　①　施蛰存:《怀孔令俊》《沙上的脚迹》,辽宁教育出版社 1995 年版,第 150—151 页。

1925 年(乙丑，民国十四年)　20 岁

▲3 月，孙中山在北京逝世。

▲5 月，上海发生五卅惨案。全国掀起反帝国主义浪潮。

▲7 月，中华民国国民政府在广州成立。

▲12 月，毛泽东在广州主编《政治周报》。

5 月

25 日　在《妇女旬刊汇编》1925 年第 1 集发表小说《好家庭》，署名戴梦鸥。小说写了一对和睦夫妻父慈母爱、一双儿女聪明好学又天真烂漫的理想家庭图景。文末抨击了社会上丈夫"酗酒赌博邪奢淫佚、妻子爱装饰好游戏放浪奢侈"的不良风气。

30 日　震惊中外的五卅运动爆发。望舒加入上海大学学生的游行示威活动，声援工人群众。

当时饱受剥削压迫的纺织工人开始以罢工形式要求增加待遇。15 日，日本浪人打死工人顾正红并伤十余人，随后日资纱厂工人罢工。上海学生两千余人在租界内展开游行、追悼、募捐等活动声援工人。在邓中夏和恽代英领导下，上海大学全部学生 400 多名参加了游行抗议。他们组织宣讲团分赴全市各地，动员市民向列强展开斗争。军警逮捕了一百多名学生，激起了全市人民的愤怒，在南京路老闸门捕房外汇聚了万余人游行示威，要求释放被捕学生。30 日，英国巡捕竟然对手无寸铁的群众开枪，造成 4 人死亡，重伤数十人(上大学生何秉彝也被枪杀)，造成震惊中外的五卅惨案。随后上海爆发了二十万余工人大罢工、五

万余师生罢课和大量的商人罢市,形成了全国规模的反帝爱国运动。

本月 《时事新报·文学旬刊》从第 172 期起正式改名《文学周报》,开始按期分卷独立发行。

6 月

4 日 由共产党人主持的上海大学在五卅运动中体现出来的领导力和影响力,令反动当局害怕,因此很快遭到反动军警的秋后算账。

大批荷枪实弹的印度巡捕涌入上海大学,英国海军陆战队派部武装强驱师生,校门被封闭。5 日,上海大学在老西门勤业女子师范学校建立临时办公处,由校务长陈望道主持召开师生大会,详细报告学校被武装占领的经过。大会公推陈望道主持召开起草宣言,发表通电,强烈抗议帝国主义的暴行;推选施存统、侯绍裘、韩觉民、秦治安、贺威圣、朱义权等组成临时委员会;教职员自动减薪,维持学校,学生留沪不散,参加各项斗争并向各界宣传。

8 日 上大租赁西门方斜路新东安里十八号为临时校舍。

15 日 《上大五卅特刊》第一期出版,揭露、控诉帝国主义罪行,鼓动爱国反帝斗争。

夏秋之间 上海大学在我党和各界进步力量的努力下依然在坚持办学招生。7 月学校迁回闸北中兴路,设临时办事处继续招生,后租闸北青云路师寿坊(今青云路 167 弄)15 幢民房为校舍。9 月 7 日,广州革命政府第十五次会议决定补助上海大学建筑经费两万银圆。9 月 10 日开学上课,青云路弄堂口挂于右任所书"上海大学临时校舍"的牌子。当时学生已增加到 800 人,还附设有平民学校和青云学校,由上大师生义务任教,在群众中普及文化知识。

但经此动荡,戴望舒在上海大学的学习生活遂告结束,转入震旦大学读法文。

9 月

本月　进入震旦大学法文专修科特别班学习,为期 1 年。震旦大学在法租界吕班路(现鲁班路),特别班教室和宿舍不在校本部,而在震旦大学的对面操场角上的一排古老的楼房里。据施蛰存《震旦二年》中回忆,法文班每年只招收 20 多名中国学生,由一个法国神父樊国栋负责。他对学生要求十分严格。每天上午两节课,一节复习一节新课。经常当堂要求学生背诵课文,凡是背不出来的,一律被赶到操场上,背会了才可以进教室再检查,直到背会为止,第二天还要加上新的课文。而课间休息时如果还有同学在教室里用功,他也会把他们赶上操场锻炼身体。神父每周要求学生默写一篇历史或哲学长篇文章。一二月后,已有一半学生因功课跟不上而退学。而从小接受传统古文教育的戴望舒却成绩优异,每次考试必登榜首,神父也偏爱望舒。偶有疏失,未得第一,神父宁可为他举行复试。但终因神父对别的学生过于苛刻,有时也引起望舒对神父的不满,后来竟有小报以"戴望舒以拳报宠"为题作了夸大的戏谑渲染(《文艺新闻》第 37 号,1931 年 11 月 23 日)。这从另一个角度反映出望舒正直的一面。

在樊神父严格的指导下,戴望舒只用了一年的时间,就熟练地掌握了法文阅读和作文的技能。最早的一篇法译诗就是翻译雨果的《良心》(后经过多次修改,发表于《文讯》月刊 1948 年第 8

卷第 2 期）。

至今还保留的戴望舒一本练习簿中，除了有默写的法文文章外，还有翻译贺知章的《回乡偶书》、欧阳修的《纵囚论》、黄庭坚的《与朱叔和书》以及《战国策·燕策二》中记载的鹬蚌相争寓言的译文。在暗黄发脆的练习簿上，留下了当年戴望舒用工整、流利的中法文抄写的诗文，记载了戴望舒努力贯通中西文学的最初努力。20 世纪 70 年代末，施蛰存先生重新审看这本作业簿，写下这样一段处理意见："此中一部分是古文的法文译稿，在震旦大学时的作业。可以给中国文学出版社法文组，编选在法文版《中国文学》中用。"①

左为戴望舒的练习簿，右为施蛰存的意见

10 月

1 日　徐志摩正式接任《晨报·副刊》。

24 日　朱湘创作代表作《采莲曲》，全诗韵脚自由多变，节奏

---

　①　王文彬：《雨巷中走出的诗人》，商务印书馆 2006 年版，第 41 页。

轻快舒缓,衬字的巧妙运用表现出采莲舟随波上下颠摇之感,使得诗歌由视觉艺术融合听觉艺术,体现出独特的音乐美。难怪日后朱湘那么欣赏戴望舒同样具有音乐美的佳作《雨巷》。

11 月

本月　留法学生李金发出版诗集《微雨》,给中国诗坛带来"异国熏香",标志着中国新诗象征派的发轫。虽然李金发的诗句经常夹杂法文和文言,有些生涩聱牙,但独特的意象如"弃妇的隐忧"、月光"神秘的顾盼"等"通感"结构方式和对美丽神秘的"生命悲哀"的吟咏,以及对法国象征派波德莱尔和魏尔仑的推崇[①],都引起了戴望舒强烈的兴趣和求知热情。

但樊国栋神父比较传统,禁止学生阅读象征派的作品。望舒就在神父的课堂上读拉马丁、缪塞等法文经典,"在枕下却埋着魏尔仑和波德莱尔。他终于抛开了浪漫派,倾向了象征派。但是,魏尔仑和波德莱尔对他也没有过久的吸引力,他最后还是选中了果尔蒙、耶麦等后期象征派"[②]。

12 月

本月　戴望舒与施蛰存、杜衡等人成立文学社团璎珞社,并筹备编辑出版社刊《璎珞》杂志。关于"璎珞"的取名,"系采微小珍贵之意(璎珞本系古代珠玉连成之珍贵颈饰)"。

本年　在法文特别班中,与同学梁鋆立、刘灿波(呐鸥)等相

---

① 李金发对魏尔仑很景仰,曾说"我的名誉老师是魏伦"。李金发:《巴黎之夜景·译者附记》,《小说月报》第 17 卷 2 号。

② 施蛰存:《戴望舒译诗集·序》,湖南人民出版社 1983 年版。

处融洽,兴味相投①。据施蛰存《震旦二年》:"望舒和这两位同学,天天在一起,跟樊国栋神父(Père Tostan)读法文。""课余休息时,大家谈文学。梁鋆立谈英美文学,刘灿波谈日本文学。当时在震旦本科读书的有李辛阳、扬琦、孙春霆(晓春)、樊华堂、陈志皋,也都成为望舒的好友。"

1926 年(丙寅年,民国十五年) 21 岁

▲3 月,北京发生"三一八"惨案,北京政府内阁引咎辞职。

▲3 月,蒋介石在广州制造"中山舰事件"。

▲7 月,国民革命军誓师北伐。

▲8 月,鲁迅《伤逝》由北新书局出版。

▲10 月,上海工人在中共领导下举行第一次武装起义。

2 月

15 日 《良友》图画杂志在上海创刊。

3 月

17 日 与施蛰存、杜衡一起创办的《璎珞》同人刊物第一期出版。为 32 开 16 页的旬刊,每期只用四分之一张报纸。编辑

---

① 梁鋆立白天在特别班学法文,晚上在东吴大学读法科,同时还在中华书局兼职英文编辑,学习刻苦,知识广博。刘灿波是台湾台南人,1926 年 3 月毕业于日本青山学院(高等学部文科,专攻英国文学),1926 年 4 月插入法文特别班,中文较差,日语很好。

1926 年戴望舒在上海

部设在施蛰存住所——松江城内县署南 403 号。《璎珞》上刊登了施蛰存、戴望舒、杜衡三人的小说、诗歌、评论,共出版了 4 期,4 月 7 日停刊。

同日 在《璎珞》第 1 期上发表了散文《夜莺》(署信芳)、诗歌《凝泪出门》(署望舒)、译诗《瓦上长天》(法国 F. Verlaine 作,署望舒译自 Sagcsse 集)。这是他第一次翻译魏尔仑的诗歌,但还是采用了文言文的句式,显示出外来的艺术资源与传统底蕴还处在发酵过程中。

27 日 《璎珞》第 2 期出版。发表诗作《流浪人之夜歌》,署名望舒;发表论文《读〈仙河集〉》第一部分,署名望舒。逐条对照原文诗作,指出《仙河集》作者李思纯的多条翻译错误。[①]

本月 早期象征派诗人穆木天和王独清在《创造月刊》创刊号上同时发表《谭诗》和《再谭诗》的讨论文章。其中,王独清对魏尔仑"能用很少的字数奏出和谐的音韵"的推崇,还有田汉在上大时对魏尔仑的介绍,都在戴望舒的眼前展现出一个新的艺术世界的天光,引领他去学习去尝试。

4 月

7 日 《璎珞》第 3 期出版。发表论文《读〈仙河集〉》第二部分(署望舒);发表白话新诗《可知》(署望舒[②])、译诗《泪珠飘落萦心曲》(法国 P. Verlaine 作,署信芳译),尚属于诗人吸收良规融入新肌的初阶作品。

10 日 《小说月报》第 17 卷第 4 期《文坛杂讯》栏目刊登了《璎珞》出版信息:"璎珞,是松江璎珞旬刊社的刊物,已出版两期。通信处:松江城内县署南四○三号"。

17 日 《璎珞》杂志第 4 期出版。发表论文《读〈仙河集〉》第三部分。由于李思纯是名流,戴望舒的批评文章难以在《学衡》上发表。于是,就在自己办的《璎珞》第 2、3、4 期上,连续刊载完了这一长篇评论文章。虽然只是发表在自费创办的小杂志上,但已显示出戴望舒相当高的法语水平和深厚的诗学修养。据施

---

① 《仙河集》作者李思纯,曾留学法国,归国后任东南大学历史系教授。1925年,他将其法兰西译诗结集出版名《仙河集》,附印于好友吴宓主编的《学衡》第 47 期上。

② 杜衡在《望舒草·序》中说:"记得他开始写新诗大概是 1922 年到 1924 年那两年间。"关于诗人早期创作和翻译的编年,吸收了陈丙莹先生《戴望舒早期文学创作钩沉》(《新文学史料》2004 年第 1 期)一文的研究成果。

蛰存《震旦二年》里记载,《璎珞》虽小,且只出了 4 期即告停刊,但戴望舒的这篇论文却产生了很大的影响,李思纯读到此文后,后来几乎再也没有发表过译诗了。

戴望舒在《璎珞》上发表的诗作,均署了"望舒"这一笔名,"望舒,月御也"。传说中指为月亮驾车的仙人,典出屈原《离骚》:"前望舒使先驱兮,后飞廉使奔属",后来以"望舒"指代月亮。这是他在《兰友》时期启用的几个笔名之一,如今作为主要笔名问世,突显他华美和忧郁的艺术个性。因此,可以说诗人"戴望舒"是从《璎珞》起步的。

6 月

下旬　学期结束暑假开始,施蛰存因感到大同大学重数理、轻文史,遂决定退学。

7 月

本月　上海流行霍乱病,市民一片恐慌。

夏　从震旦特别班结业,据施蛰存说"震旦大学给了他一个文凭,凭此可以去巴黎大学听课",但戴望舒无力筹措赴法留学费用。望舒父亲所在的中国银行某董事同意贷款帮助,但申请手续繁杂,迟迟没有核准,赴法留学之事只得搁浅。

约在此月　国民革命军挥师北伐。革命前进的步伐吸引了戴望舒和他的朋友们。他们停办《璎珞》,决定走出文学的圈子,投身到实际的斗争中。经原上海大学同学陈均(钧)介绍,戴望舒为联系人,与施蛰存、杜衡这"文士三剑客"一起加入 C. Y.(共青团——共产党的外围组织),担任团支部书记。没过多久,他们又一起加入了国民党。当时的上海国民党分为左、右两派,其左派成员不少都是共产党员或共青团员。戴望舒他们加入的就是左派国民党。开始参加校内外宣传革命的地下工作。如杜衡说他们"做了新梦","不打算再在文学方面发展"。

当时的上海正处于军阀孙传芳的统治之下,孙传芳将国民党和共产党一律视作"土匪",都在"应予逮捕"之列。只不过,三个好朋友对于革命的严酷性还没有直观的认识。很快,他们就通过一名地下交通员单线联系,开始参加地下革命活动。交通员会在他们的宿舍门缝里塞进一张纸条通知或一期工作简报,或将印制好的传单半夜时分放在门口。他们一般会在晚上九、十点钟上街散发,"一个人走在前面,留神有没有巡捕过来。一个人走在后面,提防后面有人跟踪。走在中间的便从口袋里抽出预先折小的传单,塞入每家大门上的信箱里,或门缝里。有时到小店里去买一盒火柴、一包纸烟,随手塞一张传单在柜台底下"。几次以后,做地下工作的心情也逐渐从紧张得心惊肉跳变得机智从容。①

9 月

月初　施蛰存、杜衡进震旦大学法文特别班,也在樊国栋神父的严格要求下苦学法文,准备一年后三人一道赴法留学。因戴望舒家境欠丰,施蛰存属于小康,杜衡家境富裕,如果一起出国可以在经济上互相帮助。为了等他们,戴望舒升入震旦大学法科一年级,三人合住震旦大学学生宿舍。

---

①　施蛰存:《震旦二年》,《沙上的脚迹》,辽宁教育出版社 1995 年版,第 5—6 页。

11 月

16 日　刘呐鸥致函戴望舒（署名灿波），写他晚上在施和戴走了之后，甚感无聊寂寞，便前往卡尔登戏院看德国电影 *A Waltze Dream*，引发许多文艺感想。他认为"法国的文艺倘若是眼睛的文艺，德国的文艺可以说是耳的文艺了。从光明的南方的法国出了伟大的光彩派的画家，从阴郁的北方的德国就出有许多神秘的音乐家。……"并跟望舒表达以"战栗和肉的沉醉"来对抗嘈杂的电车声和工厂的黑炭烟等近代文明的文艺观点，表现出日后新感觉派的基本格调。[①]

12 月

1 日　在《新上海》第 2 卷第 3 期发表诗歌《夜坐》，署名戴梦鸥。此诗在读者最广的周良沛编的《戴望舒诗集》（1981）和梁仁编的《戴望舒诗全编》（1989）中都未收入，故摘录全诗如下[②]：

思吗？

思也无聊！

梦吗？

梦又销魂！

如此中秋月夜；

在我当作可怜宵。

[①]　刘呐鸥：《刘呐鸥致戴望舒》，孔另境编《现代作家书简》，生活书店 1936 年版，第 263—265 页。

[②]　《夜坐》一诗后来收入王文彬、金石主编《戴望舒全集·诗歌卷》（1999）和王文彬编著《戴望舒作品新编》（2009）。

独自对银灯，

悲思从衷起。

无奈若个人儿，

盈盈隔秋水。

亲爱的啊，

你也相忆否？

本月　与施蛰存、杜衡租住天文台路兴业里15号。寝室一共四人，除"三剑客"外，还有一个姓孙的同学。当时震旦大学学生中有三个政治派别，这个形迹可疑的舍友引起望舒他们的戒心，不久三人搬出租住到天文台路一个里弄内的石库门房子里。楼下有一个松江同乡会。据施蛰存《震旦二年》里说，他在1928年才知道那是柳亚子和侯绍裘主持的江苏省党部。

1927年(丁卯,民国十六年)　22岁

▲1月,广州国民政府迁都武汉。

▲3月,上海工人发动第三次武装起义。

▲4月,蒋介石发动反革命的"四一二政变",国共两党分裂,大革命失败。

▲10月,鲁迅偕许广平定居上海。

1月

本月　由于与施蛰存、杜衡"跨党"加入国民党,参加散发传单等宣传活动,遂被校方开除。

3日　按刘呐鸥日记:"下午,坐在房里整理书籍,等戴君不

来。""与等和戴君谈事的心急,有些紧张吧!戴君们因为加入国民党,三个人都被学校开除了。听说现在在天文台路租了间房子住着哪。"

4日 按刘呐鸥日记:"晚上,戴君,同到天文台路他们新租的房子去,谈谈'书社'和'旬刊',到11点才回来。"

18日 按刘呐鸥日记:"晚饭后看大厦和持志的比赛去。""回来的时候,戴君和施君来,讲了好久关于旬刊的事才别了。"

19日 按刘呐鸥日记:"晚饭后到天文台路去,杂志定名《近代心》了。"

21日 刘呐鸥迁居蒲柏路吴兴里。

26日 按刘呐鸥日记:"寂寞极了,想去找戴们,可是刚到街上时,就看见他们来,在室里谈了一个晚上。"

农历年前 上海人家正在忙于过年,但蒋介石率领的国民革命军已在向杭州推进,山雨欲来。据施蛰存《震旦二年》:最后一任淞沪警备司令毕庶澄正在一方面与上海工商领袖谈判,如何使他不用一枪一弹,和平退出上海。一方面却雷厉风行地搜索"匪党",乱抓人,连租界里也很紧张。施蛰存于除夕前回到松江,打算在家里过了新年再回上海。谁知时局急转直下,沪杭铁路交通随即就断了。大约三月初,"我在松江迎接国民革命军。待到铁路交通恢复,我才来到上海"。

2月

1日(除夕) 在《新上海》第2卷第5期发表《滑稽新语》,署名梦鸥生。

同日 郁达夫在《洪水》半月刊第3卷第26期发表《无产阶级专政和无产阶级文学》一文,署名日归。

19 日　按刘呐鸥日记:"杭州失守,孙军退到松江","南军已到上海了"。

21 日　上海工人举行第二次武装起义。

3 月

本月　戴望舒与杜衡在法租界被捕,后经保释释放。当时施蛰存年前已回松江不在上海,"一到上海,才知道望舒和杜衡,曾被逮捕,在嵩山路巡捕房关了两天,几乎进度到龙华,被军阀枪毙"。

原来几天前戴望舒和杜衡依约去马浪路团小组活动,到了那发现已经被抄家,来不及退出被巡捕抓住,被剥去衣裤,吊在特制高架上拷问是否共产党,两人矢口否认。被捕后第二天早晨,望舒买通一个小巡捕,写了一张字条,叫他设法送到住在霞飞路(今淮海路)霞飞巷的震旦同学陈志皋家里。字条送到,可以从收字条的人手里得到 5 元钱的报酬。这段经历像小说中的一个章节,可见戴望舒在情急时的机智。陈志皋的父亲是法租界会审公堂中国方面的法官,与租界政法机构中的人较熟悉,陈志皋收到望舒的字条后立即求助。陈父便打电话给嵩山路巡捕房长官,说戴朝寀(望舒)和戴克崇(杜衡)是他儿子的朋友和同学,不是共产党,他可以用自己的名义担保。结果巡捕给他们二人办了保释手续,给他们吃了一碗白面,然后用小汽车把他们送到陈志皋家里,这样才算重获自由。过了六七天,国民革命军挺进到上海。

等施蛰存 3 月回到上海,国民党正在取缔工人革命行动。"租界内秩序也不安定。工商业一切工作似乎都停顿着。学校在延长寒假。我们和党团已经失去联系。陈志皋是消息灵通的人,他来通知我们,暂时不要出门,也不要到学校里去,因为他知道望舒、杜衡的被捕,与震旦大学某些国民党右派学生有关。"

施蛰存不是当事人,事过 60 年后,他在《震旦二年》的回忆文章中还连每个细节都记得很清晰,更可见被捕入狱这件事当年在望舒心目中会留下怎样深刻的印象。在对革命的危险性和残酷性有了切身体验后,作为三个家庭的独子,他们开始悄悄后撤于革命和左翼。只是对戴望舒来说,革命的种子一旦种下,就还会在日后的生命历程中开花结果。

8 日 按刘呐鸥日记:"看施君的短篇小说《红衫》(即后来发表的《娟子》——笔者注),还不出幼稚之域。晚上戴君来。"

4 月

11 日 晚与施蛰存访刘呐鸥。按刘呐鸥日记:"晚上整装",戴、施等人来访。

12 日 刘呐鸥因接到祖母病危的电报,离开上海返回家乡台南新营。按刘呐鸥日记:"船八点半开,有邱、翁、戴、施诸君来送行。"

同日 "四一二政变"发生,"大革命"失败。据施蛰存《震旦二年》:"蒋介石利用上海流氓,叛变国共合作,屠杀革命工人。"接下来形势变得越发严峻。"陶尔斐斯路的国民党左派党部已被捣毁。震旦大学的国民党右派气焰嚣张,在校内外张贴反共标语。在一片恐怖的环境中,我们觉得不能再在上海耽下去。于是作出散伙回家的计划,卖掉家具什物,付清房租","仓皇离校,匿居亲友家"一周。从此"脱离了两方面的组织关系",结束了大学生活,走入社会。

下旬 与杜衡在风声鹤唳中回到杭州家里。

5 月

3 日　国民党军队进驻江湾上海大学新址，采取武力封闭了上海大学。

6 月

2 日　王国维在北平颐和园昆明湖自沉。

7 月

16 日　洪雪帆、张静庐等在四马路重新开办现代书局。

30 日　胡适、陈西滢主办的《现代评论》周刊由北京迁至上海。

约本月　由于国民党浙江省党部的扩大反共，杭州大有风声鹤唳、草木皆兵的形势，望舒和杜衡感到家居非安全之计，就到松江施蛰存家暂避风头。施家有一间小厢楼，从此成为三人的政治避难所和文学工场。三人终日闭门不出，甚至很少下楼，每天除了读书闲谈之外，大部分时间都用于翻译外国文学。最初的几个月里，望舒译出了法国沙多布里安（今译夏多布里昂——笔者注）的《少女之誓》，杜衡译出了德国诗人海涅的《还乡集》，施蛰存译了爱尔兰诗人夏芝（今译叶芝——笔者注）的诗和奥地利作家显尼志勒的《蓓尔达·迦兰夫人》。①

对这一段生活，施蛰存后来在《浮生杂咏》（四十八）中有诗

---

① 施蛰存：《最后一个老朋友——冯雪峰》，《沙上的脚迹》，辽宁教育出版社1995年版，第122页。

咏："小阁忽成捕逃薮,蛰居浑与世相忘。笔耕墨染有劳务,从今文学有工场。"几十年后施蛰存在《戴望舒译诗集·序》中又补充说："望舒译成了沙多布易昂的《阿达拉》和《核耐》(后来戴望舒出版的《少女之誓》中就包含这两篇小说),杜衡译成了法郎士的《黛丝》。"

在松江的文学梦工场中,还发生了一件重要的大事:戴望舒爱上了施蛰存的大妹妹施绛年,不幸的是,绛年并无相应的情感回应。施绛年生于 1909 年 1 月 22 日,小施蛰存和戴望舒 4 岁,长得聪慧秀丽,颇有主见。曾就读于松江景贤女子中学。1923年 7 月,施绛年被位于苏州的江苏省立第二女子师范学校初中部录取,列入初级中学一年正取生八十名名单,但可能并没有去就读,因为据施蛰存散文《适闽家书》和《玉玲珑阁丛谈》记载,1924 年 10 月,他受父母之托赴杭州,接在杭州女子师范学校读书的大妹施绛年回松江。[①]

约在本月　在施蛰存家,戴望舒创作了日后脍炙人口的《雨巷》,诗里那个若隐若现"结着丁香一样愁怨的姑娘",隐约带有诗人自己在爱情中每每感到希望在即却求索未得的身影。诗歌中反复咏叹的那种希望与叹息交织、浸染着美丽忧郁的情绪,正是并不顺利的初恋带给他的真实体验。

本月　蒋光慈出版第二部诗集《哀中国》。

8 月

约在本月　戴望舒与施蛰存、杜衡前往开明书店,结识开明书店总编辑赵景深,以《少女之誓》(戴望舒译)和《黛丝》(杜衡

---

① 　沈建中:《施蛰存先生编年事录》(上),上海古籍出版社 2013 年版,第 81 页。

译)书稿相投,两部译稿均被接受,准备收入"彳亍丛书"的第一、二种。

9 月

6 日　《申报》刊登《清党委员会宣布共产党名单》,由国民党上海市党部通报各大学及文化机构的共产党嫌疑分子,共有 200 多人名字见报。内称"震旦大学有 C. Y. 嫌疑分子施安华(施蛰存)、戴克崇(杜衡)、戴朝寀(戴望舒)"。上海依然充满危险。

10 日　刘呐鸥由日本乘船回到上海。

11 日　按刘呐鸥日记:"写信给松江施君。"

15 日　按刘呐鸥日记:"得施君复信,说现在在松江当中学教员,上海不来了。戴君法国还不去,很喜欢逛的话。"

对戴望舒来说,"文学工场"里的翻译和创作虽然带来了慰藉和寄托,但"望舒对这样孤寂隐居的生活感到有些厌烦",且留法深造心愿还未实现,故决定到北京一趟,看看有没有机会到中法大学读书。本打算约施蛰存和杜衡同去,但因施蛰存要参加松江联合中学筹备工作走不开,而杜衡想等杭州形势和缓一点回家去,两人都无意北上。望舒来到上海,邀请震旦大学特别法文班同学刘呐鸥同行。刘呐鸥是个喜动之人,两人一拍即合。而施蛰存在《最后一个老朋友——冯雪峰》中说在施蛰存和杜衡无心北上后,"望舒只好独闯旧京"。这个说法不确切,估计是施蛰存由于年代久远的记忆误差造成的。因为戴望舒跟刘呐鸥一起北上这件事,刘呐鸥日记中有多处记载。

23 日　与刘呐鸥商定同赴北京。按刘呐鸥日记:"接戴君由松江寄来的快信,说今晚要找我,他是要去北京去的。""回去时,恰好戴君来,谈到 11 点才去,决定同他到北京去。"

28 日　与刘呐鸥结伴搭乘太沽轮船公司阜生轮离开上海，前往威海卫。

30 日　轮船到达威海卫。

10 月

1 日　在大沽口上岸。坐火车到天津。

2 日　和刘呐鸥乘平津快车抵达北平，住在慧兴寺附近的小公寓里。

4 日　与刘呐鸥参观隆福寺。据刘呐鸥日记："今天是重阳（9、10 号，每月），有庙市，绿红姑娘，串在人海里。听唱鼓书还懂得。内容是跟时代变的，虽然没有艺术价值，听了那种却分外生了一种氛围气，有许多旗女听着。"刘呐鸥特别喜欢关注女性的风姿。在他的日记中不知名的女性速写比比皆是，把女生的躯体、声音和衣着看作一道赏心悦目的风景线。可以说，刘呐鸥日记中"展现的浪荡子美学反映出日后新感觉派的写作风格"。望舒与刘呐鸥有较密切的过从，对于刘呐鸥的美学观点有交流理解和认同，多少也沾染了一些习气。① 日后在《梦都子》《百合子》等诗中有所流露。

6 日　到中法大学打听入学事宜，拟听法国老师讲授法国文学概论，冯沅君讲授中国文学史，沈尹默讲授诗词。两人也作了应试准备，但后来却没有考成。

13 日　按刘呐鸥日记："本来今天要考，但因为照相来不及，8 点钟又扒（爬）不起来，就不去考了。"这样，也就打消了继续深

---

①　彭小妍《浪荡天涯：一九二七年日记》，台湾《中国文哲研究集刊》第 12 期，1998 年 3 月。

造的念头,很快把重点放在游历和交友上。主要是通过丁玲认识了胡也频、沈从文、冯雪峰、魏金枝、冯至、姚蓬子、孙晓村和沈宝基等青年作家,莽原和沉钟两社的人,差不多也都认识了。

25 日　在《莽原》第 2 卷第 20 期上发表《诗三篇》(包含《十四行》《不要这样盈盈地相看》《回了心儿吧》),署名戴望舒。①

本月　鲁迅开始定居上海。

11 月

本月　蒋光慈反映上海工人武装起义的中篇小说《短裤党》出版,成为中国无产阶级革命文学的最初成果之一。

本月　曾朴、曾虚白父子在望平街创立真善美书店,创刊《真善美》半月刊,后改月刊、季刊。

12 月

2 日　按刘呐鸥日记:"戴老去看 20 号的女人和他的 armant(情人?)胡也频。"这个女人应该就是老同学丁玲。他和这些新交故友同声相应,同气相求,不仅开阔了文学的视野,而且也得到了鼓舞。特别是认识了冯雪峰,"和他交情最亲密",可以说是在这一时期内给他以向上的、强有力影响的一位朋友。这些因素促进了戴望舒在大革命失败的幻灭期重新思考自己今后的人生道路。

---

　　①　王文彬、金石主编的《戴望舒全集·诗歌卷》第 32、35、36 页的《十四行》《不要这样盈盈地相看》《回了心儿吧》这三首诗末标注为"载《莽原》第二卷第二十期,一九二七年十二月"。时间错误,实际应是发表于《莽原》第二卷第二十期,一九二七年十月二十五日。

3 日 与刘呐鸥启程离开北京,假道济南南归。

6 日 与刘呐鸥返回上海。

17 日 按刘呐鸥日记:戴望舒和施蛰存由松江来访。

21 日 刘呐鸥迁居林肯坊 31 号。

22 日 望舒以虚拟兄长"戴望道"之名致函曾孟朴(即《孽海花》作者曾朴),给曾孟朴主编的《真善美》杂志提了一些意见:

> 孟朴先生,四天前曾叫舍弟望舒来拜访过一次,叫他送上一部详稿,还请他代陈了对于贵杂志《真美善》的一点小小意见。昨天他回来了,说没有遇见先生,所以现在不得不撑起久病的身体来写这封信。
>
> 真的,《真美善》的发刊,在芜杂而颓废的中国文坛上,可算是一种新火,它给我们新的光和新的热,这是我们所长久等待着,期望着的。我很欢喜地感受着它们,同时,为了过分的爱好,便生出一种过分的要求来。我很坦白地(当然是很鲁莽)向先生陈述些意见,望先生肯坦白地接受。
>
> 我觉不满意的是《真美善》的封面和里面的插图。我觉得封面最好朴素地写"真美善"三字,不要加彩色画图,而且是并不十分好的画图。因为《真美善》是本高尚的文艺杂志,而不是像 Iecture pour tous 或 Golden Book 一类的东西,所谓通俗的读物,虽然文艺是要民众化,但我们只能把民众的兴味提高,而不可去俯就民众的低级趣味,插图最好也不用,至少也要好些的。
>
> 翻译方面我觉得你们太偏重英法方面。我希望你们以后德奥及北欧的文学作品多一些。译文希望是语体的,像"炼狱魂"这种文言的翻译,不但右倾的气味很重,而且使全杂志不和谐。(我想炼狱一定是旧稿)

补白最好是不要。或者登载些短诗也好（应酬的诗词万不要登载），论文希望多登载些。不要为了些浅薄的读者低级趣味的要求而失了你们的勇气（第四期一篇论文都没有）。以上是我的小小意见。……

信的后半段还一丝不苟地指出了曾朴译的《欧那尼》里的几处漏译。年仅 22 岁的戴望舒，不仅勇气可嘉直言不讳，且表现出相当高的艺术品位、文学眼界和翻译方面的专业造诣。

本月　莽原社停止活动。蒋光慈、钱杏邨在上海发起太阳社，创办《太阳月刊》。

冬　和刘呐鸥与施蛰存等人开始筹办书店，并策划出版"彳亍丛书""萤火虫丛书二"。

本年　创造社开始倡导无产阶级文学。

1928 年(戊辰,民国十七年)　23 岁

▲1 月,新月社在上海创办《新月》月刊。

▲1 月,创造社出版部迁上海北四川路麦拿里 41 号。创造社、太阳社开始与鲁迅展开关于"革命文学"的论争。

▲1 月,潘汉年、叶灵凤主编的《现代小说》月刊在上海创刊。

▲6 月,鲁迅、郁达夫在上海创办《奔流》月刊。

▲8 月,国立中央研究院成立,蔡元培首任院长。

1 月

本月　以"郎芳"的笔名翻译了法国保尔·穆杭短篇《六日之夜》,后收入水沫社编译的《法兰西短篇杰作集·第一集》,由

上海现代书局出版。目次有《代替人》《六日之夜》《细绳》。

4日 收到曾朴以"病夫"笔名的回函：

戴望道先生鉴：

我下笔之前，先祝你清恙的康复。

先生，我虽不认得你，在我想象中，却早浮现了你的影像；你是个诚恳而温蔼的人，身材似乎长长儿的，面貌清瘦而敏活，敏活中却交和一些忧郁的薄彩；你的病一定感觉着脑神经系的不宁——和我一般——的痛苦；我仿佛已认得了你；这是用我心灵上的摄影无线电，在你来信字句夹缝里照见的。我和你通信的开端，就说上一大套神秘的话，只怕你要笑我做狂人了！

你来信嘱我速复，我忙着社务，迟延了半个月，这是我对着你，很抱歉的事。

你对于《真美善》刊物的期望和爱好，实在过于优厚了些，我们自问，觉得非常惶愧。但在这文学乱丝般纠纷时代——不独我们中国——尤其是我们中国沉睡了几千年乍醒觉惺忪的当儿，我们既有一知半解，何尝不想做个打扫夫，明知力量脆薄，开不了新路径，但拾去些枯枝腐叶，驱除些害菌毒虫，做得一分是一分，或与未来文学界，不无小补。可惜我的年纪已与《欧那尼》剧里的李谷梅差不多了，"年代消磨了他声音和颜色，只剩几根忠实的老翎"，不知能在文苑里回翔多少时光，只怕要辜负你热烈的期望呢！

......

信中对戴望舒的意见几乎是一一听取解释和商讨，并邀请戴望舒加入《真善美》"战队"，也可略见当年文坛前辈的心胸和气度。

25 日　据郁达夫日记记载:午前读了蒋光慈小说《短裤党》,觉得"实在是零点以下的艺术品","若这一种便是革命文学,那革命文学就一辈子也弄不好了"。①

2 月

1 日　翻译法国贝格尔《生角的吕盖》,载《新女性》3 卷 2 号,署名郎芳。

26 日　上述致曾孟朴的信及孟朴回函都刊登在《真善美》第 1 卷第 8 期。②

本月　丁玲和胡也频来到上海,租赁萨坡赛路 204 号一栋三层楼的房子,筹办《红与黑》杂志和《人间月刊》。

本月　翻译西班牙伊本纳兹的《愁春》,载《文学周报》1928 年第五卷,第 276—300 期,署名戴望舒。

3 月

1 日　冯雪峰致函戴望舒,谈及望舒翻译的《阿达拉》,"鲁彦(王鲁彦,现代作家——笔者)说如能改为《少女之誓》这书名,他们决会要,可先拿到一部分钱。此种改书名,实不大好。……我想如果为钱,则改书名,并改译者名也可"。看来严肃认真、眼光高远的冯雪峰也深谙上海市民社会对恋爱、少女、黑幕等话题的兴趣,为适应市场需求建议戴望舒做出调整。

---

① 参李杭春、郁峻峰:《郁达夫年谱》,浙江大学出版社 2021 年版,第 225 页。

② 曾孟朴即曾朴(1872—1935),作家,笔名东亚病夫,1927 年创办《真美善》半月刊。戴望舒虚拟其兄戴望道给他写了一封信,曾孟朴以病夫笔名回函,二信同时刊登在该刊第 1 卷第 8 期的《读者论坛》上。王文彬、金石主编的《戴望舒全集·散文卷》第 68 页说二信同时刊登在该刊第 1 卷第 11 期上,期号有误,应是第 1 卷第 8 期。

戴望舒初到北京时,冯雪峰是刚刚入党三个多月的新党员,已经在《莽原》上译介了不少苏俄的无产阶级文艺理论。这样一个立场坚定而且热情饱满的革命文学青年,给戴望舒困居已久的"无聊"生活,开出了一剂"有意义"的药。冯雪峰在信中谈到对戴望舒他们前途的设想和指点:"我今日颇不乐,并非全为女人。我感到上海的一般弄文学的青年的无聊、投机、无耻,加之头脑不清楚。时时想到自己,也想到你们。我想我们应振作一下,干些有意义点的事,弄文学也要弄得和别人不同点。其实现在我们干的,和别人没有很大的区别。如此下去,我实在感到无聊了。""你们三人的翻译的努力,我实在佩服的。但我希望你们赶快结束旧的,计划新的,计划在人家之前的。祝你们三人好。"这个"别人还没有的新的有意义的事",就是指要作无产阶级文学。

　　同月　胡也频、丁玲由冯雪峰安排在杭州找到房子,在西湖边的葛岭住了三个月。

　　据施蛰存《最后一个老朋友——冯雪峰》,约在此期间施蛰存收到冯雪峰的信,说打算回南方,但是有许多事纠缠着,一时还走不成。他还问,如果上海没有地方住,可否到松江来歇脚。我就让望舒复信,欢迎他来,我们的小楼上还可以安一张床。这封信去后,过了几个星期,雪峰忽然寄来了一封快信,信中说:他已决计南归,不过有一个窑姐儿,和他相好,愿意跟他走。他也想帮助她脱离火坑,可是需要一笔钱替她赎身。他希望我们能帮助他筹划四百元,赶快汇去,让他们可以早日回南。信中还暗示了北京不可久留的意思。这封信,使我们大为惊异,尤其是望舒。他说在北京的时候,绝没有听说雪峰去逛窑子,怎么忽然有一个窑姐儿和他这样热情?我们当时都是浪漫主义的青年,对雪峰这个浪漫史,毫不怀疑,把他所爱的姑娘,看作茶花女、红拂妓。商量之下,决定大家凑钱寄去。我那时已在松江联合中学任语文教师,每月有七十多元工资,没有家庭负担,几个月来,手头有二百多元,望舒和杜衡也凑了二百元,一起交银行汇出,同时发了一封快信给雪峰,这封信发出后,好久没有雪峰的消息,使我们着实焦急,不知他收到了钱没有? 也不知他的姑娘会不会变心? 也许她诓骗了钱去,还是不来。这种事,在窑子里的姑娘,正是常有的花招。我们怕雪峰没有经验,会上当了。又过了几天,忽然收到雪峰从上海来信,说他在上海已四五天,住在旅馆里,想到松江来,叫望舒去接他。我们研究了这封信。信上只说"我已来沪",不说"我们",也不提那姑娘的事。大家有点疑虑,到底他是光身来的呢? 还是两口子来的? 我叮嘱望舒,到上海后先了解一下情况。如果是双飞南下,而且都要来松江,那么务必先通知我,让我好给那姑娘另外安排住处。否则,在我这个封建家庭里是很为难的。想不到望舒早车去上海,当天下午就把雪峰接来松江。两个男的,没有女的。雪峰提着他的衣包,望舒帮他提着书包,看来书包比衣包大些,当然更沉重些。望舒给我们介绍了。其实这介绍也只是礼貌而已,大家彼此都知道了。我迫不及待地问雪峰,"怎么样? 你的姑娘没有来? 怕我不收留吗?"雪峰盯着我说:"你们以为真有姑娘会跟我走吗?"说了,他和望舒相顾一笑。我和杜衡知道望舒问过他,也就不再问下去。

真实的原因据说是冯雪峰的一本译稿出版时,扉页上题有"这本译书献给为共产主义牺牲的人们"这样的献词,被军警在北新书局当作罪证查抄到,遭到通缉,几个帮助图书出版、销售、评论的朋友也都受到了牵连,为了救他们出来,只得编造了为救妓女跳出火坑的故事,来请戴望舒他们设法筹钱。这个在戴望舒他们想象中的香艳故事,现实版中却如施蛰存晚年说的"是一个革命的浪漫故事"①。

4—6 月

在此期间 冯雪峰在施蛰存家的小楼上小住,与施蛰存、戴望舒、杜衡三人一起,天天谈文艺。据施蛰存自述:"四、五、六月,我们的文学工场最为兴旺,雪峰、望舒、杜衡都翻译和创作了许多东西。"大约每半个月,冯雪峰和戴望舒就会离开小厢楼,去一趟上海购买准备翻译的新的外文书,同时带着这段时间的译稿去找出版商。

如此一来,这个"文学工场"一个基本的"生产"和"销货"(施蛰存语)的链条就运作起来了。他们将"工场"设在安全隐蔽的小厢楼里,在上海引入最新的世界文学资源进行"加工"(翻译),再输送回上海的出版市场。这样既打破了原先完全封闭的避难状态,也在保证人身安全的前提下,能做一些战胜无聊的"有意义"的事。②

约在此期间 商务印书馆出版了一本《道生诗集》,出于对之前傅东华译道生诗剧《参情梦》的不满意,望舒就去买了一本,建议与杜衡合译。历时三个月两人把道生的全部诗歌和诗剧都译成时,冯雪峰从北京来松江,批评《道生诗集》太消极,望舒他们在浪费时间。这部诗稿直到望舒逝世也没有拿出来求出版,据施蛰存说"和雪峰的意见也不无关系"。在冯雪峰的影响下,

① 施蛰存:《最后一个老朋友——冯雪峰》中说:"这是我和雪峰定交时的一个革命的浪漫故事",《沙上的脚迹》,辽宁教育出版社1995年版,第124页。

② 吴丹鸿:《"断指"的责备——1920年代末戴望舒的左翼文学经验与态度》,《中国现代文学研究丛刊》2018年第12期。

四人曾合作翻译一部《新俄诗选》。"雪峰从日文译,望舒从法文译,我和杜衡从英文译。这部译稿也没有出版。"(《戴望舒译诗集·序》)

5 月

5 日 翻译西班牙伊巴涅斯的《提穆尼》,载《贡献》1928 年第 2 卷第 7 期,署名戴望舒译。

6 月

本月 戴望舒他们来上海的次数多了,也就熟悉了文化商人的运作程序,回来后大家商量,与其让书商赚走大头,还不如自己开办书店或者创办杂志,形成"产、销"一条龙。办书店需要一笔不菲的启动资金,一时之间无法筹集。他们便游说光华书局老板。光华书局这时候已印行了他们的一些书稿,收到了一定的经济利益,比较看好他们,便同意创办一本刊物,专门用来刊发他们四个人的文稿。

他们花了两天的时间,专门思考这个新刊物的名字,最终敲定为《文学工场》,刊名用施蛰存的话说,"很时髦,很有革命味儿"。内容在冯雪峰的影响下,也带有鲜明的普罗文学风格。很快地,他们就编好了两期稿件。《文学工场》第 1 期的目录如下:(1)苏汶(杜衡)《无产阶级艺术底批评》;(2)画室(冯雪峰)《革命与智识阶级》;(3)安华(施蛰存)《追》(小说);(4)江近思(戴望舒)《断指》(诗);(5)藏原惟人(画室译)《莫斯科的五月祭》。第 2 期的目录如下:(1)苏汶《黑寡妇街》(小说);(2)画室《在文艺领域里的党的政策》(译文);(3)周星予《文学底现阶段》;(4)江近思《放火的人们》(诗);(5)安华《寓言》;(6)升曙梦《最近的戈里基》;(7)绥拉菲莫维支《戈理基是和我们一道的吗?》("戈理基"现通译为高尔基——笔者注)。[①]

第1期很快排出校样,版式、清样也很快确定了。四个人兴致勃勃地将清校送到光华书局,稿子送去了有20多天,也不见出版广告,不久,接到光华书局老板一封快信,说因为内容激烈,他们顾虑因为这一本小杂志惹恼当局,最终弄到书局关门的地步,所以不能刊行。望舒和冯雪峰为此专程去上海,次日返归,带回来了第一期的全部纸型。冯雪峰愤慨地说:"混蛋,统统排好了,老板才看内容。说是太'左'倾了,不敢印行,把全副纸版送给我们!"[②]《文学工场》就此夭折。

本月 鲁迅、郁达夫在上海创办《奔流》月刊。

夏初 刘呐鸥回上海。自从1927年夏和望舒去北京后便回了台湾。这次带着一笔巨款回来,在虹口江湾路六三花园旁边租了一幢单间三楼小洋房。家眷暂时还未来,房子很空,写信邀请戴望舒来上海,共同商量做点文学事业。于是戴望舒离开松江施蛰存的家,住进刘呐鸥的洋房三楼。施蛰存暑假后也去了上海,住在刘寓。冯雪峰也去上海与沈从文、丁玲和胡也频住一起,杜衡回了杭州。文学工场就此解散。

据施蛰存《浮生杂咏》(五十三):"刘呐鸥招我与望舒同寓其家,杜衡在老靶子路自赁一小室。冯雪峰和鲁迅均住在景云里,相去甚近。徐霞村从法国归,住俭德公寓。亦于此时相识。此

---

① 这两期的诗文,除了戴望舒的诗《放火的人们》遗失外,后来均在其他刊物上陆续发表了。

② 施蛰存:《绕室旅行记》,《施蛰存散文选集》,百花文艺出版社1986年版,第109页。

六青年,几乎每日下午均聚于刘寓,饮水漫话,或同至江湾游泳池游泳",晚上常去看电影、跳舞,玩到半夜回家。后来就商量着决定办一个像《莽原》那样的刊物,发表自己的作品。

7 月

本月 与刘呐鸥、施蛰存、杜衡、冯雪峰、徐霞村等人开始在上海筹备文学社团水沫社。

10 日 翻译瑞士奥利佛的诗歌《在林中》,载《小说月报》19卷 7 期,署名戴望舒译。

22 日 据《鲁迅日记》载:"上午得矛尘信。得小峰信。午后达夫来。下午陈望道、汪馥泉来。胡[吴]祖藩来。得小峰信并《语丝》《北新》。得戴望舒信。"

25 日 丁玲致函戴望舒,记叙了前一天"老戴"大老远坐了一个钟头的车跑来约稿,却"什么也没说",坐坐就空手而回了,可以一瞥望舒宁可辛苦自己不愿他人为难的忠厚性格。信末还提到风闻戴望舒将要去北京"什么部"谋职,希望老同学能够"带切"一下。①

26 日 据《鲁迅日记》载:"晚复康嗣群、戴望舒信。"②

31 日 新诗《我的记忆》首次发表于沈从文和胡也频编的《中央日报·红与黑》副刊第 3 号上。1929 年 1 月 10 日又刊于

---

① 丁玲:《丁玲致戴望舒》,孔另境编《现代作家书简》,生活书店 1936 年版,第2 页。

② 可惜双方的信函都未能见到,其内容暂无从查考。

《未名》半月刊第 2 卷第 1 期①,当时并未引起诗坛注意。

8 月

1 日 翻译伊巴涅斯的《良夜幽情曲》[《伊巴涅斯短篇小说》(上)],由上海光华书局发行。包含《愁春》《天堂门边》《良夜幽情曲》《最后的狮子》《蛊妇的女儿》《墙》和《夏娃底四个儿子》等 7 个短篇,其中《良夜幽情曲》和《夏娃底四个儿子》这 2 篇为杜衡所译。戴望舒写了"译者题记",标明写作时间为 1928 年 2 月 10 日。预告了下集会收孙春霆的伊巴涅斯评传。此书版权页有"1929 年 7 月 1 日再版,1929 年 8 月 1 日初版"的标注,这里的初版时间为"1929"显然是印刷错误,因为再版时间不可能早于初版时间,且《伊巴涅斯短篇小说》(下)也于 1928 年 12 月出版,故"初版"时间应该是"1928 年 8 月 1 日"。此后 1935 年大华书局又再版。

2 日 翻译西班牙伊巴涅斯的小说《天堂门边》,载《中央日报》副刊《红与黑》,1928 年第 4 号。

10 日 在《小说月报》第 19 卷 8 期发表诗作《诗六首》,目次包含《雨巷》《残花的泪》《静夜》《自家伤感》《夕阳下》②和 *Fragments*(标题是法文,收入《望舒诗稿》时改为《断章》)。其中《雨巷》一诗的影响甚大,被叶圣陶称许为"替新诗底音节开了一

---

① 王文彬、金石主编的《戴望舒全集·诗歌卷》第 50 页说《我的记忆》"载《未名》第二卷第一期,一九二九年一月"。具体发表时间不全,应为"一九二九年一月十日"。《未名》原诗之题目为《我的记忆》,而《诗歌卷》第 49 页为《我底记忆》。

② 王文彬、金石主编的《戴望舒全集·诗歌卷》第 16 页《夕阳下》"载《小说月报》第十九卷第十一号,一九二八年十一月",时间有误,应该是"一九二八年八月十日"。

个纪元"。"雨巷诗人"的美名从此得以传扬。

对于《雨巷》的艺术成就,许多研究者都指出主要得益于对中西诗学传统精华的吸收和继承。在中国诗学方面,主要吸取了晚唐五代诗词的营养。在外国诗学方面,直接受到了魏尔伦的影响。因为魏尔仑诗歌的特点和中国古典诗歌的某些传统有着惊人的相似度。据钱钟书考察,西欧有些评论家如斯屈来久认为,中国古诗的"空灵""清淡""意在言外"在西洋诗里最接近魏尔仑的风格。[①]卞之琳后来也说:这位外国人诗作的亲切和含蓄的特点,"特别适合中国人底口味"[②]。而在几十年后写的《戴望舒诗集·序》里,卞之琳再次评价《雨巷》一诗,在"回响着中国传统诗词的一种题材和意境的同时,也多少实践了魏尔仑'绞死''雄辩''音乐先于一切'的主张"。但是,他并不认为《雨巷》在流行上的成功就是诗艺上的成功,严厉批评"用惯了的意象和用滥了的辞藻,却更使这首诗的成功显得浅易,浮泛"[③]。

更多的诗人和读者却对这首诗充满赞誉。除了叶圣陶,保尔(徐元度/徐霞村)在题为《一条出路》的评论中,从中国新诗艺术发展的高度,充分肯定了《雨巷》的意义,强调了它的象征主义性质及其在题材、章法、音乐性方面的突破性成就,认为戴望舒"在中国诗坛上正如 Ruben Dario 在西班牙诗坛一样重要"[④];朱湘热烈称赞了戴诗的音乐性,认为《雨巷》的音节"完美无疵","兼有西诗之行断意不断的长处,在音节上比起唐人长短句来实

---

① 钱钟书:《中国诗与中国画》,《旧文四篇》,第 12 页。
② 卞之琳:《魏尔仑与象征主义·前言》,《新月》第 4 卷第 4 期,1932 年 11 月。
③ 卞之琳:《戴望舒诗集·序》,四川人民出版社 1981 年版,第 4—5 页。
④ 保尔(徐元度):《一条出路》,《新文艺》第 1 卷第 2 期,1929 年 10 月。

在毫无逊色"①；赵景深则注意到戴望舒诗作与耶麦等象征派诗人的相似之处，并对此作了比较。②

16 日　翻译苏联莱蒙托夫的《达芒》，在《中央日报》副刊《红与黑》上开始连载第一部分，17 日连载第二部分，21 日载完，署名戴望舒译。1941 又复译。

约此盛夏　戴望舒和杜衡在杭州葛岭初阳台结识了来杭游西湖的上海诗人、银行职员林微音。当时他正在亭子里烧一堆废纸，引起望舒他们的好奇而结识。原来他烧的是屡屡被退的文稿。回上海后他们成为朋友，林微音也在戴望舒他们编的刊物上发过一些诗文，但不属于水沫社中人，而是与夏莱蒂、朱维基和芳信同属一个小团体，大约叫绿社，出版过一个小刊物叫《绿》。③

9 月

上旬　刘呐鸥出资创办第一线书店，地址在上海四川北路东宝兴路口。据施蛰存《我们经营过三个书店》：他拿出几千元钱，自任老板和会计，请戴望舒他们做编辑和发行工作，同时印行一本文学刊物，起名叫《无轨列车》，本意是"刊物的内容没有一定的轨道"，表示这不是一家同仁刊物，在选题和用稿方面绝不画地为牢，同时又很有大都会现代气息。为了招徕顾客，他还专门做了一个大大的匾牌，悬挂在书店的门楣上。第一线书店开业时只卖《无轨列车》的创刊号。

---

①　朱湘：《通信》，《新文艺》第 1 卷第 3 期，1929 年 11 月。
②　赵景深：《现代中国诗歌》，《现代文学评论》第 2 卷第 3 期。
③　施蛰存：《林微音其人》，《沙上的脚迹》，辽宁教育出版社 1995 年版，第 153 页。

10 日　《无轨列车》创刊号出版。在冯雪峰的影响下,《无轨列车》逐渐驶上了革命宣传的轨道。创刊号上发表了冯雪峰翻译的苏联作品《大都会》。第 3 期上刊登了巴比塞的《高尔基访问记》,还配发了高尔基的大幅照片。第 4 期上刊登了杜衡写作的反映工人罢工的小说《机器沉默的时候》。第 4、5 期上连载了施蛰存的革命小说《追》。第 5 期上还刊登了一篇由冯雪峰从日文翻译过来介绍苏联文学的论文《"库慈尼错"结社及其诗》。第 7 期上刊登了杜衡的描写工潮的小说《黑寡妇街》。

同日　在《无轨列车》上发表诗作《诗二章》,目次包含《路上的小语》《夜是……》,署名戴望舒。拟写恋人间的问答,表达了对爱人"火一样的十八岁的心"的热切渴望,却未得到同频呼应的如青橄榄般的涩苦之情。

21 日　翻译西班牙伊巴涅斯(BascoTbanczyi)的《虾蟆》(续),在《中央日报》副刊《红与黑》第 30 号上连载第一部分内容,第二部分在 25 日第 31 号上连载结束,署名戴望舒译。

25 日　《无轨列车》第 2 期出版。刊登了冯雪峰的一篇《革命与知识阶级》,署名画室。1928 年,冯雪峰考虑最多的是"智识阶级"在中国革命现阶段能做些什么? 文章提到了两个方向:"'无产阶级文学之提倡'和'辩证法的唯物论之确立',于智识阶级自己的任务上,这是十分正当的,对于革命也是很迫切的。"客观地说,这不是戴望舒前往北京所要追寻的初衷,可又恰恰就是冯雪峰所说的"有意义的事"。冯雪峰加入松江的文学工场后,"有意义"成为文学工场新的价值指标,对他们三个人的翻译、创作都产生了巨大的影响。据施蛰存《我们经营过三个书店》里说:"在办第一线书店的时候,冯雪峰常常劝告我们,要出版些'有意义'的书。"杜衡也回忆说:"到一九二八年夏季,我下了除有积极意义的东西之外一概不写的决心。"

29 日—10 月 3 日　翻译苏联迦尔洵的《旗号》,在《中央日报》副刊《红与黑》1928 年第 35 号、36 号、37 号分三期连载完,署名戴望舒译。后《旗号》又收录于《俄罗斯短篇杰作集》中,并由自己创办的水沫书店出版。小说讲述西蒙·伊伐诺夫在任何环境下都保持着惊人的乐观和善良,即使在战火中也会冒着生命危险为军队按时供应茶水。战后铁路工作环境极差工资微薄,一个戾气很重的邻居为了宣泄不满撬了铁轨,西蒙用自己的生命及时避免了一场大灾难。鲜血染红的布料作为警示旗号,飘扬着自我牺牲的人道主义精神。

30 日　翻译比利时作家梅特林克《凄暗的时间》,署名戴望舒,载《文学周报》第 7 卷第 12 期。①

本月　译作沙多勃易盎的《少女之誓:阿拉达与核耐》,由开明书店出版,署名戴望舒译。此后,开明书店又于 1931 年 11 月再版重印。

两篇小说为姊妹篇。《阿达拉》讲述却克塔斯年轻时被判了死刑,被印第安女性阿达拉所救,在逃走的路上坠入爱河。但阿拉达因母亲临死前立过终身守贞的誓言而拒绝了爱情。阿达拉最后难忍分手的痛苦而服毒自杀。《核耐》讲核耐在父亲的威严之下常感到害怕胆怯,只有在姐姐面前才会觉得舒服自然,他爱上了亲姐姐阿美梨,但准备用自杀来了结这份无望的不伦之爱。姐姐找到他一起度过了一段美好时光,但阿美梨也因这份感情产生罪孽感遁入修道院。却克塔斯和核耐都是经历过爱而

---

①　据王文彬、金石主编的《戴望舒全集·诗歌卷》。但在现有的数据库中只能看到第 326—350 期合订本中的标题和内容,没法确定具体出版时间和期号,故这条还待确认。

不得的痛苦之人，最终死在法兰西人和纳契人的屠杀中。

《译者题记》中特别指出："这是一本充满了诗的情调，热情的火焰和不能慰藉的沉哀的书。""这本《核耐》带了一个深沉的无端的忧郁给我们看。"这种爱而不得之苦以及忧郁、沉哀等情感，也正是戴望舒诗歌中反复表现的诗情和主题。可见他的翻译与创作某种意义上形成了一种同构回响的关系。

10 月

10 日　与施蛰存合编的《无轨列车》第 3 期出版。

24 日　翻译伊巴涅斯的《落海人》，载《中央日报》1928 年第 45 号。

25 日　与施蛰存合编的《无轨列车》第 4 期出版。这一期他们组织了法国保尔·穆杭的"小专号"。除刘呐鸥亲自翻译克雷弥尔《保尔·穆杭论》一文以外，还刊载了戴望舒翻译的法国保尔·穆杭的两个短篇《懒惰病》（保尔·穆杭作，署戴望舒译）和《新朋友们》（保尔·穆杭作，署江思译）。这一专号对穆杭在法国现代文学的版图以及当代世界文学中的位置进行了较清晰的说明，称赞穆杭为"法国现在站在第一线的作家"，甚至以他为"法国文坛的宠儿""世界新兴艺术的先驱者"。

11 月

10 日　与施蛰存合编的《无轨列车》第 5 期出版。在本期上发表译诗《我有些小小的青花》，署名 Paulfort 作，戴望舒译。

本月　翻译法国作家沙尔·贝洛尔（Chales Parrult）的童话故事集《鹅妈妈的故事》，署名戴望舒译，由上海开明书店初版。

前有戴望舒写的"序引"，简单介绍了贝尔洛的生平。父亲是一个辩护士，三个哥哥都很有名，小时就显露出极强的天赋，8岁上学后曾经与老师发生激烈辩论，后得父亲同意退学自由学习，得到了法学硕士学位，作为职业律师以及父亲的秘书受到官员的赏识，同时沉迷文学和建筑，表现出过人的艺术天分，又富有批判意识和开创精神，所写的赞美现代远超古代的诗引起了一场论战，影响波及英国文坛。《鹅妈妈的故事》初版时叫《从前的故事》，署的是贝尔洛儿子的名字。收入《林中睡美人》《小红帽》《兰须》《穿靴的猫》《仙女》《灰姑娘》《生角的吕盖》《小拇指》等8篇童话故事。因为这些都是流行于儿童中的古老传说，贝尔洛只是用了活泼天真的孩子口吻转述了故事，也因为他之前激烈抨击过"古昔"，所以一开始用了假名。

戴译本颇受市场欢迎，1930年10月开明书店又三版发行。或许是对自己少年时受到过多束缚的反拨，戴望舒在翻译时，把原文结尾处的韵文式的教训格言都删除了。他说："这是一种比较沉闷而又不合现代的字句"，"我实在不愿意让那里所包含的道德观念来束缚了小朋友们活泼的灵魂"。

本月 施蛰存与陈慧华女士在松江举行婚礼，据施蛰存《滇云浦雨话从文》自述："冯雪峰、姚蓬子、丁玲、胡也频、沈从文、徐霞村、刘呐鸥、戴望舒等许多文艺界朋友都从上海来参观婚礼。从文带来了一副裱好的贺词。这是一个鹅黄洒金笺的横幅，文云'多福多寿多男女'，分四行写，每行二大字，下署'丁玲、胡也频、沈从文贺'。"

本月 翻译比利时作家梅特林克《冬日的希望》，署名戴望舒,载《文学周报》第 7 卷第 18 期。①

25 日　与施蛰存合编的《无轨列车》第 6 期出版。

本月　在《未名》第 1 卷第 7 期,发表诗歌《独自的时候》,署名戴望舒。②

12 月

1 日　翻译保尔·穆杭的《洛迦特金博物馆》,载《熔炉》1928 年第 1 期,署名戴望舒译。

10 日　与施蛰存合编的《无轨列车》第 7 期出版。诗歌《断指》首刊于此③,后收入《我底记忆》集中。这首《断指》最开始是准备发表在第一期《文学工场》上的,但由于内容激烈,书局老板不敢印行而耽搁。这可视为戴望舒发表的第一首带有明显左翼倾向同情革命的诗作。在诗艺方面,卞之琳说这首诗"较有分量,较有新意","日常语言的自然流动,使一种远较有韧性因而远较适应于表达复杂化、精微化的现代感应性的艺术手段,得到充分的发挥"。④ 艾青在读了《断指》之后说,它是戴望舒"在抗战前所写的诗中最有现实意义的一首诗"⑤。

---

① 据王文彬、金石主编的《戴望舒全集·诗歌卷》,但在现有的数据库中只能看到第 326—350 期合订本中的标题和内容,没法确定具体出版时间和期号,故这条还待确证。

② 王文彬、金石主编的《戴望舒全集·诗歌卷》第 58 页标注《独自的时候》"载《未名》第一卷第八、九期"。期号错误,应为"第一卷第七期"。

③ 王文彬、金石主编的《戴望舒全集·诗歌卷》第 45 页标注《断指》"载《无轨列车》第一期,一九二八年十二月",期号错误,应为"《无轨列车》第七期"。

④ 卞之琳:《戴望舒诗集·序》,《戴望舒诗集》,四川人民出版社 1981 年版,第 5 页。

⑤ 艾青:《戴望舒诗集·序》,《戴望舒诗集》,四川人民出版社 1981 年版,第 3—4 页。

关于《断指》所缅怀的革命者、诗中那个"已牺牲了的朋友"，一般认为是指时任中共杭县县委书记池菊章，他在湖滨饭店开会组织革命暴动时被捕。当时的孔另境（原名孔令俊）也在县委工作，第二天早晨孔另境如约到饭店去开会时，发现饭店的门房朝他打眼色，他感到情况不妙急忙逃跑。事后得知，前天晚上开会的革命者全部被捕。据孔另境的自传，事后，"我即携个人行李及池菊章一断手指瓶至一姓戴家躲避"。戴家就是指戴望舒家。戴望舒就此得知断指者池菊章的经历和那"可笑又可怜的爱情"，而那瓶断指，就长期留在了戴望舒的书橱里。①

这个断指的故事，还牵扯到戴望舒姐姐和茅盾妻弟孔另境的一段往事。据施蛰存《怀孔令俊》回忆："望舒有一个姊姊，青年居孀，住在娘家。令俊和望舒的姊姊发生了恋爱，以后二人就双飞到天津同居。令俊在天津女子师范任教，可能还做党的工作。因为不久即被捕入狱。令俊在被拘押期间，曾托一位王某②，也是党员，照料戴氏。岂知王某与戴氏也有了恋爱关系，二人就双飞南下，到了上海。令俊出狱后，人去楼空，也回到上海。此事望舒极为恼怒，拒不与他们三人相见。"③

另据茅盾在《文艺大众化的讨论及其它——回忆录（十五）》（《新文学史料》1982 年第 2 期）中的说法，戴瑛"为了甩脱他（指孔另境），就诬告他是共产党。结果（孔）在 1932 年 7 月被抓去坐了牢……后又被解到了北京"。孔另境被捕后，他的姐姐，也

---

① 孔海珠：《〈断指〉的本事》，《戴望舒逝世四十周年纪念特辑》，《香港文学》1990 年 7 月第 67 期。

② 这个"王某"即王德孚，戴望舒外甥女钟萸的继父。关于他是党员这一信息，钟萸也不能确认，更倾向于认为不是。见钟萸《我的回忆》（手稿）。

③ 施蛰存：《沙上的脚迹》，辽宁教育出版社 1995 年版，第 151 页。

就是茅盾夫人孔德沚十分着急,央求茅盾托鲁迅营救孔另境出狱,鲁迅找到前教育总长汤尔和,才将他搭救出来。保释出狱后,孔另境直奔上海茅盾的家,因为"那时天津的家早已人去楼空,所有细软都被戴氏囊括而去"。

而据戴瑛的女儿钟萸《我的回忆》:戴瑛和孔另境同居后离开杭州去天津,留下她和妹妹在戴家由外公外婆照料抚养。戴瑛在天津遇到从日本回来的王德孚,又跟王到了上海并结婚,两个人"都学过世界语"。对于茅盾指责戴瑛"卷款"一事颇不以为然。那瓶浸在药水中的断指就一直留在戴望舒家的书橱里,她从小看到大。

本月 翻译西班牙作家伊巴涅斯的《醉男醉女》[《伊巴涅斯短篇小说》(下)],由上海光华书局发行,署名戴望舒译。收《醉男醉女》《失在海上》《虾蟆》《奢侈》《落海人》《女囚》和《疯狂》7篇短篇小说以及孙春霆的《伊巴涅斯评传》。①

伊巴涅斯是戴望舒很喜欢的作家,但市面上他的译作却很少,便着手自己来翻译,也因此成为把伊巴涅斯的作品介绍到中国的重要翻译家。在 1928 年至 1936 年,戴望舒共翻译出版了12 篇伊巴涅斯的短篇小说,这些小说译作或是单篇发表于杂志上,或是收录于《良夜幽情曲》《醉男醉女》《西班牙小说集》中,有些小说日后还重复多次发表。这 12 篇小说绝大部分都是希望伴随着绝望的悲剧。

《提穆尼》中的主人公是一个四处漂泊的酒徒和省里最好的风笛手,因缘巧合与酒店女主人从朋友变成了恋人。第一次尝

_____

① 此书的版权页标注:1928 年 11 月付排,1928 年 12 月出版,出版 1—1500册。从这些信息中可以明确看出《醉男醉女》第一次出版时间是 1928 年 12 月,而非北塔在《让灯守着我:戴望舒传》中提到的 1928 年 9 月。

到了除了酒和风笛以外的乐趣,醉女怀孕使提穆尼的幸福达到了顶峰,但孩子和醉女都一并死去了,提穆尼认识过幸福之后又深刻地体悟了绝望,整日弹着悲哀的曲子消极度日。《失在海上》中的水手盎多尼奥为了维持生计,凌晨两点就带着九岁孩子出海捕鱼,鲔鱼上钩翻动小船导致孩子落海而死。用自己的孩子的性命换来一条鱼,在他的家乡是习以为常的穷人注定的悲剧。《落海人》中的船夫裘阿尼罗曾被启思巴思老丈所救。当他不幸再次落水坚信老丈会救时,船却离他远去。以为自己得到了救赎,却不知道坠入了更深的深渊,他就这样抱着绝望沉入海底。《女囚》中的拉斐尔开枪伤人进了监狱,遇大赦免了死刑被押到非洲监禁,但他的妻子因为是基督徒不能再嫁别人,只能等待着残暴的丈夫出狱,她的一生将和那个被监禁的丈夫永远捆绑在一起,也与女囚犯无异了。《疯狂》里的加尔代拉的独子被狗咬得了严重的狂犬病,医生束手无策,村里人因为害怕杀了很多狗,加尔代拉无法忍受自己的孩子承受巨大痛苦,便亲手开枪射杀孩子让他解脱。《愁春》中的少女鲍尔达和年老的笃福尔靠着一小块花园生活,两人从不休息也仅够吃饱饭和偿付地租。不幸辛苦努力都是徒劳,鲍尔达死后 70 岁的笃福尔兼干两个人的活。本应是让人赏心悦目的花园成了地狱,他们的人生本就是一场没有希望的悲剧。《蛊妇的女儿》中玛丽爱达的母亲是蛊妇,人们都认为巫婆的女儿也是有毒的。玛丽爱达和丈夫真心相爱,不幸丈夫不久去世,所有人都认为是她带来的灾难,小叔子为此开枪杀了她,还坚信自己做了一件好事。固有的偏见毁掉了一条性命,无法改变的出身导致了女主人公的悲剧。

25 日 《无轨列车》第 8 期出版,发表诗作《对于天的怀乡病》。

本月 这份发行仅 8 期的《无轨列车》半月刊被迫停刊。罪名是"籍无产阶级文学,宣传阶级斗争,鼓吹共产主义",被国民党中央列入"查禁反动刊物表"①。同时书店亦奉谕停止营业。理由是"未经登记核准,擅自开店营业"(据施蛰存《浮生杂咏》五十四)。

1929 年(己巳,民国十八年) 24 岁

▲2 月,国民政府决定中国农历新年正式改名春节。

▲2 月,创造社出版部被国民党当局查封,《创造月刊》停刊。

▲本年,商务印书馆出版王云五主编大型丛书《万有文库》第一集。

1 月

1 日 翻译法国作家保尔·穆杭的小说《天女玉丽》,由上海尚志书屋出版,署名戴望舒译。这是保尔·穆杭至今唯一的中文翻译选集。目次包括《保尔·穆杭论》(呐鸥译)、《新朋友们》、《天女玉丽》、《洛加特金博物馆》、《六日竞走之夜》(之前单译时题名为《六日之夜》)、《懒惰底波浪》(在《无轨列车》第 3 期发表的时候题名为《懒惰病》)、《荙莱达夫人》(Madame Fredda)和《匈牙利之夜》(La Nuit hongroise)7 篇。

23 日 致函松江县立中学执教的施蛰存来沪商量书店事宜。按施蛰存日记:"望舒来信,促本星期六到沪一行,共商书店

---

① 张静庐辑注:《中国现代出版史料·丁编》,中华书局 1959 年版。

一切事务。"

25 日　在《未名》第 2 卷第 2 期，发表诗歌《秋天》。

本月　经过《无轨列车》和一线书店被禁停的挫折，刘呐鸥心有不甘，"决心别立坛坫，卷土重来"。这次吸取了教训，不打算开店也不设铺面门市，只在北四川路公益坊 1734 号租了一幢石库门住宅房子，挂出了一块小招牌："水沫书店"，实际上是一个出版社。"店名不再作惊人豪语，而定名为'水沫'，亦自谦其存亡均不足重也。"对此，施蛰存晚年《浮生杂咏》（五十四）中还有诗云："拔新领异洗陈辞，卷土重来别建麾。新店开张浮一沫，存亡朝夕不容知。"①

本月　水沫书店开张，出版的第一本书是施蛰存的小说集《追》。同时开始筹备《新文艺》月刊。

据施蛰存《戴望舒诗全编·引言》："水沫书店是刘呐鸥、戴望舒和我合作经营的一个小出版社。当时我们都是文学青年，年少气盛，想介绍一点外国文学，也想总结创作一点文学作品，每天总得动动笔头。课时积稿甚多，总是很不容易找到肯为我们印行的出版商。一赌气，我们就自己办起一个出版机构。刘呐鸥出钱，我和望舒出力，我们劳资合作，首先印了我们自己和朋友的创作，定名为《水沫丛书》。"

据施蛰存《最后一个老朋友——冯雪峰》：改为水沫书店后，最初出版了一些比较平稳的文艺书，例如施蛰存的小说集《上元灯》、望舒的诗集《我底记忆》、蓬子的诗集《银铃》、胡也频的《往何处去？》，还有雪峰介绍来的柔石的《三姊妹》。这些出版物，读者的反映都很好，也有边远省市的书商上门来批购。书店总算

---

① 施蛰存：《沙上的脚迹》，辽宁教育出版社 1995 年版，第 210 页。

站住了。

本月 翻译爱尔兰唐珊南的《不幸的躯体》，载《文学周报》1929 年第七卷第 326—350 期，署名戴望舒。

2 月

5 日 国民党上海市政府发出《上海市政府报执行情况》，其中记载了《无轨列车》被禁的经过："为呈复事：案奉钧府第二号令开：禁止辖境书肆售卖《无轨列车》'共党'刊物，并侦察北四川路第一线书店具报等由，同日又奉钧府第三号训令开：查禁东方无政府主义者联盟编行之《东方》刊物，扣留烧毁等由。奉此遵即并案转令职府所属公安、教育两局，严密查禁具报去后。兹据该局等会呈称：奉令后当经职公安局通令所属一体严密查禁；职教育局饬知本市各书肆不得售卖前项反动刊物，以期禁绝；并由职公安局令饬该管第五区区长陈佑华，职教育局派视察员杨佩文，会同检查去后。兹据该区长呈复：业经会同至北四川路宝兴路第一线书店查得印有《无轨列车》第 1 期至第 8 期十六捆。询据该店主现不在沪，店中只有佣伙二人，详情未能查悉。除饬该书店以后不得发行并饬属随时严密查禁外，理合将侦查情形及查获书籍呈解鉴核等情前来。……谨呈国民政府。上海特别市市长张定璠。"①

10 日 翻译俄国阿尔志巴绥夫的《夜》，载《红与黑》1929 年第 2 期，署名戴望舒译。

本月 水沫书店出版了第二本书：冯雪峰翻译的苏联译诗

---

① 沈建中编撰：《施蛰存先生编年事录》（上），上海古籍出版社 2013 年版，第 127 页。

集《流冰》。按冯雪峰的说法,是因为戴望舒整理了冯雪峰翻译的《新俄的无产阶级文学》中引用的诗作,他"把那些引诗编成一小集,以其中一首诗题目为集名,得我同意而出的"①。

4 月

1 日　第一本诗集《我底记忆》由水沫书店初版。在这本诗集的扉页上,印着"A Jeanne"几个法文大字。据徐霞村回忆:"用法语写的 A Jeann,意为'致绛年'。Jeann 是法国女孩子的名字,音正好与'绛年'差不多;A 是'致'的意思,献给她的。"还有两行拉丁文写的古罗马诗人提布卢斯的诗句:

Te Spectem Suprema mihi Cum Venerit hora,

Te teneam moricans deficiente manu

这两句诗,据戴望舒自己的翻译是——"愿我在最后的时间将来的时候看见你,愿我在垂死的时候用我的虚弱的手把握着你"②。公开表达对施绛年的炽热深情。

诗集分"旧锦囊""雨巷"和"我底记忆"等三辑,共收 26 首诗。其中"旧锦囊"一辑包括《夕阳下》、《寒风中闻雀声》、《自家伤感》、《生涯》、《流浪人的夜歌》、Fragments、《凝泪出门》、《可知》、《静夜》、《山行》、《残花的泪》、《十四行》12 首诗;"雨巷"一辑包括《不要这样盈盈地相看》、《回了心儿吧》、Spleen、《残叶之歌》、Mandoline、《雨巷》等 6 首诗;"我底记忆"一辑包括《我底记忆》《路上的小语》《林下的小语》《夜是》《独自的时候》《秋天》《对于天的怀乡病》《断指》8 首诗。

---

① 包子衍:《冯雪峰年谱》,上海文艺出版社 1985 年版,第 33 页。

② 戴望舒:《答林蕴清先生来函》,《新文艺》1929 年第 3 期。

据施蛰存《戴望舒诗全编·引言》回忆:"这样分法,表示了作者自一九二四年至一九二九年这五年间作诗的三段历程,作《旧锦囊》诸诗的时候正是郁达夫在《创造》季刊上介绍了英国诗人欧纳恩特·道生,同时美国出版的近代丛书《道生诗集》到了上海,我们都受到影响,望舒和杜衡以一个暑假的时间译出了道生的全部诗作,这期间,目营心受,无非是道生的诗。《旧锦囊》里的那些作品,无论是思想情绪,或表现方法,都显然可以觉得是道生诗的拟作,不过这中间还加上了一点中国诗的意境和词藻。一九二五年,望舒进震旦大学,从樊国栋神父学法文,一开头,就读拉马丁、庞维尔、魏尔仑的诗,尤其是魏尔仑,田汉刚在《创造》季刊上为文介绍过,因此望舒又不能不受到些影响,接着,他的兴趣就转到果尔蒙、耶麦、保尔·福尔,尤其是耶麦的田园诗气息,给他以新的启示,《我的记忆》《秋天》《对于天的怀乡病》这几首,熟悉法国诗的读者,分明可以看出是耶麦的风格。望舒把第一辑诗题为《旧锦囊》,显然有否定它们的含意,好像说,这些都是过时、陈旧的作品。"

　　随着诗集《我底记忆》的问世,人们惊叹戴望舒全新的诗风转向,发表后得到许多美誉。杜衡对这首诗的创作背景和戴望舒诗歌风格的前后变化了解最详细直接。据杜衡《望舒草·序》:"1927 年夏某月,望舒和我都蛰居家乡,那时候大概《雨巷》写成还不久,有一天他突然兴致勃发地拿了张原稿给我看,'你瞧我底杰作',他这样说。我当下就读了这首诗,读后感到非常新鲜;在那里,字句底节奏已经完全被情绪底节奏所替代,竟使我有点不敢相信是写了《雨巷》之后不久的望舒所作。只在几个月以前,他还在'彷徨''惆怅''迷茫'那样地凑韵脚,现在他是有勇气写'它的拜访是没有一定的'那样自由的诗句了。他所给我看的那首诗底题名便是《我底记忆》。从这首诗起,望舒可说是在无数的歧途中间找到了一条浩浩荡荡的大路,而且这样地完成了:为自己制最合自己的脚的鞋子(《零札》七)的工作。为了这个缘故,望舒第一次出集子即名曰《我底记忆》。"

徐霞村(署名保尔)在《一条出路——评戴望舒〈我底记忆〉》(《新文艺》第1卷第2期,1929年10月)中也给予了高度评价。认为《我的记忆》证明了"中国新诗的前途是无限的",该诗集"给中国的新诗开出了一条出路,它的作者在中国诗坛上正如Ruben Dario在西班牙诗坛一样重要"。"戴君的诗虽然很明显地受到了正统的象征派的Francis Jammes(耶麦)的影响,但它们在中国诗坛上的重要确是象征主义的。"

朱湘在给戴望舒的信中说:有许多人替诗悲观,那实在是人云亦云。现在有了你的创作,"新诗的前途并无可悲观,可悲的是懂新诗的人太少了!"(朱湘《通信》,载《新文艺》第1卷第3期,1929年11月号)

朱自清则说《我底记忆》具有"细腻,朦胧"的特点,但他同时也不留情面地指出,戴望舒的这首诗作"缺少干脆、简练,甚至于硬朗。同时,偶尔在白话里融会一些文言和西语的辞藻和句法,也略欠自然。与此相结合,形式的松散也易于助长一种散文化的枝蔓"[1]。

艾青则高度评价:"戴望舒起初写诗是用韵的,到写《我的记忆》时,改用口语写,也不押韵。这是他给新诗带来的新的突破。这是他在新诗发展上立下的功劳。"[2]认为《我的记忆》这样的诗

---

① 朱自清:《中国新文学研究纲要》,《文艺论丛》第14辑,上海文艺出版社1982年版。

② 艾青:《就当前诗歌问题访艾青》,《山东文学》1981年第5期。

作"比过去明朗,较多地采用现代的日常口语,给人带来了清新的感觉"①。

值得一提的是,《我的记忆》最早发表在 1928 年 7 月 31 日的《中央日报》副刊《红与黑》上,并没有引起多大关注,反而 10 天后在《小说月报》第 19 卷 8 期上发表的《雨巷》,由于有叶圣陶的推荐赞誉,"雨巷诗人"开始名满诗坛。如施蛰存所说:"望舒的诗,过去分散发表在不同的刊物上,读者未必能全部见到,现在结集在一本诗集中,它们的风格呈露了。在当时流行的新月派诗之外,青年诗人忽然发现了一种新风格的诗。从此,《我底记忆》获得新诗读者的认可,标志着中国新诗发展史的一个里程碑。"

25 日 用散文翻译古罗马诗人奥维德的长诗《爱经》,由水沫书店出版,署名戴望舒译。《爱经》开篇就说:假如有人不懂得"爱术",只要读了这篇诗,"他便会爱了"。故初版《爱经》将此作定位为"多情男女"必读的恋爱指导手册。1929 年 3 月 23 日的《申报》刊登水沫书店《爱经》广告中,就旗帜鲜明地主打"多情的青年男女当读爱经"的口号。但其实这是对《爱经》偏颇的介绍。奥维德真诚地告诉读者:"我不是为有钱的人来教爱术的,那出钱的人是用不到我的功课的。他们是用不到智慧的……这篇诗是给穷人做的,因为我自己是穷人的时候,我曾恋爱过。当我不能送礼物的时候,我便把美丽的语言送给我的情妇。"

水沫书店出版的戴译《爱经》,有普及版和精装版两种,短短三年后又由现代书局重印再版,可见译作在当时的影响力。《爱

---

① 艾青:《戴望舒诗集·序》,《戴望舒诗集》,四川人民出版社 1981 年版,第 2 页。

经》里包含大量希腊、罗马神话传说,又文采斐然地勾勒出罗马生活的生动画卷,在争议不断的同时也逐渐奠定了其罗马文学经典的地位。

到了现代书局再版《爱经》时,才完全保留了初版译文的内容和翔实的译者注,又增加了戴望舒写的译者序,并于1932年11月6日的《申报》上刊登广告,将戴译《爱经》与贺玉波所著《中国现代女作家》及郭沫若的《创造十年》、茅盾所译的《文凭》、秋泽所译的《高尔基研究》等书一起宣传。其中,戴译《爱经》的介绍占最多版面。这则简短的广告一改《爱经》初版广告的语调和策略,明确将其定位为"古典文学的世界名著"。

《爱经》一共三卷,前两卷写成于公元前1年,第三卷稍晚一些写成,戴望舒在译序中说:"然皆当其意气轩昂,风流飙举之时。以缤纷之辞藻,抒士女容悦之术,于恋爱心理,阐发无遗,而其引用古代神话故实,尤见渊博,故虽遗意狎亵,而无伤于典雅;读其书者,为之色飞魂动,而不陷于淫佚。文字之功,一至于此,吁,可赞矣!"[1]并将原书名中高雅的"艺术"二字拿掉,直接译作《爱经》,反而更贴切地强调了其在西方文学史以及文化史上的经典价值。艾青曾评价戴译《爱经》"保留着原作的诗意,可读性颇强"。

戴望舒翻译《爱经》过程中还有一个与鲁迅的小插曲。1929年4月7日,鲁迅在写给韦素园的信中说:"上海去年嚷了一阵革命文学,由我看来,那些作品,其实都是小资产阶级观念的产物,有些则简直是军阀脑子。今年大约要嚷恋爱文学了,已有

---

① 戴望舒:《爱经·序》,王文彬、金石主编《戴望舒全集·小说卷》,中国青年出版社1999年版,第361页。

《唯爱丛书》和《爱经》预告出现。"鲁迅在信中所提到的预告，就是指 1929 年 3 月 23 日《申报》刊载的关于《爱经》的出版广告："罗马沃维提乌思作，戴望舒译，水沫书店刊行"；第二天《申报》上又刊载了《唯爱丛书》的广告："世界书店发行，唯爱社出版，已出二十种。"王景山认为："《唯爱丛书》自然是无聊之作，鲁迅一时疏忽竟把两者相提并论，误作一路货色了。"事后，鲁迅经过了解，发现自己误会了戴望舒，他本人其实对于"人的解放""性的压抑"等命题是一直关注且予以积极支持的。后来，冯雪峰要编作家书简集时，鲁迅删掉了"和《爱经》"字样，这样，戴望舒才免受牵连。[①]

5 月

26 日　论文《〈西哈诺〉译文商酌》发表于 1929 年《文学周报》第 8 卷 351—375 期。《西哈诺》是法国 Edmond Rostand 著，方于女士翻译，夏康文作序，由上海春潮书局出版。戴望舒指出了译文的八处值得商酌之处。[②]

本月　主要负责水沫书店编辑出版事务。因这期间刘呐鸥夫人黄素贞来到上海，戴望舒和施蛰存就从江湾刘寓搬到书店，住在亭子间里。据施蛰存《我们经营过三个书店》回忆："我那时还在松江中学任语文教师，不能常驻上海，总是星期六下午到上海，星期一早车回松江。杜衡住在圣母院路高福里，也不常到书店。刘灿波（呐鸥）每天上午来书店，结算一下银钱账目，和望舒

————————

　　① 刘保昌：《戴望舒传》，湖北辞书出版社 2007 年版。
　　② 据王文彬、金石主编《戴望舒全集·散文卷》文末标注，此篇发表于 1929 年 5 月 26 日《文学周报》第 8 卷第 22 期，但在现有能查的数据库中只能看到第 351—375 期合订本中的标题和内容，没法确定具体出版时间和期号，故这条还待考证。

谈一阵编辑出版事务,他就走了。因此,最初一段时间,整个水沫书店是望舒一个人管理的。"

本月 翻译《俄罗斯短篇杰作集(一)》,包含《夜》《达芒》两篇,由水沫书店初版,1930 年 5 月再版。阿尔志巴绥夫的《夜》曾在《红与黑》杂志 1929 年第 2 期刊载过,后又于 1941 年再次在《星岛日报》副刊《星座》上发表出来,篇名改为《达满》,署名白衔译。

小说表现的是人类深深的绝望。漆黑的看不到光明的"夜"既是小说的题目,也是小说表达的主旨。正如鲁迅先生评价的:"阿尔志跋绥夫的著作是厌世的,主我的。"《达芒》是莱蒙托夫《当代英雄》中最富诗意的一篇。小说中不管是自然景物描写还是人物心理刻画,无不诗意盎然。戴望舒特地将这一篇翻译出来,正体现出他早期对小说中诗情的关注。

本月 水沫书店出版了作为《科学的艺术论丛书》中的卢那卡尔斯基的《艺术之社会基础》,署名雪峰译;以及《新艺术论》,波格达诺夫著,苏汶译。

6 月

本月 翻译《俄罗斯短篇杰作集(二)》,包含《旗号》《奥格利若伏村底戏剧公演》两篇,由水沫书店出版。

7 月

8 日 在《语丝》第 5 卷第 18 期发表文论译作《文学天才与经济条件》,署名伊可维支(Marc Ickowicz)作,江思译。

8 月

30 日　诗作《回了心儿吧》，发表于《今代妇女》第 11 期。

本月　翻译法国古弹词《屋卡珊和尼各莱特》（12—13 世纪游吟诗人随口唱出），由上海光华书局出版。施蛰存作序，说："这里，我只愿意替《屋卡珊和尼谷莱特》向读者略致介绍，虽然这是很不量力的。""望舒译作弹词是很确切的，因为它简直和我国的弹词，不仅在体裁这方面，便是性质也完全一样的。""至于译文，我相信望舒用纯朴的文句将它移译过来，绝对保留着本来的质素的面目，是很妥善的办法。不过对于传奇之类的文学，在今日译印，或许有人要说太不合时代。"[①]

9 月

上旬　据施蛰存自述："出版的书多了，望舒一人忙不过来，要求我和杜衡全力合作。"最后决定辞去松江教职，举家搬到上海，与杜衡夫妇合资租住在东横滨路大兴坊（即景云里的隔壁弄堂），从此专事出版编辑。

15 日　与施蛰存合编的《新文艺》创刊号第 1 卷第 1 期出版，由水沫书店印行。预算 25 开本，每期 156 页。戴望舒与施

---

①　此序结尾有标注为民国"十六年十二月，施蛰存"，可见施蛰存写序时间应该是 1927 年 12 月，因此沈建中在《施蛰存先生编年事录》里提到的作序时间"1926 年 12 月"应该是误记。而王文彬、金石在 1999 年主编的《戴望舒全集·诗歌卷》中称此译文于 1927 年 9 月出版，显然出版时间不可能早于施蛰存作序时间，故有误。此后王文彬又在商务印书馆 2006 年出版的《雨巷中走出的诗人——戴望舒传论》第 59 页中修改说法，指这篇古弹词由上海光华书店 1928 年 11 月出版，出版时间依然有误，应为 1929 年 8 月。

蛰存主要负责编辑和审稿业务，并在每期后撰写《编辑的话》和部分国内外文坛消息杂话。《新文艺月刊社广告》中开宗明义声明，要把刊物办成"内容最好，最有趣味，无论什么人都要看的""唯一的中国现代文艺月刊"。

在第1期上发表译诗《耶麦诗抄》(6首)，目次为《屋子会充满了蔷薇》《我爱那如此温柔的驴子》《膳厅》《少女》《树脂流着》《天要下雪了》。诗末"译后记"称耶麦是"法国现代大诗人之一，他是抛弃了一切虚夸的华丽、精致、娇美，而以他自己的淳朴的心灵来写他的诗的"，能让读者感到"生存在我们日常的生活中"的"一种异常的美感"。这也是戴望舒喜欢耶麦并受其影响努力追求的诗风特质。

本期开始连载法国作家高莱特的小说《紫恋》，一共连载到第4期结束，署名戴望舒译。此外，还在《文坛消息》栏目下发表介绍国外普罗文学的文艺随笔《匈牙利的"普洛派"作家》。同期还刊载了施蛰存小说《鸠摩罗什》。

据施蛰存《我们经营过三个书店》:《新文艺》创刊号出版后颇获好评，不到半月立刻脱销，之后又再版。他们还打算出版一种《水沫》月刊，类似开明书店的《开明》月刊，介绍文坛消息、刊登书评等，并在《新文艺》回复读者来信中承诺《水沫》将于1930年2月下旬发行，但因种种原因，《水沫》未得到刊行。

同日 还发表了书评《〈肉与死〉的第一节》，署名"补血针"。据施蛰存披露"补血针"是戴望舒的笔名。此文评论的是真美善书店1929年出版，法国作家边勒鲁意(Pierre Louys，今译皮埃尔·路易斯)著，病夫、虚白(病夫即曾孟朴，虚白即儿子曾虚白)译的《肉与死》，即皮埃尔·路易斯的名作《阿弗洛狄德》(Aphrodite)。北新书局1930年1月出版了此书的另一版本:比埃尔·路易著,鲍文蔚译的《美的性生活》。据《肉与死》翻译"后记",在法国,此书初版是 1896 年,二版是 1900 年,二版比初版增改了两章半,曾氏父子根据的是两个初版本:1906 年近代书馆 Modern—Bibliotheque 图画本和 1928 年沙那田书店 Libraire Charpentier et Fa quelle 本。同时他们也参照了许勒丹朗甸 Julen Tallandier《杰作集》本和英译本。但认为增改本不如初版本一气呵成,故只依据初版本翻译。戴望舒作此文,认为文坛大肆宣传的《肉与死》是"一本失败的翻译",并举出前 20 页的三十几处错误,希望可以引起译者的注意。①

本月　林移今把当年一部轰动国际文坛的德国雷马克著的小说《西部前线平静无事》译成中文,带了样本找来,希望水沫书社能够替他印行出版。因为听说马彦祥和洪深也在译此书,施戴决定接受译稿并且快速推进出版。据施蛰存《我们经营过三个书店》:"我和望舒带了五听白锡包纸烟,到和我们有交情的华文印刷所,找到经理和排字房工头,请他们帮忙,在一个月内把这部二十多万字的译稿排出,排字工加百分之二十,另外奉送纸烟五听,让他们自己分配。他们都很高兴地接受了这个任务,过不了十天,就送来初校样。"

同月　水沫书店出版了《科学的艺术论丛书》中的一本:冯雪峰翻译的梅林格的《文学评论——文学与新兴阶级》。

10 月

15 日　《新文艺》第 1 卷第 2 期出版。

同日　同期发表散文译作《修伞匠》《卖饼人》,署名西班牙

---

① 熊婧:《〈戴望舒全集〉补正》,《中国现代文学研究丛刊》2015 年第 3 期。

阿左林著,江思译。

同日 同期发表诗作《到我这里来》《祭日》两首诗。本期《编者的话》中特别指出:"戴望舒的诗,自《我底记忆》出版以来,已给中国诗坛一个新的光芒。我们很欣喜地发表他的两首诗作。"的确,从诗艺的进展来看,由《我底记忆》开创的具有散文美的无韵自由诗体,已可喜地趋于圆熟。但以诗歌表达的诗人情感来说,却陷入了绝境。半年前在《我底记忆》扉页上公开深情的表白,并没有得到施绛年的感情回馈,甚至可能得到了明确无望的信号,使得诗人产生爱情已死的幻觉,这两首诗便表达了对"死去"的爱情与自我"亡灵"的悲悼之情。

本月 水沫书店出版了《科学的艺术论丛书》中的一本:由鲁迅翻译的卢那卡尔斯基的《文艺与批评》。

11 月

上旬 由戴望舒和施蛰存合编的《新兴文学丛书》如愿出版了林移今翻译的德国雷马克的《西部前线平静无事》(今译《西线无战事》)。据施蛰存《我们经营过三个书店》中回忆:"在《申报》上登了一个大广告。等到洪深、马彦祥的《西线无战事》出版,我们的林译本已经再版。以后在五个月内,再版了四次,大约卖了一万两千册,在 1930 年的中国出版界,外国文学的译本,能在五个月内销售一万多册,已经是了不起的事了。这本书,恐怕是水沫书店最旺销的出版物,由这本书带销的书,也有三五千册。"

15 日 《新文艺》杂志第 1 卷第 3 期出版,刊出戴望舒、杜衡、章依、邵冠华译的《道生(Ernest Dowson)诗抄》9 首,目次为戴望舒译《勃勒达涅之伊凤》和 Soli Cantare Periti Arcades 2 首;杜衡译《致情妇》《转变》《在春天》3 首;章依译《秋风吹了姑娘》、

SONNET 2 首;邵冠华译《毁灭》《夏夜》2 首。本期《编者的话》里特别提到:"戴望舒和杜衡两先生用旧体诗体裁来译外国诗,流利而自然,是可以佩服的。"

同日 同期发表译作散文《哀歌》,署名西班牙阿左林作,江思译。

同日 同期发表论文《徐译〈女优泰倚思〉匡谬》。以其中的"莲花篇"为例,指出大的翻译错误 37 项,进而推测徐蔚南翻译的法朗士的"Thais"全译本有 150 个错误,"奉劝读者诸君不要去买这本书,免得上当"。可见戴望舒对翻译的认真严谨且爽直的态度。同期还刊载了《致林蕴清》函,答复关于诗集《我底记忆》的几个疑问。

12 月

1 日 翻译西班牙作家阿左林的散文《节日——老去的诗人的还乡》,刊载《新女性》4 卷 12 号,署名戴望舒译。

10 日 翻译德国托马斯·曼的小说《对镜:托马斯·曼的自传》,署名江思译,发表于《小说月报》第 20 卷第 12 期。

同日 同期还发表了伊可维支的《小说与唯物史观》,署名戴望舒译。

15 日 《新文艺》第 1 卷第 4 期出版,发表诗作《烦忧》《少女》2 首。

本月 《文学周报》出版至第 9 卷第 5 期(共 380 期)停刊。

约在此期间 结识光华大学学生穆时英。他送来处女作《咱们的世界》,使编者们深感讶异。认为"这种作品,在当时的左翼刊物"上也不多见。后将之发表于《新文艺》第 1 卷第 6 期。

本年 翻译意大利 Matide Serao 的《不相识者》,载《文学周报》1929 年第 6 卷 301—325 期,第 278—421 页,署名戴望舒译。①

本年 水沫书店出版了一套《科学的艺术论丛书》,由戴望舒挂名主编。丛书的选目是鲁迅和冯雪峰拟定的,共 12 种。最早由冯雪峰去征求鲁迅意见,几天后鲁迅表示乐于编一个丛书,但不能出面做主编,且建议把丛书名改为《科学的艺术论丛书》。鲁迅当时正在主编《现代文艺丛书》,后来他在《〈铁流〉编校后记》中说,"水沫书店也准备在戴望舒先生的指导下,来出一种相似的丛书"②,指的就是这件事。

丛书的全部选目登载于《新文艺》创刊第 1 期和第 2 期上:(1)《艺术论》,蒲力汗诺夫(今译普立汉诺夫)著,鲁迅译;(2)《艺术与社会生活》,蒲力汗诺夫著,雪峰译;(3)《新艺术论》,波格达诺夫著,苏汶译;(4)《艺术之社会基础》,卢那卡尔斯基著,雪峰译;(5)《艺术与文学》,蒲力汗诺夫著,雪峰译;(6)《文艺与批评》,卢那卡尔斯基著,鲁迅译;(7)《文艺批评论》,列褚耐夫著,沈端先译;(8)《文学评论——文学与新兴阶级》,梅林格著,雪峰译;(9)《蒲力汗诺夫论——为文学方法论家》,亚柯弗列夫著,林伯修译;(10)《霍善斯坦因论》,卢那卡尔斯基著,鲁迅译;(11)《艺术与革命》,伊力依契、蒲力汗诺夫共著,冯乃超译;(12)《文

---

① 资料来源数据库为"中国现代文学史参考资料(期刊专辑)",只有年份和合期号"301—325 期",无法见到具体的出版日期和原载期刊号。

② 鲁迅:《〈铁流〉编校后记》,《鲁迅全集》第 7 卷,人民文学出版社 1981 年版,第 366 页。

艺政策》，鲁迅译。[①]

据施蛰存《我们经营过三个书店》：从一九二九年五月到一九三〇年五月，这个丛书依次序出版了五种[②]，排印美观，校对精审，差不多都是译者自己校的。封面采用了日本出版的一套同类丛书的图案，请钱君匋设计绘制，陈列在书架上，特别醒目。五种书发行出去，各地反应极好。

从书目看，其中蒲力汗诺夫和评介蒲氏的著作有 5 种，卢那卡尔斯基著作有三种，占去这套书的三分之二。鲁迅和雪峰各译 4 种，占去总数的大半，可见鲁迅对这套丛书的支持和看重。蒲氏和卢氏是鲁迅最为心仪的苏联早期文艺理论家，译介他们的著作，"大家能够互相切磋，更加坚实而有力"。这的确是一份令人心动的选目，也是现代文学史上继陈望道主编的《文艺理论小丛书》后，革命文学理论的重要建树。

据施蛰存《关于鲁迅的一些回忆》：后来《唯物史观的文学论》（戴望舒译）和《艺术社会学》（刘呐鸥译）都加入这个丛书，一共出版了七种。鲁迅的《艺术论》后来转给光华书局了。我现在已记不起，到底什么时候，这个丛书改名为《马克思主义文艺论丛》。大约在 1930 年的三、四月间，可能是由于当时形势好些，我们敢于公然提出马克思主义。但是不久，形势突然变坏了。

----

① 沈端先、林伯修、冯乃超三部译稿都是雪峰去联系之后，征得他们同意而决定。大约当时他们也在翻译这一类的书，或者是鲁迅拉他们合作，分配给他们的。虽然登出了预告，但他们三位都没有完成译务。参见施蛰存：《我们经营过三个书店》，《沙上的脚迹》，辽宁教育出版社 1995 年版，第 18 页。

② 王文彬在商务印书馆 2006 年版《雨巷中走出的诗人——戴望舒传论》第 73 页提到：这套丛书出版前五种的时间是"从 1929 年 9 月到 1930 年 6 月"，但水沫书店 1929 年 5 月就已出版了作为《科学的艺术论丛书》中雪峰译的卢那卡尔斯基的《艺术之社会基础》和苏汶译的波格达诺夫的《新艺术论》，可见这个时间有误。

《论丛》被禁止发行，第六种以下的译稿，有的是无法印出，有的是根本没有译成。

查原始出版资料，我们看到戴望舒译的《唯物史观的文学论》出版时间为 1930 年 8 月，而刘呐鸥译的《艺术社会学》出版时间为 1930 年 10 月，版权页标注为《马克思主义文艺论丛》1，可见《科学的艺术论丛书》改名为《马克思主义文艺论丛》最早应该是 1930 年 10 月。施蛰存回忆的"一九三〇年三、四月"可能是年代久远的误记。

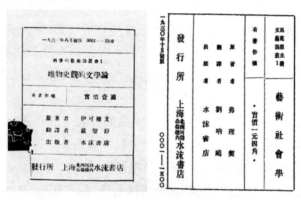

戴望舒译《唯物史观的文学论》书影

1930 年（庚午，民国十九年）　25 岁

▲年初，国民党政府相继颁布《宣传审查条例》《出版法》等法律、条例，对书刊编辑、出版、发行施加种种限制。

▲3 月，中国左翼作家联盟在上海成立。

▲5 月，中国社会性质问题论战发生。

▲11 月，国际笔会中国分会在上海成立。

年初 普罗文学的"巨潮震撼了中国文坛，大多数的作家，大概是为了不甘落伍的缘故，都'转变'了。《新文艺》月刊也转变了"①。

1 月

15 日 《新文艺》第 1 卷第 5 期出版。在《编者的话》中交代："在编辑一方面，同人早曾经一度郑重的讨论，觉得 1930 年文坛终于将让普罗文学抬头起来，同人等不愿自己和读者都萎靡着永远作一个苟安偷乐的读书人。"所以将从第 2 卷起"编辑方针也决定改换一种精神"。

同日 在《新文艺》第 1 卷第 5 期上发表诗歌译作《保尔·福尔诗抄》共 6 首，目次包含《回旋舞》《我有几朵小青花》《晓歌》《夏夜之梦》《晚歌》《幸福》，署名戴望舒译。②

戴望舒在附记中提到"这里所译的诗，都是从他的 Ballades francaises（今译《法兰西巴拉德》）中译来的，有两章曾在《未名》中刊登过"。在《未名》上刊登过的诗即指第 1 卷第 3 期的《幸福》和第 1 卷第 4 期的《夜之颂歌》。

本月 在《现代小说》第 3 卷第 4 期发表《文艺创作的机

---

① 施蛰存：《我的创作生活之历程》，《创作经验》，天马书店 1935 年版，第 81 页。

② 王文彬、金石主编《戴望舒全集·诗歌卷》中说此篇发表在 1930 年 1 月《新文艺》第 1 卷第 4 期，期号有误，应为第 1 卷第 5 期。

构》,署名易可维茨作,江思译①。

2 月

15 日 《新文艺》第 1 卷第 6 期出版。

同日 在《新文艺》上发表译作 M. 伊可维支的《唯物史观的诗歌》以及阿左林的《西万提斯的未婚妻》,署名戴望舒译。

本月 中国自由大同盟成立。

约在此期间 虬江路四川北路口新开新雅茶室,成为文人艺术家们每日下班后的长聚之所。

3 月

2 日 "中国左翼作家联盟"在上海宝乐安路中华艺术大学召开成立大会。前一天晚上,冯雪峰特意来通知戴望舒他们。当日,戴望舒与杜衡参加了左联成立大会,成为左联的 51 个代表之一。施蛰存因前一天回松江而未能参加。据施蛰存几十年后在《最后一个老朋友——冯雪峰》中自述:我们自己觉得我们是左派,但是左翼作家不承认我们。我们几个人,是把政治和文学分开的。文学上我们是自由主义。所以杜衡后来和左翼作家吵架,就是自由主义文学论。

15 日 《新文艺》第 2 卷第 1 期出版。《编者的话》回应了第 1 卷第 5 期的"转变"之预告:"本期的内容,显然已和一卷中各期不同了,这在我们觉得是一个重要的改革,并且是一个进步的改革,虽然材料还不能如我们热望的那样整齐又充实。"

---

① 据沈建中:《施蛰存先生编年事录》(上),上海古籍出版社 2013 年版,第 142 页记载:"经施蛰存生前确认过,此文为戴望舒与施蛰存合译之作。"

在这一期上发表了两首讴歌革命和无产阶级的诗作《流水》和《我们的小母亲》，表现出"杂糅左倾色彩和现代性追求"的新风格，被编者称为"新兴诗坛上难得的收获"。

这新诗坛上的新收获，离不开戴望舒对苏联左翼文学的模仿和吸收。"我们是从各处的水流的集体，/从山间，从乡村，/从城市的沟渠……/我们是力的力"，"我看见一切的流水，/在同一个方向/奔流到太阳的家乡去"，《流水》中的这些诗句，与米哈伊尔·格拉西莫夫的《我们》中"那，河水一般地注入我们的/不是创造力吗？"以及亚历山大洛夫斯基的《我》中"我是拥抱一切者，其名是无产阶级，/是向新的太阳和新的世界走去的人"很相近，除了词语特征上的雷同，情感内容也十分相近，都是将"流水"的凝聚力和塑造力比拟为集体的力量，朝着同一个"太阳"前进。而《我们的小母亲》中对"机械"赋予血性、母性，乃至生殖力，也可看到卡思捷夫的《我们将从铁生长起来》以及倍赛勉司基的《列宁之日》的影子："我们将我们的爱 /赠给灯塔一般的日，/赠给怀孕者，/我们将爱赠给 /产出许多的列宁的机械"，它们都将机械的生产与人类的繁衍在修辞层面上呈现为同一种"繁荣"的伦理，可说是共有一股"铁的血液"。

同日　在同期的《文坛消息》栏目下还发表了3篇介绍国外普罗文学的文艺随笔：《苏联文坛的风波》《英国无产阶级文学运动》和《国际劳动者演剧会》，署名江思；还有一篇 M.伊可维支的《唯物史观与戏剧》，署名望舒译。

通过译介这些文章，戴望舒真诚地赞美并希望无产阶级文学"像一个光耀的太阳"繁荣发展。但也有他自己独特的美学追求和对革命文学的片面理解。比如特别强调革命文学内容的"纯粹"——应该描写劳动人民的苦难和奋斗，这是对当时中国普罗文学中描写小资产阶级的"革命＋恋爱"模式的针砭；其二，强调革命作家出身的"纯粹"①。他赞美英国无产阶级文学不仅因为内容描写了劳动者贫民的日常生活，还在于这些作者都是来自生活底层的矿工、冶金匠、水泥匠和其他劳动者。这种对"纯粹"的执着要求，其实来自象征主义诗歌审美价值的谱系，就像他日后所提倡的"纯诗""要求实现自己的目的并以某种方式在纯粹状态下进行创作"②一样。因此，望舒以"纯粹"这一价值取向来考量初期的革命文学时，赞美之余自然也会得出自己向革命文学发展是不可能的结论，因而与革命文学悄悄地拉开了距离。

同日 同期还刊载了戴望舒写的 2 篇译介文章：《"西部前线平静无事"在欧美》，署名艾生，另一篇《苏联未来派诗人自杀》，署名生。

本月 与徐霞村合译西班牙作家阿左林的短篇小说、散文集《西万提斯的未婚妻》，由上海神州国光社刊行。目次为《一个西班牙的城》（望舒）、《一个劳动者的生活》（霞村）、《修伞匠》（望舒）、《员外约根先生》（霞村）、《卖饼人》（望舒）、《约翰贝特罗的儿子约翰》（望舒）、《安命》（望舒）、《节日》（望舒）、《夜行者》（望舒）、《斗牛》（霞村）、《沙里奥》（望舒）、《哀歌》（望舒）、《孟戴涅的理想》（望舒）、《黄昏》（霞村）、《西万提斯的未婚妻》（霞村）、《一个"伊达哥"》（霞村）、《瓶乡》（霞村）、《阿娜》（望舒）、《侍女》（望舒）、《内阁总理》（霞村）、《加罗斯·鲁比欧》（霞村）、《一个马德

---

① 王文彬：《雨巷中走出的诗人——戴望舒传论》，商务印书馆 2006 年版，第 78—80 页。

② 瓦雷里：《纯诗》，《法国作家论文学》，生活·读书·新知三联书店 1984 年版，第 180 页。

里人》(望舒)、《蒙德拉路》(霞村)、《夜笛》(霞村)、《故居》(霞村)、《比雷奈山的结局》(望舒)等 26 篇短篇小说和散文小品,其中戴望舒翻译 14 篇,徐霞村翻译 12 篇。

4 月

14 日　苏联未来派诗人马雅科夫斯基自杀。

15 日　《新文艺》第 2 卷第 2 期出版。登载了纪念马雅科夫斯基的一个"特辑",包含 6 篇文章和几首译诗,大有马雅科夫斯基前一天去世,远在中国的刊物上第二天就出现了纪念他的特辑这样的"神事"。其实这里面牵涉到《新文艺》停刊的一段曲折。若按以往正常出版进程,《新文艺》第 2 卷第 2 期应该是在 4 月 1 日或上旬出版,而版权页上印着的出版日期是 1930 年 4 月 15 日,实际出版日期其实延宕到了 5 月,才有可能出现上述不合常理地神速的纪念特辑这种事。此期封面上特别印着"废刊号"三个字,标明出完此期后《新文艺》就此停刊了。个中缘由,据施蛰存《我们经营过三个书店》自述:"到第 2 卷第 2 期排版竣事,即将出版的时候,受到政治压力,刊物和书店都有被查封的危险。大家研究了一下,还是自动停办刊物,以保全书店。于是第 2 卷第 2 期的《新文艺》封面上印出了'废刊号'三个字。卷尾有一段署名'编委'的'编辑的话'向读者说明刊物停止出版的理由是:内则受了执笔人不能固定的影响,外则受了暴力的睨视之影响。"前一句是说明这个刊物不是同人性质的,并没有人在做核心,后一句是向读者暗示编者受到了政治压力,停刊出于被动。但"暴力的睨视"这种说法,几乎又惹了麻烦。

同日　在《新文艺》最后一期发表译作《普希金论》,署名卢那卡尔斯基作,江思译。

5 月

本月 与杜衡合译苏联作家里别进斯基的长篇小说《一周间》，署名江思、苏汶译，由上海水沫书店出版。1946 年戴望舒又复译。小说讲述的是苏联内战结束后，当地共产党员和居民出城寻找运输车辆所需燃料时，反革命分子趁机占领了城市，并对共产党员展开了杀戮，但在共产党员的努力下迅速平叛了这场反革命暴动，重新恢复了苏维埃政权。两年后，戴望舒又翻译了同样表现苏联内战的小说《铁甲车》。

本月 《俄罗斯短篇杰作集（第一、二册）》由水沫书店再版印行，署名水沫社编译。

同月 左翼倾向鲜明的《萌芽》月刊第 5 期被禁，从第 6 期改名《新地月刊》；《拓荒者》也遭禁，最后一期改为《海燕》。

6 月

3 日 徐霞村由北京致函戴望舒，说在无聊的时候想象朋友们的情形，"老刘在说话的时候仍旧常说他的 Erotigue（色情——笔者）吗？老施还是整天跑他的松江吗？在水沫书店的楼上，老戴还是唱着 My Blue Heaven，跳着他的 Bluse① 吗？"②据徐霞村回忆，戴望舒那时候比较爱跳舞，就是在书店里也会哼

---

① 又称蓝调，最初是美国黑人用来排遣苦闷寄托思乡之情的民间音乐，带有很强的幽怨色彩，也是忧郁的象征。

② 徐霞村：《致戴望舒》，孔另境编《现代作家书简》，生活书店 1936 年版，第 105 页。

起他所爱的爵士音乐,独自起舞跳起慢四步来。① 中国诗歌中青蓝色通用,戴望舒诗歌中有不少青色意象,如"那个如此青的天""天青色的爱情"等,流露出浓浓的忧郁之情,看来与他所喜欢的音乐也是一脉相承的。

10 日 诗歌《八重子》《我的素描》,载《小说月报》第 21 卷第 6 期,署名戴望舒。

本月 鲁迅翻译的外村史郎、藏原惟人辑译的《文艺政策》,由水沫书店出版。

本月 水沫书店印行的施蛰存小说集《追》遭国民党当局查禁,理由是宣传"普罗文艺"。②

夏 中国左翼作家联盟东京支部成立。

8 月

本月 翻译伊可维支的《唯物史观的文学论》,由上海水沫书店出版,署名戴望舒。版权页上标注《科学的艺术论丛书》之一种。目次为:原序;第一部:向艺术的科学去——第一章艺术的观念论的理论、第二章艺术的社会学的理论、第三章艺术的弗洛伊德的理论、第四章艺术的马克思主义的理论、结论;第二部:唯物史观在文学上的应用——第一章小说(鲁滨逊漂流记、浪漫主义革命和巴尔若克、居思达夫·弗洛贝尔、爱米尔·左拉)、第二章戏剧(莎士比亚、大革命前的法国戏剧、亚历山大·小仲马、亨利·易卜生)、第三章诗歌(社会诗:惠特曼与凡尔哈伦、阿尔

---

① 徐小玉:《霜叶红于二月花——徐霞村纪传》,山西人民出版社 1999 年版,第 71—72 页。
② 张静庐:《中国现代出版史料·丙编》"国民党反动派查禁文艺书目补遗,1929—1936"。

丢尔·韩波、一致主义、未来主义)、第四章文艺创作的机构、结论;附录:"文艺天才与经济条件"。

在"译后记"中戴望舒说:"作者对于唯物史观在文学上的应用戒人(原文如此——笔者注)夸张,他对于把事实荒唐地单纯化的辛克莱的艺术论,加以严正的批判。近来看见有人把少女怀春的诗,也把唯物史观当作万应膏,像江湖郎中似的开出'小资产阶级的没落……'等冠冕堂皇的脉案来,则对于这一类人,本书倒是一味退热剂。"从中可以看出戴望舒在这个革命理论引起高潮的运动中,保持了难得的清醒和冷静。后来在文艺理论界出现的种种革命理论的狂热和偏执,反复地证明了戴望舒的先见之明。1946年6月由作家书屋再版(版权页上标的是"初版"——笔者),译者江思,发行人姚蓬子。

9 月

8 日 中国左翼作家联盟北方部在北平成立。之后,左联在全国各地建立许多分会,如天津、广州、青岛等。

30 日 国民党政府发出取缔左联、通缉左联成员的密令。

10 月

16 日 在《现代文学》第 1 卷第 4 期发表译作《玛耶阔夫司基(今译马雅科夫斯基)》,署名法国 A. Habaru 作,戴望舒译。本期《现代文学》可谓是纪念玛耶阔夫司基的专号,封面特意用了肃穆的黑底白字,有"玛耶阔夫司基自杀 本期有纪念文字八篇"字样。纪念文章包括石民译的《玛耶阔夫司基诗二首》,拉莎洛夫作、赵景深译的《玛耶阔夫司基的自杀》,梅吉尔作、杜衡译的《玛耶阔夫司基》，谷非的《玛耶阔夫司基死了以后》等。

同日　同期还刊登了后被称为"左联五烈士"之一的冯铿的小说《女同志马英的日记》。

24日　戴望舒、徐霞村在北平访问周作人。①

本月　译作莎士比亚剧本《麦克倍斯》，由上海金马书堂出版，署名戴望舒译。

11 月

13日　杜衡致函戴望舒，报告去一个新学校（安徽大学）任课的情况。调侃所在的国文系主事的是保守派，"新文学"在那里只能属于"点缀"性质。但面对既能讲"新文学"又能以西洋文学为研究对象，同时也能大背李清照和秦少游等古典名作，还能"马马虎虎谈几句甲骨文"的杜衡，保守派们有点不知什么"路数"。杜衡自嘲说"真的，我辈之路数只有'我辈中人'才能尔尔也"，流露出与望舒之间的深厚认同，也从侧面印证戴望舒同样具有古今中西文学修养集于一身的优点，可见戴望舒融会中西诗艺在中国新诗史上独领风骚并非偶然。此外，此信也回应了望舒前函之约商讨办书店、筹划出版世界一流文学名著大丛书的计划，"以造成 Morder library 类似之势"。并就西洋文学史的写作谈了拟写方针：分古代、中古、近代三个部分；注重时代背景描写和作家意识分析；用活泼而通俗的笔致来写，不多用欧化句子，把一切沉闷的材料都放到附表或附注里，使中学生到大学教

---

① 沈建中：《施蛰存先生编年事录》（上），上海古籍出版社 2013 年版，第 150 页。

授都爱读；同时也希望成为一切研究西洋文学者所必备参考书。①

16日　翻译法国魏尔伦《魏尔伦诗钞》，发表于上海《现代文学》第1卷第5期，署名戴望舒译的有《瓦上长天》②和 A Poor Young Shepherd 2首。其他《泪珠飘落萦心曲》③和《烦忧》署名杜衡译，另有候佩尹译的4首《秋歌》《白月》《短歌》《亲密的梦》。

同日　国际笔会中国分会（又称国际笔会中国支会、中国笔会、笔会等）在上海成立。11月19日上海的《时事新报》对此予以报道："笔会之住址系蔡子民、杨杏佛、胡适之、曾孟朴、叶誉纬（虎）、宗白华、徐志摩、戈公振、谢寿侯（康）、唐瘦（腹）庐、郭有守诸君所发起，曾选开筹备会，上星期日下午四时，在安华八楼开成立大会，除发起人外，到有宋春舫、杨皙子、赵景深、章克标、罗隆基、李青崖、王国华、吴德生、沈亮君等。"胡适发表演讲，介绍成立中国笔会的缘起，曾和蔡元培等商议推荐郭子雄出席当年

---

① 杜衡：《致戴望舒》，孔另境编《现代作家书简》，生活书店1936年版，第40页。

② 中国近代报纸全文数据库目录里显示的是《瓦下长天》，但诗歌正文标题和内容都是"瓦上长天"。

③ 《泪珠飘落萦心曲》最早发表在1926年4月《璎珞》旬刊第3期上，译者署名"信芳"，即戴望舒早期笔名。且当时戴望舒和杜衡皆是《璎珞》的编辑，期刊的署名应当可信。另外1944年4月2日《华侨日报·文艺周刊》上发表了署名戴望舒译的《魏尔兰诗抄》5首，分别是《秋歌》《皎皎好明月》《泪珠滴滴心头著》《瓦上长天》和《一个黑暗的睡眠》。其中《泪珠滴滴心头著》和《现代文学》杂志上的《泪珠飘落萦心曲》字句完全相同，戴望舒当时是《华侨日报·文艺周刊》的主要撰稿人，在译者附记中也提及这几首诗是自己的"旧译"。《现代文学》杂志主编赵景深在此期的编者后记中介绍"杜衡先生现任河南大学西洋文学教授"，但据杜衡同期给戴望舒的信函，可知此时他在安徽大学"隶国文系下"，可见赵景深对杜衡和戴望舒的情况不甚了解，故有可能在编辑的时候出错，将两人的译诗弄混。因此《泪珠飘落萦心曲》是戴望舒所译应该无异。参见熊婧《〈戴望舒全集〉补正》，《中国现代文学研究丛刊》2015年第3期。

在波兰举行的世界笔会并做报告。大会通过了《章程》，并"选举理事七人，蔡子民、叶誉纬（虎）、徐志摩、郑振铎、邵简（洵）美、戈公振、郭有守七君当选，又互选蔡子民君为理事长，戈公振君为书记，邵简（洵）美君为会计"。

　　国际笔会是由英国女作家道森·司各特夫人发起的，1921年10月成立于伦敦。1923年春，伦敦总会聘请世界各国20位作家为国际笔会名誉会员，其中除英国的哈代、爱尔兰的叶芝、法国的罗曼·罗兰和法朗士、比利时的梅特林克、丹麦的勃兰兑斯、苏联的高尔基等人外，亚洲地区只有两位，一位是印度的泰戈尔，另一位就是中国的梁启超。这是当今世界上最大的作家组织，也是联合国教科文组织所承认的唯一一个国际作家组织，在世界各地设有80多个笔会中心，拥有一万余名会员。中国笔会中心目前设在北京，上海、广州、香港、台北等地。施蛰存、赵景深、孙大雨、沈从文等都是20世纪30年代中国笔会会员，推测戴望舒也在此后不久加入该会，成为会员。因为有人在笔会上见过他。

　　据毛一波1987年3月12日致陈子善函："我于一九三一年春回上海，在马来亚酒店（在法租界蒲柏路）。该店股东兼编辑为曾今可，他有一天约我参加上海笔会的聚餐会，地点是邓脱摩饭店。曾经认识了胡适、徐志摩、邵洵美、李青崖、戴望舒、郑正铎、赵景深等。"

　　据施蛰存1986年4月11日与陈子善谈话："我记得笔会在欢迎萧伯纳访华之前，还在安华饭店举行过一次会议，出席者有林语堂、邵洵美、全增嘏等人，我也参加了。但是会议的具体内容，我已想不起来。前几年上海笔会中心成立，因为我是三十年代笔会的老会员，请我重新加入。"①

同日 郁达夫被左联第四次全体大会表决开除。据郁达夫自己在《回忆鲁迅》中称，"并不愿意参加，原因是因为我的个性不适合于这些工作"，左联成立一个月后就"公然宣布了辞职"。

12 月

1 日 据《读书月刊》1 卷 2 期刊载一篇《戴望舒已回申》的报道："戴氏在北平游览二月，刻已回申，仍任水沫书店编辑之职。"一个月前《读书月刊》1 卷 1 期曾发过一则题为《戴望舒去北平教书》的简讯，后被证实教书是谣传，但到京是真事。

约在此期间 结识罗大冈。据罗大冈回忆，戴望舒当时到京的任务大约是给水沫书店收账以及调查北京书摊私自翻印盗版的事，临时借住在一个四合院的门房间，又小又黑，但几个文学青年相聚漫谈却分外热烈。戴望舒兴致勃勃地谈到要以他们几个搞法国文学的人为基础，大规模介绍南欧文学。劝罗大冈自学意大利文，他自己已在学西班牙文。最激动的是幻想有一天他将获得诺贝尔文学奖，获得奖金发了财后准备办一所书院，把文学朋友们都"安排在书院内，搞翻译，搞创作，各尽其才"②。虽属 20 来岁年轻人的诗兴幻想，但也可见出戴望舒立志之高远。

10 日 论文《诗人玛耶阔夫司基的死》（今译马雅科夫斯基），发表于《小说月报》第 21 卷第 12 号，署名戴望舒。在这篇

---

① 以上关于国际笔会中国分会的信息，参陈子善《国际笔会中国分会（1930—1937）活动考》（一至四），连载于《香港文学》第 37—40 期，1988 年 1—4 月。

② 罗大冈：《望舒剪影》，《罗大冈散文选集》，百花文艺出版社 1996 年版，第 158—159 页。

文章里戴望舒像个学者一样强调:研究玛耶阔夫司基之死,要先了解"未来主义":第一,要了解未来主义的阶级性,"才可以看出这未来主义的大使徒是否与其所从属的社会环境调和的;其次,我们便得探究,假如是不调和的,则这位诗人和他所处的社会之间当起怎样的矛盾和冲突;第三,我们便要讲到在某种心理状态之下的他为自己所开的去路",才能揭示他的自杀动因。研究的结果是,玛耶阔夫司基是真正的未来主义者,"一个最缺乏可塑性的灵魂",但又是一个革命者,他想把个人主义者的我溶解在集团的我之中是不可能的。事实上仅有两条路——是"他将塑造革命呢,还是被革命塑造",答案是显而易见的,有出路决也不是为他而设的,于是"没有出路"的他,不得不自杀。也就是说戴望舒认为玛耶阔夫司基的死因应该是源于信念的破灭,也就是对自己生存世界的绝望。可谓眼光独到一语中的。

同日 同期还刊登了一篇余能翻译、A. B. Magil 著的《玛耶阔夫司基》。

21 日 据《叶圣陶年谱长编》:"晨与王伯祥、徐调孚、钱君匋乘特别快车往松江应施蛰存吃鲈鱼之约,席间晤戴望舒、陆维钊。"

1931 年(辛未,民国二十年) 26 岁

▲2 月,左联五烈士和其他 18 位中共干部在上海龙华被枪杀。

▲9 月,九一八事变爆发,东三省沦陷。

▲11 月,徐志摩因飞机失事遇难。

▲9 月，左联机关刊物《北斗》创刊。

1 月

10 日　诗歌《老之将至》《秋天的梦》，载《小说月报》第 22 卷第 1 期，署名戴望舒。

17 日　李伟森、柔石、胡也频、冯铿、殷夫 5 位左联盟员在上海汉口路东方旅社开会时被捕。

20 日　徐志摩主编的《诗刊》创刊。

24 日　据《草野周刊》4 卷 6 期报道，"文坛新讯（80）：戴望舒失踪"。"水沫书店编辑戴望舒先生，因求恋于其友施某之妹不遂，突于前日失踪，临行在水沫留条，支去二百番云（急）。"

2 月

7 日　胡也频等左联五烈士在龙华英勇就义。

10 日　诗歌《单恋者》，载《小说月报》第 22 卷第 2 期，署名戴望舒。

12 日　国民党上海市党部召集各书店经理谈话，勒令即日起烧毁一切进步刊物，未出版者需先审查。

春　水沫书店陷入困境。一是因刘呐鸥经济发生问题不能再注入资金；二因不善经营，全国各地账面上的销售款有三四万难以收回，导致资金周转不良；三是国民党对出版的严格查禁，虽然停刊了"左"倾明显的《新文艺》，但"科学的艺术论丛书"也已被视为"宣传赤化"，无奈之余不等查封主动宣告停业，只保留门市部勉强支撑。之后，水沫社改名东华书店，欲转变出版方向，印行大众化的日常用书，以解决经济问题。

4 月

本月 《我底记忆》第三版问世,由东华书局发行。从 1929 年 4 月初版,到 1929 年 11 月再版,连三版每次 1000 册,一共发行了 3000 册。

8 月

31 日 蒋光慈贫病交加在上海同仁医院逝世。

9 月

18 日 日军侵华,九一八事变爆发。

20 日 由丁玲主编的《北斗》月刊创刊,湖风书局发行。《北斗》实为中国左翼作家联盟的机关刊物,成为团结文化界开展进步文学活动的活跃媒体。

本月 与施绛年的感情终于有了转机。望舒回到杭州,请父母到松江向施家提亲,得到肯允,散发请柬,邀请双方亲友参加订婚仪式。

秋 与赵景深夫妇、杜衡夫妇、钱君匋及弟、娄子匡等一行游杭州西溪。赵景深 1934 年 3 月 21 日追记了这段如"芦花一样坦白的友情"和"芦花一样密接的会聚"。在他的笔下,戴望舒是一个活泼带点顽皮的青年。①

---

① 赵景深:《西溪》,"人间丛书"之《人间小品》,上海良友图书公司 1935 年版,第 230 页。

10 月

1 日　《新时代》月刊第 1 卷 3 期《文坛消息》,刊登了《戴望舒与施蛰存之妹订婚》一文,率先报道了戴望舒与施蛰存之妹施绛年"于日前正式订婚"的消息,披露出诗人爱情之路的个中曲折:"戴望舒倾爱施蛰存之妹施绛年女士,已非一日,数月前戴曾一手拿安眠药水,一手拿求婚戒指向绛年女士求婚,谓如不接受戒指则要服用安眠药水。聪明的绛年小姐,她是这样对他说:'此事尚待考虑,我不能即行答复你。'于是戴乃将安眠药水与戒指收起来,大哭了一次。后来,绛年女士考入邮政汇业局服务,仍未允婚,戴乃以失踪闻。逾月,戴又返申,继续进攻,现已大功告成,于日前正式订婚,有情人终成眷属,实文坛之佳话也。"

施绛年考入上海邮政储金汇业局确有其事,据 1936 年 4 月出版的《邮政储金汇业局职员名录》记载,施绛年为上海邮政储金汇业局营业处的办事员,通信地址为"吕班路万宜坊二八号"。这个住址正是施蛰存当时在上海的家。

10 日　经过漫长波折终于如愿订婚后,望舒体验到初恋成功的喜悦和幸福。在日常生活中,据钟萸回忆,望舒经常与绛年一道看电影、逛公园、拍照,有时还带着外甥女钟萸一起去,或者与戴瑛一家同去,绛年也不介意别人称她为望舒的未婚妻。望舒还带绛年去过杭州,戴母"看了很喜欢","满面笑容地一针一线在礼品红缎上缝(婚事用的)珠花"。初尝爱果的热切体验,也给诗人带来了创作的激情。在此期间他写下了《村里的姑娘》(收入诗集《望舒草》时改题为《村姑》)、《三顶礼》、《二月》、《我的恋人》、《款步》(收入《望舒草》时改题为《款步(一)》)、《小病》、《昨晚》和《野宴》等诗作。前六首以《诗六篇》为题发表于《小说月报》第 22 卷 10 月号,署名戴望舒。

《我的恋人》展示了满心钟情恋人的喜悦和自信,以至于急切告白"我将对你说我的恋人",哪怕是对恋人过去的冷漠态度也有了新的解释:"她是爱我的,但是她永远不说/她是沉默的,甚至伤感地爱着的,/是的,我很知道,/因为我同一个少女微笑的时候,她是会背着人去低泣",可惜这一节诗在收入《望舒草》时被删除了,因为诗人很快就感受到戏剧性的幸福背后始终萦绕着情感错位的疑云和苦涩。在《三顶礼》中,他从恋人的发、眼和唇的顶礼中,表达出沉醉、怀念之外,还委婉地流露出一丝"怨恨";而在稍后的《款步(二)》中,恋人的"缄默"不再被一厢情愿地痴解为"羞涩",而是痛苦地直面了真相——从"鲜红并寂静得如你的嘴唇一样的枫林间,/虽然残秋的风还未来到,/但我已经从你的缄默里,/觉出了它的寒冷"。

不久,诗人敏锐的担忧终成现实:婚期延宕了,施绛年提出条件,要诗人出国留学取得学位和稳定的收入才能完婚。

20 日 诗作《昨晚》和《野宴》,载《北斗》第 1 卷第 2 期,署名戴望舒。

11 月

19 日 徐志摩搭乘的飞机在济南党家庄附近遇上大雾失事,诗人遇难,终年 35 岁。

23 日 《文艺新闻》第 37 号载《戴望舒震旦读书期间法文极好;为人正义》的趣闻,言及樊国栋神父对戴望舒的偏爱和戴的不满等旧事。

12 月

1 日　据《新时代》月刊 1 卷 5 期《文坛消息》报道:"戴望舒在杭生病。"

23 日　翻译意大利达农爵的《甘谛亚之末路》,发表于杭州的《两周评论》第 1 卷第 13 期。《甘谛亚之末路(续)》,发表于 1932 年 3 月 18 日《两周评论》第 1 卷第 14 期,署名戴望舒译。小说写甘谛亚在复活节时被怀疑偷了东家的一个银调羹,即使后来找到,也没能洗清偷窃嫌疑。甘谛亚不服,连生病在床仍用尽力气为自己辩论。一遍遍辩解却无人相信。在这样一种盲目的绝望和被污蔑的屈辱之中,她失去了生命的活力,从一个眼中奕奕有神、兢兢业业生活的洗衣妇人,变成靠乞食为生的悲凉乞丐。小说揭示所有人的流言猜忌是悲剧的诱因,批判看客和帮凶的冷酷人性。

本月　翻译意大利玛蒂尔黛·赛拉婀的《老处女》,载《文艺月刊》2 卷 11—12 期合刊,署名戴望舒译。

1932 年(壬申,民国二十一年)　27 岁

▲1 月,日军进犯上海,"一·二八"淞沪抗战爆发。

▲1 月,商务印书馆在炮火中被焚毁。

▲3 月,日军在东北扶持溥仪成立"伪满洲国"傀儡政权,年号"大同"。

▲12 月,由宋庆龄、蔡元培等发起的中国民权保障同盟在上海成立。

1 月

15 日　致函舒新城,答应翻译西班牙作家阿耶拉(Ayala)的
Belarminoy Apolonio(《培拉米诺·阿保洛纽》,今译《二皮匠》)。
在戴望舒遗稿中有一本厚达 480 多页的译稿手抄本,手写封面
标题为西班牙文 Belarminoy y Apolonio,下有"戴望舒译,1932"
的字样。可见译稿已完成,惜未出版。

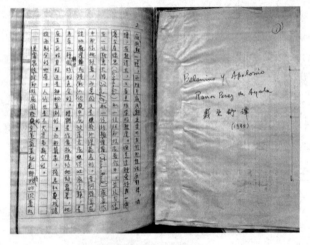

戴望舒译作《二皮匠》手稿

王文彬根据戴望舒这个译作手稿整理了一篇《〈二个皮匠〉
译者题记》,收录进《戴望舒全集·散文卷》。题记前半部分介绍
作者阿耶拉的生平和文风特色的内容与发表在《现代》创刊号上
的《阿耶拉》有重复。此篇题记重点强调了"使他一跃而成为西
班牙文坛巨星,世界大作家的,是他底小说,《培拉米诺·阿保洛
纽》等",这本使他一举成名的杰作,被西班牙文学权威约翰·加
苏誉为"自从《吉诃德爷》以后西班牙最伟大的著作之一"。

20日　参加《北斗》杂志举办的名为"创作不振的原因及其出路"的征文活动,在该刊第 2 卷第 1 期发表《一点意见》一文。内容如下:

我觉得近来文艺创作,在量上固然没有前几年那样的多,现在质上都已较进步得多了。我们如果把那些所谓"成名"的作品,和现在一般的作品比较起来,我们便立刻可以看出前者是更薄弱、幼稚。"既成者"之所以"趋向凋谢"或竟沉默者,多是比较之下的必然趋势。他们恋着从前的地位,而他们仍然是从前的他们,于是,他们的悲剧便造成了。

其次,便是关于现今的作家、今日作家的创作,除了少数几个人之外,大家露着两个弱点。其一是生活的缺乏,因而他们的作品往往成为一种不真切的,好像是用纸糊出来的东西。他们和不知道无产阶级的生活同样,也不知道资产阶级的生活,然而他们偏要写着这两方面的东西,使人起一种反感。其二是技术上的幼稚。我觉得,现在有几位作家,简直须从识字造句从头来过。他们没有能力把一篇文字写得通顺,别的自然不用说起。

因此,我觉得中国的文艺创作如果要"踏入正常的轨道",必须经过两条路:生活,技术的修养。

再者,我希望批评者先生们不要向任何人都要求在某一方面是正确的意识,这是不可能的,也是徒然的。①

---

① 北塔在《让灯守着我:戴望舒传》中说"戴望舒在左联举办的一次笔谈中,发表讲话《创作不振之原因及其出路》"。查《北斗》原刊,发现这是征文的总题,下有郁达夫的《中国近来文艺创作不振的原因》、戴望舒的《一点意见》、袁殊的《现政治之溃腐必然反映文化的低落·文艺创作应以是否可作"大众食粮"为标目》等好几篇小文章。

30 日　翻译西班牙阿拉尔恭的《长妇人》,载《文艺月刊》第3卷第1期,署名戴望舒译。

28 日　淞沪抗战爆发,蔡廷锴将军率十九路军抗击阻之。激战二月余,上海市民伤亡惨重。工商凋敝,文化事业完全停顿。刘呐鸥迁入法租界,东华书店自动关闭。从此刘呐鸥不想再干文艺事业,转而去从事电影了,与"文士三剑客"的关系渐行渐远。

约在此期间　施蛰存回松江中学任教。杜衡闭门译书,雪峰也迁居他地消息不通,徐霞村回北平。"戴望舒回杭州,筹划出国",以满足施绛年提出的完婚条件。但因财力不足,国门难出,完婚遥遥无期。

在这样的焦灼和烦忧中,痴情的诗人对恋人的不悦也在诗里露出了一些端倪。《微辞》里有:"好弄玩的女孩子是不肯休止的","迟迟的永昼中,无厌的女孩子也该休止",在"真实"与"想象"之间,表达了对阴晴不定的情感折磨的不快和厌倦。

2 月

1 日　日寇纵火烧毁东方图书馆及商务印书馆编译所,50万册藏书大部分化为灰烬。《东方杂志》《小说月报》纷纷停刊。

3 日　鲁迅、茅盾等43人联名发表《上海文化界告世界书》。

3 月

上旬　施蛰存在松江收到现代书局经理张静庐来函,征询能否出任新办文学刊物主编之责。翌日赴上海商谈办刊之事,达成相关协议。

中旬 施蛰存着手筹办文艺刊物《现代》杂志。据施蛰存《浮生杂咏》自述:"书局希望5月1日出版创刊号,时间甚局促。过去虽曾编刊物,皆同人性,不须向外组稿。今则为综合性、商业性刊物,必须向全国同文征稿。创刊号集稿时间仅二十余日,不得不邀集水沫同人,分工执笔,以奠基础。""我写信邀戴望舒、杜衡一起来上海,为《现代》创刊号撰文组稿。"

5月

1日 施蛰存主编的文艺月刊《现代》在上海创刊,成为"一·二八"战事后上海率先出版的文艺刊物。戴望舒应邀参与编辑。

据施蛰存《〈现代〉杂忆》自述:"我请戴望舒选编新诗来稿,并主持法国和南欧文学的编辑事务。刊物出版后,创作小说的来稿肯定是最多的,我请杜衡担任一部分创作小说的审稿工作。冯雪峰答应向鲁迅联系,经常为《现代》写稿。他自己也答应为《现代》写或译一些新兴文艺理论。由于这几位老朋友的支持,《现代》创刊才得以实现。"故施蛰存在《创刊宣言》中开宗明义表示:《现代》不打算编成一本同仁杂志,也"不预备造成任何一种文学上的思潮、主义或党派","希望得到中国全体作家的协助",显露出欲在文坛风云中保持中间立场的努力意图。但在实际过程中这个刊物的倾向还是"中间偏左"的倾向,这也是它既能得到革命和进步作家的支持,又能在白色恐怖的环境中生存下来的重要原因。

同日 在《现代》创刊号发表诗歌《诗五首》,目次为《过时》《印象》《前夜》《款步(二)》《有赠》。其中《前夜》是给刘呐鸥送行的酬答之作,但内容并不讲两人的友谊,而是讲刘呐鸥与一名叫托密的日本舞女的缠绵而暖昧的关系。

  同日 同期发表译作小说《诗人的食巾》，署名法国阿保里奈尔作，陈御月译；还有《黎蒙家的没落》署名西班牙阿耶拉作，江思译。

  同日 同期发表译作散文《西班牙的一小时》，署名西班牙阿索林作，江思译。①

  同日 同期还发表两篇作家介绍文字《阿耶拉》（署名江思）和《阿保里奈尔》（署名月），称阿耶拉是西班牙当代出众的小说家，同时也是诗人、批评家和散文家，曾出任英国公使。作品有着微妙婉转的话术和丰富娇媚的文字以及尖锐辛辣近于刻薄的天才特色。介绍阿保里奈尔是法国立体派的大诗人和创立者，最著名的诗集是《酒精》，也写小说。从这篇《诗人的食巾》中可以略窥这位法国现代文坛怪杰的轮廓。

  2日 在《文艺新闻》第 53 期《文新第一周年的话》栏目中，发表了几句大白话："我没有看了几期，所以不能有什么意见。但我所看的那几期，都给了我一个很好的印象。戴望舒四月廿八。"显示出戴望舒有一说一耿直的一面。同期也刊登了杜衡的简短几句话，说人不在上海没看过几期不便批评，看过的几期印象不错，措辞与戴望舒如出一辙。只比戴望舒多了一句"希望文新以后可在外埠的推销方面多做努力"，与同栏目中华汉的《负

----

  ① 据利大英的《戴望舒———一位中国现代派诗人的生平和创作》书中披露：现存有一封西班牙作家阿佐林寄给戴的信（无寄信日期，但肯定是在法国期间），阿佐林读了戴的信后在回信中激动地说："我答应您的请求，无疑义的，您能够出版你所喜欢的我的书《西班牙一小时》，那书您已经在翻译了。能赞赏西班牙文学如您这样的高雅人士，是很有鉴别力的。我由衷地看到西班牙文学语言如此得到您的鉴赏。"阿佐林的信由陈丙莹译出，参见陈丙莹《戴望舒评传》，重庆出版社 1993 年版，第 72页。

起文化上的反帝任务来!——长足的进展·要到工房、农村、兵营、电车站去》形成鲜明的差异。

6 月

1 日 《现代》第 1 卷第 2 期出版。发表作家介绍《比也尔·核佛尔第》(署名陈御月译)和诗歌译作《核佛尔第诗抄》(署名陈御月选译),目次含《心灵出去》《假门或肖像》《白与黑》《同样的数目》《夜深》5 首。继续上期连载西班牙阿耶拉小说《黎蒙家的没落》(七至十一节,署名江思译)。继续连载西班牙阿索林的《西班牙的一小时》(署名戴望舒译)。但施蛰存在杂志最后的《编辑座谈》中声明由于《西班牙的一小时》是一篇有六七万字的长散文,不适合在杂志上刊载,故征得译者同意后自本期后便停止刊载了。

30 日 在《文艺月刊》第 3 卷第 5—6 期合刊上,发表译作散文《阿索林散文抄》(署名戴望舒译),目次为《山和牧人》《戏剧》《旅人》《宫殿·废墟》《深闭着的宫》。

本月 暑假未到,朱湘到上海,约戴望舒、赵景深、方光焘等人去安徽大学教书。但就在朱湘到上海期间,安大改组,明确表示不再聘请新教员。据赵景深:"我和望舒曾苦劝他不要因为我们的事而不去教书,以致增加我们的内疚。他答应了我们",但回去只是去索薪①。由于朱湘平时的狷介言行,得罪过不少人。待他回校后,外国语文学系也被改成不伦不类的英文学系,令朱湘非常生气,与校方矛盾激化。9 月连他自己也失去了安大的教职,人生最后一年徒劳奔波于北京、上海、武汉等地,谋职不得而

---

① 赵景深:《记朱湘》,见《我与文坛》,上海古籍出版社 1999 年版,第 179 页。

陷入落泊流浪的悲惨境地,直至投江自杀的悲剧发生。

7 月

1 日　《现代》第 1 卷第 3 期出版。发表《诗四篇》,目次含《游子谣》《秋蝇》《夜行者》《微辞》。

同日　同期发表译作小说法国伐扬·古久列①的《下宿处》,署名江思译。

同日　同期发表散文《马里奈谛访问记》,署名江思。

同日　同期刊登了苏汶(杜衡)的《关于文新与胡秋原的文艺论辩》,引发日后文艺界的一场大论战。

8 日　刘呐鸥致函戴望舒。告知 12 号将去福建,评论"《现代》杂志的形式很鲜明可爱,可惜封面似乎太俗一点。三期里还是老兄的诗最可看,其余的均平平。彦长兄说杜衡一篇值得读,我一半同意。从文小说老是怪样子。兄的诗头一首最好",认为望舒新发在《现代》第 3 期上的诗"似渐渐地迫近法国古典的精神去,技术的圆熟有将烂的果物的味道",针对当时日本新兴的"航空思想的普及","飞行诗"的出现,希望他能多关注这新的领域,在这"新的空间及新的角度"获得"新的幻想意识和情感"②。其中对戴望舒诗歌的评论和拓展诗风的建议,实为中肯。

15 日　翻译意大利邦齐尼的《老人的权利和青年的权利》,载《申报月刊》第 1 卷第 1 号,署名戴望舒译。

同日　瞿秋白发表著名的《大众文艺的问题》,载《文学月

---

①　伐扬·古久列(Vaillant Couturier):法国《人道报》主笔,共产党党员。

②　刘呐鸥:《刘呐鸥致戴望舒》,孔另境编《现代作家书简》,生活书店 1936 年版,第 268—269 页。

报》1卷1期,署名宋阳。标志着瞿秋白从苏俄重返上海后,领导左联"执行彻底的正确的大众化"路线,倡导语言革命和汉字拉丁化。

夏 据施蛰存《关于〈世界短篇小说大系〉》自述:郑振铎"经过几个月的考虑,制定了《世界短篇小说大系》的规划,分别邀请适当的人选担任编译"。郑振铎分配给施蛰存的是"捷克、波兰和匈牙利三个国家","分配给戴望舒的是比利时、西班牙和意大利三个国家。"

8 月

1 日 在《现代》第 1 卷第 4 期,发表散文译作《世界大战以后的法国文学》,法国倍尔拿·法意作,署名戴望舒译。介绍第一次世界大战以后的五年间(1918—1923)法国文学发展的各种新方向。

9 月

1 日 在《现代》第 1 卷第 5 期上发表译作小说《克丽丝玎》,法国茹连·格林作,署名戴望舒译。

同日 发表诗歌译作法国特·果尔蒙的《西茉纳集》,目次为《发》《山楂》《冬青》《雾》《雪》《死叶》《河》《果树园》《园》《磨坊》《教堂》11 首诗歌,署名戴望舒译。

同日 同期还登载了戴望舒译的《爱经》广告,称其为"一部古典文学的名著"。

本月 中国诗歌会在上海成立,"左翼诗人们一致认为,有必要组织一个诗歌团体,以对抗新月派、象征派和现代派"。中国诗歌会的大将任均在《略谈一个诗歌流派——中国诗歌会》一文中说:"徐志摩、李金发、戴望舒所代表的三个流派的诗人,他们都站在资产阶级、小资产阶级的立场,严重脱离现实,或有意无意地歪曲现实!我们绝对不同意这种倾向,我们坚决反对这种做法!"另一员大将蒲风也曾写作《中国现代诗坛》一文来呼应:"只有新月派、现代派的诗人是聋子,他们永远听不见大众的呼声。"

10 月

1 日　在《现代》第 1 卷第 6 期发表诗歌《诗二首》,包含《姜薄命》和《无题》两首。其中《无题》收入 1933 年 8 月 15 日出版的《望舒草》中,改为《少年行》。需要说明的是,王文彬、金石主编的《戴望舒全集·诗歌卷》中,《少年行》的诗末标注中并未指出诗名的变化;卞之琳编的《戴望舒诗选》同样也未指出《少年行》的题名由来。此外,戴望舒于 1945 年早春在上海应几个热心的文艺青年之约即席吟出的一首即兴诗,却被编者程步奎取名为《无题》。现将两首辑录在下以辨分明:

无题(后改为《少年行》)

　　是簪花的老人呢,

　　灰暗的篱笆披着茑萝;

　　旧曲在颤动的枝叶间死了,

　　新蜕的蝉用单调的生命赓续。

　　结客寻欢都成了后悔,

　　还要学少年的行踪吗?

138

平静的天，平静的阳光下，
烂熟的果子平静地落下来了。

无题（1945 年）

我和世界之间是墙，

墙和我之间是灯，

灯和我之间是书，

书和我之间是——隔膜！

同期　还发表了译作散文《阿力舍·托尔斯泰会见记》，法国吕仙·伏吉尔作，署名陈御月译。

同期　《文》栏首次编发了 5 篇关于"第三种人"的文章，分别为苏汶（杜衡）的《"第三种人"的出路》、易嘉（瞿秋白）的《文艺的自由与文学家的不自由》、周起应（周扬）的《到底是谁不要真理，不要文艺？》、舒月的《从第三种人到左联》、苏汶的《答舒月先生》。双方就文艺的目的与文学的自由掀开论争的大幕。

6 日　按施蛰存日记："望舒将在 8 日晨乘达特安号邮船赴法，但他所答应给《现代》的诗与诗论还没有交给我，真是焦灼的事。"

7 日　按施蛰存日记："晚上，在振华旅馆，就望舒的手记本上抄录了几首诗和几段关于诗的断片，虽然是将就的东西，但倒是很自然的。"

8 日　乘达特安号邮船离沪赴法游学。施蛰存的父亲、施蛰存、杜衡、穆时英、叶秋原夫妇、刘呐鸥、戴瑛夫妇、钟荚、施绛年等前来送行。姐夫老王（王德孚）为大家拍摄照片。

自此，戴望舒要在海上航行一个月，十一月八日到达法国。

航海期间他在活页练习簿上写下了一本日记。在这本活页簿里,有一段法文:

Journal Sentimental

Excuse moi,jel'ailu.

(jelatroure dans da table

cammune,granc hasard!)

je l'inlitrule ainsi. tu

serais contene.

大意如下:"对不起,我读了这本日记(那完全是一个偶然的机会,我在一张公用桌子里发现了它!),我就把它取名为《感伤日记》,我想你会满意的。"这一段话,笔迹不同,估计是戴望舒在法国里昂大学读书时的同学所写。王文彬根据这本日记手稿收入《戴望舒全集·散文卷》,加标题为《航海日记》(中国青年出版社 1999 年版,第 207—219 页)。

离岸第一天,戴望舒记下了孤航远影时的离情别恨:"船启航之前的那段时间简直难以忍受。绛年哭着。我掷了一张纸条给她,喊着:绛,别哭。但是它被风刮到水里。绛年追奔着,没有抓到它。当我看到飞跑般的她时再也抑制不住自己的泪水了。船开航了,我回到船舱。当船启航离岸时,我跑向甲板,尽力眺望岸边为我送行的人群,瞥见了绛年,我久久伫立。直到再也见不到她的白手绢,才返回船舱。"

舱房在 373 号,同舱三人都是学生,有南方大学的周焕、中法大学的赵沛霖、燕大研究院的刁士衡。用过餐,系上绛年送的项链,"它是寄托我的心愿的物志:始终爱着她,始终想着她"。独自孤独地躺在船舱里,后悔远去法国是不是一个"轻率而愚蠢的决定。离开所爱者去远方是为了什么? 如果可以,我真想返回,永远在所爱者的身旁,母亲、父亲和好朋友,这不就是世上生活得最快活的人了吗?"日记最后还记载了一件令人生气的事情:被码头的流氓骗去了100法郎。

9日 据《航海日记》(以下简称"据日记"):上午在甲板上晒太阳,看海水,和同船人谈话。同船的中国人竟没有一个人能说法语的。下午译了一点 Ayala(阿耶拉),又到甲板上去。晚间隔壁舱中一个商人何华携 Portwine 来共饮,和同舱人闲谈到十点多才睡。

10日 据日记:照常是单调的生活。译了一点儿 Ayala。下午写信给绛年、家、蛰存、瑛姊,因为明天可以到香港了。晚上睡得很迟,想看看香港的夜景,但是只看见黑茫茫的海。

11日 据日记:船在早晨六时许到香港,靠在香港对面的九龙码头。第一次看见香港,屋子都筑在山上,晨气中远远望去,像是一个魔法师的大堡寨。一行十一人上岸登渡头到香港去,把昨天所写的信寄出。结识一个隔壁舱的广东少女,在上海待过四年会说一点法语,但觉得她"不稳,大约不是娼妓就是舞女"。

12日 据日记:下午那个迷人的广东少女来闲谈,才知她叫陈若兰,要到西贡去,求帮忙发电报,答应她到西贡时送她上汽车。在她舱里看她穿了一件睡衣,颈上挂着一条白金项链,甚觉可爱。四点钟陈若兰搬到二等舱房,得知她前晚在三等舱引起的轰动。有人说她是娼妓,有人说她不正经,在香港经常出入歌舞台榭。对同舟的中国人因陈若兰老来亲近便开玩笑而感到气愤,好像"我和她已有什么关系似的,真是岂有此理"。一个法国军官还想打公使小姐的主意,感慨"小姐们没有男子陪着旅行""真是危险"。因饭堂里又热又闷坐不住,"Ayala 还没有译下去,真令人心焦"。

13 日　据日记:昨日来打听陈若兰的那广东少年姓邓,陪他去了两次。发现陈若兰似乎已有丈夫,估计大概是一个外室。

14 日　据日记:写信给绛年、蛰存、家。午时便到西贡了。同船人凑起钱来一起去玩。验护照后即下船,步行至jardinbotanigue 去,看了一回,乘洋车返船,累极。午后在广东邓青年的邀约下到一户安南人家,请了三个安南小姐做舞伴去跳舞,因累跳得极少。

15 日　据日记:午后去逛了广东人群住的地方,在一家太湖楼酒家喝茶听歌吃点心。逛西贡,买了一顶白色遮阳帽。第一次饮椰子浆。

16 日　据日记:一直睡到中午才起,晚饭后上岸和同伴喝啤酒,回来即睡。明晨 4 时开船启程。

17 日　据日记:醒来已在大海中,被莫名的悲哀和浓重的乡愁"捉住",十分想家想绛年。下午起了风浪,同舱中人都晕船。后悔在西贡花了不少钱,"想想真不应该,以后当节省"。

18 日　据日记:下午译了一点 Ayala。四点半举行救生演习,不过带上救命筏到甲板上去点了一次名而已,吃过晚饭后又苦苦地想着绛年,"开船时的那种景象又来到我眼前了"。明天就要到新加坡,写好给绛年、蛰存、家和瑛姊的信。

19 日　据日记:上午九时光景到了新加坡,船靠岸的时候有许多本地人操着小舟来讨钱,如果船客把钱丢下水去,他们就跃入水中去拿起来,百无一失。上岸后里昂大学的学生们都乘车去逛了。步行去寄信,在马路上走了一圈,喝了两瓶橘子汁,买了一份报回来。觉得新加坡比西贡干净得多。在码头上买了一粒月光石,预备送给绛年。船在下午三时启碇,据说明天可以到槟榔(今槟城)。发现在香港换的美国现洋上了大当,只值二十法郎,有的地方竟还不要,而钞票却值到二十五法郎以上。同舱的刁士衡说,他燕大的同学戴维清已把施蛰存的《鸠摩罗什》译成英文,预备到美国去发表。

20 日 据日记:船在下午八时抵槟榔(Penang,今译槟城),上岸后,与同舱人雇一汽车先在大街上巡游,"继乃赴中国庙,沿途棕林高耸,热带之星灿然,风景绝佳,至则庙门已闭,且无灯火,听泉声蛙鸣,废然而返。至春满楼,乃下车。春满楼也,槟城之大世界也。吾侪购票入,有土戏,有广东戏,并亦有京戏。我侪巡绕一周并饮橘子水少许后,即出门,绕大街,游新公市(所谓新公市者,赌场而已),市水果,步行返舟,每人所费者仅七法郎"。

21 日 据日记:睡时船已开。译了点 Ayala,余时闲坐闲谈而已。

22 日 据日记:寂寞得要哭出来,整天发呆而已。

23 日 据日记:整日被乡愁所困,整篇日记里只有两个单词——"Nostalgie. nostalgie!"(乡愁,乡愁!)

24 日 据日记:上午译了一点儿 Ayala,下午船中报告有飓风将至,将窗户都关上了,闷得要命。实际上却一点儿风浪都没有,睡得很早。

25 日 据日记:早餐后船已到 Colombo(科伦坡)港,上岸走马观花,去了维多利亚公园、佛教庙(庙中神像雕得很好,惜已欧化,进去的时候须脱鞋)、动物园、博物馆等。在埠头上一家餐馆吃中饭,饭后独自去喝啤酒。回船休息了一会儿,又到岸上去闲逛,独吃了一个椰子浆,走了一圈,才回船,船在九时开。

30 日 据日记:五天以来没有什么可记的,度着寂寞的时光罢了。印度洋上本来是多风浪的,这次却十分平静,正像航行在内河中一样,海上除大海一望无际外,什么也看不见,只偶然有几点飞鱼和像飞鱼似的海燕绕着船飞翔而已。

31 日 据日记:昨夜肚疼,今晨已愈,提醒自己以后饮食要小心。下午四时船中有跑马会,掷升官图一类的玩意儿。晚饭后,看眉月,看繁星,看银河。写信给绛年、蛰存、家。

11 月

1 日 在《现代》第 2 卷第 1 期(创作增大号)发表诗歌《乐园鸟及其他》,目次为《乐园鸟》《寻梦者》《灯》《深闭的园子》4 首,署名戴望舒。并发表《望舒诗论》17 则①。首次提出诗不可借重音乐的理论,诗的韵律不应存在于文字的音韵抑扬这表面,而应存在于"诗情的抑扬顿挫"这内里,"应该随着那由一种微妙的起承转合所按拍着的,思想的曲线而波动着",由此提出诗歌的"诗情节奏"范畴,表现出对自己早期《雨巷》音韵美的一种超越。

戴望舒认为正如音乐是以音和时间来表现的情绪的和谐,绘画是以线条和色彩来表现的情绪的和谐,舞蹈是以动作来表现的情绪的和谐一样,诗是"以文字来表现的情绪的和谐";强调诗的存在在于"组织"。"它的佳劣不在形式而在内容。"有"诗"的诗,虽以佶屈聱牙的文字写来也是诗;没有"诗"的诗,虽韵律齐整音节铿锵,仍然不是诗。把不是"诗"的成分从诗里放逐出去。所谓不是"诗"的成分,即在组织起来时对于诗并非必需的东西。例如通常认为美的词藻、铿锵的音韵等等。并不是反对

---

① 应该就是施蛰存在戴望舒离沪赴法前一天晚从他的手记本上抄录的"关于诗的断片"整理而成的。

这些词藻、音韵本身。只当它们对于"诗"并非必需或妨碍"诗"的时候,才应该驱除它们。正面表达了对"纯诗"的艺术追求和艺术标准。

施蛰存在本期的《社中日记》中写道:"这十七条诗论,似乎在青年诗人中间颇有启发,因而使自由诗摧毁了'新月派'的壁垒。"

本期还刊登了鲁迅的《论"第三种人"》①;还有刘呐鸥的小说《赤道下——给已赴法途中的戴望舒》;以及望舒出国前亲友送别的照片 2 张:达特安邮船上的戴望舒和送诗人出帆。前一张是戴望舒和施绛年分坐两把藤椅的合影。后一张是施蛰存、穆时英、戴望舒、杜衡坐在一张长椅上的合照。

同日 据日记:上午 11 时到吉步堤,船不靠码头。乘小船登岸,从码头走到邮政局,寄了信,即在路上闲走。吉布堤是一路见到的最坏的地方。天气热极,房屋都好像已坍败,路上积着

---

① 据施蛰存《〈现代〉杂忆》:当年参加这场论辩的几位主要人物,都是彼此有了解的,双方的文章措辞,尽管有非常尖刻的地方,但还是作为一种文艺思想来讨论。许多重要文章,都是先经对方看过,然后送到我这里来。鲁迅最初没有公开表示意见,可是几乎每一篇文章,他都在印出以前看过。最后他写了总结性的《论"第三种人"》,也是先给苏汶看过,由苏汶交给我的。这个情况,可见当时党及其文艺理论家,并不把这件事作为敌我矛盾处理。……鲁迅对"第三种人"的态度,后来才有了改变。大概是由于《庄子》和《文选》的事,由于他怀疑我向国民党献策,最后是由于穆时英当了图书杂志审查委员,他认为这些都是"第三种人"倒向了反动派,"露出了本相",从此便对"第三种人"深恶而痛绝之。但是,在一九三六年的《答徐懋庸》一文中,却明确地说"杜衡、韩侍桁、杨邨人之流"的什么"第三种文学"。这是指《星火》的编者了。

对于"第三种人"问题的论辩,我一开头就决心不介入。一则是由于我不懂文艺理论,从来没写理论文章。二则是由于我如果一介入,《现代》就成为"第三种人"的同人杂志。在整个论辩过程中,我始终保持编者的立场,并不自己认为也属于"第三种人"——作家之群。十多年来,鲁迅著作的注释中以及许多批判文章中,屡见不鲜地说我是"自称为'第三种人'",这是毫无根据的,我从来没有"自称"过。参见施蛰存:《沙上的脚迹》,辽宁教育出版社 1995 年版,第 32—33 页。

达特安邮船上的戴望舒

泥,行人稀少。到土人住的地方去走了一走,被臭气熏了回来。那里脏极了,人兽杂处,而土人却满不在乎。有一土人说要领去看黑女裸舞,因路远未去,即返舟。下午四时,船即启碇。夜间九时船中有跳舞会,很累,未去。

2日 据日记:天气很热,不敢做事,整天在甲板上。

3日 据日记:晚上参加船上的化装舞会,觉得很无兴趣,只舞了一次。很早就回来睡下。

4日 据日记:下午船上有抽签得彩之戏,去看看而已。

5日 据日记:七时抵 Suez(苏伊士),船并不靠岸,有许多小贩来卖土货。买了一顶土耳其帽,戴着这帽子照了一张照片。船在苏伊士运河中徐徐航行,两岸漠漠黄沙,弥望无限。上午在船中发出给绛年和家里的信。

6日 据日记:上午五时许醒来,船已到 Port Said(塞得港)

了。七时起身吃了点心就乘小汽船上岸。波塞是一个热闹的小地方，在大街上东走西看后，觉得这地方除了春画可以公开卖和人口混乱外，毫无特点。在街上足足走了三小时。在书店中买了一册 Vn（原文如此——笔者）和两包埃及烟。船在四时三刻启碇入地中海。天气突然凉起来，大家都换夹衣了。

7 日 据日记：今日微有风浪，想译阿耶拉因头晕未果。

8 日 船经香港、西贡、新加坡、科伦坡、吉布堤、苏伊士运河、塞得港，行程一个月，终于抵达法国马赛港。途中给施绛年、施蛰存、戴瑛和父母都有信函，报告行程，寄托相思。船上遇郭文明等三人都是到里昂中法大学求学的。和刁士衡到马赛即电告住在巴黎的李健吾和马宗融，请他二人在巴黎接应。

16 日 施蛰存把《现代》一册、《东方杂志》二册邮寄驻法国中国公使馆，让转交戴望舒。

18 日 施蛰存在松江家里致戴望舒函：欣喜告知"《现代》这期创作号销路特别好，初印八千份，现在已销完，正在再版中。一号那天，上海门市售出四百本之多，不可谓盛事也"。并说自己的《梅雨之夕》已卖与新中国书局，因急用向现代书局预支版税 150 元未果，感慨现代书局"专拍一流作家"，"如我辈中间的卡氏党，真是碰壁的。洪雪帆至今还主张一部稿子拿到手，先问题名，故你以后如有译稿应将题名改好，如《相思》《恋爱》等字最好也"。施蛰存的感慨，可说再现了 30 年代商业逻辑对文学生产的影响。

从这第一封信始，施蛰存就在敦促戴望舒交稿："你应交'中华'之稿如何矣，屈指算来，此信到时，你也已应当预备寄出第二批稿子了。勿怠勿怠！"并希望戴望舒将到巴黎后的"日用账录寄一周，使我有一个参考"，同时叮嘱望舒以后相互间的通信各自编号保存。显示出志同道合的文坛密友和戴望舒卖文生涯的"经纪人"的拳拳之心和专业眼光。

20日 翻译俄国作家伊凡诺夫的中篇小说《铁甲车》,由现代书局出版,署名戴望舒译(1933年9月由现代书局再版,1936年复兴书局又重版)。目次为"铁路附近的游击队、外国人、在城市里、中国人沈彬吾、奥巴勃少尉、铁轨、聂泽拉索夫上尉之死、泡沫"。故事讲述一支装备落后的西伯利亚游击队,竟俘获了由一位经验丰富的白卫军官指挥的装甲列车。这辆武器装备齐全的铁甲车,一旦驰援了城内的白军,后果不堪设想。在缺乏重武器的情况下,中国劳工沈彬吾自告奋勇以身拦截铁甲车,保证了城市起义的成功,中国劳工的自我牺牲成为小说中的重头戏,体现出动人的国际主义精神。

书前收有戴望舒写于1932年10月的"译序"。介绍了作者伊凡诺夫由于家境贫苦,很早就走上谋生道路:当过马戏园的徒弟、魔术师、说书人、小丑、当铺的伙计、拼字工人,1916年他的第一部小说(《在额尔齐斯河上》)就是自己亲手排印的,得到了高尔基的好评。后在高尔基的帮助下到了彼得堡,结识谢拉皮翁兄弟,成为苏联文坛著名的"同路人"[①]中的一员。因了他复杂而

---

① 关于"同路人",戴望舒曾经在《苏联文坛的风波》一文里介绍了以柴妙金(今通译为扎米亚金)为文学教师的"谢拉皮翁兄弟"是"同路人"中有影响的一个文学团体。1929年苏联文坛对"同路人"皮力涅克和柴妙金的批判,被戴望舒视为对"同路人"的"猛烈的攻击",可见他明显流露出认同"同路人"的倾向。而据施蛰存《最后一个老朋友——冯雪峰》一文中也记载了他们跟革命之间类似"同路人"的微妙关系:"雪峰曾希望我们恢复党的关系,但我们自从'四一二'事变以后,知道革命不是浪漫主义的行动。我们三人都是独子,多少还有些封建主义的家庭顾虑。再说,在文艺活动方面,也还想保留一些自由主义,不愿受被动的政治约束。雪峰很了解我们的思想情况,他把我们看作政治上的同路人,私交上的朋友。"施蛰存:《沙上的脚迹》,辽宁教育出版社1995年版,第129页。

冒险的经历,他成为一个顽强而新鲜的作家。写了很多游击队的故事,描写了"原始而雄伟"的俄罗斯农民,多元的非组织的农民暴乱……《铁甲车》就是伊凡诺夫众多游击队作品中被公认为最出色的一部。但是戴望舒评价"他对于革命,对于一切,都只有本能的认识……不能真正地把握革命的真谛,或许他也没有真想去把握"。这评价也流露出戴望舒追求"纯粹"的美学理念带来的影响。

本月　由黎烈文担任主编后实行改革,《自由谈》成为左翼重要阵地,鲁迅和茅盾都在上面发表了大量杂文。

12 月

1 日　《现代》第 2 卷第 2 期出版,没有新作发表。

3 日　施蛰存复戴望舒函:收到戴望舒从吉布堤寄来的信和照片,"如对故人,甚慰"。自述看见影戏里有一个"扒儿手",担心起远在海外友人的财务安全。并详告上海文坛的消息:"(1)《自由谈》自本月 1 日起改由新近由法国回来的黎烈文主编,周瘦鹃则改编《本埠增刊》。(2)熊式弌译了一部《萧伯纳全集》,一部《巴蕾全集》,卖给文化基金委员会,共得洋八千元。此君以四千元安家,以四千元赴英求学。上星期曾来找我,我在松江未遇,日内当可晤见,我想请他做英国通讯。并当为你介绍。(3)邵洵美叫叶秋原编一个《时代周报》,内容听说有 16 页图画,16 页文字,大概上自政论,下至电影批评者都有,明年 1 月 1 日创刊,我当寄你。(4)欧阳予倩已到马赛,不知你知道否?我正在打听他的行踪,为你介绍。(5)我的第三小说集《梅雨之夕》已交新中国书局。以上是所谓文坛消息,以下要说你的事了。你现在究竟是否先译'中华'的书?倘若没有决定,我想先编《法国文学史》也好。因为目下的现代书局，只要稿子全到，钱是不生问题的。《现代》转瞬 2 卷完满，第 3 卷的译小说你似乎也应当动手了。我希望在动手编 3 卷 1 期时，已经有 3 卷 2 期的稿子在手头，则较为放心。你如果决定译的，则收到此信后，请立刻先拟一个广告来，说明此书内容，我当在 2 卷 6 期登出。"

施蛰存的信充满了对挚友的殷殷关切，从生活到创作到文坛近况。信中"中华的书"是指戴望舒给中华书局翻译的《比利时短篇小说集》，他在出国前已经预支了一部分稿费；《法国文学史》是现代书局约的稿子；《现代》杂志的第 3 卷上预备刊载戴望舒的翻译小说。这些稿债都非短时间内所能完成，可见要以译稿赚取生活费的留学生涯有多艰辛。

8 日　朱湘发了一封明信片给远在巴黎的戴望舒，表达对戴望舒的深切"驰念"，希望能收到友人从巴黎寄的诗歌或是"美术的信片"，并告知徐霞村已结婚的消息。

9 日　《社会新闻》第 23 期刊登了一篇题为《施蛰存与戴望舒》的说明文章。其中节录了一封施蛰存来信，要求该刊对之前第 5 期和第 18 期重复刊登戴望舒与施绛年恋爱关系的不实报道予以更正："（一）望舒除了懂得些法国文学外，只会得写一点诗，但是他从来没有自称是诗人。（二）望舒的父亲是杭州中国银行的职员，但虽非金库主任，望舒亦从未'以此自炫'。（三）望舒是穷朋友，我安有不知之理，舍妹与望舒订婚，决不会'被炫'于此。因望舒之家资不丰，亦不必俟订婚后去探也。"文章署名"编辑部"，表示重复刊登是个误会，"绝无故意造谣来侮辱别人"，"请施先生不必登广告，更不必打官司也"。

27 日　施蛰存致戴望舒航空函：焦灼等待的"第一批'中华'残稿尚未到"，担心戴望舒在巴黎的经济问题，商约卖文定例：

"我这里大概每月上旬以内寄汇 750 法郎,请你一回也每月寄出这数目的稿子,好像银行往来那样地结算",叮嘱稿子万万不能延搁两个月。建议"如不译中华的书,则可以先弄《法国文学史》了。《朝颜》(未查到戴望舒有译此书的线索——笔者)望即译来,我替你开 4 元千字的稿费"。"最要紧的是巴黎图书馆,听说该馆中有张若谷自己送去的他的著作,你看见过否? 我的小说现有柏烈伟氏在给译为俄文。《爱经》《铁甲车》均已出版,下星期寄你一本。卖奇书的书店去跑过否? 能否快给我找目录来?你的诗尤其应当随时寄来。《东方》新年号中我有诗铭三章,兹特寄奉,先睹为快! 第三卷的《现代》拟增加字数为 15 万,每页文字加密,内容拟仿日本的《新潮》之类,多载于文艺有关的趣味文字,请你多作些访问记,文艺杂谈,或者我出些题目如《巴黎书画搜猎记》《巴黎图书馆之一日》《Grand Opera 之一夕》等等,有照片同时寄来,因拟多加插图,画 4 页可望改为影写版,乐得神气也。"

20 日 在《青年界》第 2 卷第 5 期发表译作小说西班牙乌纳木诺的《沉默的窟》,署名戴望舒译。

本年(未署具体日期) 丁玲致函杜衡,答应约稿并与杜衡商量想发起一次茶会,"庆祝中国第一部长篇《子夜》,并讨论评判《子夜》"及其他作家的创作方法、创作经验、创作逸事等等。

1933 年(癸酉,民国二十二年) 28 岁

▲1 月,茅盾《子夜》由开明书店出版。

▲2 月,英国文豪萧伯纳抵上海,开始访问中国。

▲3 月,以夏衍为组长,由钱杏邨、司徒慧敏等人参加的左翼电影小组成立。

▲7 月,鲁迅在《文学》创刊号发表《又论"第三种人"》。

▲7 月,南京国民政府行政院发布《查禁普罗文艺密令》。

1 月

1 日 《现代》第 2 卷第 3 期,1933 年的新年号出版。《论文》栏刊登了丹仁(冯雪峰)的《关于"第三种文学"的倾向与理论》和苏汶的《一九三二年的文艺论辩与清算》,继续关于"第三种"文艺思想的论辩。①

13 日 穆时英为短篇小说集《南北极》作《改订本题记》时表达了对戴望舒、施蛰存、郭建英、赵家壁、叶灵凤和蔡希陶等朋友的感谢。

15 日 施蛰存致戴望舒函:要他买最新的画报和"英文本的大大主义(今译达达主义)宣言及超现实主义宣言"。挂虑他的肠病又疑心他"借题发挥"过度用钱;同时又"警告"他若真病了要打电报,虽然打电报很贵。告知自己的作品《夜叉》入选一德国人译的 1932 年中国最好短篇集。告知已在《现代》预告上说"你有新作未发表者十余首编入",催促戴望舒"寄些未发表的新诗来"。

---

① 据施蛰存 1932 年 12 月 7 日的日记:"苏汶先生送来《一九三二年的文艺论辩之清算》一文,读后甚为快意。以一个杂志编者的立场来说,我觉得这个文艺自由论战已到了可以相当的做个结束的时候。苏汶先生此文恰好使我能借此作一结束的宣告,遂与汇合洛扬、丹仁(冯雪峰)两先生的文章一并发排。在以后的几期《现代》中我希望能换些别的文艺问题来讨论了。"

2 月

1 日　《现代》第 2 卷第 4 期出版。未有作品发表。

7 日　按鲁迅日记:"下午雨。柔石于前年是夜遇害,作文以为纪念。"此文便是《为了忘却的记念》。

17 日　施蛰存致戴望舒航空函:对于戴望舒"电报式"的短信表示批评,因为戴望舒写给施绛年的信"却如此之琐碎",认为"大可不必如此小心意儿",甚至建议"把给她及我的信放在一起,就可以有时间多写点别的值得让我们知道的事情了"。劝说戴望舒放弃要绛年赴法的念头,一是因为生活费,更是因为怕她一去干扰望舒多写东西,可见他对戴望舒文墨的珍视以至于忽略了热恋中人的心意。仍旧希望他能多赶一点稿,让钱可以不必再用急电汇,因为汇费实在太贵了。"《现代》3 卷 1 期起,想增加文学通讯。英国熊式式,德国冯至,美国罗皑岚,日本谷非,苏联耿济之,法国要你,请每两月寄一篇来,至少须有二页,约 2200字,此信收到后即寄一篇来,好排在 3 卷 1 期。波兰拟请虞和瑞,请你打听一下,并写一信去,代我约他,亦每二月一篇。其他各国如有更好。你须写点文艺论文,我以为这是必要的,你可以达到徐志摩的地位,但你必须有诗的论文出来,我期待着。《望舒草》能否加一点未发表的新作品?请快寄几首来。《现代》及《东方》均急要你的诗。"

施蛰存认为现代诗的创作必须有现代诗的理论去阐释和升华,这是作为既是编辑又是朋友的施蛰存对戴望舒发展前途的规划。但是戴望舒并没有按施蛰存的安排去做,迟迟没有寄回施蛰存期待的文艺论文。施蛰存只得将他从戴望舒手记本中抄录的十七条"断片"以《诗论零札》为题,发表在《现代》第 2 卷第 1

期上。两个月余,施蛰存在此信中又再提要戴望舒写诗歌论文的事,可见他对望舒这些诗论还不是特别满意。在晚年他还强调:"关于现代派,其实并不是一个文学流派,而是新诗发展到第三个阶段的一种艺术上的倾向,主要针对着新月派的格律诗来的。新月派垮了,现代派也就没有了针对的目标,现代派其实也没有什么自己完整的理论。戴望舒的《诗论零札》实际上是法国象征派诗人的言论的读书笔记。很多言论在法国象征派诗人那里可以直接找到。"①

同日 萧伯纳到上海。据施蛰存《沙上的脚迹》中的《〈现代〉杂忆》:萧伯纳此行属于一天的私人游历,英租界不愿以官方名义接待,就由宋庆龄和蔡元培出面,以中国笔会名义在世界社举办了招待会。参加的有各路新闻记者和鲁迅所记录的"为文艺的文艺家,民族主义文学家、交际明星、伶界大王等"。施蛰存没有到场,但在二月份的《现代》上发表了萧的一个剧本,四月份发表了萧在上海的六张照片,五月份的《现代》上发表了鲁迅的《看萧和"看萧的人们"》,同期还发表了适夷的《萧和巴比塞》。做到了他自己认为的"迎送如仪"的礼数。

约 20 日 据施蛰存《关于鲁迅的一些回忆》:收到鲁迅的《为了忘却的记念》稿子。得知鲁迅 2 月 7—8 日完稿后给了其他两个杂志,但皆因编辑害怕而不敢采用。施蛰存虽有踌躇,但还是报请老板张静庐,沉吟三天,终究因为"舍不得鲁迅这篇异乎寻常的杰作被扼杀,或被别的刊物取得发表的荣誉"而决定发表。②

---

① 《施蛰存先生谈诗人戴望舒》,山东师范大学中文系现代诗歌研究生小组整理记录,1981 年 6 月 6 日。
② 施蛰存:《沙上的脚迹》,辽宁教育出版社 1995 年版,第 112—114 页。

28日 穆时英为短篇小说集《公墓》作"自序"时提及献给望舒,"末了,我把这本书敬献给远在海外嘻嘻地笑着的 Pierrot,望舒"。此后于 1934 年 2 月 4 卷第 4 期和 3 月第 5 期《现代》上连载的小说《Pierrot（上、下）》中,副标题又是"寄呈望舒"。"Pierrot",法语名皮耶罗,古法国哑剧中穿白衣或白条衣的丑角,戏剧开场前插科打诨的报幕人,有"先驱者"的意思①。两次题赠和寄呈,说明穆时英真心崇拜和欣赏戴望舒在中国新诗坛开创者的成就。

穆时英对戴望舒的敬服和追随之心确实不是一时冲动的戏谑。早在《现代》创刊号上发表的成名作《公墓》中,穆时英就反复套用化用戴望舒的"雨巷"和"丁香"的意象和意境。同时,小说文体的铺展仿佛也在代替言不尽意的诗歌想象推演出"我"跟"丁香姑娘"的更多接触;甚至进入她的居所,将"一册戴望舒先生的诗集一束紫丁香,和一颗痛苦着的心"作为生日礼物送给她,"她把我送她的那本《我的记忆》放到书架上"。然而,正如《雨巷》中梦的飘然而逝、希望的无法实现一样,"玲姑娘"最终因病去世,葬在了他们相遇的公墓中。《公墓》对戴望舒诗歌的致敬与呼应,正表明了穆时英对"现代派"的皈依,他不仅是作为被

---

① 此外还有一层意思:"Pierrot"原是法国家喻户晓的人物形象,"他永远是一袭白袍,一脸白粉,一颗斗大的泪珠挂眼角,高高坐在弯弯的月亮上"。在生活中他屡遭挫伤,但也是法国孩童挫折时高度认同的对象。在小说《Pierrot（上、下）》序文中,穆时英解释了他所谓的"Pierrot"的含义:"当时的目的只是想表现一些从生活上跌落下来的,一些失败的 Pierrot。在我们的社会里,有被生活压扁了的人,也有被生活挤出来的人,可那些人并不一定,或是说,并不必然地要显出反抗、悲愤、仇恨之类的脸来;他们可以在悲哀的脸上戴上快乐的面具……",与戴望舒《我的素描》中所写的"我",一边是"高大的",有着"光辉的眼"和"恣意谈笑"的爽朗声音,一边又是沉默的"悒郁的"自我写照相印证,以示他对望舒的深刻理解。

发掘的新人而存在于他们之中,同时也在文本、趣味和情感上不断地与整个"现代派"建立起深深的联结。

相似的还有徐迟。徐迟同样也以小说创作的形式向他所仰慕的"现代派"大诗人致敬。其发表于《六艺》杂志 1936 年第 1 期的小说《月光下火柴下的恋歌》,通篇回旋的就是戴望舒诗歌的调子,主人公"我"唯一明确的身份是戴望舒诗歌的读者:"取了外衣,又取了刚从弗兰西从西班牙回国的诗人的诗集。我爱过那些诗,我为他们谱上过音符,我背诵过他们,把想象的一个一个雕刻艺术品蔓罗入我的心的陈列室";"我"与恋人的活动是在月光下"读到诗人的怀乡病,诗人的自我素描,诗人的夜行,诗人的爱情吐露与隐秘";小说人物间的情话都是"给我诗集"、借一根火柴"够读一首八行至十二行的戴望舒";作者甚至借"我"之口直接表达对诗人的颂扬:"望舒的诗可不是好诗吗!"①

3 月

1 日　《现代》第 2 卷第 5 期出版。

5 日　致叶灵凤函。解释半年没有给老友写信的原因,因为忙着读书译书,又生了半个月的病。在《现代》中读到叶灵凤的《紫丁香》(小说也余音缭绕着戴望舒的雨巷情韵)和《第七号女性》,认为他在长久搁笔之后,"这次竟有惊人的进步了",并表示两篇中更喜欢后者。知道老友近来喜欢 Heimingway(海明威)、John Dos Passos 诸人的作品,准备明后天进城去巴黎 Crosby 书店买来,"和《陶尔逸伯爵的舞会》第三次稿同时寄奉"。

---

①　王宇平:《雨巷的秘密——论"现代派"作家作品的文际关系》,《江苏大学学报》2013 年第 1 期。

1933 年戴望舒在法国

21—23 日　应法国《人道报》主编伐杨·古久列的邀请参加
法国文艺家协会会议[①]，会后两天写出了《法国通信——关于文
艺界的反法西斯谛运动》，报道了大会情况和纪德的讲演。3 个
月后发表在《现代》第 3 卷第 2 期(1933 年 6 月)上。

4 月

1 日　《现代》第 2 卷第 6 期出版。刊载了鲁迅的著名散文
《为了忘却的记念》。施蛰存为了配合这篇文章，编了一页《文艺
画报》，这是《现代》每期都有的图版资料。"我向鲁迅要来了一
张柔石的照片，一张柔石的手迹(柔石的诗稿《秋风从西方来了》
一页)。版面还不够，又配上了一幅珂勒惠支的木刻画《牺牲》，
这是鲁迅在文章中提到并曾在《北斗》创刊号上刊印过的。版面

---

①　王文彬《戴望舒与纪德的文学因缘》里，提到会议时间是 2 月 21 日，日期有
误，相差一个月。

还不满,又加了一张取自鲁迅和萧伯纳合照中的鲁迅近影,题名'最近之鲁迅'。"

28 日　施蛰存致戴望舒函[①]:告知 Cheri(不知中文名——笔者)一书没有找到出版商。得知戴望舒经济紧张,就凑了几笔稿费加上自己的 60 元,电汇出 1500 法郎。称赞戴望舒的文坛通讯很好,希望他能每二月供一篇稿。告知《现代》已由施和杜衡合编;生活书店将于 7 月 1 日出版《文学》月刊[②],建议戴望舒可译点文艺论文或作品给他们,但他们不发诗歌。而《现代》杂志却很需要他的诗稿。"有一个小刊物说你以《现代》为大本营,提倡象征派,以至目下的新诗都是模仿你的。我想你不该自弃,徐志摩之后,你是有希望成为中国大诗人的。"信末特别挂虑他的身体(估计戴望舒前信提到有发热症状),准备托即将赴法的李健吾太太带午时茶过去,因为"巴黎多雨,午时茶尤其相宜也"。

本月　《浔中月刊》第 3 卷第 5—6 期合刊上发表了 V. H. 的书讯介绍《诗三册》,分别介绍了陈梦家编选的《新月诗选》、戴望舒的《我的记忆》和夏目漱石著、崔万秋译的《草忱》三本书。称赞戴望舒的诗是有生命的"生物",非常美丽轻松、不用韵却很和谐。

---

①　此信未写日期,但在下一封 5 月 29 日的信开头就问写于 4 月 28 日的上信有否收到,故此信应该就是 4 月 28 日那封。

②　据施蛰存《〈现代〉杂忆》:杜衡加入编辑,施蛰存说"是被迫于某一种形势,不能不同意"(即老板张静庐听说茅盾要推荐杜衡去编辑《文学》,怕威胁到《现代》,因而固执地要拉杜衡来合编《现代》杂志)。他担心杜衡的加入使得《现代》杂志会给人留下"第三种人"的同仁杂志或机关刊物的印象,"因此我和杜衡有一个协议,要使《现代》坚持《创刊宣言》的原则。尽管我们对当时的左翼理论家有些不同意见,但决不建立派系,决不和左联对立,因为杜衡和戴望舒都还是左联成员"。

本月　在《妇女共鸣》第 2 卷第 4 期发表《筹设乡村妇女职业学校刍议》，署名江思。①

5 月

1 日　《现代》第 3 卷第 1 期（5 月特大号）出版。开始连载法国雷蒙·拉第该的长篇小说《陶尔逸伯爵的舞会》（署戴望舒译），至翌年 2 月第 4 卷第 4 期结束。小说讲述一个贵族青年爱上伯爵夫人，伯爵夫人为了保持平衡显得极其贞洁，两个男人也慷慨地成为知己好友。他们在追求爱情的同时极力保护三个人中的任一方。小说以一种极其理想化的想象描写了一段三角恋情，表现出纯洁心灵的无意识越轨活动要比不道德行为的花样更多，具有很高的艺术价值。本期连载的文末有一简短的《译者附记》，交代了译者本想写一篇关于作者雷蒙·拉第该的详细介绍，把他的生活、作风以及在法国文坛的影响作一个系统的叙述，但苦于交稿时间紧促，关于作者的一部分材料未收集完整，所以没有动手等原委。为弥补这个遗憾，戴望舒同时译出了高克多对于作者拉第该的介绍文章《关于雷蒙·拉第该》，并列出了拉第该的一些著作的法文书名，供有兴趣的读者进一步深入阅读，显示出戴望舒学者般的严谨。

施蛰存也在同期的《社中谈座》中，专门对这一部小说做了介绍，给予这本小说很高的评价："这部书实在是法国现代心理小说的最高峰，一九二四年法国文学史上的奇迹，作者是一个神童，在十九岁时完成了这样深刻泼辣的'大人'的心理小说。在这一部书出版之后，以前所有的心理小说，引一句某批评家的话

---

①　此篇从议题到语用风格都不太像戴望舒的作品，还有待确证。

说,就立刻变成了'大人写的孩子的小说了'。"

同日　同期还刊有丁玲的小说《奔》、鲁迅的随笔《春宵和春宵的人们记》、艾青的《芦笛》、郁达夫的《光慈晚年》等。

14 日　丁玲与潘梓年在上海虹口昆山花园路 7 号丁玲住所被捕。当天下午,中共江苏省委宣传部部长应修人到丁玲处谈事,在与埋伏的特务搏斗中牺牲。过了四五天,文艺界差不多都知道了这个消息。但各报刊都保持沉默,不作报道。施蛰存编的《现代》3 卷第 2 期全稿正在进行三校,即将在 6 月 1 日出版。他就在最后一页《编者缀语》中临时加了一段披露丁玲被捕的消息,"竭力压低愤怒的情绪","把这件暴行公告天下"。

16 日　翻译意大利福加查罗的《银十字架》,发表于《东方杂志》第 30 卷第 10 期,署名戴望舒译。这是一篇讽刺性极强的小说。十字架代表着爱与救赎,但小说中残暴的伯爵夫人终日享受着荣华富贵,霍乱袭来时可以毫不犹疑地带着家产离开,得了疫病的仆人却只能痛苦地躺在稻草上等死,被赋予希望的市长和教士所做的一切都在敷衍了事。银十字架貌似给底层人民以希望与慰藉,事实上却只是社会残忍现实的遮羞布。

17 日　《大美晚报》(英文版)刊登了一则《丁玲女士失踪》的消息。

23 日　蔡元培领衔文艺界同人为丁玲事件致电南京国民政府行政院院长汪精卫、司法行政部部长罗文干。言丁、潘二人在著作界素负声望,"元培等谊切同人,敢为呼吁,尚恳揆法衡情,量予释放。或移交法院,从宽办理,亦国家远怀佑文之德也"。联名的有蔡元培、胡愈之、洪深、邹韬奋、林语堂、叶圣陶、郁达夫、陈望道、胡秋原、沈从文、叶灵凤、戴望舒、施蛰存、穆时英、杜衡等 38 人。

29 日　　施蛰存复戴望舒函：劝他暂先不要到西班牙去，而是留在巴黎争取半年内在学业上"有一个交代"，"不要因一时经济脱空而悲观"，他会为老朋友在国内想办法筹款接济。告知丁玲被捕的消息，并说明在文化界声援丁玲的联名"电报"中也替戴望舒加上了名字。打算以施蛰存、戴望舒和徐霞村三人名义编一个《现代之文艺与批评丛书》，编译最新的文学作品及理论书。"你说你不能与×××他们沆瀣一气，当然是的，我们万不能不慎重个人的出处。译西万提斯书是大佳事，希望你能实现。绛年的信上多嘴，说了一句使你疑心的话，其实是没有关系的。事实是当她写那信时，正值我与现代书局发生问题之时，我好象曾告诉你的。喂，《望舒草》快出版了，旅法以后的诗为什么不赶些来？有一个南京的刊物说你以《现代》为大本营，提倡象征派诗，现在所有的大杂志，其中的诗大都是你的徒党①，了不得呀！但你没有新作寄来，则诗坛的首领该得让我做了。我现在编一本季刊，定名《现代诗风》，内分诗论、诗话、诗、译诗四项，大约 9 月中可出第一册。你如高兴，可请寄些小文章及译诗论文来，不过没有稿费，恐怕你也无暇写耳。再我近日正在计划一个日曜文库，仿'第一书房'的 Holiday Library 形式及性质，每 66 开大小，穿线订，约 4 万至 6 万字，第一本是穆时英的创作中篇，第二本是我译的《曼殊斐尔小品集》，三本以下想弄一点有趣味的轻文学，我想请你做一本《巴黎素描》，以每篇一二千字的文字，描写巴黎的文艺界、名胜、社会生活等等，此项作品可以每千字 3 元卖稿，但万不得超过六万字，你高兴弄一本否？"信末还替"绛年

---

①　施蛰存在 4 月 28 日的上一封信中已有相似的话激励望舒，可见他对挚友的期望和文学史眼光。

一并致意"，告知望舒母亲当日已来沪。

除了交流沟通文学出版计划，施蛰存显然在有意鼓励肯定老友在诗坛的地位，同时为了不让望舒伤心分心，对于妹妹施绛年的移情别恋，也采取了模糊宽慰的策略。

6 月

1 日　在《现代》第 3 卷第 2 期(6 月号)继续连载《陶尔逸伯爵的舞会》。

同日　发表《法国通信——关于文艺界的反法西斯谛运动》，署名戴望舒。介绍了反法西斯集会的情况和纪德的演讲内容，明确地提出纪德在法国文学中是"第三种人"，因为他"忠实于自己的艺术"，这样的人在法国文学中不会被视作"资产阶级的帮闲者"。文末还说当法国的革命作家和纪德携手反抗法西斯的时候，中国的左翼作家"想必还是在把所谓的'第三种人'当作唯一的敌手吧!"表露出对左翼批判"第三种人"的一丝不满。自 1932 年 7 月，苏汶(杜衡)在《现代》第 1 卷第 3 号发表《关于"文新"与胡秋源的文艺论辩》，以"第三种人"自居后，鲁迅、易嘉(瞿秋白)、周起应(周扬)、洛扬(冯雪峰)纷纷著文批驳苏汶的观点，苏汶又著文反批评，引出一场著名的论战。戴望舒本来一直是沉默的，这篇"通信"是第一次表示出对国内"第三种人"观点的认同。

4 日　鲁迅针对戴望舒的法国通信写了《又论"第三种人"》，发表于 1933 年 7 月 1 日的《文学》第 1 卷第 1 号。首先批驳了戴望舒认为纪德因"忠实于自己的艺术"而倾向于认同他是"第三种人"的看法，认为纪德"并不超然于政治之外，决不能贸贸然称之为'第三种人'"。其次鲁迅认为现在"刊物上也久不见什么

'把所谓"第三种人"当作唯一的敌手'的文章,不再内战,没有军阀气味了。戴先生的豫料,是落了空的"。主要批评了文艺上的"第三种人"向往的超然的中间道路的幻想。"即使好像不偏不倚罢,其实是总有些偏向的,平时有意的或无意的遮掩起来,而一遇切要的事故,它便会分明的显现……所以在这混杂的一群中,有的能和革命前进,共鸣;有的也能乘机将革命中伤,软化,曲解。左翼理论家是有着加以分析的任务的。"鲁迅的这番话确实为日后《现代》同仁群的分化和戴望舒自己的变化所证实。

据施蛰存《〈现代〉杂忆》记述:"不幸望舒这篇通信里把法国作家纪德说成是'第三种人',引出了鲁迅的一篇批评文章《又论"第三种人"》。这样一来,读者对这篇通信的看法就不同了。人们以为这篇通信的作用是'第三种人'想拉纪德为'护法',而不去注意它的主要内容",所以遗憾地忽略了施蛰存有意在《编者缀语》里公告丁玲被捕的消息、"要读者特别留意"本期的来自戴望舒的法国通信,实为"指桑骂槐,斥责蒋介石的法西斯暴行"的真实用意。

27 日　戴望舒在法遇到经济困难,用原名戴朝寀(Tai Tchao—chen)写法文信给里昂中法大学校方求援。这是他首次与该校联系。

先生:

久仰高仪。

贵部门素以关心贫困青年学子而闻名,因此我决定写信向您求助。或许我有这份荣幸能够得到您的垂青。这么做可能有些鲁莽,但我以求助的真诚和求知的渴望,希望得到您的关照。

我是上海震旦大学的毕业生,很早就对法国文学有着强烈的兴趣，已将一些法国文学作品翻译成了中文，包括古典的与现代的。根据评论界的反馈看，不算太坏。学习法国文化对我有莫大的吸引力。毋须思考，我去年离开我的国家来到巴黎，至今已有半年，在此期间，我常常去文学院听课。但是，唉，现在有一个我以前从未考虑过的巨大困难出现在我的面前，威胁着我，妨碍我留在法国。我唯一对付它的办法就是卖文为生，但酬劳并不能按时收到，由于国内动乱，编辑本许诺定会寄钱给我，但现在他们一方面不承认其许诺，一方面又取消合同。不安、焦虑、来自生活上的困难，每天都折磨着我，我完全不知道怎样熬过这些糟糕的日子。回中国去？对于我来说，放弃刚刚开始的文学学习，这真是太让人绝望了。我天性挑战困难的坚强意志不允许我出此下策。

贵部门资助贫困学生助学金的想法鼓励了我。我的情况可能正符合您资助的条件，因此，我请求，先生，以您的宽容、仁慈，赐给我一份助学金，使我继续在这里的学业。待这段关键的时期过去，我就有时间为继续长居法国的生活好好安顿自己。因此，您对我的帮助格外珍贵。附上我的翻译作品（法译中）清单。如您愿意，我也可以将这些翻译作品寄到法国来。我期待能从您那里得到好消息。致以崇高的敬意。

戴朝宗　巴黎，6 月 27 日

信末附上了以往所翻译的法国文学作品清单：1.《屋卡珊和尼格莱特》；2. 贝尔洛《故事集》；3. 沙多勃易盎《阿拉达》；4. 沙多勃易盎《核耐》；5. 梅里美《高龙芭》；6. 梅里美《卡门》（又名《伽尔曼》）；7. 蒲尔惹《弟子》；8. 高莱特《紫恋》；9. 穆朗《短篇小说选》；

10. 主要的短篇小说作家两卷:(伏尔泰、诺迪埃、梅里美、巴尔扎克、戈蒂耶、福楼拜、左拉、都德、莫泊桑、洛蒂、科佩、法朗士、菲利普);11. 主要的现代短篇小说作家两卷:(阿波利奈尔、所罗门、莫朗、季洛杜、拉尔博、德里厄·拉罗舍尔、蒙泰朗、儒昂多、马克·奥尔朗、拉谬、伊斯特拉迪、苏波、吉奥诺、卡尔科、格林、凯瑟尔、拉克雷泰尔、阿拉贡);12. 雷蒙·拉第该《陶尔逸伯爵的舞会》。

差不多同时,戴望舒还写了另一封致时任里昂中法大学校长孙佩苍的中文信函一封。信末未注明日期,据内容推测亦应是 1933 年 6 月底或 7 月初。此信以恭敬有加的措辞,自陈平生志向与在法苦况,希望能以特例生的身份进入中法大学。

中法大学校方收信后很长时间没有正式的邮件回复,几近走投无路的戴望舒陷于焦灼的等待之中。幸得友人们多方设法为他找寻出路。老友施蛰存在国内为他张罗译事、尽力接济;而在法国,友人陆懿多次伸出援手。据应国靖编《戴望舒年表》:"在巴黎期间,戴的生活十分清苦,一度在华人开的树声楼饭店吃包饭,由他的好友陆懿付钱。"

7 月

1 日 《现代》杂志第 3 卷第 3 期出版,继续连载《陶尔逸伯爵的舞会》。同日,在《文艺月刊》4 卷 1 期上,发表法国沙尔蒙的《人肉嗜食》,署名戴望舒译。

同日 曹聚仁主编的《涛声》出版,刊出一条《丁玲已被枪决》的消息,立即引起全国广大文学青年的愤怒和激动,鲁迅也写下了那首著名的《悼丁君》诗。据施蛰存《〈现代〉杂忆》中自述:"接着我收到各地读者的许多来信,要求介绍丁玲的生平及作品。有些信要求《现代》编刊追悼丁玲的专号。我选了两封信,附以答复。"

5 日 陆懿致函中法大学秘书长刘厚,言辞谦恭恳切,拜托其努力促成戴望舒入学一事。此前陆懿已向刘厚讲陈戴望舒处境、为之提出入学请求。从后来的信件推测,刘厚接手了这件事情并给予了戴望舒一些建议。

10 日 致信中法大学秘书长刘厚,内容如下:

大悲先生:

外交部已于昨日去过,由 Juery 先生接见,问讯一过后,对于舒颇表同情,惟云 Bourse(注:奖学金)之候选人,须由中法友谊会决定,嘱再往见中法友谊会 Directeur(注:主任)。舒恐有差池,颇有事败垂成之忧。故再冒昧上牍,并恳为舒向中法友谊会关说,不胜感祷之至,专此即请大安。

晚戴望舒　十日

显然,戴望舒为解决求学及生活的费用,连日来奔波于法国外交部、中法友谊会等部门机构,此事成败关系到他能否继续留法,使他十分紧张焦虑,希望刘厚再居中帮忙。

21 日 终于收到了来自中法大学校方的回复,内容不容乐观,认为戴望舒在来信中没有清晰的学习计划,校方要求他补交学习计划,但并不对结果做任何承诺。戴望舒没有立即回复。

23 日 友人陆懿再次出面致刘厚函:"生悯其向学之诚,妄求先生为力,敢请下察微情,同俱此心,再施宠惠为最后一步之努力。"

29 日 戴望舒回复校方函,内容如下:

先生:

我非常荣幸地知会您,您于 7 月 21 日的来信已收到。

非常感谢您的关心，的确如您所言，在上封信中，我没有清楚地表明我的学习计划，我恳请您允许我现在向您说明。

学习法国文学，是我来法国的目的，我打算先在里昂大学攻读学士学位，之后如有可能，我还打算攻读法国文学史方向的博士学位。我现在希望获得通过的学业考试科目有如下这些：法国文学、语法学、文献学、现当代历史，还有地理学。对于外国学生来说，这些科目被视为非常难以通过，但我相信，经过持之以恒的刻苦学习，我可以全部完成。

为此，我计划在法国再学习四年。两年用来准备学士学位，另外两年用来准备博士学位。至于我的翻译，您的意见过于勉强，为此我想为自己申辩一下。在中国我们缺乏好的老师来指导我们的学业，只能自己慢慢摸索、渐渐前行，加上各种物质上的困难也妨碍我们得到悉心指导，全身心地投入到连贯的学习中去。所以，我的翻译显得有些散乱，而且没有表明我的工作重心在哪。同样，这理由也使我下决心到法国来学习，因为我深知如果在中国，我很难在学业上取得大的进展。

经过这些解释之后，先生，我还得斗胆请求您，是否能赐给我一份里昂中法大学的助学金。我深知您在审核我材料之后的为难，我也深感不安。我唯有以努力学习来补偿这份不当的请求，希望在不久的将来，可以证明我无愧于您的关怀。

致以崇高的敬意。

戴朝寀

但法方个别人员的强硬态度仍让戴望舒感到无望[1]。

8 月

1 日　《现代》杂志第 3 卷第 4 期出版。继续连载《陶尔逸伯爵的舞会》。为回应读者的要求，本期《社中杂谈》中刊出"丁玲究竟是怎样一个人？""关于丁玲及本刊的目标"等内容。

同日　同期刊载了张天翼的《后期印象派绘画在中国》、杜衡的《望舒草·序》等。

15 日　编定第 2 本诗集《望舒草》，列入《现代创作丛书》，由上海现代书局出版。其实早在 7 月施蛰存就在《现代》第 3 卷第 3 期为《望舒草》做了一个广告："戴望舒先生的诗，是近年来新诗坛的尤物。凡读过他的诗的人，都能感到一种特殊的魅惑。这魅惑，不是文字的，也不是音节的，而是一种诗的情绪的魅惑。"[2]高度评价了《望舒草》的特点和价值。

《望舒草》由杜衡作序，附"诗论零札"17 条，收诗 41 篇，目次为：《我底记忆》《路上的小语》《林下的小语》《夜》《独自的时候》《秋》《对于天的怀乡病》《印象》《到我这里来》《祭日》《烦忧》《百合子》《八重子》《梦都子》《我的素描》《单恋者》《老之将至》《秋天的梦》《前夜》《我的恋人》《村姑》《野宴》《三顶礼》《二月》《小病》《款步（一）》《款步（二）》《过时》《有赠》《游子谣》《秋蝇》《夜行者》

---

①　他寄给施蛰存的第二十七号信是 1933 年 8 月寄出，此时情况仍未有好转，以致施蛰存在 9 月 5 日的复信中说"晓得你已不耐贫困急于回来"。待到 1933 年 10 月 19 日与 29 日，施蛰存收到戴望舒的第二十八号信与第二十九号信时，才得知戴望舒已被里昂中法大学录取的好消息。

②　施蛰存：《〈戴望舒诗全编〉引言》，《施蛰存七十年文选》，上海文艺出版社 1996 年版。

《微辞》《妾薄命》《少年行》《旅思》《不寐》《深闭的园子》《灯》《寻梦者》《乐园鸟》。

据杜衡《望舒草·序》介绍，他们一起开始写新诗大概是在1922到1924年。"差不多把诗当做另外一种人生，一种不敢轻易公开于俗世的人生。"偷偷写着，秘不示人，三个人偶尔交换一看，也不愿对方当面高声朗诵，而且往往很吝惜地立刻就收回去。不满于当时诗坛通行的"狂叫"式自我表现风格，只愿在诗作里于"表现自己与隐藏自己之间"，泄露隐秘灵魂的风景。其最大特点是"由真实经过想像而出来的，不单是真实，亦不单是想像"。这与戴望舒后来学习法文直接阅读到的魏尔伦等象征派的手法特别吻合，同时，象征派底独特的音节也曾使他兴味浓厚，使他跳出了中国旧诗词平仄韵律的笼罩，融会贯通后呈现出"象征派的形式，古典派的内容"。杜衡评价戴望舒的诗"很少架空的感情，铺张而不虚伪，华美而有法度"，开创出一条"诗歌底正路"。在序末，杜衡认为戴望舒从《乐园鸟》之后再无新诗的原因在于"像这样的写诗法，对望舒自己差不多不再是一种慰藉，而也成为苦痛了"。

也有论者不同意杜衡对戴望舒诗歌形式方面已经固定了的推断。在程会昌看来"作者的诗，如果再写下去，则在形式方面，或许仍要改变"，他总结戴望舒这部诗集在形式上使用了下列诸点：（一）全集都用散文句法，没有韵律合整齐的字句。（二）更用了很多的连接词，如"于是""而""但是""因为"等等。（三）对于旧的古典的应用。"从旧的事物中也能找到新的诗情。"（《零札》十）此外，程会昌也认同苏雪林女士《论李金发的诗》中所指出的象征派的四个基本特点为：（一）是行文朦胧恍惚；（二）表现神经艺术的本色；（三）有感伤与颓废的色彩；（四）多异国情调。艺术

方面也可分三点：(1)观念联络的奇特；(2)善用拟人法；(3)善用省略法。^①

关于《望舒草》的出版，据施蛰存《戴望舒诗全编·引言》回忆："1932年，我为现代书局编《现代》文学月刊，为望舒发表了新的诗作和《诗论零札》，在青年诗人中引起了很大的兴趣，各地都有人向书店中访求《我的记忆》，可是已无货供应了。于是我请望舒再编一本诗集，列入我编的《现代创作丛刊》，由现代书局出版^②。我的原意是重印《我的记忆》，再加入几篇新诗新作就行了。岂知望舒交给我的题名《望舒草》的第二本诗集，却是一个大幅度的改编本。他把《我底记忆》中的《旧锦囊》和《雨巷》两辑共十八首，全部删汰，仅保留了《我底记忆》一辑中的八首诗，加入集外新诗，共四十一首，于1933年8月印出，杜衡为撰序文。""《望舒草》的编集，表现了望舒对新诗创作倾向的最后选择和定型。在《我底记忆》时期，望舒作诗还很重视文字的音韵美，但后来他自我否定了。他的《诗论零札》第一条就是'诗不能借重音乐，它应该去了音乐的成分。'为了符合他的理论，他编《望舒草》的时候，才完全删汰了以音韵美见长的旧作，甚至连那首脍炙人口的《雨巷》也不愿保留下来。这样，《望舒草》就成为一本很纯粹、很统一的诗集。""这本诗集，代表了戴望舒前期诗的风格。"

《望舒草》的出版，标志着从李金发借鉴法国象征派发轫的中国象征派诗歌进入了一个成熟的鼎盛期。正如下之琳所指出的，此时外来的象征诗艺，经过转化吸收已成为新诗传统的一部

---

① 程会昌：《戴望舒著〈望舒草〉》，原载《图书评论》第2卷第3期。
② 另据施蛰存：《戴望舒诗校读记·引言》："其时他正要去法国，我要求他把诗稿带去，在法国编好后寄来，他在里昂中法大学住定后不久就寄来了《望舒草》定稿。"

分,取代格律诗派的地位,成为新诗发展史上的一个新阶段。①

9 月

1 日　在《文艺月刊》第 4 卷第 3 期发表诗作《不寐》,署名戴望舒。

5 日　施蛰存复戴望舒函:收到 27 号信,了解他不耐贫困急于回来,告知商务印书馆刚好有稿费到,再加上戴父的 300 元,大约在三日内总可汇上 700 元之数,同时又打一个电报劝他再耐一耐,继续为他尽心筹划钱事:"《法国短篇集》已讲好 9 月份支 100 元,10 月支 100,11 月支 160 元。9 月份的钱我已划还老刘,因为预备在年底再向他借,10 月份及 11 月份可汇给你。此外我为你向'良友'接洽编一本《法国大观》,文字及图片,约文字 8 万至 10 万,稿费可有四五百元,我想这个东西一个月就可完成。如果你以此次所汇 700 元及《法国短篇集》稿费作四个月的生活费,在此时期内写论文,再分出四分之一的时间来编《法国大观》,则此稿费就可作论文印刷费。如是只差回来的钱,我想在明年上春头总有办法的。……浦江清定于 9 月 12 日乘 Conte Verde 赴意大利,经巴黎到英国去,他定会来看你。"由此信可知,戴望舒想要留在法国继续完成学业有多艰难,施蛰存也为此操碎了心。

16 日　在《东方杂志》30 卷 18 期发表译作小说法国季奥诺的《怜悯的寂寞》,署名戴望舒译。小说的主人公是两个穿着破旧没有名字的"胖子"和"瘦子",在上流社会贵族眼里,像是富丽

---

①　卞之琳:《新诗和西方诗》,《人与诗:忆旧说新》,生活·读书·新知三联书店 1984 年版,第 188 页。

堂皇的画中平白添了两滴肮脏的黑墨水一样。教士利用他们急于用钱的心理,让他们冒着生命危险下到深井去修抽水机。在严寒的冬天,胖子不得不脱掉鞋子、裤子,穿着单衣连续几小时井下作业,最后冒着死亡的风险和一身的擦伤冻伤只换来十个铜子儿和人们满脸的冷漠鄙视。善良的人生活在地狱,残忍的人却高高在上地享福着,没有名字的二人可以指代任何一个被欺凌被利用的底层百姓。戴望舒认为季奥诺小说的伟大之处在于,作品充满了一种和"粗俗的民众生活联系在一起"的"深切的诗情",能使人感到一种难以言传的美丽。

本月底 世界反帝大同盟派代表团来沪调查。自从日本强占我国东三省、扶植傀儡政权伪满政府后,国际联盟组织了一个由英国人李顿为团长的代表团来华调查真相。可是他们在东北草草转悠一圈就打道回府,出一份报告反而是有利日本的。这激起了全世界正义人士的抨击。为了主持公道,伸张正义,世界反帝大同盟也准备派出一个"满洲调查团"来华调查,并就在中国召开"世界第二次反帝大会",可惜这个大会有雷声大雨点小的不足。4 月《现代》杂志上曾预告代表团成员有法国文学家巴比塞、罗曼·罗兰、美国的特莱散等人,但后来巴比塞、罗曼·罗兰等重要人物均因病因事未能成行,时间也延宕到 9 月底,实际到来的代表团长是英国马莱爵士和法国《人道报》主笔、法国共产党代表伐扬·古久列。

10 月

1 日 戴望舒用原名戴朝寀正式注册成为里昂中法大学学生,注册号为 345。具体过程是戴望舒 7 月 29 日发出给校方的第二封信后,"校方再回一函,希望他提供在上海震旦大学学习法国文学的成绩证明等。戴望舒写第三封信,两页。这次总算过关"。

但还有另一种更为跌宕起伏的说法,戴望舒入学一事得以转机的重要推手据说是著名作家兼社会活动家安德烈·马尔洛(Andre Malraux)[1]。1933 年的他风头正健,发表了跟中国相关的小说《人类的命运》(la Condition humaine),并在年底获得了龚古尔文学奖。神父杜贝莱(Abbe Duperry)是戴望舒在里昂的好友,他回忆说是马尔洛帮戴望舒"住到了里昂中法大学",甚至可能提供了经济上的支援。[2]

戴望舒终于转到了里昂的中法大学,但是校方有一个条件,就是戴望舒必须按照规定,与其他同学一样注册,选修文凭,拿到四张文凭后,才能够毕业拿到硕士学位。每学年结束,必须参加文凭考试;如果考试通不过,可以再修一年;若再考不过,则要被开除、遣送回国。但获得文凭需要整整四年时间的心无旁骛,潜心修习,这对于整天为吃饭问题发愁的穷留学生来说,无异于一条登天之路。故戴望舒虽正式注册缴费,也根据自己的兴趣,选修了法国文学史,可没过多久,他故态复萌,仍然逃课,胡乱看书,认真译书。

---

① 马尔洛(今译马尔罗)(Andrē Malraux. 1901—1976)为法国著名作家兼革命家,曾撰写一系列以中国共产主义革命运动为主题的小说,其中包括讲述 1925 年广州工人运动的《征服者》(Les Conquerants. 1928)以及描述 1927 年中共领导的上海第三次武装起义和国民党清党大屠杀的《人的状况》(La Condition humaine. 1933)。第一部被翻译成中文的著作《中国大革命序曲:征服者》于 1938 年由金星书局出版(马尔罗著、王凡西译)。80 年代以后,可见三个不同的中译本。分别有李忆民、陈积盛译:《人的命运》(北京作家出版社 1988 年版);杨元良、于耀南译:《人的状况》(漓江出版社 1988 年版);丁世中译:《人的境遇》(外国文学出版社 1998 年版)。

② 利大英:《戴望舒在法国》,《香港文学》1990 年第 67 期。

据沈宝基说,望舒"是讨厌学院派教授的,不会太认真把很多时间花在听课上"。"他不会去死啃学校课程,而是大量阅读法国的、美国的、南欧的诗人的作品,或是某些可以翻译的作品。"沈宝基对戴望舒刻苦翻译的印象最深刻:"他翻译的速度惊人,记得我买来一本书,他见了对我说:'借一借',借去半个月还我时说:'我译完了!'我惊呼一声:'好家伙!'……这本书就是本约明·高力里的《苏联诗坛逸话》。"①

罗大冈在里昂时与戴望舒曾共居一室,据他回忆:"他在里昂两年干什么呢?在我的记忆中,他成天坐在窗前埋头用功……他几乎用全部时间搞翻译。"②

2日 马莱和古久列将于即日晚在新新酒家与上海文艺界见面。《现代》杂志社也在被邀之列。据施蛰存《访问伐扬·古久列》记述:"下午,陈志皋已通知我们,古久列住在霞飞路上的伟达饭店。当天晚上,在杜衡和叶灵凤参加宴会的时候,我去吕班路万宜坊找了李辛阳",请他帮忙晚上10点和古久列通个电话,告知两个文学编辑想访问他。如果古久列同意,还希望由李辛阳做翻译。"辛阳一口照办,约我们次日清晨去听回话。"

3日 上午9时,施蛰存与杜衡、李辛阳来到伟达饭店拜见伐扬·古久列。据施蛰存《访问伐扬·古久列》自述:因时间紧迫,"我们先把三本《现代》递给他,并说明了关于他的内容。他立即有了反应,他说:'戴望舒,我知道,我认识,我邀他参加了那个会。他是共产党员吗?'我们说:'不是,我们也不是,但曾经是。'他翻了一下《现代》,又问:'这个杂志呢?'我们说:'自由主

---

① 据沈宝基1990年11月19日致陈丙莹的信。陈丙莹:《戴望舒评传》,重庆出版社1993年版,第69页。
② 罗大冈:《望舒剪影》,《中国作家》1987年第7期。

义左翼。与国民党作家没有关系，共产党作家是朋友。'他点点头。李辛阳也熟悉文艺界的动态，接下去就自动为我和杜衡作了介绍，并简略地讲到关于'第三种人'论争的事。古久列似乎很有兴趣，接口就讲了些法国文艺界的情况，几次提到纪德，但这一段话我现在已记不得了。最后，我们要求他为《现代》写一篇文章，做个来华的纪念。他立刻就说：'文章可以写，但我已没有时间，只有今晚或明天清早，大约写一篇短文还是挤得出来的。不过，我也希望你们给我写一点东西，讲讲你们那方面的文艺情况，我可以向法国文艺界做报告。'我们接受了他的交换条件，约定明天中午到伟达饭店服务台去取他留交的文章。我们的文章将赶在 10 月 20 日以前的轮船寄出，寄给戴望舒转交"。

4 日　中午，施蛰存在伟达饭店前台拿到了古久列临走前完成的那篇交换文章《告中国知识阶级》。

6 日　艾登伯①通过伐扬·古久列的引介开始致戴望舒第 1 函：标明"寄里昂中法大学"。信中说"伐扬·古久列将您的信和关于革命文学的论文都交给我了，因为我对中国发生兴趣，也因

---

①　艾登伯(Réne Étiemble, 1909—2002)，原名核奈·艾蒂昂勃尔，法国著名的左翼汉学家，前巴黎大学教授。艾登伯是他自己取的中文姓名。1933 年他还是一个比望舒小四岁的文学青年，对中国的无产阶级革命事业发生兴趣，与望舒相识后甚为契合，合作翻译茅盾、丁玲、张天翼等左翼作家作品。两人的 18 封通信被戴望舒女儿保存下来，施蛰存于 1981 年得以见到，带回上海请徐仲年翻译成中文，发表在《新文学史料》1982 年第 2 期上。艾登伯 1957 年曾应周恩来总理邀请，以法国汉学家友好访华团团长的身份访问过中国，写了不少关于中国的书和论文，甚至出过一本捍卫毛泽东思想的自传《我的毛泽东思想四十年(1934—1974)》。

为我正在学中文。他叫我邀您出席下星期二的集会①,会中可能宣读中国作家的作品"。信中亲热地称呼戴望舒为"亲爱的同志",还希望他能够"寄古久列一篇丁玲的代表作"。

8 日　沈从文在《大公报·文艺》刊登《文学者的态度》一文,引起了关于"京派"与"海派"之论争。

14 日　艾登伯寄里昂戴望舒第 2 函:告知翌年(1934 年)二月份的《公社》②杂志将出中国专号,希望他能寄一篇短而有趣的译文,并致以"兄弟般的敬礼"。

19 日　施蛰存复戴望舒函:告知见到伐扬·古久列,随信寄上与古久列《告中国智识阶级》交换的文章,要戴望舒转达。简单提及已脱离现代书局,将另谋新局。

据施蛰存《〈现代〉杂忆》自述:"古久列回国后,我们也履行诺言,写了一份关于中国文学现状的简报。关于左翼文学的情况,我们估计他肯定已有了第一手的资料,因而我们写的简报,侧重在非党作家的文艺活动,仿佛也约略报道了'第三种人'的论辩情况。文章不长,译成法文,似乎也只有五大页。我把这篇文章寄给戴望舒,托他转致古久列,以后就没有关于此文的消息。"

29 日　施蛰存回复望舒 28 号、29 号的来信,祝贺他入学里

---

①　1933 年 9 月 30 日,古久列在上海参加远东反战大会。10 月 3 日见到施蛰存一行三人,6 日他正在回国途中。也就是说古久列人还没到回到法国,艾登伯就开始致信戴望舒了,因为古与戴此前就已经有交集,古久列对施蛰存所说的"我邀他参加了那个会"应该就是指 3 月 21 日关于文艺界反法西斯谛运动的大会,即戴望舒写《法国通信》报道的那次。而艾登伯信中代邀的"下星期二的集会"大概是比较常态的聚会。但艾登伯收到古久列转交的戴望舒这篇关于"革命文学的论文"是什么内容,他与伐扬·古久列的通信情况,还有待查考。

②　《公社》是法国共产党办的杂志,注重作品的革命意义和宣传作用。

昂中法大学。解释随上信打的"弗归"两字电报的本意,是怕他因经济困难而冲动回国。告知邮寄费太贵,把稿纸卷紧了冒充印刷品寄,万一被罚款可以拒绝去取。将托要去里昂中法大学读书的罗大冈带一些稿纸过去。"听说你有许多书运来,甚想早日看见,Fanny Hill 尤其雀跃。我只恨无钱,不然当寄你三四百元给买大批新书来看看也。珍秘书之嗜好至今未除,希望继续物色,虽无书寄来,目录也好。如有此方面的杂志亦希寄一个样子来看看。"但此后,戴望舒音讯杳杳,直到 5 个月后 1934 年 3 月 16 日,施蛰存才刚刚接到望舒第 30 号信。

出现这种情况,最大可能是戴望舒从其他渠道已风闻施绛年移情别恋的消息。他不上课、不想在学业上有交代(这是施绛年完婚的条件,也是他出国留学的目的)——与此也不无关系。说明他对未来的婚姻已失去信心①,以致与施蛰存都中断通信达半年之久。难怪在中法大学同学期间,罗大冈说未看到戴望舒给未婚妻写信。

30 日 国民政府行政院密令查禁普罗文艺。

本月 童话集《青色鸟》,陀尔诺夫人著,戴望舒译,由上海开明书店出版,包含《青色鸟》和《金发夫人》两篇。

11 月

1 日 《现代》杂志第 4 卷第 1 期出版。施蛰存发表《又关于本刊中的诗》一文,回复读者来信说:"《现代》中的诗是诗,而且是纯然的现代的诗。它们是现代人在现代生活中所感受的现代

---

① 王文彬:《雨巷中走出的诗人——戴望舒传论》,商务印书馆 2006 年版,第152—153 页。

情绪,用现代的辞藻排列成的现代的诗形。"这番对现代诗的阐释,成为日后关于《现代》杂志周围以戴望舒为代表的这个诗群定位属于"《现代》派"还是"现代派"的争议焦点。

同日 同期特载伐扬·古久列的《告中国智识阶级》。古久列警示"大众文化的产生,不能由资产阶级的民主主义去促进……只有大众才可能替中国恢复起民族的文化来。除了社会主义的文化之外,中国便没有其他的福音了"。他呼吁中国的知识阶级立刻行动起来,打倒帝国主义、亚细亚主义等阴谋。

据施蛰存《〈现代〉杂忆》:"发表的文本,已被国民党检察官删去了几处","他们用红笔勾删的都是直接指斥国民党反动势力和法西斯的文句"。但在内地某些省里,"这一期的《现代》是撕去了这二页面后才准许发售的"。

同日 小说《一幕小小的悲剧》,发表于《新时代》杂志第5卷第5期,署名江思。[①]

同日 《出版消息》半月刊第23期《情报、文化、作家、作品、书店》栏刊登了一篇《鲁迅和施蛰存笔战》:自施蛰存先生选了《庄子》与《文选》两书给青年阅读,《自由谈》和《涛声》都有批评文章,尤其是丰之余先生,和施氏开火。我们希望这个问题有一具体解决。闻丰之余先生,即为鲁迅先生之笔名,盖创造社从前骂鲁迅先生为"封建余孽",鲁迅先生即以此为名,改作"丰之余"云。

下旬 与罗大冈在里昂"奇遇"。11月下旬的一天,里昂中法大学20名公费生乘法国邮船到达马赛港,当晚坐火车抵达里昂。其中就有戴望舒当年在北京认识的熟人罗大冈。

---

① 此篇笔法和文字风格都不太像戴望舒的作品,存疑待考。

据罗大冈《望舒剪影》：“所谓里昂中法大学，实际上仅仅是中国留学生的宿舍。为了节省经费和便于管理，所有在里昂大学上学的中国学生都集中住在那里。人多的时候有一二百人。我们到达该处时，住在里边的中国学生只有几十人。当天夜里，我们乘坐的火车安抵里昂。中法大学派了几个工作人员，连同学生代表，到车站去迎接我们。有一位面生的中国青年递给我一张字条，说是戴望舒托他带给我的。老戴在条子上说他在中法大学等候我，欢迎我。”罗大冈此前在《现代》杂志上看到过戴望舒出国时亲友送别的照片，知道他来法国了，没想到竟然在里昂，而且他的床位被安排在戴望舒房中，感慨简直是“海外奇遇”。房间并不宽大，只有一张可以四人合用的大书桌挨窗口放着，两人各占一边，从此同窗共桌一年多。[①]

　　约在此期间　　沈宝基也在里昂中法大学学习。因为已婚在校外租房居住，生活方面比较舒服、自由。据沈宝基回忆：“望舒爱喝咖啡。一早就来泡在我家里，自己动手弄吃的，弄喝的。”他在里昂“和他在巴黎大学旁听差不多，还是买旧书，自由阅读、翻译，到我家来做客……我们聊聊天，不多谈文学理论，零零碎碎的，这个作家怎样，那个作家怎样，天南地北，海阔天空：高克托签字故意学孩子；克洛的那首《烟熏鲱鱼》真有意思；将来电影会播送香味……他还得意扬扬地说：你知道不知道？‘美景良辰’‘奈何天’是词牌名，‘羌笛何须’‘怨杨柳’也是。”沈宝基当时在写关于《西厢记》的毕业论文，答辩时还需两篇小论文，其中一篇就是戴望舒帮忙提供的“三言二拍”的小故事。沈宝基准备寄书的铁箱很重，“望舒心好，把他的大箱子和我换，我记得箱上还有

---

① 罗大冈：《罗大冈散文选集》，百花文艺出版社 1996 年版，第 159—160 页。

他的名字:戴苕生"①。

12 月

4 日　朱湘在上海开往南京的轮船上投江自杀。

15 日　沈从文致函施蛰存:谈到上海方面习气不好,"无中生有之消息乃特多",劝慰施蛰存不要在意,不需辩解,哪怕是与鲁迅先生之间关于《文选》《庄子》的争辩事,也"可以不必再作文道及"。对于施蛰存所说书店环境不佳、资金匮乏等境况,沈从文诚挚表示友朋间愿意倾力帮助,"犹应将此刊物(指《现代》)极力维持"。信末代天津《国闻周报》向施蛰存、杜衡和望舒约稿:"望舒若能写一法国文学现状之通讯文章,《国闻周报》必欢迎之至。"②

20 日　鲁迅致曹靖华函:"《一周间》译本有两种,一蒋光慈从俄文译,一戴望舒从法文译,我都未看过,但听人说,还是后一本好。"

1934 年(甲戌,民国二十三年)　29 岁

▲4 月,林语堂主编的《人间世》半月刊创刊。

▲6 月,国民党政府在上海成立"图书杂志审查委员会"。

▲9 月,鲁迅编辑的《译文》创刊;陈望道主编的《太白》半月刊创刊。

---

①　据沈宝基先生 1990 年 11 月 19 日给陈丙莹的信。
②　沈从文:《沈从文致施蛰存》,孔另境编《现代作家书简》,生活书店 1936 年版,第 59 页。

▲10月，中国工农红军开始长征。

▲11月，《申报》总编史量才自杭州返沪途中遭伏击身亡。

1月

1日 论文《西班牙近代小说概观》，载《矛盾月刊》第2卷第5期。同期还刊载了小说译作《寒夜》，署名西班牙阿宁黛琉斯作，戴望舒译。

5日 艾登伯致戴望舒第3函，标明"寄巴黎"①：约戴望舒星期二下午三时去路易•拉鲁亚的办公室见面。路易•拉鲁亚是法国作家，共产党员，中文教师。

10日 熊式式复戴望舒函："蛰存嘱作的通信，现仍无以报命。前有芭蕾剧本多种，除在《小说月报》登了十余出之外，尚有十来出未载。如《现代》可用，当嘱内子由平寄沪，望转询为盼。"谈及一年中译了三本书《财神》《王宝钏》和《西厢记》，要望舒告知施蛰存的通讯处，"便中或者可把文坛琐话写一点给他"②。

18日 艾登伯致戴望舒第4函：称赞戴望舒译的短篇小说水准很高，表示自己准备翻译一篇较短的丁玲的短篇小说，正在"准备编一份与革命有关的'汉字表'，重新校订《囚歌》③的译文。翻阅左翼杂志，俾得拟一幅简单的中国革命文学运动的草图"。请教关于"无题""弄堂"和"四川调"的正确意思。

---

① 此信寄"本市十四忆达格尔路四十八号陈先生转交"。此陈先生为画家陈士文，望舒到巴黎即住在陈寓。时间大约是农历新年前后，可能戴望舒从里昂到巴黎过新年。

② 孔另境编：《现代作家书简》，生活书店1936年版，第228页。

③ 即当时上海中英双语杂志《中国论坛》(China Forum)所刊载的诗作《囚徒之歌》。参见邝可怡《中国现代派与欧洲左翼文艺的研究——兼论封存七十年的戴望舒〈致艾田伯〉信函》，香港《中国文化研究所通讯》2019年第2期。

2 月

1 日 施蛰存与杜衡合编的《现代》第 4 卷第 4 期出版,扉页刊出"现代杂志社同人启事",内容为施蛰存、杜衡和叶灵凤辞卸现代书局编辑部职务,专任《现代》杂志编辑工作。据施蛰存自述:当时的现代书局,由于资方拆伙,经济枯竭,又来了两位与国民党有关的经理和主任,颐指气使下难以共事便集体辞职。

24 日 艾登伯致戴望舒第 5 函:称赞望舒的法文有了显著的长进,解释《公社》杂志二月号因故延迟出版。并向古久列表示翻译中国左翼文学只要求和戴望舒合作。

此信之后又有第 6 函,但未标日期,但显然是写在下一封 5 月 2 日的信之前。此信告知戴望舒拉鲁亚答应为他俩准备出版的翻译集子作序,但由于缺苏联作家,艾登伯感到很难决定出版社的选择。还提到"中国之友委员会"①邀请他出席会议。马尔洛说这个团体的目的在于做跟苏联有关的宣传,"他们打算于一九三五年向那边寄一批调查报告去为了研究(继之以揭发)国民党的暴行"。

3 月

6 日 胡秋原致施蛰存和杜衡函,提及经过法国,可能会和戴望舒见面。"弟当过法,或可一晤望舒兄。"

10 日 诗集《望舒草》由现代书局再版。

16 日 施蛰存复戴望舒函:告知由于"内忧外患",已退出

---

① 该委员会曾刊行《巴黎—北京》,后改名《中国》,对中国极表同情。参施蛰存、徐仲年《艾登伯致戴望舒信札》,《新文学史料》1982 年第 2 期。

《现代》杂志社。"个人经济,只剩了《现代》每期编辑费50元,其余收入毫无,实在是窘不可言了",感慨上海不易生存,希望戴望舒将来能到北平去教书。以李健吾法国回来后已成为中国的Flaubert专家为例,勉励好友继续精进。关于戴望舒想要翻译的施蛰存小说篇目及日后的文学活动,他一一给出建议和敦促:"我以为你可以译《夜叉》《梅雨之夕》《残秋的下弦月》《石秀》《魔道》《妻之生辰》《狮子座流星》《雾》《港内小景》这几篇,其余你所选的如《旅舍》等均不必译,太幼稚了。评传不必写,我想你译好之后找一个法国人做一篇序也好。你的诗集译好了没有?Jammes序做了没有?如做了,乞译好寄来发表在《文学感觉》月刊中。《文学感觉》是现在我想自己办的杂志,像日本的Serpent一样的篇幅,大约5月1号出第1期,我希望你在收到此信后寄一点东西来,最好是三四千字的《滞法文艺印象》这些题目之下的漫谈。第1期中我已把《衣橱里的炮弹》编用了。附奉比国藏书票研究会广告一纸,不知尚存在否,乞为去信一问近状。希望他们能寄点印刷物来,我颇有兴趣于此,灵凤亦然。我们要搬家了,以后你的信可寄《现代》杂志社,书则索性寄到松江,我仍每星期回松江。"

4 月

1 日　施蛰存与杜衡合编的《现代》第 4 卷第 6 期出版。据施蛰存《我与现代书局》自述:自杜衡参加编务后,有些作家"怕沾上第三种人的色彩",慢慢地不再热心为《现代》撰稿,连老朋友张天翼都不寄稿了。而"我和鲁迅的冲突。以及北京、上海许多新的文艺刊物的创刊"这些因素都使得《现代》销路大降,每期只能印到两三千册了。

5 日　由林语堂主编的小品文半月刊《人间世》创刊,上海良友图书印刷公司出版。

30 日　歌曲《自家伤感》发表于《音乐教育》第 2 卷第 4 期,由戴望舒作词,钱君匋作曲。

本月　原定 2 月出版的法国《公社》杂志"中国专号",最终于 1934 年 4 月出版,除刊载《中国革命文学》《中国苏维埃与文化》和《中文书写法与革命》等重要文章外,还选译了左联作家丁玲的《无题》和张天翼的《仇恨》,又翻译农民运动领导者彭湃讲述被捕审讯的《报刊摘要》,以及当时上海中英双语杂志《中国论坛》(*China Forum*)刊载的诗作《囚徒之歌》,从而向法语读者展示中国革命文学的不同面貌。①

5 月

1 日　《现代》第 5 卷第 1 期出版。据施蛰存自述:编到第 5 卷,由于自己与鲁迅的矛盾、穆时英被国民党收买去当图书杂志审查委员、现代资方又闹内讧等因素,"我感到这个刊物已到了日暮穷途,无法振作,就逐渐放弃编务,让杜衡独自主持"。

2 日　艾登伯致戴望舒第 7 函:寄了已出版的《公社》和其他几种杂志让戴望舒了解,告知"你译的《仇恨》,大家都很欣赏"。他愿意把望舒作为一个翻译家介绍给《新法兰西评论》和《欧罗巴》,因为"这些是唯一能给稿费的杂志,唉,《公社》则太穷了"。可见当时艾登伯也知道戴望舒经济上的困窘,设法帮他。

---

　　①　参见邝可怡:《中国现代派与欧洲左翼文艺的研究——兼论封存七十年的戴望舒〈致艾田伯〉信函》,香港《中国文化研究所通讯》2019 年第 2 期。

本月 译作《法兰西现代短篇集》①，由上海天马书店出版，分别译介了12位法国当代作家的作品。目次为:《怜悯的寂寞》(季奥诺)、《人肉嗜食》(沙尔蒙)、《尼卡德之死》(苏波)、《罗马之夜》(保尔·穆朗)、《佳日》(拉克勒代尔)、《下宿处》(伐杨·古久列)、《诗人的食巾》(阿保里奈尔)、《克丽丝玎》(格林)、《厨刀》(拉尔波)、《旧事》(艾蒙)、《杀人犯克劳陶米尔》(茹昂陀)、《三个村妇》(爱尔福尔涅)。每篇小说后均附作者生平与作品简介。戴望舒在各篇章的"译者附记"里，都指出了他们各自鲜明的特点。如伐杨·古久列是"法国当代最前卫的左翼作家，共产党议员，雄辩家，新闻记者"，认为他具有一种"固有的，活泼的，有力的作风"；指出季奥诺、穆杭的篇章里有独到的想象、譬喻和精妙的措辞；茹昂陀、拉尔波在小说形式方面有创新。指出拉克勒代尔、拉尔波、格林等作家长于"现代人心理的解释"或"儿童心理的分析"；评价格林是一个"很好的心理小说作家"，擅长"把内心的冲突代替了外表的冲突"；介绍《尼卡德之死》"表现着战后法国青年不安的心境"；而《杀人犯》作者的独特之处在于"他的心理表现底极端的明晰"。总之，从戴望舒对翻译小说所作的种种介绍和评价中，可以看出他对于心理小说的特别关注。

24日 《一周间》第1卷第2期出版,刊载《戴望舒译〈法兰西现代短篇集〉》一文,介绍该短篇小说集"译者是戴望舒先生。望舒先生是一个现代诗人。因为是诗人所选的缘故,所以这一选集的内容可以当得'绚丽'两字"。

---

① 2015年9月,该书由当代世界出版社重新出版。

6 月

1 日 《中国文学》第 1 卷 6 期,刊登了一篇署名苓薯①的评论文章《望舒草论》。评论者总体上并不看好戴望舒的诗歌创作,指出"对其诗的前途,是循了光明的反面走去,无论在内容上,在形式上,他不会有再伟大的成功"。

朱光潜也曾批评戴望舒诗歌大量使用古典诗文的语汇辞藻,说戴诗语言"太带旧诗气味了"(《文学杂志》创刊号,1937 年 5 月)。蒲风则站在左翼的立场,攻击戴望舒等人的现代主义诗歌,表现的是"没落后投到都市里来了的地主的悲哀","一些避世的、虚无的、隐士的、山林的思想",而在语言辞藻方面,"封建诗人所常用的字眼,都常是他们唯一的材料"。②

同日 由施蛰存独立主编的《文艺风景》创刊号出版。发表了法国法郎希思·加尔各的《衣橱里的炮弹》,署名戴望舒译。

同日 《文艺风景》同期发表了丁玲致济南教书时的胡也频的三封书信。因当时社会上流传丁玲已死,编者施蛰存加题名《离情》发表出来以纪念。

同日 同期刊登了古希腊路吉亚诺思的《娼女问答》之一,署名薛蕙译。沈建中认为此篇为施蛰存所译。③

6 日 艾登伯致戴望舒第 8 函,告知《新法兰西评论》的主

---

① "苓薯"的真名是谁有待确认,姚明强的《戴望舒研究目录索引》中,将其误作"荃薯"。

② 蒲风:《五四到现在的中国诗坛鸟瞰》,《蒲风选集》下册,海峡文艺出版社 1985 年版,第 810—811 页。

③ 沈建中:《施蛰存编年事录》上,第 276 页。古希腊路吉亚诺思文录《娼女问答》共有 15 则,戴望舒 40 年代在香港曾以五则一组共译了两组。

编、法国著名的文学批评家约翰·包朗向艾登伯索取短篇小说，以备选择。

19 日　艾登伯致戴望舒第 9 函：表示很喜欢《吸血鬼》（即施蛰存的《魔道》），把它亲自送给了包朗。告知自己正在忙于赶写一篇关于马尔洛的论文，希望在马尔洛动身赴苏联以前写好①；和拉鲁亚商定论文题目为《近代中国文学中的短篇小说》，主要研究革命派的短篇小说家；希望戴望舒能给他提供一两部相关研究或目录学方面或综合研究的专著，以获得启发和参考。他和拉鲁亚都认为"中国只能靠左翼革命方能自救"。

20 日　戴望舒致函艾登伯，批评法国作家马尔洛描述中国革命的小说《人的状况》"错误理解中国革命精神"：

> 马尔罗已在列宁格勒，您完成了有关他的文章？您愿意告诉我它将在哪本杂志发表？我很想读这篇文章。我自己也想写一点有关他的东西，尤其是关于《人的状况》，但由于欠缺时间及一些必要数据，文章未能写成。无可置疑，马尔罗十分友善，拥有难得的写作才华，但他最大的缺点在于错误理解中国革命的精神。看看《人的状况》的人物，近乎所有人物都是个人主义的知识分子，投身革命亦只是出于个人关系，他们将革命视为一种逃避人类命运的方法。小说里没有一个无产阶级的人物担当重要角色。所有这些描述都是虚假的，也使中国革命显得滑稽可笑。另一方面，近乎所有人物都是欧化的，或更确切地说是法国化的。这些都予我们中国人触目惊心的印象。他避免描写典型的中国

---

①　马尔洛于 5 月底启程往伦敦，6 月 14 日到达列宁格勒，参观后再乘火车到莫斯科，准备出席 8 月 17 日至 9 月 1 日举行的苏维埃作家第一次代表大会。

人,不敢面对上海的无产阶级,因为他未能充分理解他们。结果:他在我们眼前展示的是无政府主义革命的图像,属其他地方的,很遥远的。……总而言之,马尔罗是个极具才华的作家,但他没有能力理解革命。(他甚至同情托洛斯基!)①

22 日 艾登伯致戴望舒第 10 函:告知张天翼的短篇小说博得了《新法兰西评论》的好感,主编要他推荐一两篇短篇小说,希望戴望舒选一两篇长度不要超过《仇恨》而在技巧方面尽可能不下于《仇恨》的短篇小说。他认为《新法兰西评论》并非战斗刊物,爱好文艺不求深入。但其实包朗很注意中国,1932 年他让徐仲年在《新法兰西评论》上开辟并主持了一个专栏《中国文学》,第一期介绍了鲁迅的《呐喊》,第二期介绍了"白话运动里的胡适"。②

30 日 《申报》刊登一则书讯广告:戴望舒译法国童话集二种:《青色鸟》(陀尔诺夫人著)、《美人和野兽》(波蒙夫人著),由开明书店出版。

7 月

1 日 翻译苏俄高力里的《革命期俄国诗人逸闻》,载《文艺

---

① 此信的法文原稿现藏法国国家图书馆,首次收入 Muriel Détrie(dir.),France—Chine:Quand deux mondes se rencontrent(Paris:Gallimard,2004),pp. 114–115. 虽然此书所载三封艾田伯(即艾登伯)和戴望舒之间的信件(1934 年 6 月 19 日、1934 年 6 月 20 日、1934 年 8 月 9 日)均表示为未出版书信,但事实上 6 月 19 日和 8 月 9 日两封信函的中文及英文翻译已于 80 年代出版,只有 6 月 20 日这封信的原文及翻译从未刊载。参邝可怡:《中国现代派与欧洲左翼文艺的研究——兼论封存七十年的戴望舒〈致艾田伯〉信函》,《中国文化研究所通讯》2019 年第 2 期。

② 参施蛰存、徐仲年:《艾登伯致戴望舒信札》第 219 页注释⑧。

风景》第 1 卷 2 期,署名戴望舒译。同日在《现代》第 5 卷第 3 期发表法国高列里的《叶赛宁与俄国意象诗派》,署名戴望舒译。

2 日 施蛰存复戴望舒函:感慨出版艰难。"收到你的每一封信,并电报,并《革命期的俄国诗人》,但我除了为你而寝不安枕以外实在没有别的办法,哪里来的钱呢! 现在一切的书局都不收单行本,连预支百元的创作集也没有出路,这是如何不景气的一个出版界啊! 我固然希望你能玩一次西班牙,但万一太穷到没法,总以回来为是,好在你现在回来并不倒霉,我早已说你现在要回国了。这半年来风波太大,我有点维持不下去了,这个文坛上,我们不知还有多少年可以立得住也。"

16 日 张春桥在《中华日报》发表一篇题为《另一个问题》的文章:"等到施蛰存底编辑下《现代》杂志出版后,捧出来了个戴望舒。从此你也意象派,我也象征主义地在各处出现着:整个诗坛是他们底领域。"

18 日 艾登伯致戴望舒第 11 封短简,告知因病不能工作,在等一个刊物编辑的回信。

8 月

9 日 艾登伯致戴望舒第 12 函:说得到一个出乎意料的机会,获得三十五天条件特殊的旅行,第二天将出发到苏联去。告诉戴望舒他评论马尔洛的文章被退,秋季开学时,准备将该文修改一下,改投《公社》,同时准备再投《新法兰西评论》。提及戴望舒此前对马尔洛所提的意见大部分"是客观正确的",至少"在审美观点上是正确的";感谢望舒对他的论文所提供的种种细节意见,并劝他写一篇关于马尔洛的论文,相信《新法兰西评论》会对一个中国人对马尔洛的意见"高度发生兴趣"。

18 日　施蛰存复戴望舒函：表示自从脱钩现代书局后，经济上极其窘困，甚至靠当妻子的金手镯维持了一个月生活的狼狈经历。即便这样，他还是在极力设法，信中告知将在下月五号以内汇五百元以资助戴望舒的西班牙旅行。

戴望舒想去西班牙是早有打算的。在他到达巴黎之后，一面在巴黎大学旁听，一面进入贝利兹(Berlitz)语言学校学习西班牙文，就在为其西班牙之行做准备。1933 年 5 月 19 日和 20 日，他给施蛰存的信中两次提及想去西班牙，施蛰存曾回信劝他先留在巴黎完成学业为好。到了里昂后，施蛰存在 1934 年 7 月 2 日的信中又劝诫，到了 8 月 18 日这封信里，终于松口了。只是不等施蛰存承诺的 9 月汇款到账，戴望舒就急切地出行了。

20 日　《欧洲》杂志编辑 Guehenno 由巴黎致函在里昂学习的戴望舒。信中赞许了戴寄去的自译法文诗，但说只能在诗栏中刊出一小部分。不知这是哪些诗，也不知最后是否刊出。①

22 日　戴望舒从里昂贝拉式车站上车，前往西班牙访学和旅行。先后走访作家塞万提斯等故居和名胜古迹，寻觅散落在西班牙的中国文化珍籍，也参加过反法西斯的游行。据戴望舒《我的旅伴——西班牙旅行记之一》："送行的只有友人罗大刚一人（即罗大冈），颇有点冷清清的气象。可是久居异乡，随遇而安，离开这一个国土而到那一个国土，也就像迁一家旅馆一样，并不使我起什么怅惘之思，而况在我前面还有一个在我梦想中已变得那样神秘的西班牙在等待着我。"

本月至 10 月　在西班牙游历考察间，特别留心寻访中土散

---

①　据陈丙莹在《戴望舒评传》第 67 页中说，现存的戴的书信文献中有 3 封法国出版家给戴的信件，由他译自利大英的《戴望舒——一位中国现代派诗人的生平和创作》附录 2。

佚已久的文献典籍。在《西班牙爱斯高里亚尔静院所藏中国小说戏曲》一文中,他叙述了自己在爱斯高里亚尔(今译作"埃斯科里亚尔")圣劳伦佐皇家图书馆的见闻,文中提到:"关于通俗文学者,有《三国志演义》一种,为诸家所未著录。书名《新刊案鉴汉谱三国志传绘像足本大全》,首页题'新刊通俗演义三国志史传,东原罗本贯中编次,书林苍溪叶逢春彩像',有嘉靖二十七年钟陵元峰子序,序中有'书林叶静子加以图像,中郎翁叶苍溪镌而成之'等语。书凡十卷,二百四十段,每页十六行,每行二十字,图在上端,两边题字,古朴可爱,惜缺第三、第十两卷耳。案《三国志演义》,除元至治刊《全相平话三国志》及嘉靖元年刊《三国志通俗演义》外,见存诸本,当以此为最早,以滞留时期不多,未遑细览,至今引为憾事。"

戴望舒通过对明清两代书目文献的细致爬梳和分析,判定这些话本原先的总名应该是《六家小说》,并认为各集书名并非由收藏者天一阁主人范钦所定,而是刊刻者洪楩所拟,其作品总数则应当有 60 种之多。这些发现及时纠正了马廉的疏漏,为后来不少研究者继续研讨宋元话本的流传提供了重要的借鉴。[①]

10 月

13 日 在马德里市西班牙广场堂吉诃德像前留影,表达对塞万提斯这位伟大作家的敬意。

19 日 戴望舒结束西班牙之行回到里昂,但错过了 9 月的课业考试,引出诸多麻烦。校方要求他解释。

---

① 戴望舒:《跋〈雨窗欹枕集〉》,吴晓铃编《小说戏曲论集》,北京作家出版社 1958 年版,第 57 页。

戴望舒在马德里市西班牙广场堂吉诃德像前留影

　　同日　杜贝莱神父从里昂致函戴望舒：谈及研究现代绘画问题,他告诉戴"绘画如文学一样能显示文明的程度"①。

　　25 日　施蛰存致戴望舒函："9 月 26 日由中法工商银行电汇二千法郎想已收到。今日寄上《译文》一本以及《金宝塔》等三篇,小传前已寄上一批,余如艾芜等人已函茅盾先生去找来,约一星期后当与序文同时寄出。""你回国时,乞为我买下列数书：(1)买一本彩色版的 Laurencin 画集,买一本彩色版的 Picasso 或

----

　　①　陈丙莹:《戴望舒评传》,重庆出版社 1993 年版,第 70 页。

Maisse 画集,(2)买一本法文本的 Jean Oacteau 的 Oprhee,有佳本则买佳本。""绛年仍是老样子,并无何等恼怒,不过其懒不可救而已。《现代》6 卷 6 期为法国文学专号,请依照美国专号的大纲,筹备一些材料,我想此期请你和霞村等人为 Guest editor,我与杜衡只管事务上的事情。"除了交代钱银、出版、淘书等常规信息外,还在为其妹绛年的冷淡安慰老友。

26—27 日 杜贝莱神父由巴黎寄至巴黎陈士文(Chen Shih—Wen)转戴望舒两函:信中讨论了同作家 Moncha—nin 会面的事。27 日信中还邀约戴在 Lou—Vre 会面,"我们一起去看现代画并进行讨论"。

27 日 《大晚报·火炬》刊登了周扬的《国防文学》一文。

28 日 艾登伯致戴望舒第 14 函[①]:告知 10 月 31 日将去法国南方大城都鲁士,希望在那里与望舒见面,因"卡夫卡还在苏联"可能无缘见到,但能够见到路易·拉鲁亚,准备请他写一篇序。认为他肯定会写的,因为"他是革命家,他爱革命的中国,佩服中国,祝望中国革命成功"。

29 日 法国刊物 *Cahiers du Sud*(即《南方文钞》)编辑 Jean Ballard 由马赛致里昂戴望舒函。信中写道:编委会的同仁以"极大兴趣"读了戴寄去的 6 首法文译本的诗,建议在 *Cahiers du Sud* 上刊登。这 6 首诗后来于 1935 年 3 月发表,即附于《望舒诗稿》后的《游子谣》《夜行者》《深闭的园子》《过时》《三顶礼》《妾

---

① 第 13 函没有日期也没有邮印,无法判断写信具体时间。艾登伯寄了一个朋友译的《仇恨》给望舒,还提到把翻译工作给一个"聪明而不太宽裕的女同志"分担,以便帮助她获得一点生活报酬。

薄命》的法文译稿。①

11 月

1 月 《现代》第 6 卷第 1 期(特大号)出版,发表比利时翁比渥的《伐枝人》,署名戴望舒译。该期出版后施蛰存、杜衡和叶灵凤彻底放弃该杂志的编辑之职,完全退出现代书局。

5 日 《每周评论》141 期刊登《戴望舒将与施小姐结婚》:"戴望舒赴法留学,瞬将三载。闻戴将于年底返国,明年二三月间将与施景西小姐结婚。"

约中旬 戴望舒按照校方要求,为逾期滞留西班牙未归一事,给当时的里昂中法大学的教务长写了一封法文信,信中介绍了自己此行的目的、行程等。

> 秘书长先生:
>
> 依照大学联合会会长的要求,很荣幸地在下面向您阐述我们这 59 天(从 8 月 22 日至 10 月 19 日)以来在西班牙的行程,正如同我曾经在从马德里寄给您的信中跟您提到过的一样。在我动身去西班牙的那个时候,本来只打算在那里停留 20 多天。我原定的旅游目标的确是想去马德里国立图书馆和在 Ecsorial 图书馆(指西班牙爱斯高里亚尔静院——译者)里结识的几个中国朋友和去读一些文献书籍。但是在参观过这两个图书馆之后,我得到许可可以阅读在以上两个图书馆里一些珍贵的书籍:例如 1553 年印

---

① 据陈丙莹在《戴望舒评传》第 67 页中说,现存的戴的书信文献中有 3 封法国出版家给戴的信件,由他译自利大英的《戴望舒——一位中国现代派诗人的生平和创作》附录 2。

刷的《悲喜剧和诗歌汇编》(根据法文翻译,未曾与中文核对,下同——译者),1548 年印刷的《著名童话故事(王国系列插图版)》,1502 年印刷的《SuoFgn 实用针灸疗法》和其他一些珍藏本。这使得我无法马上离开这里。在我所知道的图书馆里,还没有哪个能让我像在西班牙的图书馆一样抄写这本有很高的文献和文学价值的《悲喜剧和诗歌汇编》。这个匆忙的有关返程延期至 9 月末的决定,我已经在第一封信里告诉过您了。我的工作将在 9 月末完成,但是其间可能因为经费不足而中断。我在上一封信里已经向您申请借过一些旅游经费,但是这些钱还不够,于是我又向我的好友罗(指罗大冈——译者)写信希望他能帮我。由于他也很拮据,所以迟迟没有给我回音。而上海书局方面的人又说只有到 10 月份才能支付给我稿费,钱那时才能到账。就在这时候,西班牙大革命爆发了。前些天,因为这个原因,所有交通都很不便,使我在 10 月 15 日收到了钱以后仍然无法立即上路。我必须再停留 3 天,等秩序完全恢复正常之后才能于 10 月 19 日到达里昂。

秘书长先生,以上就是我在西班牙的情况。就像您已经知道的那样,我在西班牙的这次出行更像是去学习的。如果说这次出行有点久,那是因为有一些变化超出了我的预期。如果您能把以上原因在作报告时告诉大学联合会会长,我将不胜感激。

向您致以最崇高的敬意和最衷心的问候。

此信署名戴朝寀,这个名字正是戴望舒 1933 年 10 月 1 日进入里昂中法大学的注册表格上所填写的名字。从信中可以看出,此次西班牙之行,中法大学校方并非全不知晓。戴望舒在马德里就给中方校长写过信,告知其旅行目的,乃至"申请借过一些旅游经费"。中方校长收到解释函后对于戴望舒"先斩后奏"的西班牙之行态度较为宽容。但主导中法大学协会的法方显然不满意戴望舒擅自离校的行为,据里昂中法大学档案中 1934 年 12 月 3 日的中法大学协会文件,还有"戴朝寀擅自离开里昂到西班牙,未参加学校 9 月的考试,需写信解释"的记录。

16 日 法国某杂志社的 Editorial Secretary(主笔秘书,未署名)由巴黎致里昂戴望舒函:为戴投寄的施蛰存小说《秋月》译稿的退稿信,信中说明并非由于翻译质量的原因,而是由于已收到许多小说,因稿源充足而无法采用。[①]

12 月

5 日 创作诗歌《古意答客问》。诗开篇就写"孤心逐浮云",从"你问我的欢乐何在?/——床头明月枕边书","你问我的灵魂安息于何处?/——看那袅绕地、袅绕升上去的炊烟"等句,流露出一种孤独和消沉之感。

12 日 协会会长雷宾致信戴望舒,措辞严厉,批评他"私自延长假期,超过规定日期","你没在 9 月 1 日回来,而是到上个月,也就是 10 月末才回来。并且错过了您的秋季入学考试注册",并在信末写道:"您最好能记下我们的学校规章制度并提醒自己,若事情再生变故,校方将对您的违纪行为严格审理,您有可能会被立刻遣返回国。"这无疑是一封学业警告信了。除上述

---

① 据陈丙莹在《戴望舒评传》第 67 页中说,现存的戴的书信文献中有 3 封法国出版家给戴的信件,由他译自利大英的《戴望舒——一位中国现代派诗人的生平和创作》附录 2。

196

内容外,值得注意的是这封短信尤为强调了协会会长的威严和权力:"我必须提醒你,任何一个学生,在未经协会会长允许的情况下,10月1日到7月14日学期期间不能缺席。"

戴望舒没有回复此信。

作为戴望舒在里昂最亲密的朋友之一,罗大冈在《望舒剪影》中也对他的学业表现持批评态度,认为他"并没有认真地研究法国文学,既没有正式上学,也没有给自己订一个研究计划。对法国文学既没有从古到今作系统的全面研究,也没有选择一个专题,一点突破,作深入研究"。这话倒与戴望舒最初申请入学时校方对其学习计划不甚明了的意见相类似。罗大冈还觉得他在法期间诗歌创作方面也没有宏大计划,一心"到西班牙去抄录流散在海外的中国古代珍本小说",揣测他是否早有改行的打算。

21 日 创作诗歌《灯》。描写节日中,"手指所触的地方,/火凝作冰,/花幻为枯枝",只有"灯守着我",以至于能听到"寂静"一滴一滴"坠落"的声音。表达了在所有的希望幻灭之后心如枯井般的孤寂。

冬 在里昂期间,偶尔也去巴黎。到巴黎曾住在14区达格文路48号画家陈士文寓所,这就是艾登伯、杜贝莱神父有信寄到陈士文地址转交戴望舒的原因。

本年 据施蛰存《米罗的画》自述:"戴望舒在巴黎认识了超现实主义诗人姚拉(Jolas)。姚拉在望舒那里见到了我编的《现代》杂志。他就直接写了一封信给我,希望我的刊物出一个专号,介绍和宣传超现实主义文艺。当时我以为这一种文艺思潮,在中国不能起什么作用,反而会招致批判,于是就复信婉谢了。"

1935年(乙亥,民国二十四年) 30岁

▲1月,遵义会议召开。

▲10月,中央红军到达陕北吴起镇,结束长征。

▲12月,北平爱国学生举行抗日救国示威游行,又称"一二·九"抗日救亡运动。

1 月

约元旦 据罗大冈说,新年时候,他们两人兴致勃勃地到巴黎去玩,以穷学生的玩法,去书摊买旧书,到图书馆、博物馆等,玩遍可以不花钱的许多地方。①

14 日 艾登伯寄巴黎陈先生收转致戴望舒第 17② 函:"本星期二(查万年历,是这封信的第二天即 1 月 15 日——笔者注),中午十二时半,我在卢森堡车站上等候您(卢森堡公园附近),我们一起进餐,我有新消息告诉您。"

15 日 艾登伯寄巴黎陈先生收转致戴望舒第 18 函:当天即上信的"周二"上午,因未收到回信担心望舒是否身体有恙,再次约"在卢森堡车站"见面,"等候您直到十二点五十分"。这是艾登伯与戴望舒的最后一封通信,不知最后是否成功晤面。一个

---

① 利大英(Gregory Lee):《戴望舒在法国》,《香港文学》1990 年第 67 期。

② 艾登伯致戴望舒第 15、16 两函均未标明写信时间,也看不到邮印。第 15 函里提到"本月三十一日"在巴黎,给了巴黎的电话号码,希望能与戴望舒共进晚餐。第 16 函里提到戴望舒"为了人权去了西班牙",问他何时能来,希望能见面讨论怎样写序并商量一些关于版式的意见。

多月后,戴望舒离开法国踏上回国之途。

21日　里昂中法大学协会秘书致信校长,宣布取消戴望舒学生资格,将其除名,由校长居中沟通此事。

直接导致戴望舒被里昂中法大学除名的原因,据说一是他不顾校方的警告,在 1934 年 12 月的圣诞假期时又一次擅自离校并逾期不归。艾登伯与之通信中提及的在卢森堡公园的约见、戴望舒后来写成文章的对诗人许拜维艾尔的拜访都发生在这逾期的巴黎之旅中。但这封信以及戴望舒 1934 年 11 月致校长函都涉及一个微妙的事实:戴望舒并非如法方所指责的完全不顾校规,他两次出行都告知了中方校长,由中方校长作为中介与协会沟通。

戴望舒被校方开除的第二个原因可能是政治问题。戴望舒在上年 11 月给校长的信中提到了西班牙爆发的大革命,但没有表明自己对此的态度,他显然是在回避这些不必要的麻烦。戴望舒在西班牙期间是否参加群众运动的事情,据罗大冈回忆,"关于这一点,望舒是守口如瓶的,对我也没有提起过"。但他又推测说,"法国警察有这方面的情报,并且通知了学校,这个中国学生不能再留在法国"。因为他了解"戴望舒还有一种特别的脾气,简直使我惊讶,那就是他对于进步的群众运动怀有热烈的同情,甚至可以说怀有自己不可遏制的激情。……一九三四年春,巴黎以及法国若干大城市的工人和进步群众先后游行示威,反对法国日益猖獗的法西斯势力,要求将支持法西斯组织的法国警察总监希亚布撤职。……戴望舒得意扬扬地偷偷对我说,他去参加了游行示威,还和一些示威群众将停放在街旁的小卧车

199

打翻,打开油箱,放火焚烧汽车"。①

　　另据利大英对罗大冈的访谈中说是由于"右派学生"的告发,而同样是利大英访谈的杜贝莱神父却说主要是因为戴望舒没有成绩而被开除。②

　　由以上资料可知,原本是里昂中法大学中国留学生中常见的假期旅行,但因超过了返校时间未归,再加上被查出参加了学校所不允许的政治活动,又因所注册的"法国文学史"一课没有成绩,所以"数罪并罚",被勒令退学遣返。

　　24 日　　回复了中法大学协会主席。戴望舒在信中解释了自己滞留巴黎的原因,除了查阅文献的需要外,还有因祖父去世的悲痛导致忘了请假。在这封信中,他仍恳请校方保留其学籍,同时请求五个月的假期回国处理家事,承诺之后会回来参加考试、继续学习。

　　中法大学显然没有答应他信中的要求。按照里昂中法大学遣返学生的惯例,"从法国返回时,如果在学业上获得成功,就给一张三等船票;如果不成功,则给一张四等船票",戴望舒获得的是一张从马赛到上海的四等舱船票。里昂市立图书馆馆藏里昂中法大学档案中的"里昂中法大学学生录"上,戴望舒的"返国或离校日期"是 1935 年 2 月 8 日③。他离开里昂的时候,只有罗大冈去送行,后者在多年后回忆时写道:"老戴那次返国,情况是很狼狈的。"

---

　　①　罗大冈:《望舒剪影》,杜玲编《罗大冈散文选集》,百花文艺出版社 1996 年版,第 162—163 页。

　　②　利大英(Gregory Lee):《戴望舒在法国》,《香港文学》1990 年第 67 期。

　　③　以上戴望舒在中法大学跟校方交涉的曲折经历,主要参见王宇平《戴望舒在里昂中法大学始末》,载《新文学史料》2017 年第 2 期;以及段怀清的《戴望舒的一封法文信及其他》,《新文学史料》2007 年第 4 期。

学校为了表示对他的不满,对他采取了一系列冷酷措施。离开里昂去马赛时,好像只给他买火车票,没有给一点途中的零用钱。从马赛坐船到上海,给他一张四等舱船票,一般学生回国都坐三等舱,个别优待的坐二等舱。老戴回到上海后,给我来了一封信,备述四等舱待遇的恶劣,还不如难民收容所:铁床上夜间不给毯子,冻得要命,白天舱内除铁床之外,没有桌凳,不是坐在床边,就得席地而坐,大盆伙食粗得像喂牲口的饲料。

他在里昂上火车时,中法大学的同学和工作人员没有一人送他到车站,只有我替他提了一件小行李,一直送他到车上。他离开里昂中法大学时,同学们都不理他,没有一个人和他说声再见。我想送他一件纪念品,可是我也没有钱,只好买了一本玛拉梅(今译马拉美)诗集,薄薄的一册,但书边没有裁开过,是一本和处女一般冰清玉洁的新书。老戴非常高兴,用干净的纸将书仔细包好,藏在衣箱里。①

本月 杜贝莱神父致戴望舒第4函:无寄出日期,利大英推断可能在1935年1月,信中有同戴一起讨论文学的函告。事隔50多年以后,杜贝莱神父还记得戴望舒当年的情况:"他不上课,可是他看了很多诗歌。他经常来我家,谈了很多话","写了诗歌,他连给我写两首。可惜因为第二次世界大战时盖世太保找我了,我得马上离开城市去农村,所以那两首诗丢了"。②

春 据戴望舒散文《许拜维艾尔访问记》:到巴黎走访法国

---

① 罗大冈:《望舒剪影》,杜玲编《罗大冈散文选集》,百花文艺出版社1996年版,第163页。

② 这两首诗应该就是《古意答客问》和《霜花》。利大英(Gregory Lee):《戴望舒在法国》,《香港文学》1990年第67期。

诗人许拜维艾尔。两人一见如故,许拜维艾尔亲自定了几首让望舒翻译的诗篇。

2 月

5 日 由施蛰存为发行人、唐弢群做主编的《文饭小品》创刊,脉望社出版部发行。卷首的《创刊释义》表明文人以文谋饭,但除了吃饭之外还应该做点事。文章好坏又"不能以饭之吃得饱为标准"。紧接着《发行人言》中施蛰存又解释了自己这个发行人既无本钱也不为赚钱的办刊初衷。

同日 在《文饭小品》创刊号上发表了译作《加尔西亚·洛尔加诗抄》(七首),分别是《一海水谣》《二谣曲》《三定情》《四昂达鲁西亚之歌》《五岸上的二水手》《六幼小的死神之歌》《七呜咽》,署名戴望舒译。诗后附戴望舒写的《关于加尔西亚·洛尔加》,从生活、著作、诗的见解到这七首诗的原文出处这几个方面都做了交代。称洛尔迦是"西班牙现代新诗人中之佼佼者",既是一位画家,开过素描和油画展,又是一位钢琴家和民俗学家,曾采集西班牙各地的民谣并谱曲,因而他的诗歌也就颇受民谣的影响。戴望舒在自己后期创作的诗歌和抗战民谣中,也吸收了洛尔迦民谣的风格。

8 日 被里昂中法大学开除回国。

同日 《申报》刊登《文饭小品》杂志的出版广告。

本月 翻译法国作家梅里美小说《高龙芭》,由上海中华书局出版。含《高龙芭》《珈尔曼》两篇,前有《梅里美小传》,两篇小说后都有几十个注解,体现出戴望舒翻译中一贯的严谨、细致的学者风格。

3 月

5 日 《文饭小品》第 2 期出版。开始连载《苏俄诗坛逸话》,署名戴望舒译。

1934 年 5 月戴望舒从法国巴黎寄来一部译作——苏联高力里的《革命期俄国诗人逸闻》的全译稿,托施蛰存找出版商。施蛰存读完觉得很有兴味,挑了两章分载于《文艺风景》1 卷 2 期和《现代》上,看过的人都表示很满意,但不幸却没有一家书店愿意出版。时隔 10 个月后施蛰存决定索性在《文饭小品》刊出,"故检出第一部分译稿,给另换了一个题名",叫《苏俄诗坛逸话》,在《文饭小品》第 2 期开始连载。从 2 月至 7 月连载结束。前有《戴望舒记》,简略介绍了作者高力里和作品的情况,指出这是一部"用着公允的眼光和简明的叙述"写成的,"同时抒情而客观的研究",能让读者了解"新俄罗斯文学的最近的形势"。

从 3 月的第 2 期连载到 7 月的第 6 期结束,目次分别是第 2 期载第一节"混乱中的作家",第 3 期载的是第一节之二"神秘派";第 4 期选载的是第三节"在革命中的诗歌"部分。前有编者简短说明:"本文第二节因特殊关系未能登刊,故本期选刊第三节,好在并无连续性,阅读时不致有何困难也"(此"特殊关系"估计是出于政治因素)。第 5 期载第四节"意象派——赛尔该·叶赛宁";第 6 期载的是第五节"俄罗斯的未来主义"。

本月 法国文学月刊《南方文钞》3 月号,发表了戴望舒自译的 6 首诗《游子谣》《夜行者》《深闭的园子》《过时》《三顶礼》和《妾薄命》的法文版。这些法译诗后附录于《望舒诗稿》。

约 3—4 月 戴望舒乘船返国,回到上海。

关于戴望舒回国的具体时间,有不同说法。如果中法大学档案里的 2 月 8 日是他的离法返国时间,那么航行一个月余,应该在 3 月中旬就能回到国内了。但档案里的 2 月 8 日也可能只是离校时间而不一定就是离开法国上船的时间。王文彬的《雨巷中走出的诗人》中说,戴望舒是 1935 年 4 月回到国内的。应国靖的《戴望舒年表》中说"夏,从法国返回中国,住江湾路公园坊";而北塔在《让灯守着我:戴望舒传》(修订本)认为,"1935 年春天的某日,他(指戴望舒)去巴黎拜访了许氏(指许拜维艾尔)之后,旋即于 5 月 14 日,去拜访老友杜贝莱神父;没过多久,他就踏上了回国的航程。那时从法国返回中国大概需要一个月时间,那么望舒回到国内时间不会早于这年的 6 月中旬"。但对这两个时间点并未给出任何依据来源。

据说戴望舒回国后先住在吕班路万宜坊 28 号施蛰存的住所内①,后才搬至江湾公园坊,与刘呐鸥、杜衡等比邻。据 1936 年 4 月出版的《邮政储金汇业局职员名录》记载,施绛年为上海邮政储金汇业局营业处的办事员,留的通信地址为"吕班路万宜坊二八号"。且施蛰存在《文饭小品》第 3 期(4 月 5 日)上就已预告戴望舒即将编《现代诗风》的文字中,明确提到"最近他从西班牙法兰西漫游回来……"说明戴望舒至少在 4 月 5 日之前已归国。另据 1935 年 4 月 16 日、17 日上海《社会日报》曾连载一篇号称戴望舒震旦大学时的熟人"姜公"所写的《留法诗人戴望舒》,文章称:"昨夕张静庐于其寓庐大开汤饼之宴,折简相邀,忝属老友。……酒阑,共趋别室,促膝谈心。忽见一西装少年,魁

---

① 据徐迟回忆,说戴望舒回国后在吕班路万宜坊租了一栋楼,一楼客厅中央的桌上和地上堆了几千本从欧洲带回来的法文书和西班牙文书,让徐迟深感羡慕而印象深刻。参徐迟《江南小镇(上)》,《徐迟文集》第 9 卷,作家出版社 2014 年版,第 183 页。

梧奇伟,仪表甚都,肤微黝,面呈豆瘢,如马伏波将军西征交趾归来时,衣履整洁,丰度翩翩,更饶有时下健康之美。""而此君见余,遽欢然握手,笑询曰,姜兄,尚忆及我否,何相见不相识也!余谛视久之,瞠然几不敢冒认。此君知我窘也,乃自通姓名曰:我戴望舒也","此诚喜出望外"。若此消息据实,戴望舒在4月中旬已回到国内。纪弦在《戴望舒二三事》中回忆与戴望舒第一次见面是在"1935年春夏之交的事"——虽不确切,但一般说上海的春夏之交在4—5月是合理的。再次,从徐霞村1935年6月3日回复戴望舒信中可以看出,戴望舒是回到国内后才给他写信约稿的,可见他的回国时间要早于6月3日;又据穆时英致叶灵凤1935年6月7日函中,讲到几个志同道合的朋友在江湾公园坊,一起白天"坐在小书房里写小说,黄昏时刻到老刘花园里去捉迷藏,到江湾路上去骑脚踏车"。可见戴望舒最晚也在5月底6月初之前已经回到上海,北塔所说"6月中旬"回到上海,应该是一种误推。

4月

5日 《文饭小品》第3期出版。

约本月初 开始筹办《现代诗风》杂志。

早在1933年5月,戴望舒还在法国时,施蛰存就给他写信报告了自己的一个计划:"我现在编一本季刊,定名《现代诗风》,内分诗论、诗话、诗、译诗四项,大约九月中可出第一册。"但是这本计划中的诗刊并没有如期出版。倒是在《文饭小品》第3期开始,登出一个戴望舒先生将主编诗杂志《现代诗风》的"预告":

> 望舒要想办一个关于诗的杂志,已是好几年的事情了。
> 一向没有机会能实现他的愿望。最近他从西班牙法兰西漫

游回来,看见我正在办《文饭小品》,便也有点跃跃欲试,他问我:"《文饭小品》生意如何?"我说:"本钱太少,有点周转不灵,但总得撑持下去。"他说:"诗杂志销路有无把握?"我说:"送人准有三千本可送,卖钱则连一千本也不敢担保。"但是他终于决定要替诗坛热闹一下,编一个关于诗的两月刊,定名《现代诗风》。

预告中说《现代诗风》拟于1935年5月15日创刊出版。但因为望舒第一期稿子没编好,第4期和第5期《文饭小品》又连出2次预告:"戴望舒意见是以为创刊号万万不能率草,宁可展期问世,决不杂凑成书",因而不得不延期到6月中旬或甚至7月15日出版,并发放"《现代诗风》预约通知书"。自从登了创刊预告后,截至5月初,收到来函预定的已有300多订户,这是一个相当不错的好成绩了。但第6期(7月)《文饭小品》又再出"本刊启事",声明由于"新出版法规定,杂志出版须先经过登记手续,故不得不一再展期",预告登记手续办妥就可印出。

当时,戴望舒和施蛰存他们准备同时创办两家刊物:一个是《现代诗风》,以现代诗为主;一个是《域外文学》,以翻译介绍海外文学作品为主。为此,戴望舒凭借著名诗人的影响力,邀约了一批诗人参加,终于在10月得以玉成《现代诗风》的出版。而《域外文学》因故最终没有能够出版。

受邀约的诗人中就有徐霞村。徐霞村早在戴望舒的《我底记忆》出版之初,就以保尔的笔名在《新文艺》上发表文章,对戴望舒的诗作给予了极高的评价。戴望舒回国之后,马上就给他写信约稿。徐霞村当时住在北京,回信说创作不是自己的强项,对于《现代诗风》恐怕爱莫能助。"至于《域外文学》,我自然义不容辞。"①

被邀约的诗人还有纪弦、徐迟、金克木、南星、林庚等现代派诗人。这批诗人大都对戴望舒崇拜不已,一旦接到戴望舒的约稿,莫不高兴万分。如纪弦就称戴望舒是"现代派诗人群的龙头",他在扬州接到戴望舒的约稿信之后,"简直高兴得不得了,于是马上把1934年和1935年所写尚未发表过的东西整理出一个集子来,用快邮寄到上海"。②

本月 1929年翻译的法国作家高莱特的长篇小说《紫恋》,由上海光明书店出版,署名戴望舒译。《紫恋》的法文原作于1920年问世。《〈紫恋〉译后记》中介绍:本书"描写了一个青春年纪的舞男与一个初入老境的女人的恋爱纠纷"。作家"以她的极柔软的笔调写这主角二人及其他关系人物的微妙的感觉、情绪与思想","是一个有名的文体家"。

5 月

14 日 鲁迅复曹靖华函谈及:"闻现代书局大有关门之势"。

15 日 杜衡、韩侍衍、杨邨人组织星火文艺社,创办《星火》月刊,由上海杂志公司印行,共出了8期。据施蛰存《〈现代〉杂忆》自述:《现代》停刊以后,我和杜衡分手。杜衡和韩侍桁、杨邨人去创办《星火》月刊,结集了一部分青年,提示了他们的目标,拉起了一座小山头。这个刊物才成为"第三种人"的同人杂志,

---

① 徐霞村虽如是说,但他最后还是写出了三首诗,寄给戴望舒信里要他不要勉强,但"假如我的诗能因老兄的润饰而有资格见人,我就算实现了一桩抱憾终身的大野心"。徐霞村的三首诗作最后在这期《现代诗风》上刊出了。《徐霞村致戴望舒》,孔另境编《现代作家书简》,生活书店1936年版,第79页。

② 纪弦:《戴望舒二三事》,《香港文学》1990年第67期。

有意识地和左联对立了。"我对杜衡的这一倾向,极不满意,因而连朋友交情也从此冷淡了。"

约在此期间　在上海开始写旅游法国和西班牙的游记文。据施蛰存《〈中国现代作家选集·戴望舒〉引言》中回忆:"他曾给我看过一个拟定的篇目,有二三十篇,但现在能找到的只有八篇。其他篇目,写成了没有,发表了没有,我都无法知道。"

6 月

3 日　徐霞村致戴望舒函,说三年阻隔后接到戴望舒的信简直喜出望外,就像"中了航空奖券那样惊喜"。急切报告三年来自己结婚生了一双儿女,儿子不幸夭折,在报馆工作,法文经"名师"指点有了进步等情况。还说如果戴望舒下半年没有固定工作,希望他到北平来家住,表示"在这里,只要我不失业,你的房饭是不成问题的"。表露出对戴望舒深厚的友情。答应给望舒筹备中的《域外文学》写稿,同时向戴望舒半开玩笑地"发牢骚":"我去年为了使我所编的副刊热闹一点起见。曾向施、杜二翁写信,求他们给我写点稿子。其实我自己知道刊物小,稿费少,并不敢希望他们常常寄稿,不过求他们开恩一次,下不为例而已。谁知道他们二位口头上虽然答应,稿子却没有影子。起初我写信去催,他们还有回信来敷衍,后来,索性连信都不回了,反不如周岂明,每月至少给我三四篇稿子。你想,所谓老朋友者,行为都如此,岂不叫人灰心?我希望你不要学他们的官僚气,无论新译旧作,长短片断,早点给我寄点来,以光篇幅,如何?"①

---

①　徐霞村:《徐霞村致戴望舒》,孔另境编《现代作家书简》,生活书店1936年版,第155页。

7 日 穆时英致叶灵凤函中,说:"这几天,我们这里很热闹,有杜衡,有老刘(刘呐鸥),有高明,有杨邨人,有老戴",几个志同道合的朋友,在江湾公园坊,一起白天"坐在小书房里写小说,黄昏时刻到老刘花园里去捉迷藏,到江湾路上去骑脚踏车,晚上可以坐在阶前吹风,望月亮,谈上下古今"。

14 日 沈从文致函施蛰存,除了对施蛰存处境的"忧念",也对《文饭小品》能持续出版表示祝贺。为天津《大公报·文艺副刊》约小说稿,问及"又闻望舒回国亦不大如意? 不卜近日尚在上海否?"

15 日 诗作《微笑》,载《妇人画报》1935 年第 29 期。

18 日 上海大学时期的师长瞿秋白在福建长汀被国民党杀害。

25 日 居杭州,晚与郁达夫"谈至深夜"①。

28 日 穆时英致施蛰存函:"听说你出医院的第二天就在冠生园吃炒广鱿,我真替你担心。我不懂你为什么这样贪嘴! '文饭'稿齐否? 我的小说实在赶不出来,请原谅我。下期一定着着实实的写一篇。老戴这几天,天天到我们这里来,来了就到乡间去漫步。我到近来才发见他在写诗以外,还有一种特长与嗜好。他打野狗的本事真不错! 在这一礼拜中,他至少打了十七头野狗。杜衡近来回力球兴趣绝浓,谈起拉摩司来,那眉飞色舞的样子,嗨,不得了!"②

本月 施蛰存翻译美国罗蕙儿《我们为什么要读诗》并撰写

---

① 郁达夫:《梅雨日记》,《郁达夫文集》第 9 卷,花城出版社 1984 年版,第 238 页。

② 穆时英:《穆时英致施蛰存》,孔另境编《现代作家书简》,生活书店 1936 年版,第 277 页。

"译者记":"戴望舒先生编《现代诗风》,要我为他译一点东西,我想拿这篇译文放在创刊号里恐怕再适当也没有了。下一期我想再译她一篇《作诗的步骤》,便是从这一篇短文出发的再进一步的文字了。"

本月　翻译《比利时短篇小说集》(第一册),由商务印书馆出版。前有戴望舒写于 1934 年 8 月的"小引",介绍此集选编了比利时近 60 年最有影响的 20 位作家的短篇小说 20 篇,分为上下两编:上编是用弗兰特尔文写作的"今日与明日"系代和"新系代"。下编则是用法文写作的作家,包括浪漫派的特各司德、象征派的梅德林克及魏尔哈伦等。但戴望舒也声明这样分法并不说明比利时文学有着不统一的现象,虽则是两种不同的文字表现,但在精神气质上,却依然是整个的,有着和别国文学不同的独特性。目次为《孤独者》《贝尔洛勃之歌》《迟暮的牧歌》《溺死的姑娘》《圣诞节的晚上》《住持的酒窖》《乌朗司毕该尔》《法布尔·德格朗丁之歌》《薇尔村的灵魂》《善终旅店》①《婴儿杀戮》《朗勃兰的功课》《红石竹花》《公鸡》《新闻》《冲击》《魔灯》《名将军》《秋暮》和《小笛》。

7 月

6 日　创作诗歌《秋夜思》。从"心的枯裂之音""断裂的吴丝蜀桐,/仅使人从弦柱间思忆华年"这些意象和诗句中,可以看出诗人已了然情感的绝望并曾撕心裂肺痛苦过的心路辙痕。

13 日　上海《申报》上刊登了一则简短的《戴望舒施绛年启事》,正文只有 19 个字:"我们经双方同意,自即日起解除婚约,

---

①　据戴望舒的"译者附记"里说明,此篇为徐霞村所译。

特此声明。"确定施绛年移情别恋后,戴望舒当众打了施绛年一个耳光,登报解除婚约。①

关于施绛年移情别恋的对象,各种传记资料大都语焉不详地提到是一"冰箱推销员";在钟苗的记忆中则成了"茶叶店小开"。其实他叫周知礼,字筱网,毕业于复旦大学,与施绛年曾同在邮政储金汇业局工作。据 1924 年 7 月 15 日《申报》记载,周知礼当年被录取为复旦大学商科一年级新生。四年后,周知礼从复旦大学商科毕业。1932 年 9 月 23 日《申报》有邮政储金汇业局汇兑储金处周知礼捐助东北义军大洋二十元的记录。由此可知,周知礼与施绛年在戴望舒留学法国(1932 年 10 月 8 日)前后曾是同事。1933 年,周知礼在上海北极冰箱公司工作。1936年的《复旦同学会刊》发表了周知礼将赴新岗位任职,复旦同学会为之饯行的消息,云:"常熟周知礼,美风姿,年少翩翩,复旦之子都也。娴交际,善词令,所交遍歇浦,与之游者,无不悦服。最先服务北极冰箱公司,旋任邮政储金汇业局主任职。今春应大陆报馆聘,专任接洽金融广告职务。今该报拟在南京筹设分馆,请周君驻京,规划一切。"1947 年,周知礼在亚细亚钢铁公司工作。

从这些报道中,可勾勒出周知礼的学历背景和工作经历。面对风度翩翩、擅长社交且工作能力又强的周知礼,即便有兄长施蛰存为戴望舒说项,施绛年的感情天平最终还是倾向了周知

---

① 据说戴望舒回国后面对施绛年移情别恋的事实,既痛苦又气愤。他找绛年的父母论理,绛年的父母比较传统,认为自己没有管教好女儿,对不起望舒,绛年还有好几个妹妹,她父亲对望舒说:"老大不来兮,老二老三行不行?"就是这样,也没有平息诗人的心头之气,他当众打了施绛年一记耳光,然后登报解除婚约,终于结束了为期八年之久的初恋。王文彬:《戴望舒与穆丽娟》,中国青年出版社 1995 年版,第 92 页。

礼,哪怕他是有家室的人。①

施蛰存也说:"大妹绛年与一位常熟人名叫周知礼结婚了。绛年当时在邮政局工作,我的这位大妹夫在上海的北极冰箱公司做推销员,他的家庭关系全都在台湾,因此在 1949 年初,他们全家去了台湾。在台湾时,他们夫妇二人都在欧亚航空公司供职,生活得很好。50 年代与我还经常通信。绛年于 1960 年 10 月病逝在台湾。"②

30 日　徐霞村致函戴望舒,询问自己寄的"歪诗",叮嘱用"保尔"署名,并表达了对《望舒草》的倾慕,"已经盼了好久了,希望你无论如何买一本签好了名寄下"。③

约本年　戴望舒失恋失婚的遭遇让文友们很感同情。穆时英最敬慕他,也最仗义:"施蛰存的妹妹算得什么,我的妹妹比她漂亮十倍,我给你介绍!"意图帮助诗人走出困境。在穆时英的介绍下,戴望舒顺利结识穆丽娟。

穆丽娟生于 1917 年,是家中唯一的女孩子,备受父母兄弟的宠爱。穆父名景庭,早年经商,后来经营金融业,事业发达,曾担任过通易信托公司副经理,是宁绍轮船公司和三北轮船公司的董事,兼任申新纱厂和鼎性钱庄的股东,以后独自开了一家鸿兴金号。穆母石翠凤,家庭主妇,温柔贤淑,喜读小说。穆丽娟在条件优渥、家人和睦的环境中长大,小时候上的是教会幼儿园,小学前三年请家庭教师来家里上课,第四年插班进小学,两

---

① 刘军:《戴望舒与施绛年的一段往事》,《新文学史料》2022 年第 3 期。

② 施蛰存、沈建中:《世纪老人的话·施蛰存卷》,辽宁教育出版社 2003 年版,第 40 页。

③ 徐霞村:《徐霞村致戴望舒》,孔另境编《现代作家书简》,生活书店 1936 年版,第 156 页。

年后进入南洋女中，四年毕业。受母亲和哥哥的影响，也喜欢阅读文学作品，很服文才焕然的大哥，对于与哥哥来往的作家朋友，也是敬爱有加。

当时，戴望舒经常会邀请穆丽娟帮他誊抄稿子，在哥哥的支持下，穆丽娟每次都应允；为了表示感谢，戴望舒也会邀请穆丽娟一起看电影、跳舞或者吃饭，二人有了许多单独接触的时间与空间，关系日渐亲昵。①

8月

10 日 翻译比利时特拉脱的《公鸡》，发表于《商务印书馆出版周刊》第 141 期，署名戴望舒译。

11 日 《中国新文学大系·诗集》出版，共收了戴望舒 7 首诗，包括《夕阳下》《生涯》《山行》《残叶之歌》《十四行》《雨巷》和《我的记忆》。朱自清在《中国新文学大系·诗集》的"导言"中评价戴望舒的诗歌创作："戴望舒氏也取法象征派。他译过这一派的诗。他也注重整齐的音节，但不是铿锵的而是轻清的，也找一点朦胧的气氛，但让人可以看得懂，也有颜色，但不像冯乃超氏那样浓。他是要把捉那幽微的精妙的去处。"

28 日 沈从文致函施蛰存，为所编的《大公报·文艺》副刊继续向施蛰存约稿，并托施转达向杜衡和戴望舒的约稿之意，"彼等若不写创作，翻译、介绍、批评皆好"。尤其希望戴望舒在书评方面多帮忙赐稿。②

---

① 王文彬：《云锁烟埋，这幸福是短暂的——戴望舒和穆丽娟》，《新文学史料》1995 年第 3 期。

② 沈从文：《沈从文致施蛰存》，孔另境编《现代作家书简》，生活书店 1936 年版，第 65 页。

9 月

本月　译作《意大利短篇小说集》，属于王云五主编的"万有文库第二集七百种"由商务印书馆出版，署名戴望舒选译。该书选编了 10 位作家的 10 篇小说，目次包含《罗米欧与裘丽叶达》《加拉西寄宿舍》《失落的信》《老人的权利和青年人的权利》《密友》《劳列达的女儿》《仆人》《当我在非洲的时候》《屋子》和《女教师》。文末列有作者生卒年表。

26 日　在《晨报》副刊"晨曦"上发表《未定草——寄 Mll.eS》（收入《望舒诗稿》时诗名改为《见毋忘我花》），被认为是写给穆丽娟的唯一一首情诗。[①]

28 日　《中央日报·文学》周刊第 27 期刊载了穆时英的《戴望舒简论》。穆时英犀利发现戴望舒身上的"二重人格""异样尖锐对立着"，"他把自己的第一人格和第二人格远远地隔离着。在实际生活上，他把自己纤细的灵魂宝贵地收藏在人家看不见的地方；在艺术生活里，他的灵魂便在那丝线织成的诗里面太息起来"。这与戴望舒自己在《我的素描》中所剖露的——"我是青春和衰老的集合体，／我有健康的身体和病的心"，"我是高大的"，有着"光辉的眼"，"用爽朗的声音恣意谈笑"，却又"悒郁着，用我二十四岁的整个的心"——十分吻合，可见穆对戴的深刻理解。不过他认为"这是戴望舒的悲剧，也就是这悲剧使他成为中国新诗史上的巨人"。

---

① 吴心海：《"雨巷诗人"戴望舒的尘封情书》，《档案春秋》2018 年第 12 期。

10 月

10 日 《现代诗风》(两月刊)创刊号终于出版,由施蛰存的脉望社发行,编辑人戴望舒。发表诗歌《新作四章》,目次包含《古意答客问》(1934 年 12 月 5 日)、《霜花》、《灯》(1934 年 12 月 21 日)和《秋夜思》(1935 年 7 月 6 日)。除《霜花》外,都标明了写作日期。

这一期的其他作者基本上是清一色的"现代派诗人"。他们每人推出一辑诗歌,如玲君的《山居》(3 首),金克木的《春病小辑》(10 首)、徐霞村的《诗 3 首》、施蛰存的《小艳诗 3 首》、徐迟的《诗 3 首》和一首散文诗 LOVE LETTRES、南星的《守墓人》(外 3 篇)、侯汝华的《诗 3 首》、林庚的《四行诗 5 首》、路易士的《诗抄》(6 首)及刘呐鸥翻译的《西条八十诗抄》(6 首)。除了发表创作和译作外,还刊登了《英国诗人拜伦书信抄》(杜衡译)《苏俄诗坛逸话》之《佛拉齐米尔·玛牙可夫斯基》(高力里著,戴望舒译)及西方诗论,其中有英国爱略特的《〈诗的用处与批评的用处〉序说》(周煦良译)和美国罗蕙儿的《我们为什么要读诗》(李万鹤译)。从这两篇诗论的主旨来看,都是围绕着"我们为什么要读诗"和什么是"诗的用处"而展开的,编者力图从诗学这一层面开始作一次新的启蒙。

同日 《现代诗风》上还登载了"本社拟刊诗书预告":《蝙蝠集》(金克木)、《海上谣》(侯汝华)、《南国风》(陈江帆)、《绿》(玲君)、《二十岁人》(徐迟),还有施蛰存的《纨扇集(拟名)》①。除了这些诗人个人的创作诗集外,还预告了将出各国的译诗集,显示出编者的勃勃雄心。有戴望舒译的《现代法国诗抄》和《现代西班牙诗抄》,施蛰存译的《现代英美诗抄》,刘呐鸥译的《现代日本诗抄》,而唯有《现代德国诗抄》后面的译者标的是"未有人选"。

《现代诗风》由于预告较早,再加戴望舒的诗名和号召力,这次出版可谓相当成功,发行的1000册很快告罄,反响和销路都不错,完全可以继续办下去。但杂志仅出了一期就停刊了。原因是如路易士所说的:"望舒有了新的构想、新的计划,他将要和'北方诗派'携手合作,出《新诗》月刊了。"②

本月　应胡适聘请,至1936年,任中英庚款文化基金委员会编译委员,翻译西班牙作家塞万提斯的长篇小说《堂吉诃德》,每月交两万字文稿,预支稿费200元。完成大半,后因抗战爆发而停译。

据王央乐记载:"当时用复写纸抄录译稿,故有一式两份。以一份随译随寄文化基金委员会,一份自存,抗战军兴,译事中止,大约已完成了全部的三分之二。一九五〇年二月,戴氏在北京逝世,其遗稿由吴晓铃、施蛰存整理,分别保管。这部《吉诃德爷传》的存稿由施蛰存带回上海,当时所得,已有缺失。二十多年来,历经动乱,现在仅存残稿二百余页,无法印行。如果这部稿子能在抗战前译成出版,那么我们在四十年前就可以读到这部名著的全译本。这是非常可惜的。"因工作关系,王央乐曾逐

---

① 施蛰存说戴要他也编一本诗集凑热闹,"我只给了他一个拟定的书名《纨扇集》,让他登广告,其实这个集子始终没有编出来"。参施蛰存《纨扇集·小引》,《北山散文集》,华东师范大学出版社2001年版,第1298页。

② 纪弦(路易士):《戴望舒二三事》,《香港文学》1990年第67期。

字逐句读过傅东华的译文,也全部读过杨绛的译文,现在又得见到戴氏的部分译文,深切感到不同的译者译笔的不同。对比之下,他认为戴译的主要优点是附有极其详细的注释,"可见戴先生翻译这部名著,着实费了很大的精力",从中可以一窥望舒学者型翻译家的深厚功底和严谨态度。由于是残稿恐怕未必能有机会印行,为不使前辈的劳动成果被淹没,王央乐特意写了一篇《读戴译〈吉诃德爷传〉》,发表在香港《海洋文艺》1980年第4期,"为我国的文学翻译史标记起一块里程碑"。

12 月

2 日　现代书局因债务关系被查封。

本月　校点天然痴叟著《石点头》,由上海贝叶山房发行;校点清艾钠居士著《豆棚闲话》,由上海杂志公司出版①。后者列入施蛰存自同年9月开始主编的《中国文学珍本丛书》的第一辑第十三种。施蛰存认为戴望舒对中国俗文学中古典小说的关注,主要是由于1934年他"在西班牙看到了一本《风月锦囊》,回国后就对俗文学产生兴趣"。"孔另境的《中国小说史料》一书,多半是戴望舒提供的材料。"②

18 日　《申报》上刊登了"戴望舒穆丽娟订婚启事",正文为"兹承载杜衡先生介绍,并得双方家长同意,择于国历二十四年十二月十八日订婚,敬此奉闻亲友,恕不另简"。

20 日　《小晨报》刊发了一条新闻,题为"戴穆联姻 杜衡为

---

①　应国靖的《戴望舒年表》记载,戴望舒校点这两本书是在1934年,信息错误。

②　据施蛰存先生1980年12月26日答复卢玮銮的资料。参见卢玮銮:《戴望舒在香港》一文注释46。收入施蛰存、应国靖编的《中国现代作家选集·戴望舒》,人民文学出版社1993年版,第333页。

媒"的纪事：

> 关于戴望舒和穆时英妹妹的订婚消息，现在才正式实现。十九日下午二时，杜衡长袍黑褂，施施然而入公园坊，经戴望舒面授机宜以后，便手捧法币一百元、白金线戒一对（每只值洋十八元）直趋穆老太太处，一说便见成功。当夜便由老戴在聚兴园设宴谢媒人，又花去法币八元。据谈，结婚之期将在明年春天。（明日本报将发刊戴诗人求恋的信一封，请注意。）

通过这则新闻得知，戴穆订婚之期，应该是 1935 年 12 月 19 日下午。

21 日　《小晨报》果然刊登一篇题为《〈望舒草〉外诗人书简戴望舒致穆丽娟》，其"编者按"说：

> 当戴望舒诗人和穆丽娟女士订婚成功之夜，我们获得了戴先生许可，把他所写的第一封"诗似的求爱之书"公开出来；无疑地，这是深可宝贵的纪念物；因为当戴诗人由法国归来以后，除了写过四首小诗以外，还没有其他的创作发表在国内的刊物上，而这封求爱的信，就不但是戴诗人的文学的杰作，且还是他自己最忠实的自传之一页了！现在，我们荣幸地获得了它，便揭载在这里。乘便谨祝颂他们这美满的一对有一个永远美满的前程。（原文已略有删节，因不无牵涉他人处，不便直截发表也。）——原信珍藏姚苏凤处。

戴望舒写给穆丽娟的求爱信：

丽娟：

> 有些人是不擅长于表达自己的情感的，有些情感是深切到不能用语言文字来表达的。我便是前面这种人，我对于你便怀着这一类的情感。丽娟，我是深深地爱着你。我

曾经几次想向你表示，可是结果还是没有这样做。就是现在写这封信的时候，我也不知道如何对你说才适当。我不愿意像别人那样地以浮滑的态度来向你表示，我不愿意如此做，而我的性格也使我不能这样做。现在还是让我的诚实的心来对你说话吧。

我最近在恋爱上的不幸之事（下划去八字）你是知道的。在几个月之前，我差不多陷于一种完全的忿恨和绝望之中。渐渐地，我整个的心都归属于你了。我不知道我对于你的这种爱会得到怎样的一个结果。你会使我成为一个世界上最幸福的人呢，还是最不幸福的一个？我没有顾到整个问题，我所关怀的事只是如何使你幸福，使你快乐。

然而，在现在的情形之下，我却也不得不知道一点你的态度了。第一，我很想知道我对于你的爱是不是没有希望的。如果这只是我单方面的一个妄想，那么将来你一定会增加许多麻烦，而我又会到感（原文如此，疑似"感到"之误植——笔者注）一种永远不能解除的苦痛。第二是我家庭的问题。我的父母都希望我能早些结婚。最近（下删去九字）他们便更为我着急起来，天天写信来催逼我，要我在短期间对于我的婚事给他们一个切实的答复，否则他们便是代我解决了。你是知道的，现在我是多么地爱着你，就是一天不看见你我也会坐立不安，我如何能让我的家庭随便来处置这种问题呢？

你对我的态度到底是如何的呢？你大概不至于相信我对于你的爱会是不忠实不永久的吧；你大概不至于会相信我是一个浮滑的人，欺骗你的人吧；我的家庭的简单你大概也知道了吧。我在物质生活上没有什么问题你大概也是知道的吧。问题只是在这一点上，你对于我是否有一点情感。本来在你（下删去廿六字）烦恼着的时候，我是不应该对你提出这些话的，但是，正如苏凤①所说，你能否接受我的爱，也就是解决你一切烦恼的关键，同时，因为我衷心的不安和家庭的要求，所以我也就冒昧对你说起这种话了。请你给我一个回答吧。丽娟，我自己是一个诚恳爽直的人，我知道你也是一个性格和我差不多的人。但是，如果你以为还有可以考虑的地方，那么也请你告诉我你所考虑的是什么，我总会立刻圆满地答复你的。这封信由赵小姐②转交给你，你给我的回答也请由她转交给我。我很不安地等待着你的回答，正像一个囚犯在等待判决一样。

最后，我还向你说一遍，我爱你，我永远爱你。

望舒七月六日③

下半年 施蛰存自述："我和戴望舒曾计划办一个《法兰西文艺》季刊，没有成功。"④

本年 比戴望舒略早几个月（1932年夏）赴法国留学的冯沅君、陆侃如夫妇，双双取得了巴黎大学文学博士学位，由巴黎回国。

游学法国期间 与陆侃如、冯沅君、李健吾等参与了法国作

---

① 苏凤，即姚苏凤（1905—1974），苏州人，民国知名报人，电影编导，影评家。1935年9月与穆时英一起主持《小晨报》编辑工作，所以戴望舒这篇情书来源十分可靠。所发情书前的"编者按"无疑出自他的手笔。姚苏凤还曾和穆时英、高明、叶灵凤、刘呐鸥等人共同创办了综合性文艺刊物《六艺》。
② 赵小姐，即赵克臻，叶灵凤太太，是现代书店的员工。曾和穆丽娟同居一室，是戴穆的恋爱经过的知情人和传信者。
③ 吴心海：《"雨巷诗人"戴望舒的尘封情书》，《档案春秋》2018年第12期。
④ 参施蛰存1989年8月17日致莫渝函。

家巴比塞组织领导的"反战法西斯同盟"下设的中国留学生支部的活动。创办了一张油印小报,有时还聚在一起讨论世界形势、文艺及马克思恩格斯著作法文译本等问题。[①]

另据杜书瀛《我所知道的陆侃如、冯沅君先生——学术回忆录之一》(《文艺争鸣》2020 年第 8 期):留法和归国后,冯沅君翻译过《书经中的神话》《新法国的文学》《萨特存在主义》等著作;译诗有《播种的季节》(雨果)、《人民颂》、《工人歌》等。她的译诗也大多附有"译者按语",对所翻译的法文诗歌与中国古代诗歌相似的特点一一做出点评,使读者欣赏诗歌时能感受不同语种的魅力。值得一提的是,陆侃如除了翻译《〈左传〉真伪考》(高本汉)、《金钱问题》(小仲马)、《法国社会经济史》(塞昂里)等著作外,还翻译过《恩格斯两封未发表的信》,刊登于 1933 年 6 月 10日上海《读书杂志》第 3 卷第 6 期。可见当年在鲁迅领导下,译印大量马克思主义文艺理论著作的左联文艺风气,也影响到了像冯、陆二位这样貌似与左联并无密切关系的爱国知识分子。

1936 年(丙子,民国二十五年)　31 岁

▲6 月,高尔基逝世。

▲10 月,鲁迅先生在上海逝世。

▲12 月,西安事变发生。

▲本年,中国左翼作家联盟宣布解散。左翼作家展开"国防

---

　　① 据袁世硕、严容仙:《冯沅君先生传略》,见《冯沅君创作译文集》附录,山东人民出版社 1983 年版,第 340—341 页。

文学"与"民族革命战争的大众文学"两个口号的论争。

1 月

10 日 "旅行杂笔"《我的旅伴——西班牙旅行记之一》,在《新中华》第 4 卷第 1 期开始连载,署名戴望舒。

15 日—4 月 15 日 在《绸缪月刊》第 2 卷第 5—8 期,连载西班牙乌纳莫诺的小说《一个恋爱故事》,署名戴望舒译。小说写一对因利益算计走在一起的恋人,为了摆脱没有爱情的痛苦关系,男方以私奔为由想让女友知难而退,没想到丽多维娜正欲脱离沉闷的家庭反而答应了。私奔后又幻想那不曾存在过的爱情会降临,但发现这是一个错误的决定而终究分手。此后两人又将修道院作为自己的静心之地,结果又发现修道院和世俗世界一样不堪。表现了一种无爱寻爱、幻想不断破灭的悲剧。

25 日 "旅行杂笔"《鲍尔陀一日——西班牙旅行记之二》,载《新中华》第 4 卷第 2 期,署名戴望舒。

2 月

2 日 翻译法国马尔赛·阿尔朗《蔷薇》,署戴望舒译,载天津《大公报·文艺》第 86 期。后又于 1941 年 6 月 11 日第 958 期、13 日第 960 期在《星岛日报》副刊《星座》重刊,署阿尔兰作、施蛰存(戴望舒香港时期笔名之一)译①。1946 年 1 月 19 日,再刊于《新生日报·新语》第 4 版,署名江思。

---

① 沈建中在《施蛰存先生编年事录》中未指出此点,而把此篇归入施蛰存本人的译作,信息有误。

3 月

10 日 "旅行杂笔"《在一个边境的站上——西班牙旅行记之三》,载《新中华》第 4 卷第 5 期。

25 日 "旅行杂笔"《西班牙的铁路——西班牙旅行记之四》,载《新中华》第 4 卷第 6 期。

同日 《东方文艺》创刊号(第 1 卷第 1 期)上刊登了蒲风的一篇评论文章《论戴望舒的诗》,认为戴诗"虽然出现于现代,是现代诗,而实是旧的事务和旧的意识的新装"。严词批评戴望舒的诗歌不赞美资本主义工业文明,不反映农村的疾苦,更多地描写落魄地主的感伤梦幻逃避现实。在诗歌的形式和技巧上,说他感情纤弱脱离大众,进一步质疑在把诗歌当作时代的心声的大众艺术面前,戴望舒式的象征派朦胧费解的诗歌有什么存在的必要呢?

29 日 翻译西班牙狄亚思·费囊代思(Diaz—Fernandes)的《死刑判决》,载天津《大公报·文艺》第 118 期,署名戴望舒译。后于 1940 年 12 月 23 日又刊于《星岛日报》副刊《星座》第 806 期,署名施蛰存译。①

4 月

1 日 鲁迅复曹靖华函谈及:"至于'第三种人',这里早没有人相信它们了,并非为了我们的打击,是年深月久之后,自己露出了尾巴,连施蛰存、戴望舒之流办刊物,也怕它们投稿。"

---

① 此处署名的"施蛰存"乃戴望舒香港时期的笔名之一。沈建中在《施蛰存先生编年事录》中并未指出此点,而将这篇归入施蛰存的译文,是错误的信息。

4 日　《新人周刊》第 2 卷第 31 期《文化报道》栏刊登："施蛰存与戴望舒合编《文艺生活》，已与上海杂志公司签订合同，撰稿者为《现代》的一群。"

本月　赵景深的《文人剪影》，由北新书局出版。其中《文士三剑客》写道："这文坛三人，我皮相的观察起来，外面所表现的是各有不同的：望舒的说话声音很轻，很温柔，跟你很亲热；蛰存则很豪爽，说话时很有精神，声音很高，虽然面部和身材都很瘦削；杜衡则不大说话，即便说也是很慢的，时常手支着颔，像是哲学家一般的思索。"他们的嗜好也不尽相同。在古代文学一方面，"望舒忙着剪贴《小说丛考》和《小说考证》，是我所亲见的。他谈起在茶馆里与书贾磋商书价，翻阅新得到的珍本秘籍，最是起劲。蛰存近来收买明人小品则为众所周知之事。在现代文学一方面，望舒曾经很得意的谈着他在旧书铺里买到一部彩色插图本法国魏尔仑的诗集"。施蛰存对于猥亵文学颇为注意，如《香园》之类，是他竭力搜求的。杜衡似乎不大藏书，因为寓所屡有迁移。让赵景深印象深刻的还有一个冬夜，戴望舒和施蛰存深夜突然来访，嬉笑着说我们没有穿袜子就来看你啦，一边伸出光脚丫子，实在让赵景深感慨"这样无拘束的孩子气，是最可宝贵的"。①

10 日　沈起予在《新中华杂志》第 4 卷第 7 期上对戴望舒所翻译的《高龙芭》进行了介绍，他认为《高龙芭》是一部积极健康、富有异域情调的浪漫主义小说，他希望人们能够从这本浪漫主义的作品中汲取有用的食粮。

本月　左联常委会决定解散左联。

---

①　赵景深：《戴望舒、施蛰存和杜衡》，录自《文人剪影》，原题为《文士三剑客》，见《我与文坛》，上海古籍出版社 1999 年版，第 165 页。

同月　穆时英乘红伯爵轮船离开上海赴香港。

约月底　郁达夫在杭州营造半年的风雨茅庐落成,他从福州返回,在此期间,戴望舒和施蛰存曾去拜访,郁达夫结联一副,赠予望舒:

> 望舒兄正
>
> 夜静星光摇北斗
>
> 楼空人语逼天河
>
> 　　　　　　　郁达夫

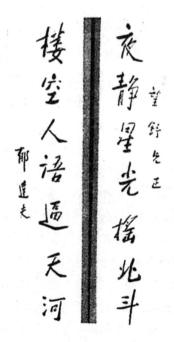

郁达夫赠戴望舒对联

5 月

4 日　翻译法国作家斐里泊的小说《邂逅》，署名戴望舒译，载《国闻周报》第 13 卷第 17 期。1940 年 12 月 27 日以《相逢》为名重刊于《星岛日报》副刊《星座》第 810 期，署名"施蛰存译"①。小说讲述的是一对离了婚的夫妻时隔多年后再相逢的故事，两人离婚后的日子都不幸福，彼此怀念不舍却爱而不得，世事无常的悲哀充斥在两人的对话中。在译者附记中，戴望舒认为斐里泊小说的文风是"以冲淡的笔墨写平凡生活日常的小欢乐小悲哀"。

7 日　鲁迅复台静农函谈及："第三种人已无面目见人，则驱戴望舒为出面腔，冀在文艺上复活。"据《鲁迅全集》注："指复刊《现代》杂志的事。当时杜衡、施蛰存和戴望舒三人曾计划复刊《现代》，由戴望舒出面向各地作家招股和征稿，后未成。"

14 日　创作诗歌《小曲》。"老去的花一瓣瓣委尘土，/香的小灵魂在何处流连？"肯定"不能在地狱里"，曾经枯裂古寂过的灵魂重回"那么好"的体验，诗人虽言"微笑而三缄其口"，但已能哼出小曲，透露出走过炼狱获得新爱后无法自抑的喜悦。

18 日　创作诗歌《赠克木》，后发表于 10 月 10 日出版的《新诗》创刊号上。1936 年春，从上海回到杭州探亲，顺便看望正在杭州西湖孤山脚下俞楼翻译《通俗天文学》的金克木，同游灵隐寺，谈主编《新诗》杂志的事，回沪后作《赠克木》一诗。诗的第二节写道："记着天狼，海王，大熊……这一大堆，……/你绞干了脑汁，胀破了头，/弄了一辈子，还是个未知的宇宙。"因为"太阳无

---

①　此处署名的"施蛰存"乃戴望舒香港时期的笔名之一。沈建中在《施蛰存先生编年事录》中并未指出此点，而将这篇归入施蛰存的译文，是错误的信息。

量数,太空无限大,/我们只是倏忽渺小的夏虫井蛙"。劝告友人,不要只是将人生最美好的时光花在遥远的太空中。"最好不求甚解,单是望望,/看天,看星,看月,看太阳","也看山,看水,看云,看风,/看春夏秋冬之不同,/还看人世的痴愚,人世的倥偬:/静默地看着,乐在其中",表达了豁达、深邃的时空观和人生观。故金克木调侃说,所谓的《赠克木》实际上应该是"嘲克木"①,金克木后来创作一首《答望舒》,刊登在徐迟和路易士1936年11月主编的《诗志》创刊号上。

20日 在《书报展望》第1卷第7期发表苏联作家本约明·高力里的《在革命中的诗歌》(《苏联诗坛逸话》之一小节内容)和《苏联诗坛逸话后记》,署名戴望舒。在"译者附记"(落款日期为:一九三六,四月三日)中指出,全书早已译完,由于各种原因,这里只能印发原著的上半截。同期还有一小篇《苏联诗坛逸话》的出版预告。

本月 翻译苏联作家本约明·高力里的《苏联诗坛逸话》由上海杂志公司出版。

本月 孔另境编《现代作家书简》,由生活书店出版。收录戴望舒致叶灵凤函一通,施蛰存致戴望舒函14通,徐霞村致戴望舒函3通,刘呐鸥致戴望舒函2通,丁玲、朱湘、杜衡、冯雪峰、熊式式等分别致戴望舒函一通。

本月 上海联华书局初版印行鲁迅《花边文学》。章太炎在苏州逝世。《辛报》创刊。

本月 诗集《望舒草》由复兴书局再版。

---

① 金克木:《1936年春,杭州,新诗》,《金克木小品》,中国人民大学出版社1992年版,第16页。

6 月

本月初　父因患脑出血病逝,终年 55 岁(母亲 1976 年病逝,享年 93 岁)。

杭州《东南日报》曾在 6 月 6 日的《作家动静》栏目中披露:"戴望舒近因父丧返杭,其父修甫在中国银行服务达二十年,颇著劳绩。望舒昨向该行领取抚恤金及保险金一万一千元。"对此,戴望舒当即给编辑发了一封信,希望对抚恤金和保险费错误金额予以更正:

径启者:顷读

贵报《沙发》"作家动静"一栏,载有鄙人向中国银行领到先父抚恤金及保险费一万一千元一节,查该两项款洋,银行自有定章,即鄙人亦未及知其确数,外人又乌从知之? 此项消息,对于鄙人的财产继承方面,颇有影响,因转奉函,即希

更正为荷,此致

《东南日报》《沙发》编辑主任

棘①戴望舒 谨启

6 月 6 日

7 日　中国文艺家协会成立,发表《中国文艺家协会宣言》,签名者 111 人。

26 日　在天津《大公报·文艺》第 169 期发表《拟作小曲》,

---

①　"棘"为难长之木(枣树),《诗经·凯风》有"棘心夭夭,母氏劬劳"的诗句,人子自比棘心稚弱,靠母亲养育成人。五四女作家苏雪林表现母爱和自由恋爱冲突,最终母爱胜出的自传体小说就叫《棘心》。后人子居父母丧时,自称为"棘人"。望舒在信尾具名前有"棘"字,虽是通例,但过了三十而未完全自立,面对终生劬劳的父亲,心中还是有着无尽的悲哀,因而也更不愿意被作为谈资。

署名戴望舒。

7月

9日　上海《铁报》的一篇题为《风传人语》的简讯,在极不起眼的版面位置,宣告一条"喜讯":"现代派"诗人戴望舒,与穆时英之妹丽娟女士,定十二日在新亚大酒店礼堂举行结婚礼。该报当天的另一版面上,常设栏目《文坛人事》的最后一条,则称戴望舒将结婚,昨发出请柬云:"径启者,望舒丽娟定于国历七月十二日下午五时在上海北四川路新亚大酒店礼堂结婚,因望舒新有失怙之悲,奉慈命如期结婚,实为从权,未敢僭礼,亲友处恕不恭具吉柬,敬此奉闻,届时伏盼光临,便颂台绥。"一时文坛瞩目。柬中所言"望舒新有失怙之悲",指戴父于1936年6月间去世。戴氏向友人发出"喜柬",告丧与报喜实为"两全其美"之举。

实际情况是丧事料理完毕已至6月底,按照与穆丽娟订婚时的约定,他们将于7月完婚。但不幸父亲病逝,依据传统习俗,应该守孝,推延婚期,但也许此前的婚变带来的创伤阴影过深,因担心推延后会发生变化,故万不敢拖延,哪怕顶着礼数压力,也还是决定如期完婚。

12日　婚礼如期举行。婚礼前一天,新人拍了结婚照,从现在留下的结婚照来看,新郎高大英俊,新娘温柔秀丽,看起来十分幸福般配。婚礼在北四川路的新业大酒店举行。由穆丽娟的伯父主持,穆家兄长、穆母和亲朋都出席了婚礼。但因守丧望舒家没有人来。① 望舒邀请徐迟当男傧相,穆时英的小姨妹当女傧相,叶灵凤的侄儿侄女充当金童玉女。

据伴郎徐迟自述:"我是半生第一次穿上燕尾服。看来这也是我一生唯一的一次当男傧相,并穿上这种西式礼服。新娘穿了白色的婚服,长纱一直拖到地上。……新郎官仪表堂堂,从照片上看不出来他脸上有好些麻子;新娘子非常之漂亮。我却幼稚而且瘦小,显得两只眼睛特别的大,有点滑稽可笑。女傧相可就成熟得多一股风流蕴藉的样子,……还有两个金童玉女,是叶灵凤的侄子侄女。婚礼进行得很隆重和热闹。"②

戴望舒、穆丽娟结婚照

婚礼现场备有签名簿请到场嘉宾题字。有一友人在簿上题了一首"藏头诗",还是现代自由体,诗云:

　　　戴了橡皮圈,
　　　望着穆丽娟,

---

① 据钟萸回忆:"1936年爸爸(指戴望舒,由于从小跟戴母长大,与舅舅关系深厚,钟萸就跟着戴咏素姐妹称呼——笔者注)本来预备夏天结婚,奶奶(指戴望舒母亲)给我和妹妹都做好新的纱旗袍,要到上海吃喜酒。……照理父亲刚死,爸爸不能就结婚,但爸爸没有听奶奶的。我们就都没有来上海参加爸爸的婚礼。"

② 徐迟:《江南小镇(上)》,《徐迟文集》第九卷,作家出版社2014年版,第184页。

戴望舒、穆丽娟婚礼照片

舒舒服服像登仙!

三句"藏头诗",把戴望舒夫妇的新婚之喜,表达得令人捧腹。"橡皮圈"指救生圈,颇有"苦海无边,结婚是岸"之妙喻,一方面是恭喜才子抱得美人归,另一方面可能暗指戴望舒先前与施绛年退婚,后又经父丧之痛,全赖穆小姐的救助劝慰。这一首"藏头诗",刊载于1936年7月18日《东南日报》的《作家动静》栏目。

婚后 居上海亨利路永利邨30号。还在新婚宴尔中,工作日程依旧排得满满:翻译《堂吉诃德》、诗歌创作、编辑事务,甚至还抽空向附近教堂里的一个俄国神父学习俄语,水平提高很快,不多久就可以翻译叶赛宁和普希金的诗作了。下午晚上,时有文艺圈中的作家艺术家络绎来访,抽烟品茗喝咖啡,高谈阔论,戴家俨然成了文艺沙龙。

本月 翻译法国作家保尔·蒲尔惹(Paul Bourget)的长篇

小说《弟子》①,由上海中华书局出版(世界文学全集之一)。书前收译者的《保尔·蒲尔惹评传》以及作者的《致一位青年》。评传完成于1935年11月15日,十天后即11月25日,蒲尔惹在巴黎去世。

9月

本月 旧译《西班牙短篇小说集》由商务印书馆出版,署名戴望舒选译,该书收西班牙12位作家15篇短篇小说,目次为《丽花公主》《长妇人》《存根簿》《风琴手马爱赛·贝雷思》《永别了科尔德拉》《十足的男子》《沉默的窟》《货箱》《提莫尼》《沙里奥》《一个农人的生活》《小学教员》《黎蒙家的没落》《他的脚边的阿非利加》和《寒夜》。后又在1937年1月和1939年12月重印了两次。

10月

同日 左翼文化界发表宣言,宣示团结一致抗日。鲁迅、郭沫若、茅盾、陈望道、郑振铎、洪深、巴金等21人在宣言上签署名字。

10日 发表诗歌《古意答客问(外一章)》,载《好文章》创刊号,署名戴望舒。

同日 与徐迟、路易士(纪弦)等筹备的诗月刊《新诗》创刊。旗帜鲜明地提倡"纯诗",成为坚持"纯诗"的中坚力量。

---

① 北塔所作戴望舒年谱中提到戴望舒译作《弟子》第一次出版时间是在1936年6月,但是《弟子》的封底页标注的是"民国二十五年七月印刷,民国二十五年七月发行"的字样,可见《弟子》的出版时间是1936年7月,北塔信息有误。

《新诗》二十五开本,每期125页,在诗刊中算是一本大型刊物。社址就设在戴望舒自己的家中。开办经费是他自己掏腰包拿出100元,徐迟和纪弦分别出资50元。《新诗》编委会包括卞之琳、孙大雨、梁宗岱、冯至等响当当的大诗人。实际主编是戴望舒,徐迟和纪弦则负责具体编辑工作,兼杂志社杂务。① 广告发出去不久,就有了上百个订户。开局良好,让大家一阵兴奋。

　　同日　在《新诗》第1期上发表诗歌《赠克木》,署名戴望舒;还有译作《许拜维艾尔自选诗》,目次包括《肖像》《生活》《心脏——赠比拉尔》《一头灰色的中国牛》《新生的女孩——为安娜·玛丽而作》《时间的群马》《房中的晨曦》《等那夜》八首;译自马塞尔·雷蒙的《许拜维艾尔论》一文,皆署戴望舒译。同期还发表散文《记诗人许拜维艾尔》,讲述拜访许拜维艾尔的经过,上述8首诗就是许拜维艾尔亲自选定面授中文翻译版权的。

　　同期　刊登《社中杂记》,介绍编者同人对这本刊物的定位:栏目内容大约分为作诗、译诗、释诗、诗人诗派之研究介绍,关于诗学之一般论文、诗坛人物访问记、回忆录、诗人书札日记、诗杂志、新诗闲话、国外诗坛通讯、诗歌问题之讨论,以及诗人肖像手迹与诗书插绘等。其中创作诗歌每期所占的篇幅大约是四十页至五十页,占每期篇幅的十分之四到十分之五左右。对于外国诗人的介绍,以当代诗人或给当代诗人大影响的前代诗人作品为主,同时刊登出关于这位诗人的研究论文等,并附以与所介绍

---

　　① 据徐迟自述:当时,他在财政部公债司核销处上班,工作比较清闲,待遇也比较优渥,刚刚与陈松订完婚,既有闲又有钱,听到戴望舒的召唤,自然应声前来助战。编委会名单中本来是有徐迟和纪弦名字的,但这两位"小兄弟"认为自己出了钱再来任编委,有"捐官"嫌疑,表示不要署名为好。"我们俩跟他当见习编辑。我们学到不少诗学,而且我们提供自己的稿件时,得到了优先发表的好处。"徐迟:《江南小镇(上)》,《徐迟文集》第九卷,作家出版社2014年版,第185页。

诗人有关的插图,使读者能够有一个比较系统的认识,因而暂不登载零碎的译诗。这种"以外国诗人本身为本位的"的译介,正是戴望舒自己在翻译时一贯秉承的学者风。

《社中杂记》还强调"本刊并不是某一个诗派的专志或某一新诗运动的代言机关,本刊所企望的,只是使这枯萎的中国诗坛繁荣起来而已。所以,不论以怎样的形式写,凡是有独创性的好诗,本刊是无不乐于刊登的"。本期原还有朱光潜的《两种心理典型和两种诗》和金克木的《论胡适之体》两篇文章,因为失去时效,并依作者自己的意志,没有刊出。不过朱光潜已答应另写论文一篇,在下期可以刊出。本期中未能刊出的,尚有孙大雨、梁宗岱两先生所译的《勃莱克诗抄》和周煦良先生所译的爱略特的《勃莱克论》,均移入下期。

《新诗》自 1936 年 10 月 10 日创刊至 1937 年 7 月停刊,共刊行 10 期,发表诗歌 410 多首(其中包括译诗 50 多首),翻译和介绍了西欧、俄国和苏联的 10 位著名诗人,刊登了不少新诗研究论文。作者队伍由 30 年代初进入诗坛的"现代派"诗人和 30 年代中期诗人组成。戴望舒此间创作 8 首诗,发表论文 2 篇。他的创作、论文和《诗刊》的编辑,表达了他对"纯诗"的阐释和实验。而且,《新诗》有效地联合了南派北派诗人①,在 30 年代中国现代新诗已经取得了初步成就的时候,及时地消弭了南派北派之争,消除了门户之见,大家切磋诗艺,共同前进,将中国新诗的

---

① 据纪弦观点:南北派不只是地域的不同,而是由"作品的'精神'来加以区别的"。他认为北方诗派包括"新月派"和"后期新月派",代表诗人有卞之琳、何其芳、林庚、曹葆华等;南方诗派包括"现代派诗人群"及其后起之秀。两者精神上的区别为:"'北方诗派'较为保守,'南方诗派'较为激进;'北方诗派'带有浓厚的学院气息,'南方诗派'带有强烈的革命精神;'北方诗派'使用韵文工具,'南方诗派'使用散文工具"等。参纪弦:《戴望舒二三事》,《香港文学》1990 年第 67 期。

艺术成就整体性地往前推进了一大步。

纪弦说:"1936年10月,《新诗》月刊的创刊号出来了,这是中国新诗史上自五四以来的一件大事,具有划时代的意义",因为它"聚全国诗人于一堂,促进新诗坛之繁荣"①。此种气度和阵容,一直到80年代末期,老诗人徐迟睹今思昔,还回味不已:"在《新诗》这个刊物上,摆开了很强的阵容,展现了蓬勃的气势。半个世纪后,我协助编辑的《诗刊》,编辑的路子太狭窄,不尴不尬,根本不能比。"②

19日　创作诗歌《眼之魔法》,抒发自己沐浴在新婚爱人的眼眸之中身心相融的激情体验。

秋　上海良友图书印刷公司赵家璧策划出版"世界短篇小说大系",由蔡元培作序。至1937年,由戴望舒编定南欧集,傅东华编定英国集,郑伯奇编写日本集,准备发排并已开始预售。但因抗战爆发,计划中止。

本月　诗作《秋天的梦》改编为歌曲发表于《音乐教育》第4卷第10期,署名戴望舒词、陈田鹤曲。

11 月

5日　翻译梵乐希(瓦雷里)的《失去的酒》,署名戴望舒译,载《诗志》创刊号,后又刊于1944年9月1日上海的《文艺世纪》第1卷第1期,署戴望舒译。1944年12月24日《失去的酒·外一章(蜜蜂)》,再刊于《华侨日报·文艺周刊》第47期,署名戴望

---

① 参纪弦:《戴望舒二三事》,《香港文学》1990年第67期。
② 徐迟:《我的文学生涯》,百花文艺出版社2006年版,第145页。

舒译。①

10 日　在《新诗》第 1 卷第 2 期发表新诗《眼之魔法》（后收入诗集《灾难岁月》中时改名为《眼》②）；发表文章《关于沙里纳思》，发表译作《沙里纳思诗抄》（目次包含《更远的讯问》、《物质之赐》、《夜之光》、《无题》、《海岸》、FAR WEST 六首）。

同日　同期发表评论文章《谈林庚的诗见和四行诗》，专题讨论林庚的诗歌艺术主张和他的"四行诗"的得失。

林庚比戴望舒年轻 5 岁，此前出版过诗集《夜》和《春野与窗》，文体上都是自由诗。从 1935 年开始，林庚创作了大量的格律诗，并且发表了不少诗歌理论文章，如《什么是自由诗》《关于四行诗》《诗的韵律》《诗与自由诗》等，探讨了新诗写作形式方面如音韵、格律、体式等诸多问题，在当时产生了一定的影响。林庚的诗学主张，表面上看来是一个诗人对于诗歌艺术道路个体性、主观性的自由选择，其实却是当时诗歌创作道路上的一个带有普泛性意义的问题，那就是新诗创作是否需要回到格律的、音韵的老路上去？

戴望舒主要从两个方面来进行辩难：一是林庚认为自由诗与韵律诗的区别只在于"姿态"上，前者是"紧张惊警"的，而后者则是"从容自然"的。戴望舒认为这个观点过于武断，因为韵律诗也有急就章，自由诗也有经过长久的推敲之后才写出来的。二是林庚认为"四行诗"就是现代的诗，而戴望舒认为不是。为

---

①　王文彬、金石主编的《戴望舒全集·诗歌卷》收入此诗时题目为《消失的酒》，题名有误。

②　王文彬、金石主编的《戴望舒全集·诗歌卷》第 134 页《眼》标注"载《新诗》第一卷第二期，一九三六年十二月"，日期错误。应为"一九三六年十一月十日"，且未指出原题是《眼之魔法》。

了支持自己的论点,戴望舒列举了两类诗作,一种是"取一些古人的诗,将它们译成林庚式的四行诗,看它们像不像是林庚先生的诗";一种是"取一些林庚先生的四行诗,将它们译成古体诗,看它们像不像是古人的诗"。戴望舒将林庚的一首题为《偶得》的"四行诗"译成了七绝:

> 春愁恰似江南岸,
> 水满桥头渐觉时。
> 孤云一朵闲花草,
> 簪上青青游子衣。

林庚的原诗如下:

> 春天的寂寞像江南草岸
> 桥边渐觉得江水又高涨
> 孤云如一朵人间的野花
> 便落在游子青青衣襟上

戴望舒说:这就证明了要把林庚的"四行诗"译成古体诗也不是一件很困难的事,而且这种翻译还颇能神似。文章最后得出结论:"这些证明的是什么呢?它们证明了林庚先生并没有带了什么东西给现代的新诗;反之,旧诗倒给林庚先生许多帮助。从前人有旧瓶装新酒的话,'四行诗'的情形倒是新瓶装旧酒了;而这新瓶,实际也只是经过了一次洗刷的旧瓶而已。"这种批评,看似严酷,却无私心,通情达理,颇能服人。

林庚的回应文章《质与文》发于《新诗》第 1 卷第 4 期。林庚在几十年后的文章《从自由诗到九言诗》(见《文史哲》1999 年第 3 期)中还提及,就在 1936 年,"我首先便遇到了戴望舒兄好意的劝告和忠告。"①

本月　艾青自费出版了第一本诗集《大堰河》，戴望舒曾希望艾青把诗集的名字改为更加象征主义的《芦笛》。②

12 月

10 日　《新诗》杂志第 3 期出版。发表诗歌译作《勃莱克诗抄三》(包含《野花歌》《梦乡》2 首)，发表在《新诗》第 3 期，署名戴望舒译。

同日　本期还发表了孙大雨译的《勃莱克诗抄一》(包含《一棵毒树》《天真底歌序诗》)和梁宗岱译的《勃莱克诗抄二》(包含《天真歌序曲》《绵羊》《夜》《苍蝇》《爱底秘密》《一棵毒树》6 首)。奇怪的是梁宗岱的《勃莱克诗抄二》中有两首与孙大雨译的重叠，为同题异译，大约是主编戴望舒有意要读者领略不同的翻译风格。同期还有一个"里尔克逝世十周年祭特辑"，发表了冯至译的《里尔克诗抄》5 首，其中就有著名的《豹：于巴黎植物园》。还刊登了里尔克肖像画和里尔克手迹。

同日　同期还刊有艾青的一首诗《窗》，署名莪伽。诗里也有戴望舒常歌咏的"青色的天空"意象。不知道是不是由于这样的"灵犀"之感，据说戴望舒拿着这册刊有艾青诗作的《新诗》登门拜访租住在亭子间的艾青，当日未遇。艾青回来看到名片后，立即回访戴望舒，二人虽诗学观念和审美趣味不尽相同，但相谈甚欢，从此结下一生的友谊。《新诗》对艾青诗歌特别青睐，在接

　　①　王文彬：《雨巷中走出的诗人——戴望舒传论》，商务印书馆 2006 年版，第 198 页。
　　②　陈丙莹：《戴望舒评传》，重庆出版社 1993 年版，第 84 页。

下来的第 4、5、6 期和第 2 卷第 2 期上连续刊登他的大作。可见戴望舒对艾青的欣赏。[①]

同日　翻译《加尔西亚·洛尔加诗抄》,载《好文章》第 3 期,署名戴望舒译。

26 日　创作诗歌《夜蛾》。"绕着蜡烛的圆光,/夜蛾作可怜的循环舞……我却明白它们就是我自己。"夜蛾飞跃关山飞越云树,离开寂寞的夜台(坟墓),奔向这蜡烛微小的圆光,不是为了梦,而是为了"化成凤"的信念,表达对美好事物九死一生的无悔追求,也是对自己过往种种曲折痛苦经历的一种交代和慰藉。

1937 年(丁丑,民国二十六年)　32 岁

▲7 月,卢沟桥事变发生,全面抗战爆发。

▲8 月,日军侵占上海。

▲11 月,上海失守,租界成为"孤岛"。

▲12 月,南京失守,30 万人惨遭屠杀,史称"南京大屠杀"。

1 月

本月　第 3 本诗集《望舒诗稿》由上海杂志公司出版,基本上是《我底记忆》和《望舒草》两本诗集的合编,附录有《诗论零札》和《法文诗六首》(法文诗系由自己的诗作《游子谣》《深闭的园子》《夜行者》《过时》《三顶礼》《妾薄命》自译而成的,游学法国

---

①　几十年后,艾青生前最后一次回到故乡浙江金华,听说笔者在写研究戴望舒的硕士论文,还用颤巍巍的笔亲手写了一张"戴望舒是个好同志"的纸条赠给笔者。

期间,曾刊载在法国刊物《南方文钞》1935 年 3 月号上)。

《望舒诗稿》书影

据施蛰存回忆:"一九三六年间,《我底记忆》和《望舒草》均已绝版,上海杂志公司老板张静庐愿意为望舒再印一本诗集,但《望舒草》以后,望舒作诗不多,没有什么新作品可以编入,于是将《我底记忆》中的《旧锦囊》和《雨巷》二辑重又收入,加上《望舒草》全部,又加了四、五首新作,共六十三首,另外附了六首自己译成法文的诗。"这部诗稿的"目次"页上第一篇是《自序》,但书里却没有,施蛰存也没有听望舒说过曾经写过一篇诗稿的序言,这是一个待考的疑问。①

---

① 施蛰存:《戴望舒诗校读记·引言》。

关于这次重新收录"少作"进集子，周良沛认为"起初，他不愿那些诗使他再沉浸到'绛色的沉哀'，因此也不愿它再和读者见面。后来，事过境迁，诗人把过去的个人情感纪录，已看做一种艺术典型的表现"①。或者，诗人也希望能够以结集的方式"打捞"旧作，重新激发起自己的创作欲望，实现对庸常人生模式的突破。

5 日　在《诗志》第 1 卷第 2 期发表译作诗歌《阿尔倍谛诗抄》，目次包含《盗贼》《什么人》《数字天使》《邀赴青空》四首，署名戴望舒译。

10 日　《新诗》第 1 卷第 4 期出版。发表诗作《夜蛾》。同期，还刊登了林庚的《质与文：答戴望舒先生》一文。戴望舒非常重视新诗理论的探讨，在《社中杂记》中特别提到本期发表的两篇诗歌论文：周煦良先生的《时间的节奏与呼吸的节奏》和柯可先生的《中国新诗的新途径》，称赞"前者对于诗的节奏有着打破陈见的发明，后者对于中国新诗的发展提供了明锐的意见，希望读者加以注意"。此外还预告下一期将要发表"现代英国大诗人艾略特的著名长诗《荒原》（The Waste Land）。这首诗有名地难译难解，可是经过了译者赵萝蕤女士的努力，并附以极详细的注释，这两个问题便大部分可以解决了；至于译笔之流畅蕴藉，犹其余事也"。②

---

① 周良沛：《戴望舒诗集·编后》，四川人民出版社 1981 年版，第 171 页。

② 《荒原》被称为"英美现代诗歌的里程碑"（袁可嘉），戴望舒特地邀请《新诗》的年轻女作者、时在清华大学外国研究所读三年级研究生的赵萝蕤翻译。译稿收到后，望舒认真审读，并为译佳补了一个注释，即莎士比亚的名剧《哈姆雷特》中奥菲利亚的告别辞。赵萝蕤后来回忆说，这是她的"一个重要的疏忽和遗漏"。参赵萝蕤：《我与艾略特》，1992 年 3 月 28 日《文汇读书周报》，另见《我的读书生涯》，北京大学出版社 1996 年版，第 242 页。

31 日　在《大公报·文艺》第 293 期发表诗作《古神祠前》，署名戴望舒。融合了庄子《逍遥游》和波特莱尔的《高翔》的诗意精髓，表现了一场渴望精神自由的飞升，最后却发现一切超脱时空的逍遥游终究面对的是一片虚空。

2 月

本月　翻译法国学者提格亨的《比较文学论》，由上海商务印书馆初版，署名戴望舒译。《比较文学论》共分四部分，除了"导言：文学批评—文学史—比较文学"之外，还有三部分，目次分别为"第一部：比较文学之形成与发展"——第一章原始、第二章进步与论争、第三章今日与明日；"第二部：比较文学之方法与成绩"——第一章一般的原则与方法、第二章问题和作风、第三章题材典型与传说、第四章思想与情感、第五章成功与总括的影响、第六章源流、第七章媒介；"第三部：一般文学"——第一章一般文学之原则与任务、第二章一般文学之命题与方法、第三章向国际文学史去的路。

10 日　《新诗》第 5 期出版。由于稿源拥挤和字数过多，本期并未如期刊出赵萝蕤译的艾略特《荒原》，改为出版单行本，归入"新诗社丛书"之一种。

同日　在同期的"普式金（今译普希金）百年祭特辑"中发表《普式金诗钞一》2 首，目次包含《毒树》《三姊妹（沙尔旦王之一节）》，署名艾昂甫译。在本期的《社中杂记》中说明由于稿源太挤，杜衡的《评〈大堰河〉》和戴望舒的《读书和真》延到下期发表。但查阅《新诗》全 10 期目录，并未有刊出《读书与真》这篇文章。

12 日　创作诗歌《寂寞》。诗人感慨："日子过去，寂寞永存"，"我夜坐听风，昼眠听雨，/悟得月如何缺，天如何老"。含蓄表达激情过后,再感一种地老天荒般的存在性寂寞。

3 月

10 日　诗作《古神祠前》再刊于《好文章》第 6 期。

同日　《新诗》第 6 期出版。发表译作《阿尔陀拉季雷诗抄》,目次为:《一双双的小船》《我的梦没有地方》《微风》《裸体》《在镜子里》,共 5 首。同期,还发表文章《关于阿尔陀拉季雷》,从生活、自述、著作、对诗的意见四个方面介绍了诗人阿尔陀拉季雷。

21 日　在《时事新报》发表文章《乌拿莫诺逝世》,署名戴望舒。

30 日　散文《江边》发表在《时事新报(上海)》,署名江思。在江边看浪涛白云海鸥的美景,联想到愤怒的渔人泥夫们跟地主斗争的场面。

4 月

1 日　在《奔涛》第 1 卷第 3 期发表西班牙诗人加尔西亚·洛尔加的《木马》[①],署名戴望舒译。

10 日　在《新中华》杂志第 5 卷第 7 期发表《谈国防诗歌》[②]。这篇短文原是当期《新中华杂志》"现代中国文学诸问题特辑"中

---

①　《戴望舒全集·诗歌卷》《戴望舒译诗集》《戴望舒诗歌全编》等集子收入此诗时,其题目均为《木马栏》,且与《奔涛》上的《木马》诗句有所不同。具体诗句比较参见苟强诗:《〈戴望舒全集·诗歌卷〉补正及其他》,《中国现代文化与文学》2012 年第 1 期。

②　收入王文彬、金石主编的《戴望舒全集·散文卷》时题目为《关于国防诗歌》,题名有异。

的一篇。文章批评"国防诗歌"①论者把诗"当作标语口号",以为"一切东西都是一种工具,一切文学都是宣传",以至于"现在所谓的国防诗歌"相当于"分了行、加了勉强的脚韵的浅薄而庸俗的学说辞",光有"国防"没有"诗"了。而且它所采取的形式、表现方法、字汇等等,也"都是不能和大众接近的",并不能真正鼓动群众的爱国御敌之心。

戴望舒并不反对诗歌为国防服务,就像他所喜欢的西班牙抗战谣曲那样,他坚持的是它们同时也必须是"从内心深处发出来的和谐,洗练过的……不是那些没有情绪的呼唤",即首先得是"诗",具有诗的价值和意义。因而,戴望舒翻译了大量的西班牙抗战谣曲,希望能够用这些作品来"救正"国内"国防诗歌"的创作偏颇。

这篇文章引来左翼诗人们的激烈反应。6 月 15 日,《作品》1 卷 1 号刊登任钧的《读戴望舒的〈谈国防诗歌〉以后》,对戴望舒的观点予以反驳。《今日诗歌》第二期以"本社同人"的名义,发表《斥戴望舒谈国防诗歌》,逐点驳斥戴望舒,结尾措辞更是狠辣地把戴望舒骂为放射毒气的"毒草"和"疯狗",呼吁全国的新诗歌工作者要"合力消灭这种败类,这种无耻与阴谋的汉奸底化

---

① 1931 年九一八事变后,越来越多的作家加入文学抗日的洪流。1934 年 10 月,周扬从苏联引进了"国防文学"的概念,明确指出当时的中国迫切需要这种文学[企(周扬):《国防文学》,《大晚报》1934 年 10 月 27 日,副刊版]。此后周立波对周扬的倡议做出了回应。从 1935 年 12 月到 1936 年 2 月,他连续写了三篇有关文章来鼓吹"国防文学",分别发表在《时事新报》《大晚报》和《读书生活》等报刊上。稍后,诗歌界提出了"国防诗歌"这个口号,得到了中国诗歌会成员的集体拥护和积极响应。蒲风、任钧、杨骚、林林、关露和穆木天等人,纷纷在《时事新报》《读书生活》等报刊上发表文章,如蒲风的《怎样写国防诗歌》,详细论说"国防诗歌"的理念和创作方法。认为诗歌写作不应该被少数人当作奢侈品,而应该是人民大众斗争的武器。

身!把他赶出门外,把他扔下海里!"这样的措辞已经超出文艺论争的范畴而导向人身攻击了。

同日 在《新诗》第2卷第1期和第2期(总第7—8期)连载论文保尔·梵乐希的《文学》,署名戴望舒译。

同日 同期上还发表了诗歌译作《叶赛宁诗抄》,包含《母牛》《启程》《我离开了家园》《安息祈祷》《最后的弥撒》《如果你饥饿》①六篇,署名艾昂甫译。

16日至7月1日 戴望舒翻译纪德的《从苏联回来》在《宇宙风》杂志第39期开始连载,至44期连载结束。并在广告中预告:"法文豪纪德之名著《从苏联回来》②,亦由戴望舒君译载本书,更是珍贵。"《从苏联回来》将列入《宇宙丛书》中出版。

本月 郑超麟翻译纪德的《从苏联归来》(署名林伊文),由亚东图书馆出版。据楼适夷在《记郑超麟——为〈玉尹残集〉的出版》(《新文学史料》1989年第1期)一文中回忆,当时二度入狱的"托派"郑超麟正好和他一起,被关押在国民党中央军人监狱,一个叫沈炳铨的牢狱教会所所长,说是"为照顾一些文化人",给

---

① 原诗标题"为果你饥饿",应该是"如果"的印刷错误,因为正文有"如果你饥饿"的诗句。戴望舒所翻译的叶赛宁诗作,受到了同行翻译家的首肯。外国文学研究专家王佐良对他所译的《最后的弥撒》这首"很有现代敏感的诗"评价很高,虽然以为望舒不懂俄语,可能是"通过其他文字转译的",但他倍加惊叹戴望舒"对叶赛宁的精神的体会之深"。参王佐良:《译诗与写诗之间——读〈戴望舒译诗集〉》,《论诗的翻译》,江西教育出版社1992年版,第7页。

② 1936年6月,高尔基逝世,6月17日纪德一行六人(五位法国作家和一位荷兰医师)应邀参加高尔基的葬礼和访问苏联,同年8月22日返回,12月纪德出版《从苏联回来》。在这本游记里,纪德坦率地记录了他真实的所见所闻和对社会主义制度的思考,与戴望舒此前写的《法国通信》中纪德所流露出来的亲俄亲共思想相左,被认为有"反共反俄"倾向,在欧洲掀起一阵狂风暴雨。"在法国文艺界,不论左派、右派都有意见。"参施蛰存《诗人身后事》,《香港文学》1990年7月第67期,"戴望舒逝世四十周年特辑"。

他们分配了一些翻译工作,郑超麟因为外语好,翻译了多部著作,其中就有纪德的《从苏联归来》。

5 月

1 日　由朱光潜先生"编辑兼发行"的《文学杂志》创刊。在创刊号上发表《新作二章》,即《寂寞》和《偶成》2 首。但在收进1948 年出版的《灾难的岁月》时,《偶成》题目改成了《我思想》,诗后标注创作时间为 1937 年 3 月 14 日:

我思想

我思想,故我是蝴蝶……

万年后小花的轻呼

透过无梦无醒的云雾

来震撼我斑斓的彩凤

而另一首内容迥异的诗歌最后被定名为《偶成》,发表在1945 年 5 月 31 日《香港日报·香港艺文》第 27 期上:

偶成

如果生命的春天重到,

古旧的凝冰都哗哗地解冻,

那时我会再看见灿烂的微笑,

再听见明朗的呼唤——这些迢遥的梦。

这些好东西都决不会消失,

因为一切好东西都永远存在,

它们只是像冰一样凝结,

而有一天会像花一样重开。

一九四五年五月三十一日

246

同日　创刊号上还刊登了孟实(朱光潜)的书评《望舒诗稿》。由于抗战爆发,这个杂志只出了四期(1947 年复刊后不计),而其中三期都有孟实(即朱光潜)的书评。孟实认为戴望舒"像一般少年,他最留恋的是春与爱"。"作者是站在剃刀锋口上的,毫厘的倾侧便会使他倒在俗滥的一边去。有好些新诗人是这样地倒下来的。戴望舒先生却能在这微妙的难关上保持住极不易的平衡。他在少年人的平常情调与平常境界之中嘘咈出一股清新空气。他不夸张,不越过他的感官境界而探求玄理;他也不掩饰,不让骄矜压住他的'维特式'的感伤。他赤裸裸地表现出他自己——一个知道欢娱也知道忧郁的,向新路前进而肩上仍背有过去的时代担负的少年人。"称赞"他的诗在华贵之中仍能保持一种可爱的质朴自然的风味"。但孟实最后仍然批评望舒诗歌视野还太窄狭,表达的主要是一己生活片段,"甚至还没有脱离旧时代诗人的感觉事物的方式"。

　　本月　引玉书屋出版纪德的《从苏联回来》,无编译者姓名。与亚东版相比,书名相差一字,多了一篇编者写的《题记》,还附录了批评纪德的《真理报》的两篇评论和罗曼·罗兰《给钢铁工人们的回信》以及纪德到苏联前后所发表的短文、演讲、信件和电报。编者在《题记》中说明出版缘由:"我们所以出版这本书,不是想毁谤苏联,那是一种无益的事。""我们以为,在很多人拿这本书作宣传品的时候,应当有一册使读者看完以后明白纪德是一个什么人,而且,明白纪德底观察是患着严重色盲症的。""读者可以先看批评,然后再读正文,然后从附录的文件里看一看纪德,这样,我们就可明白纪德是个什么家伙了。"这篇题记和附录文章,显示出编者明显的政治立场,与亚东版中郑超麟客观的介绍性《代序》也形成鲜明对比。

此版本,之前一直认为是戴望舒所译。主要缘于施蛰存回忆戴望舒的文章《诗人身后事》里的一个说法:"……我想他不会主动译这本书。这个中译本,一九三七年在上海出版,出版者是一个从来没听说过的'引玉书社',卷前卷后,都没有译者署。当时抗日战争已经发生,我到了昆明,没有见到这本书。直到一九四〇年,我在香港叶灵凤家中见到此书,叶灵凤告诉我,这本书是戴望舒译的。第二天,我就问望舒,望舒也不否认。……他译《现代土耳其政治》,还肯署名,译了这本书却不署名,可知他做这一翻译工作,是很勉强的。"也由此引出了王文彬《戴望舒与纪德的文学因缘》(2003 年)和严靖的《文本旅行中的情知纠结——谈戴望舒译纪德〈从苏联回来〉》(2013 年)两篇文章认为戴望舒对纪德的译文态度反映了内心的政治倾向和文艺思想的内在矛盾。

　　但据北塔《引玉书屋版〈从苏联归来〉译者考》(《中国现代文学研究丛刊》2013 年第 12 期)一文中的考证,提出戴译说是误传,证明引玉书屋版的蓝本实为亚东版,译者不是戴望舒而是郑超麟。此后严靖又发文《〈从苏联归来〉译本问题再补充》(《中国现代文学研究丛刊》2014 年第 5 期),同意北塔的考证结果。并提出"被忽视的芙蓉版问题":1998 年《芙蓉》第 1 期发表由石定乐整理的戴望舒译的《从苏联回来》;第 2 期推出石译《从苏联回来·续篇》。同年 10 月,林贤治先生主编的《读书之旅》第 1 期转载了芙蓉版及石译的"续篇"。而芙蓉版与宇宙风版有明显不同:首先是编排及所含内容的不同。宇宙风版包含"前记"(即郑译本的"序")和正文六章。芙蓉版没有这个"前记",但除了正文,还包括献词、题词、附录五篇。其次两个版本的文字表达也有不同。故严靖推测芙蓉版的版本应为施蛰存保存的未曾出版过的戴译全本，在宇宙风版的基础上内容有所扩充、调整和修缮（后来石定乐又进行了第二次的修缮），且戴望舒在修缮过程中也许参考过流传范围甚广的郑超麟译本。

此外，1999 年 1 月，郑超麟译的《从苏联归来——附：答客难》由辽宁教育出版社出版，收入郑译亚东版二书。从 1999 年始，又相继有花城出版社、人民日报出版社、译林出版社、广西师范大学出版社等推出不同译者、不同译名的中译本。

6 月

本月 纪德出版《从苏联回来》的续篇。翌年，郑超麟译本《为我的〈从苏联归来〉答客难》由亚东图书馆出版，署名林伊文。

15 日 书评《画梦录》[①]，发表于 1937 年《作品》第 1 卷第 1 期，署名江思。称赞《画梦录》里充满了爱的哲理，具有"朦胧里清新的真，遥远的梦境里一串歌声的美"。

7 月

7 日 卢沟桥事变爆发，全民抗战揭开序幕。

16 日 在《宇宙风》第 45 期发表散文《巴黎的书摊》，署名戴望舒。

本月 在《小雅》第四/五/六合期上发表译作《加迩西·洛尔加诗二首》，署名戴望舒译。

本月 陶亢德主编的《宇宙丛书》之四《苏联见闻》出版，收入戴望舒译的宇宙风版《从苏联回来》，内容与连载版一致。该

---

① 何其芳：《画梦录》，1936 年 7 月由上海文化生活出版社初版，收作者 1933 年至 1936 年的散文 16 篇。

书于 1938 年 3 月再版。

8 月

13 日 日军侵占上海,《新诗》在炮火中停刊。

24 日 上海文化界救亡协会创办《救亡日报》。

同日 据施蛰存《同仇日记》:"午饭后,到宝仑药房为赵家壁买防毒口罩并防毒药,又自买口罩半打,药一刻,即往戴望舒家,并晤陶亢德君,共谈琐碎,略悉沪上文艺界均甚兴奋努力,惟窃意在此严重时期,书生救国,徒用毛锥,任凭用尽气力,总是秀才腔调,未必有何大用处。不能作投笔班生,终是遗憾耳。2 时一刻,辞出戴家。"

31 日 据施蛰存日记:"……4 时到望舒家,闲谈上海文化界种种情形。晚饭后同访李健吾兄,健吾夫妇均已早睡。晤卞之琳君,盖寄居李君二楼者。卞君云彼与芦焚君同自雁荡山避暑回沪,道出新仓,有保安队检查其行李,见有日本文书籍函件及各重要都市地图,以为是汉奸也,遂施拘捕,送至县政府,几成冤狱。幸有县府某君稔知两君皆文人,为省释之,然已受累不浅矣。"

9 月

1 日 战火中与施蛰存晤周煦良、陶亢德、叶灵凤、赵家壁等友人。据施蛰存日记:"下年 4 时,到望舒家,晤煦良、亢德、灵凤。灵凤方主持《救亡日报》,嘱为撰文;陶君亦拟办一临时抗敌刊物,邀余撰文,俱允之。陶、周、叶三君去后,即偕望舒同出外,漫步霞飞路一带。在一俄人餐馆进食。晚餐后仍偕望舒到爱多亚路大沪饭店晤家璧全眷。盖赵君又迁沪矣。旬日之间,往返松沪者再,可见避难心理之不宁矣。"

约本月下旬或 10 月初 《广州诗坛》第 1 卷第 3 期[①]刊登了一篇鸥外鸥写的《搬戴望舒们进殓房》文章,火药味十足地说《新中华》月刊上诗人戴望舒君"公然侮蔑'社会诗''国防诗'。对于自取陨灭的所谓望舒派实有大检阅之必要;解剖这腐尸之死因必要"。攻击"戴望舒派完全是施蛰存凭了《现代》杂志一手所组织成的阴谋","因为立心把凡来投靠的皆置之于望舒之下,以养成望舒为一领袖地位的诗人",所以"模仿戴氏最尚最力的玲君、金克木、侯汝华、陈江帆等之被优遇不是偶然的了"。怒斥施蛰存在《现代》4 卷 1 期关于"纯然的现代诗"中"现代"观点为"荒谬狂妄之解释"。

鸥外鸥的这篇文章从标题到语言,都充满暴力美学元素,作为文艺论争有失当之处。但其文中涉及情感表达的诗学论点,倒也值得重视。在浪漫主义风潮之后,现代主义对"情感"的表达非常克制,害怕"滥情",反对"感伤主义"(sentimentalism)。戴望舒特别反对自然情绪的直露表达,强调在"表现自己和隐藏自己"之间的"诗的情绪的抑扬顿挫"。鸥外鸥就抓住这一点来猛批"戴望舒们",奚落他们表达的情绪不外乎"遁世绝俗追怀凭吊壮志消沉颓唐老朽厌世感伤""加之以无端的悲观,女性气质的自怨自艾"等,是充斥着陈词滥调的"情绪魅惑主义"。最重要

---

① 查阅民国报刊和大成故纸堆数据库,《广州诗坛》第 3 期没有标示出版时间,但所刊篇目有好几首诗尾注明创作时间为 1937 年 9 月,最迟的标注时间为"1937.9.16"。而《广州诗坛》创刊第 1 期是 1937 年 7 月 1 日,第 2 期是 8 月 15 日,应该是月刊的设置。从第 4 期开始改名为《中国诗坛》,于 11 月 15 日出版。故推断第 3 期应该是 9 月 16 日后或是 10 月出版。

的是,认为他们的"情绪"其实也离不开他们自己反对的"感伤",这一说法也不失客观。

30 日　施蛰存历经月余的艰难辗转,途经浙江、江西、湖南、贵州四个省份,终于到达云南大学报到,担任文法学院文史学系教员。跟他同时到达的还有李长之、吴晗、林同济等人。这是抗战爆发后第一批到达昆明的外省人。

10 月

30 日　翻译法国作家古久列的《国际点名录:为中国的觉醒欢呼》,载《战时大学》1 卷 1 期,署名戴望舒译。同日,在《救亡文集》第 3 期发表文章《古久列论中日战争》,署名戴望舒译。

11 月

2 日　施蛰存接到大妹施绛年电报,得知松江老家房屋已被日寇飞机投弹炸毁。存放收藏的图书、文物、与作家来往的信函(包括鲁迅、茅盾、老舍和郁达夫等人的重要的书信),都毁于炮火和盗窃。

3 日(农历十月初一)　长女戴咏素出世。

本月　受商务印书馆委托,编译《现代土耳其政治》,由上海商务印书馆出版。施蛰存曾不大相信戴望舒愿意翻译这样的非文学书。不承想戴望舒在这本书出版时写下了热情洋溢的《编者赘语》:"土耳其之引起我们之研究的兴趣,实在是因为它和我国有许多相同之处:土地之丧失,经济和文化的落后,内政的腐败,外交的庸弱,帝国主义在经济上政治上和文化上的侵略,种种国权的丧失,不平等条件之缔结等等,都是土耳其曾经有过而我们也有着的历史的污点。这些污点,由于民族意识的觉醒,由于军事和外交上的胜利,由于国内一切黑暗势力的消除,由于民族精神的广大和发展,由于政治上、经济上和文化上的断然改革和伟大的建设,土耳其不但已把它们洗刷得干干净净,而且更为自己显示出了一光明的远大的前途了。我们呢,虽则我们的成就没有像土耳其那样地迅速,那样地顺利,可是我们的努力,却也是向着那和土耳其同样的方向进展过去的。"

据徐迟回忆,戴望舒参照的"蓝本"有奥地利学者诺贝特·德·比孝甫的《土耳其在世界中》,还"参考了十种以上的关于土耳其的英、法著作,以及各种的杂志文献"。编译这样一本具有强烈政治意味的书,徐迟认为一方面是出于经济原因,另一方面更是"他内心的政治诉求的一种体现"[①],可说是对戴望舒内心爱国政治热情的敏锐洞察。

1938 年(戊寅,民国二十七年)　33 岁

▲3 月,中华全国文艺界抗敌协会在汉口成立并发表宣言。
▲10 月,国民政府由武汉迁往重庆。

1 月

25 日　《文汇报》在上海创办。

---

① 　徐迟:《我的文学生涯》,百花文艺出版社 2006 年版,第 166—167 页。

3 月

本月　中华全国文艺界抗敌协会在汉口成立,号召一切文学艺术工作者,不分派别,不分阶层,不分新旧,都一律团结起来,为争取抗战胜利而奔走,而呼号,而报效。

2 日　在《宇宙风》第 62 期发表散文《都德的一个故居》,署名戴望舒。

15 日　在徐迟主编的《纯文艺》第 1 期上发表阿左林的《好推事》,署名戴望舒译。此文后又发表于《光化》杂志 1944 年 10 月 10 日第 1 卷第 1 期。

同日　同期发表由诗作《烦忧》改编成的同名歌曲,署名陈歌辛曲、戴望舒诗。

21 日　徐迟大女儿在上海中德医院出生,戴望舒夫妇跑前跑后帮忙。考虑到孩子早产,身体瘦小、柔弱,医院护理不认真等因素,戴望舒决定把徐迟一家三口接进自己在亨利路永利邨的家里护理照顾。多年以后,暮年的徐迟在回忆录中生动地描写了戴望舒的"急公好义",语句中充满了感激之情:

(孩子)生下两三天后,望舒天天都去看她们,回到家里立刻把楼下的客厅腾空出来,打扫得干干净净,为他们布置了一间卧室。

"他是那么热情地张罗这事,兴高采烈,我也就退掉了马思南路的公寓房子,等陈松出院就直接住进了亨利路永利村的房子的一楼。二楼住了望舒、丽娟和他们的女儿戴咏素;三楼住叶灵凤和他新婚不久的赵小姐。"

"一回家,老戴就把咏素的奶瓶塞进我女儿的嘴,只见她大口大口地吮吸,饱餐了一顿。大诗人发表评论道,这家医院不太负责,他早有感觉了,并没有很好地给婴儿喂奶,已把她饿得又黄又瘦。穆丽娟也欢快地给陈松煮鸡汤,喝了好发奶。我女儿明显地健壮起来了。因为他搭救了我女儿,取得成功,这位大诗人非常得意,两个鼻孔一掀一掀的,这是他得意时常有的表情。"①

25 日　翻译法国纪德的《奥斯特洛夫斯基》,发表于《纯文艺》第 1 卷第 2 期,署名戴望舒译。

4 月

本月　电影《初恋》由艺华影业公司出品,刘呐鸥编剧,徐苏灵导演,张翠红主演。1932 年发表的诗作《有赠》被改编成影片的主题曲《初恋女》,发表于《银花集》第 2 期,署名陈歌辛曲、戴望舒词。后又收入于 1938 年 9 月 20 日出版的《歌曲精华》。

这首歌经王人美演唱,曾经风行一时。歌词与原诗相比,有较大的修改:

有赠(原诗)

谁曾为我束起许多花枝

灿烂过又憔悴了的花枝,

谁曾为我穿起许多泪珠,

又倾落到梦里的泪珠?

我认识你充满了怨恨的眼睛,

我知道你愿意缄在幽暗中的话语,

---

① 徐迟:《江南小镇(上)》,《徐迟文集》第九卷,作家出版社 2014 年版,第 218 页。

你引我到一个梦中，
我却又在另一个梦中忘了你。

我的梦和我的遗忘中的人，
哦，受过我暗自祝福的人，
终日有意灌溉着蔷薇，
我却无心地让寂寞的兰花愁谢。

初恋女(歌词)

我走遍漫漫天涯路
我望断云和树
多少的往事堪重数
你啊，你在何处？

我难忘你哀怨的眼睛
我知道你沉默的情意
你牵引我到一个梦中，
我却在别个梦中忘记你！

哦，我的梦和遗忘的人！
哦，受我最祝福的人！
终日我灌溉着蔷薇，
却让幽兰枯萎！

据说"你牵引我到一个梦中，我却在别的梦中忘记你"，"终日我灌溉着蔷薇,却让幽兰枯萎"这几句歌词,让穆丽娟很伤怀。[①] 用外甥女钟萸的话说,因为穆丽娟认为幽兰是指施绛年,戴望舒仍然爱着施绛年,他认为穆丽娟是有刺的蔷薇,这让穆丽娟极为尴尬和伤心。[②]

5 月

本月 日寇铁蹄逼近,上海形势危急,携妻女同徐迟一家共6人,在上海十六铺码头乘坐爪哇轮船公司的八千吨邮轮"芝沙丹尼"号迁居香港。

据徐迟在《江南小镇》中回忆:"望舒向我提出,他们决定去香港,要和我一同去。我说我不敢离开这片热土。"

望舒冷静地说道,"不用怕,大家在一块互相帮助,灵凤也去,穆时英早在那儿了,蛰存也去的。张正宇、光宇、叶浅予、小丁都已经去了。连姚苏凤和朱旭华也已走了。你看这多人,还不放心?这上海才叫人不能放心呢。"[③]

到了香港,由先去的穆时英到码头接到了学士台。漫画家张光宇、张正宇兄弟和叶浅予给他们安排了住房。当时学士台正是由上海到香港的文化人聚居之地。先后在那里居住过的有卜少夫、叶灵凤、徐迟、冯亦代、张光宇、张正宇、穆时英、杜衡、鸥外鸥、袁水拍、丁聪、施蛰存、路易士等文化名人[④]。一开始他们

---

① 吴心海:《"雨巷诗人"戴望舒的尘封情书》。
② 钟萸:《我的回忆》手稿。
③ 徐迟:《江南小镇(上)》,《徐迟文集》第九卷,作家出版社2014年版,第218页。
④ 卜少夫:《穆时英之死》,《无梯楼杂笔》,远景出版社1980年版。

"采取大家庭制度，吃喝洗衣都在一起，每周还举行一次文艺座谈会，报纸、杂志、画报以及各种小册子从这里散布……俨然成为香港文化的中心"①。其中的画家张光宇曾于1938年手绘一幅《八仙送别图》，再现了这一文坛逸闻。

下排左一为戴望舒，左二为穆时英。其他的有张光宇、张正宇、马国亮、丁聪等人在送别画家王子陵②

约在此期间　在学士台住了一段时间后，曾搬到跑马地，不久又搬回来，住到学士台上面名为"wood brook villa"的花园洋房，一般直译为"木屋"。这房子本属香港大学教授玛尔蒂夫人

---

①　李今：《穆时英年谱简编》，《中国现代文学研究丛刊》2005年第6期。
②　图片来自郑绩：《浙江现代文坛点将录》，海豚出版社2014年版，第187页。

(Madame Marti，人称马师奶①)所有。她回国时就让戴望舒一家住进去，顺便为她看管房子。这座楼房"背山面海，四周被树木环绕，从路边到他的家里，要经过一座横跨小溪的石桥"②，特别符合诗人心意，给它起了一个别具中国诗意的名字——"林泉居"。这个优雅的环境确实也带来过一段安乐静美的日子，成为漂泊人生中难得的幸福之地。在日后的诗文《过旧居》《示长女》《山居杂缀·失去的园子》中都屡屡提及，深深忆念。林泉居甚至还成为自费出版物的译者笔名和出版者的名字。③

关于林泉居，据徐迟回忆："那本来是一个德国人住着的，德国人奉政府命令回国去了。房子空出来，马师奶管这所房产，转租给了我们的大诗人。大诗人住入了这样高级的房子，他住前房，我托福得住后房。前房里还有德国人留下来的桃花心木的大圆桌，高级弹簧床，甚至书架，还有面对着摩星岭的山和大海的落地长窗和露台，真是漂亮极了。后房也很不错，窗子里望得见邻家的别墅，青翠碧绿的草地。诗人后来写过一首《过旧居》，还有他的一首初稿，就是写的这座楼房。两首诗是望舒的特别

① 关于戴望舒与马师奶的相识，据徐迟回忆："那时戴望舒把他自己的诗五首译成了法文，经人介绍发表在香港大学的外文刊物上。港大的法文教师法国老太太马尔蒂读到了之后，大为佩服。经过她多方打听询问，才知道这五首诗是一个中国大诗人自己的译文。便给望舒写信，诚恳地邀请他来香港避难。"所以马尔蒂与戴望舒未见面前或已先通信了。后来他们认识以后，马师奶每个星期五要请一次客，是专程请望舒的。望舒"多次带了我同去赴宴。其实我也听不懂他们的对话。但在这些晚上，我才发现望舒的神态十分儒雅，语言音节清脆，像一条透明的小溪"。徐迟：《江南小镇(上)》，《徐迟文集》第9卷，作家出版社2014年版，第252页。

② 叶灵凤：《望舒和灾难的岁月》，《文艺世纪》，1957年8月号，1957年8月1日，第8—9页。

③ 卢玮銮整理：《戴望舒在香港的著作译作目录》，《香港文学》第2期，1985年2月，第26—29页。

有名的好作品。"①

　　月中　到港后本想取道香港转大后方参加抗战的,并没有
长期居留的打算。正巧胡文虎②新开办的《星岛日报》有意筹备
文艺副刊,陆丹林③推荐了戴望舒。拿着陆丹林写的介绍信踌躇
了几天,抱着先去看看的心态见到了时年只有 19 岁的社长胡
好④,没想到留下很好印象:

　　　　使我吃惊的是胡好先生的年轻,而更使我吃惊的是那
　　惯常和年轻不会合在一起的干练。这个十九岁的少年那么
　　干练地处理着一切,热情而爽直。我告诉了他我愿意接受
　　编这张新报的副刊,但我也有我的理想,于是我把我理想中
　　的副刊是怎样的告诉了他。胡好先生的回答是肯定的,他
　　告诉我,我会实现我的理想。

　　胡好完全接受了戴望舒提出的"理想副刊"的设想和意见。
于是全然推翻了此前转赴内地抗战的计划,留下来开始筹备《星
岛日报》文艺副刊⑤,奠下了与香港文艺不可解的因缘。据徐迟
说:胡好的父亲胡文虎,开发研制的"虎牌"药品畅销东南亚各

---

　　①　徐迟:《江南小镇(上)》,《徐迟文集》第 9 卷,第 257 页。
　　②　胡文虎(1882—1954),福建永定人,胡文豹为其幼弟。南洋著名华侨企业
家、报业家,南洋星系华文报纸的创办人。"星系报业"包括《星洲日报》(新加坡,
1929)、《星华日报》(汕头,1931)、《星光日报》(厦门,1935)、《星中日报》(新加坡,
1935)、《星岛日报》(香港,1938)、《星槟日报》(槟城,1939)、《星闽日报》(福州,1947)
等。
　　③　陆丹林(1895—1972),广东三水人,编辑、作家、书画鉴藏评论家。20 世纪
30 年代先后在上海主编《逸经》《宇宙风》《西风》等期刊。1938 年在香港主编《大风》
周刊。
　　④　胡好(1919—1951),原籍福建永定,生于缅甸仰光,1923 年随父胡文虎迁到
新加坡,1938 年 8 月在香港创办《星岛日报》,自任社长。
　　⑤　戴望舒:《十年前的星岛和星座》,1948 年 8 月 1 日《星岛日报》副刊《星座》,
增刊第 10 版。

地,是一位著名的爱国实业家。当时《星岛日报》正在筹办之际,招兵买马,"见了上海来的人像见了宝贝似的,只管拣好的挑,非常之欢迎"①。

20 日　决定留在港岛,立刻就参加了旅港文化界举办的作家文艺座谈会第四次会议。这个座谈会两周一次,以求"联络感情、互通声气,以充实文化界救亡力量"。

7 月

18 日　施蛰存利用暑假启程回上海探亲,与《大公报》记者萧乾结伴由昆明坐火车经越南河内,乘船往香港。

27 日　施蛰存抵达香港,住戴望舒家。

本月　开始筹备《星座》,向在国内的作家约稿。

据端木蕻良②回忆:我和萧红在黄桷树复旦大学农场住下来时,就接到望舒从香港的来信,告诉我他在《星岛日报》编副刊《星座》,希望我能写个长篇,供《星座》连载。我和望舒在上海没见过面,也未通过信。他远处香港,第一次和我写信,就约我写个长篇。恰巧我也正打算写长篇小说《大江》,真是有点"心有灵犀一点通"的味道,所以马上就答应下来了。可是稿子没有一气儿写完,他催得急,只有边写边发。望舒总是来信催我能够多寄

---

　　① 徐迟:《江南小镇(上)》,《徐迟文集》第九卷,作家出版社 2014 年版,第 232 页。

　　② 端木蕻良,1912 年出生,原名曹汉文、曹京平,辽宁省昌图县人。1932 年考入清华大学历史系,同年加入左联,发表小说处女作《母亲》。1933 年开始创作长篇小说《科尔沁旗草原》,成为 30 年代东北作家群中有影响的作家之一。从 1936 年至 1938 年,端木在上海、重庆和武汉等地从事抗战文学活动。

一些给他，以避免中断，我事情虽多，还是尽量往前赶。①

中旬 写信给西班牙的名流学者，请他们专为《星座》写一点文字，"纪念他们的抗战两周年，使我们可以知道一点西班牙反法西斯战争的现状，并使我们可以从他们得到榜样、激动"②。

8 月

1 日 《星岛日报》副刊《星座》创刊，戴望舒担任副刊编辑。发表《创刊小言》：

> 近日阴霾，晚间，天上一颗星也看不见，但港岸周围明灯千万，也仿佛是繁星之罗布。倘若你真想观星，现在是，在继续阴霾的气候，只好权且拿这些灯光来代替了。……《星座》现在是寄托在港岛上。编者和读者当然都盼望这阴霾气候之早日终了。晴朗固好，风暴也不坏，总觉得比目下痛快些。但是，如果不幸而还得在这阴霾气候中挣扎下去，那么，编者唯一的渺小的希望，是《星座》能够为它的读者忠实地代替了天上的星星，与港岸周遭的灯光同尽一点照明之责。③

自此开始，至 1941 年 12 月 10 日香港沦陷前夕停刊，《星座》副刊上发表宣传抗日的诗文，刊登作家茅盾、郁达夫、徐迟、许钦文、萧乾、萧红、端木蕻良、沈从文、罗洪、芦焚、沙汀、施蛰

---

① 端木蕻良：《友情的丝——和戴望舒最初的会晤》，《八方文艺丛刊》第 5 辑，1987 年 4 月。

② 戴望舒：《编者话》，《星岛日报》副刊《星座》第 41 期，1938 年 9 月 10 日，第 14 版。

③ 戴望舒：《创刊小言》，《星岛日报》副刊《星座》第 1 期，1938 年 8 月 1 日，第 14 版。

存、卞之琳、方敬、郭沫若、艾青、袁水拍、楼适夷、梁宗岱、罗念生等的作品,成为一块极其活跃的宣传抗战的文学阵地。正如戴望舒自己所说:"没有一位知名的作家是没有在《星座》上写过文章的。"①

　　同日　《星座》创刊第 1 期上,除编者的《创刊小言》外,还刊登了茅盾的《宣传与事实》、郁达夫的《抗战周年》、罗洪的《期待第一声枪响》、柯可的《"抗战春秋"刍议》、施蛰存的小说《进城》(连载一),抗战主题十分鲜明。正如同期唯一发表的诗歌徐圩的《初夏在孤岛》所写:在这"人间饮吞着愤怒和忧郁"的时代,"谁还在关心花开花落,/谁还在关心杏黄李熟"!从中分明折射出编者自我的心声。

　　3 日　翻译法国马尔洛的《火的战士——〈希望〉片段之一》载《星岛日报》副刊《星座》第 3 期,署名戴望舒译。此篇为《希望》第二部《曼萨纳雷斯河》第二卷第十三章的节录,内容着重表现战争中人民无力还击仍舍命抗敌的牺牲精神。

　　同日　同期发表编者预告:"沈从文先生长篇新著《长河》将在本报发表请读者注意。"

　　4 日　将郁达夫的《政治与军事》一文发表在《星岛日报》8 月 4 日的特稿栏内。郁达夫认为战争没有取得绝对胜利的原因,"不在武器的不足,不在士兵的不勇,也不在国际助力的缺乏,根本问题,总还是政治的不良"。被陈君葆赞为说出了"抗战

---

　　① 戴望舒:《十年前的星岛和星座》,1948 年 8 月 1 日《星岛日报》副刊《星座》,增刊第 10 版。

以来许多大家想说而卒于不敢说或暂时隐忍不想说的话"。①

12 日　写作散文《赛珍珠在德国》,载《星岛日报》副刊《星座》第 12 期,署名苗秀(笔名之一)。

14 日　翻译法国马尔洛的《反攻——〈希望〉片段之一》,载《星岛日报》副刊《星座》第 14 期,署名戴望舒译。此篇为《希望》第二部《曼萨纳雷斯河》第一卷第二章第四节的节录,可说是《火的战士》的续篇,描述炸药工人反攻军队的过程,并寄予抗战胜利的希望。

15 日　翻译法国作家马尔洛的小说《死刑判决》,刊于香港《大风》旬刊第 17 期,署名戴望舒译。此篇为《希望》第一部《诗情的幻觉》第二卷第五章的节录,表现了战争中有关死亡的思考。

23 日　致函郁达夫,告知稿费发放事宜,倾吐"经理是个孩子,性急,做事无秩序"与自己做事完美主义之间的矛盾和落差,还有《星岛日报》财务制度有缺陷,造成作者难领稿费和稿源贫乏、精神生活寂寞等困难,并向郁达夫约稿中篇小说。

据《达夫书简——致王映霞》中披露的戴望舒函:

> 稿费的事,纠葛就发生了不少,编辑部在七月三十一日就把稿费单发下去,会计部却搁到五六号才发通知单(而且不肯直接寄钱,要等作者寄回收据后才寄)。在本地的作

---

① 陈君葆(1898—1982),字厚基,广东香山县人(今中山市三乡平岚村),后随父移居香港。香港知名学者,爱国教育家。30 年代起任职于香港大学,历任冯平山图书馆馆长、中文学院教授,并因日据时期妥善保存古籍善本及档案,获颁英皇 O. B. E 勋衔。20 世纪 30 年代末至 40 年代初,与当时到香港的中国政要及文化界知名人士有广泛的接触和密切的交往,其中包括宋庆龄、李济深、黄炎培、郭沫若、柳亚子、许地山、戴望舒等。著有《水云楼诗草》、《陈君葆日记全集》[商务印书馆(香港)有限公司 2004 年版]。

者,竟有领到七八次才领到的(例如马国亮),不知是没预备好还是什么,今天发一点,明天发一点,最迟竟有等到二十一号才领到的(如叶秋原),使我们感到异常苦痛,自领的说我们侮辱他们,代领的更吃了挪用的冤枉,谁知道实际情形是如此。这月底以后,我决定和会计部办交涉,得一个妥善的办法,这样下去作者全给他们得罪到了(特稿稿费收据请寄下,我替你去代领寄奉)。《星岛》是否天天收到? 星座稿子很是贫乏,务恳仍源源寄稿,至感,至感。中篇小说究竟肯答应给我写否? ……家里孩子病还没有好,自己也因疲倦至而有点支持不下去,什么时候能过一点悠闲的生活呢! 精神生活也寂寞得很,希望从你的信上得到一点安慰。即请俪安(望舒二十三日)

映霞均此(如达夫离开汉寿,此信务烦转去)

行迹已决定后乞来示告知。

24 日　翻译高力里《诗歌中的列宁》,载《星岛日报》副刊《星座》第 24 期,署名戴望舒译。

27 日　翻译德国小说家亨利·曼(托马斯·曼的长兄)时评《轰炸不设防城市》(原载巴黎《今晚》报),载《星岛日报·星座》第 27 期,署名江思译。

30 日　翻译西班牙诗人阿尔陀拉季雷的诗歌《马德里》,载《星岛日报》副刊《星座》第 30 期,署名戴望舒译。

9 月

1 日　翻译法国莫洛阿的《绿腰带》,载《星岛日报》副刊《星座》第 32 期第 10 版,署名戴望舒译。

9 日　散文《狼的传统》,载《星岛日报》副刊《星座》第 40 期第 10 版,署名方仁(戴望舒笔名之一)。

10 日　在《星岛日报》副刊《星座》上刊发的《达夫近作》一组,被战时综合旬刊《福建与华侨旬刊》第一卷第 11—12 期合刊转载并发"编者按"云:"郁君达夫伉俪颇笃,前者汉上日报忽发现郁君告其夫人王映霞启事一节,大有感情破裂不可收拾之态。友人蓝君晤郁于汉口某酒家,正郁失妻之翌日,论及此事,涕泣交流,状殊可悯。……今阅郁君近诗情绵志壮,特附数语:祝其爱情永固。"

12 日　翻译 A. 马却陀散文《祖国被卖》,载《星岛日报·星座》第 43 期第 10 版,署名方仁译。

24 日　散文《苏联电影在国外》,载《星岛日报》副刊《星座》第 55 期,署名苗秀。

30 日　致函郁达夫约稿。

10 月

本月　广州失守。文化人汇集香港,文协总会决议推楼适夷、许地山、欧阳予倩、戴望舒、萧乾等筹备建立文协香港分会。

3 日　译作《巴比塞——逝世三周年纪念》,载《星岛日报》副刊《星座》第 64 期,署名苗秀译。

7—8 日　翻译《乌拿木诺的悲剧》(上、下),载《星岛日报》副刊《星座》第 68—69 期第 10 版,署名江思译。此篇为《希望》第二部《曼萨纳雷斯河》第二卷第八、九章的节录,内容涉及 1936年西班牙著名文学家和哲学家乌拿木诺(乌拿莫诺,1864—1936)被反共和武装叛乱的佛朗哥革除萨拉曼卡大学校长一职并被囚禁的事件。

中旬　施蛰存结束暑假返回云南大学途经香港,仍住戴望舒家。杜衡也居于西环学士台一带,与戴望舒寓所比邻。

11 日 翻译阿尔佐夫的《在马德里》,载《星岛日报》副刊《星座》第 72 期第 10 版,署名苗秀译。

12 日 散文《文化杂俎——文学遗产社出托尔斯泰集外集》,载《星岛日报》副刊《星座》第 73 期第 10 版,署名苗秀。

13—14 日 翻译马尔洛的《克西美奈思上校》(上、下),连载于《星岛日报》副刊《星座》第 74 期、75 期,署名戴望舒译。此篇为《希望》第一部《诗情的幻觉》第二卷第二章第一节的节录。1941 年翻译《希望》全书时曾重新翻译相关片段,载《星座》1941 年 10 月 17—25 日第 105—111 期。

本月底 艾青来到桂林,为《广西日报》编辑副刊。艾青给这个文艺周刊起名《南方》。后来,又和林林在《救亡日报》上开辟了一个专刊,名为《诗文学》。

11 月

2 日 散文《英国的战争文学》,载《星岛日报》副刊《星座》第 94 期第 8 版,署名苗秀。

3 日 翻译巴雷代思的诗歌《黑色的儿子》,载《星岛日报》副刊《星座》第 95 期第 8 版,署名庄重(笔名之一)译。

4 日 散文《巴罗哈会见记——星座巴黎文学通讯》,载《星岛日报》副刊《星座》第 96 期第 8 版,署名佩华(笔名之一)。

9 日 翻译古斯曼的《不要哭吧,我的六弦琴》,载《星岛日报》副刊《星座》第 101 期,署名庄重译。

12 月

1—2 日 翻译《高尔基谋杀案》,载《星岛日报》副刊《星座》

第 123—124 期第 8 版,署名屠恩(笔名之一)译。

5—6 日　翻译拉维蒲拉那的《关于乌那慕诺的三个回忆》,连载于《星岛日报》副刊《星座》第 127—128 期第 8 版,署名庄重译。

10 日　施蛰存应戴望舒"索稿",从法国作家 A. 马尔洛的小说《希望》中译出第三部《希望》的第三、四卷内容,自命名为《青空的战士——〈希望〉的插曲》寄给戴望舒,并撰写"题记":"望舒来函索稿,苦无以应。课余偶读马尔洛新作《希望》(Espoir),为之击节,因择其感人最深之插曲一篇,穷五昼夜之力译成,寄请《星座》,聊偿夙愿。篇名节目,原书未有,但凭己意增添。市语方言,非所悉稔,概由望舒校补,理应说明,谨此告罪。"此译作由戴望舒在 1939 年 1 月 1 日的《星岛日报》副刊《星座》第 154 期开始连载,至 3 月 16 日第 168 期连载结束,共 15 期,署名施蛰存译。讲述农民与法西斯民军合作抗击法西斯军队,展现视死如归的勇气。由于戴望舒对《希望》的翻译只涉及第一和第二部,因而施蛰存对这第三部的介绍可说是十分重要的补充。

11 日　诗歌旧译《耶麦诗抄》(含《膳厅》《要下雪了》《为带驴子上天堂的祈祷》),再刊于《星岛日报》刊《星座》第 133 期,第 8 版,署名戴望舒译。

21 日　郁达夫到香港,由《星岛日报》社长胡好陪同,会见《星座》副刊主编戴望舒和叶灵凤等。①

22 日　随笔《关于孟圣尼》,载《星岛日报》副刊《星座》第 144 期第 8 版,署名庄重。

---

　　① 郁飞:《郁达夫的星洲三年》,参见陈子善、王自立编《回忆郁达夫》,湖南文艺出版社 1986 年版,第 453 页。

22—24 日　翻译菲德丽加·孟圣尼的《九月十九日的加达兰省》,连载于《星岛日报》副刊《星座》第 144—146 期,署名庄重译。

　　26 日　郁达夫在乘船离开香港去新加坡之际致函戴望舒:"我的脚向船舱外的甲板踏了几脚,意思是等于西人电影里的投吻。……这是对故国大地最后一个亲爱诚挚的表示",感慨这一双"决心去万死投荒"的脚还能不能踏回故土①。此后,郁达夫在新加坡主编《星洲日报》早报副刊《晨星》和晚报副刊《繁星》,与戴望舒主编的《星座》遥相呼应,同气相求的爱国之情,在抗战文坛上交相辉映。

　　下半年　到港后由徐迟介绍认识冯亦代,看过冯的手稿后,直言他不适合写诗,但散文有诗意,译文也还可以,建议他继续写散文并翻译英美文学作品。据冯亦代回忆,当时他"做诗人的梦碎了,但望舒给我指出了一条文学生涯的路",不久后成为诗人家的常客。有一阵"一星期两三个晚上,望舒一个字一个字地教我念法文",一起暮色中散步,谈论阿左林篇章中的色调、文字的风韵等。冯亦代视望舒为"严师挚友","和他的往来,是永远不会在记忆里磨灭的"。②

1939 年(己卯,民国二十八年)　34 岁

　　▲3 月,文协香港分会正式成立。

---

① 郁云:《郁达夫传》,福建人民出版社 1984 年版,第 150 页。
② 冯亦代:《又见香港》,《冯亦代散文选集》,百花文艺出版社 1997 年版,第 101—102 页。

▲8月，国民政府修订《战时图书杂志原稿审查办法》，进一步控制言论自由。

▲9月，德军进攻波兰，英法对德国宣战，第二次世界大战正式爆发。

1 月

1 日　在《星岛日报》副刊《星座》上发表诗作《元日祝福》。这首在主题情调、艺术处理上都截然不同的小诗，标志着戴望舒从"狭小的个人圈子走出来，面对民族的苦难"。"抗日战争正好来促成戴望舒终于实现了朝健康方向的转化。"[①]

艾青评说："写这样的诗，对望舒来说，真是一个了不起的变化。我们在他的诗中发现了'人民'、'自由'、'解放'等等的字眼了。"[②]

北塔指出："这首诗采取的完全是大众的视角，看不出小我与大我的结合。大概望舒由于刚刚摆脱小众理障，一下子就滑到了大众这边，还不能保持两者之间的平衡和相互之间的逆向交流。"[③]陈丙莹则在这首诗作中读出了戴望舒所写"大众"的与众不同。他认为一般抗战诗歌中的抒情主人公都是冲锋陷阵的战士，或者至少是擂鼓助威的鼓手，但是戴望舒的抗战诗作却"很少作呐喊、宣传"，而是保持着平民身份以及共同的情感体验。从风格上来看，戴望舒的抗战诗依然是抒情诗，而不是单纯

---

①　卞之琳：《戴望舒诗·序》，《戴望舒诗选》，人民文学出版社 1957 年版，第 19 页。

②　艾青：《望舒的诗》，《戴望舒诗集》，四川人民出版社 1981 年版，第 3 页。

③　北塔：《雨巷诗人——戴望舒传》，浙江人民出版社 2003 年版，第 177 页。

的鼓动诗或战歌。①

11 日　散文《西战的回顾与展望》，载《大公报·文艺》第496 期，署名庄重。

17—18 日　散文《西班牙民族英雄阿斯加索》，载《星岛日报·星座》第 169—170 期第 8 版，署名庄重。

30 日　翻译辛克莱的《作家·民众事业的斗士——写给俄文文学报一封信》，载《星岛日报》副刊《星座》第 182 期第 8 版，署名苗秀译。

本月　按中华抗敌协会总会理事会议决议，与在港理事许地山、欧阳予倩、简又文、楼适夷等一起筹备文协香港分会。

2 月

5—6 日　散文《西战感言》，载《星岛日报》副刊《星座》第188—189 期第 8 版，署名庄重。

14 日　散文《书虫歌德》，载《星岛日报》副刊《星座》第 197 期第 8 版，署名苗秀。

3 月

4 日　收郁达夫函，为《文艺》半月刊向香港方面征稿。此函以"星洲来鸿"为题，发表在 3 月 13 日《星岛日报》副刊《星座》第 217 期上②。信中郁达夫提及南洋人民囤积粮食以备日本大规模入侵，在日常生活中抵制日货等情况，但涉及日本之处都被编者用××隐去了。

---

① 陈丙莹：《戴望舒评传》，重庆出版社 1993 年版，第 209 页。
② 李杭春、郁峻峰：《郁达夫年谱》，浙江大学出版社 2021 年版，第 500 页。

文艺半月刊,决计于三月底发行,你若有译稿,也好,请寄一点来。另外,如杜衡诸兄,有功夫写创作,亦请他写一点如何? 犹太人被迫出境,路过星洲的人也很多,香港大约总也有不少吧? 我现在正在译一篇伦敦《美考利》二月号上的关于德国流亡作家的文字。

此外,郁达夫在同年 2 月 2 日致戴平万的信中,也提到通过戴望舒在香港约稿,目的是"想替南洋的知识青年,介绍一点国内文艺界的作品,与将南洋青年的创作,介绍一点到国内去"①。

26 日　艾青主编的《广西日报》副刊《南方》第 49 期上,刊登了 1939 年初戴望舒致艾青一封信的片段。自来香港后,与在桂林的艾青时常书信来往,讨论新诗创作问题、互相邮寄稿件和出版物。

信中说"抗战以来的诗我很少有满意的。那些浮浅的、烦躁的声音、字眼,在作者也许是真诚地写出来的,然而具有真诚的态度未必是能够写出好的诗来。那是观察和感觉的深度的问题,表现手法的问题,各人的素养和气质的问题"。而对于出到第 10 期就毁于日军炮火的《新诗》,他念念不忘很想恢复,但需要"筹备经费"。信中告诉艾青已想到一个办法:即"在《星座》中出《十日新诗》一张,把稿费捐出来"。眼前的问题在于没有好诗,因为当年一起办刊的几个作家已风流云散,"金克木去桂林后毫无消息,玲君到延安鲁艺院后也音信俱绝。卞之琳听说已去打游击,也没有信。其余的人,有的还在诉说个人的小悲凉,小欢乐",所以诚恳地跟艾青商量,希望能借助艾青所团结的一

---

① 郁达夫:《郁达夫文集》第 9 卷,花城出版社、香港三联书店 1984 年版,第 483页。

批信得过的诗人朋友,再办一个全新的新诗杂志。

收此信之后,艾青给戴望舒寄过一首长诗《他死在第二次》,连载在《星岛日报》副刊《星座》第 360—363 期(1939 年 8 月 3—6 日)第 8 版。

同日 文协香港分会假香港大学中文学院礼堂举行成立大会。为适应环境,改称为中华全国文艺界协会留港通讯处,戴望舒以 39 票当选为首届干事,同时兼任研究部和西洋文学组负责人、《文协》周刊编辑委员。由于《文协》周刊不是独立发行,必须附刊于本港各大报的副刊中,故不得不四处奔走,与各报刊负责人接洽,请求借出篇幅,以便《文协》每周轮次刊出,所以工作十分繁杂而忙碌。①

据徐迟自述:"这段时间里,文协领导主要差不多落到了戴望舒肩头。茅盾远行了,名义上许地山当家。手中高举精神火炬的是乔木(乔冠华),抛头露面的是戴望舒。他的手上有个《星岛日报》副刊,其名曰《星座》,是个全国性的、权威的文学副刊。大家都自然而然地围绕着他。我们都是活跃分子。就这样,活动频繁,事情做了不少。"②

戴望舒当选为理事会干事后,介绍杜衡也加入了文协。稍后,汪精卫政府欲争夺香港文艺界领导权,组织中华全国和平救国文艺作家协会,杜衡受其网罗加入。戴望舒对此极为愤怒,与之断交,并亲自宣布开除会籍。据说当时施蛰存途经香港,听闻此事,尽管也与杜衡意见不合,但念及旧情还是劝他挽救杜衡,

---

① 卢玮銮:《灾难的里程碑——戴望舒在香港的日子》,《香港文纵》,香港华汉文化事业公司 1987 年版,第 182 页。

② 徐迟:《江南小镇(上)》,《徐迟文集》第 9 卷,作家出版社 2014 年版,第 248 页。

而戴望舒不为所动①。与此同时也痛斥了路易士,在给艾青的信中他写道:"路易士已跟杜衡做汪派走狗,以前我已怀疑,不对你明言,犹冀其悔改也。"②

与杜衡的隔膜和疏离,照出了"现代派"内部的裂痕。杜衡供职的蔚蓝书店,是国民党政府战时研究国际情势的机构,由汪精卫派系的人掌管,共事者有樊仲云、林柏生、梅思平和胡兰成等。老朋友们纷纷切断了与杜衡的来往,但他还住在学士台,大家"见面很别扭"③。胡兰成也住学士台,但"只跟其中的杜衡有来往,跟其他人则不搭讪。因为到底不是一条道上的人"。路易士到港后,经杜衡介绍结识胡兰成,与这二人走得很近,并接任杜衡主编《国民日报》的副刊《新垒》,彼此的友谊也由此"渐渐疏淡下来"。几十年后路易士的解释是:"其原因,主要是由于他(指戴望舒)对左派过于敷衍,颇使我不满意;而我和杜衡誓死保卫文艺自由,也未能得到他的谅解。"④

在学士台,逐渐与胡兰成走近的人还有穆时英。胡兰成自己说:"我没有劝过一个人参加汪政府,只有穆时英自己说要参加,我才介绍他办报,不久被刺,我帮穆太太领得了抚恤金。"⑤穆时英回沪"投奔"汪伪门下,戴望舒曾当着众人的面举着穆时英

---

① 郑择魁、王文彬:《戴望舒评传》,百花文艺出版社1987年版,第154页。

② 艾青:《谈杜衡》,《艾青全集·第5卷》,中国青年出版社1999年版,第16页。

③ 徐迟:《江南小镇(上)》,《徐迟文集》第9卷,作家出版社2014年版,第224页。

④ 纪弦:《戴望舒二三事》,《香港文学》1990年第67期。

⑤ 胡兰成:《今生今世》,天地图书有限公司2013年版,第243页。

的信嘲骂其可耻①,甚至因此影响了他与穆丽娟的夫妻感情②。与此同时,刘呐鸥在上海,参与筹办汉奸控制下的《文汇报》,也走上了"落水"一途。至此,被称为 20 世纪 30 年代"现代派"的"同人马车"正式分道扬镳、形同陌路了。③

4 月

2 日 翻译《西班牙抗战谣曲选》(2 首),分别是阿尔陀拉季雷的《霍赛·高隆》和阿尔倍谛的《保卫玛德里》,载《星岛日报·星座》第 237 期第 8 版,署名戴望舒译。

4 日 随笔《马德里的陷落》,载《星岛日报·星座》第 239 期第 8 版,署名庄重。

9 日 艾青在《广西日报》上刊载了他与戴望舒准备共同办一个新诗杂志的广告启事:"戴望舒与艾青决定出版一种诗刊,刊名《顶点》,每月一期,选稿标准较高,现在筹划中,拟于五月创刊,内容为诗的创作、理论、批评、介绍、翻译等等。精致的素描、木刻,亦欢迎。"两人磋商决定每期由戴望舒在香港编一部分,艾青在桂林编一部分,再合起来印刷,在香港出版。

17 日—5 月 17 日 将萧红小说《旷野的呼喊》在《星岛日报》副刊《星座》上连载。之后,《星座》又发表了萧红的其他一些作品:1939 年 8 月 15 日发表《花狗》;1939 年 10 月 2 日发表《茶食店》;1939 年 10 月 18 日起到 10 月 28 日,连载《记忆中的鲁迅先生》等。

---

① 北塔:《雨巷诗人——戴望舒传》,浙江人民出版社 2003 年版。

② 王文彬:《戴望舒和穆丽娟》,中国青年出版社 1995 年版,第 127—128 页。

③ 王宇平:《学士台风云——抗战初中期内地作家在香港的聚合与分化》,《中国现代文学研究丛刊》2007 年第 2 期。

22 日　翻译《西班牙抗战谣曲选》2 首,目次为 V. 阿莱桑德雷的《无名的民军》和 A. B. 洛格罗纽的《橄榄树林》,载《星岛日报》副刊《星座》第 257 期,署名戴望舒译。

本月　《抗战文艺》4 卷 1 期上登载文协组织概况的信息:"今年 1 月 27 日由理事会议决函聘总会留港理事许地山、作家戴望舒、欧阳予倩、简又文及组织部副主任楼适夷等积极筹备建立分会。"

本月　担任文协举办的"香港的一日"文艺通讯征文评委。

　　"中华全国文艺界抗敌协会"在武汉成立以后,为了迅速反映全国各阶层人民群众抗日救国的斗争,提倡以报告文学的文艺形式,开展文艺通讯运动,设有"文艺通讯处",在全国各地发展文艺通讯网。"文协"在广州设立了"文艺通讯总站"。广州沦陷之后,从内地到香港来的进步文化人越来越多,他们继续推动文艺通讯运动的发展,并于 1939年 4 月间,举行了"香港的一日"的文艺通讯征文活动。应征者踊跃,纷纷投稿。杨刚、戴望舒、叶灵凤、黄绳、徐迟、林焕平、冯亦代、郁风、袁水拍等一些作家担任了应征作品的评判工作。①

5 月

4 日　翻译阿拉贡的《西班牙抗战诗人的生与死》(译自《俄文文学报》),载《星岛日报》副刊《星座》第 269 期第 8 版,署名苗秀译。

---

　　① 文通学社编《"文通"简史》,参见《历史的轨迹》,广东人民出版社 1987 年版,第 2 页。

12 日　诗歌译作《西班牙抗战谣曲选》(包含 A.S.拍拉哈的《流亡之群》、J. H. 贝德雷的《山间的寒冷》2 篇),载《星岛日报》副刊《星座》第 277 期第 8 版,署名戴望舒译。

16 日　翻译 A.G.鲁葛的诗歌《摩尔逃兵》,载香港《立报》,署名戴望舒译。后再刊于《星岛日报》副刊《星座》第 336 期第 8 版。

本月　与张光宇等合办《星岛周报》,任该刊编辑委员会委员。

6 月

2 日　翻译《西班牙抗战谣曲选》,分别是泊拉陀里的《流亡人谣》和 R. 阿尔倍谛的《保卫加达鲁涅》2 首①,载《星岛日报》副刊《星座》第 297 期第 8 版,署名戴望舒译。

29 日　翻译《托勒逝世》(译自五月二十六日《孟却斯特导报周刊》),载《星岛日报》副刊《星座》第 324 期第 8 版,署名莳甘(笔名之一)译。

本月　中华全国文艺界抗敌协会香港分会宣告成立,并设立了一个文艺通讯部。

---

①　王文彬、金石主编《戴望舒全集·诗歌卷》第 586—588 页所录的《流亡人谣》一诗却与《星座》所载原诗有极大不同甚至混乱。究其原因,可能是 1939 年 6 月 2 日《星岛日报》副刊《星座》第 297 期除了《流亡人谣》,还有同样作为《西班牙抗战谣曲选》之一的《保卫加达鲁涅》,由于同在一个版面,《诗歌卷》误将《保卫加达鲁涅》前半部分诗句插入《流亡人谣》中,造成《流亡人谣》诗句内容错乱。参见苟强诗《〈戴望舒全集·诗歌卷〉补正及其他》,《现代中国文化与文学》2012 年第 1 期。

7 月

5 日　翻译兑尔马益的《加尔福克之死》,载《星岛日报》副刊《星座》第 331 期第 8 版,署名方仁译。

6 日　翻译德国作家恩斯特·托勒的《托勒的遗嘱》,载《星岛日报·星座》第 332 期第 8 版,署名唐苔译①。托勒被译者戴望舒称为"伟大的德国反法西斯作家",这篇于逝世前不到半月发表在《新群众》上的遗嘱,是他"最后向法西斯主义挑战的文字"。结尾"如果那被征服的民族时刻渴望自由、正义、和人类的尊严,如果这渴望变成那么重要,以致变成意志,意志转变为行动时,那么遭受威胁的文化才能得救"。这几乎可以说是戴望舒借翻译表达了自己的心声。

10 日　与艾青共同主编的《顶点》创刊,在香港和桂林两地发行。《顶点》没有发刊词,在《编后杂记》中声明:"《顶点》是一个抗战时期的刊物。它不能离开抗战,而应该成为抗战的一种力量……但同时我们也得声明,我们所说不离开抗战的作品并不是狭义的战争诗。"不离开抗战,是诗歌的时代责任所在;而《顶点》对于中国新诗本身也富有建设性的推进责任:"从现在的新诗的现状中更踏进一步……使中国新诗有更深远一点的内

---

①　唐苔是戴望舒用得较少的笔名。除这篇外还有一篇《纪念西班牙的美国战死者》,署名海敏威(今译海明威)著,唐苔译。文末的译者附记里详细介绍了美国林肯营在西班牙抗击法西斯两年多中艰苦的战斗历程,赞誉"这是人类历史上可歌可泣的事迹",尚待历史学和文学家的记载。认为海明威的这篇纪念文章写了五天的战绩,"从三千字缩成了这篇诗一般的动人的散文,是值得每一个同情西班牙的人一读的"。根据这些对西班牙地理的熟稔介绍,还有对海明威这篇散文动人诗意的凸显称赞,与戴望舒一贯喜欢写的译者附记风格十分吻合,说明这篇也应是戴望舒的译笔。但没有找到具体的发表刊物和时间,有待后续查证。

容,更完善一点的表现方式。"即不愿意为了诗作的纯粹性而牺牲诗歌的现实抗战功能,也不愿意为了抗战而牺牲诗歌的艺术性,力求在"诗"与"抗战"之间寻找到最佳的结合点。

第一期的《顶点》分"作诗""译诗""诗的意见""诗人介绍"四个部分。发表了译作《西班牙抗战谣曲钞》8首。目次分别为 R. 阿尔倍谛的《保卫马德里·保卫加达鲁涅》,V. 阿莱桑德雷的《无名的民军》和《就义者》,J. H. 贝德雷的《山间的寒冷》,M. 维牙的《当代的男子》,A. S. 拍拉哈《流亡之群》,A. B. 洛格罗纽的《橄榄树林》,以及 A. G. 鲁葛的《摩尔逃兵》,署名戴望舒译。

同日 本期刊载了艾青的《诗三章》,声讨日本侵略者的滔天罪行:《纵火》记录了日寇狂轰滥炸把整个城市变成"火海"的恐惧与悲凉;《死难者的画像》描绘母子、孕妇和一些劳苦大众在敌机空袭下生灵涂炭的惨状;《吊楼》反映大地疮痍满目,难民搭"吊楼"暂作栖息的凄惶苦境。

同日 艾青还在《诗的意见》栏中发表论文《诗的散文美》,表达了他对形式美的新见解。同期,还刊登了徐迟、袁水拍等人的诗作。据徐迟回忆,望舒让他向袁水拍约稿,还未有诗作正式发表过的袁水拍非常高兴,两天后就送来了《不能归他们》。这首处女诗作十分精彩,从此一发不可收地走上诗歌道路。[①]

约在此期间 创刊号出版后,和艾青立即投入第二期的编辑工作。为第二期专门写作了《关于西班牙抗战谣曲》的论文,重点介绍西班牙抗战谣曲:"是西班牙的一种特殊诗体,每句八音步,重音在第七音步上,逢双押韵,全首诗往往一韵到底……

---

① 徐迟:《江南小镇(上)》,《徐迟文集》第 9 卷,作家出版社 2014 年版,第 248 页。

它是西班牙的'国民诗歌'",因为体裁简易,音律又极适合于人民的思想和音乐的水准,堪称"西班牙土地的声音"。虽然眼前西班牙争取自由民主的波浪被法西斯凶党佛朗哥镇压下去了,但是"人民的声音是不会绝灭的。那时候,这些在农村、工场、牢狱中被低声哼着的谣曲,便又将高唱入云了"。对西班牙抗战谣曲在思想性、人民性和艺术性的整合上所达到的成就心领神会,故对这些抗战谣曲的翻译达到的精准水平至今无人能及。而在抗战背景下不遗余力地翻译和推崇,正寄寓着这位中国诗人的深远抱负。

但是《顶点》第二期由于各种原因,终于没有出刊[1]。徐迟后来开玩笑说:"《顶点》的出版是很好的起点,可惜这个名字不好,也难怪这起点就是顶点,再也无法往前了,自然只出了一期,就得寿终正寝了。"[2]

12 日　翻译吉尔波丁的《薛特林的讽刺与法西斯的现实:纪念薛逝世 50 周年》,载《星岛日报》副刊《星座》第 338 期第 8 版,署名苗秀译。

14 日　散文《从集中营寄来》,载《星岛日报》副刊《星座》第 340 期第 8 版,署名庄重。

20 日　翻译奥里威尔的《七月十九日巴塞洛那斗争的经过》,载《星岛日报》副刊《星座》第 346 期第 8 版,署名庄重译。

---

[1]　1939 年 12 月 16 日艾青给常任侠的信中说:"我与望舒所编的《顶点》已出了一期,在上海印好后,只收到了 2 本,故未能寄上请改。现我正设法重印……"艾青:《艾青全集·第 4 卷·绿洲笔记·书信》,花山文艺出版社 1991 年版。

[2]　徐迟:《我的文学生涯》,百花文艺出版社 2006 年版,第 193 页。

8 月

6 日　在文协香港分会组织下,正式成立文艺通讯部(简称"文通")。此后,受中国共产党直接领导下的文通,在组织发动香港的文艺青年,宣传党的抗战主张和方针、政策、培养年轻的文艺工作者等方面,起到了十分积极的作用。

同日　文通发起"八月文艺通讯竞赛"征稿活动。至 10 月 25 日截稿,一个半月左右,应征投稿者一百多人。入选作品 17 篇,先后发表在《大众日报》《大公报》《星岛日报》和《大风》旬刊上,给当时的香港文坛注入了一股新鲜的生气。

9 月

12 日　翻译西班牙诗人黄·希尔·亚尔倍诗歌《骑兵营》,载《星岛日报》副刊《星座》第 399 期第 8 版,署名戴望舒译。

13 日　收到施蛰存撰写的长篇游记《路南游踪》,在《星岛日报》副刊《星座》第 401 期刊出第一部分,此后差不多每日连载至 10 月 30 日《星座》第 433 期结束,共 32 期。

10 月

18 日　在《星岛日报》副刊《星座》推出"鲁迅先生逝世三周年纪念特辑"。

29 日　文通为了扩大"八月文艺通讯竞赛"的成果,专门召开了"文艺通讯员联欢座谈会",揭晓入选作品。与叶灵凤、杨刚、乔木、袁水拍、冯亦代等一起出席并讲了话,捐赠 10 册文艺书作为奖品。和叶灵凤作为评委公布竞赛结果、颁发竞赛奖品。

11 月

15 日　为援助叶紫遗族募捐而奔走呼吁,作《为援助叶紫先生遗族募捐启示》,载《立报·言林》第 2 版。2 天后 17 日又刊登在自己主编的《星岛日报》副刊《星座》第 441 期第 10 版。

26 日　文通于上午 9 时假座皇后大道中 179 号四楼业余联谊社,举行了第二次文艺通讯员座谈会。研讨有关进一步开展文艺通讯运动的问题。

12 月

24 日　为了扩大文艺通讯网,文通在《立报》第二版和《文协》第 32 期上,刊登了《文协文通部港九分部征求同志》的登记表格,公开地吸收会员,发展组织。同时在《中国晚报》开辟《文艺通讯》周刊,该周刊既是文通的机关刊物,又是文通会员发表作品的园地。此时,文通在香港文艺界,尤其是在爱好文艺的青年中,已经产生较大的影响,团结在它周围的青年越来越多。

1940 年(庚辰,民国二十九年)　35 岁

▲3 月,伪国民政府在南京成立,汪精卫任代理主席。

▲9 月,国民政府颁布命令,正式定重庆为陪都。

▲11 月,汪伪政府与日本签订"和平条约"。

1 月

19 日　造访萧红和端木蕻良。应周鲸文的邀请,萧红和端木来香港办《时代批评》杂志,其时刚刚在九龙金巴道纳士佛台安顿下来。这是双方第一次见面,却一见如故,十分融洽。表示"香港这块文化园地,太需要外来的春雨了"①。但据端木蕻良写于 1941 年的文章《纸篓琐记》记载,他们到港时间是 1940 年 1 月 17 日。

本月　由于文协香港分会组织散漫,人事不健全,工作较难开展。该会于本月推出许地山、叶灵凤、戴望舒、杜埃、寒波、林焕平、刘思慕、袁水拍、陆丹林、黄绳、简又文、陈畸等 13 人,组成会务调整委员会,以谋求改进会务。经六次会议后,决定改组文通部,举办文艺讲习会,与木协、漫协联合主办"鲁迅先生六十年诞辰纪念大会"②。

2 月

3 日　在《星岛日报》副刊《星座》发表消息称:"中华全国文艺界协会香港分会,定于五日(星期一)下午七时半,假座大东酒家举行叙餐会,招待新由渝来港之作家萧红、端木蕻良。"

5 日　参加香港文协举办的全体会员叙餐会。40 多人莅会,萧红、端木蕻良在会上发言。

本月　翻译法国短篇小说集《罗马之夜》,目次包含《怜悯的

---

①　钟耀群:《端木与萧红》,华文出版社 2014 年版,第 64 页。

②　卢玮銮:《"中华全国文艺界抗敌协会香港分会"(1938—1941):组织及活动》,《香港文学》第 25 期,1987 年 1 月 5 日。

寂寞》《人肉嗜食》《尼卡德之死》《罗马之夜》《佳日》《下宿处》《诗人的食巾》《克丽斯汀》《厨刀》《旧事》《杀人犯》《三个村妇》12 篇，由上海译社出版发行。

3 月

5 日　蔡元培在香港病逝。

6—16 日　翻译法国作家萨特尔（现通译为萨特）的小说《墙》（一至十一），在《星岛日报》副刊《星座》第 521—531 期连载，署名陈御月（笔名之一）译。

23 日　《耕耘》杂志出版。与丁聪、徐迟、黄苗子、张正宇、叶浅予、郁风、夏衍、张光宇、叶灵凤一起，在郁风主编的《耕耘》杂志担任编委。

据郁风回忆说：不记得是谁先出的主意：既然我们有这么多人，有作家、画家、诗人、翻译家、编辑家，何不办一个综合性的图文并茂的文艺刊物？大家越说越起劲，谈了几次，越谈越具体，从内容到形式七嘴八舌出主意，名称从几种设想当中一致选出"耕耘"。正好夏衍这时从桂林《救亡日报》到香港购买印刷器材，郁风便去征求他的意见，并约好与大家见面。夏衍认为"利用香港的印刷条件办这样一个以文艺的多种形式宣传抗日的刊物非常好，还可以团结更多的人，成为一个统一战线的文艺阵地"①。郁风和夏衍的背后是坚持抗战的中共。《耕耘》的创办，正符合周恩来"把旅港文化人最大范围地统一起来，建立最广泛的香港文艺界统一战线，使香港成为战时中共重要的文化宣传

---

①　郁风：《永远值得记取》，文通学社编《历史的轨迹》，广东人民出版社 1987 年版，第 209—217 页。

基地"①的指示。

　　大家有钱出钱，有力出力，筹备了四个月，《耕耘》终于在1940 年 3 月印出，因发行需要时日，故写明 4 月 1 日出版②。小小刊物，名家云集，不仅刊出在港作家和大后方作家的作品，更有"延安艺展出品"这样的解放区文艺专辑。第一次印了两千册，由生活书店发行到内地，很快销售一空，甚至辗转进入延安。但因经费和时局，仅出版了二期便停刊了。编好未印出的第 3 期中还有戴望舒的译诗、黎锦明的小说、关山月的水墨画等重要作品。据冯亦代回忆："当时除了图画木刻由在港的美术家承担外，文字部分就由杨刚、袁水拍、徐迟、戴望舒、叶灵凤和我写稿。"③

　　同日　《大公报》的《出版消息》栏刊登了一篇简讯，盛赞《耕耘》"插图之丰富，编排之美丽，亦为该刊特点之一云"。

　　下旬　因为物价飞涨，上海发生抢米风潮，云南也不例外。施蛰存觉得不适合继续留在云南大学，准备返回上海，途经香港，暂住西环薄扶林道半山戴望舒家中。穆丽娟向他学习古文。④

　　本月　《东线文艺》在江西创刊。创刊号再次登载由夏衍、蒲风、适夷、叶灵凤、戴望舒等 18 人为援助叶紫遗族募捐而奔走呼吁的《为援助叶紫先生遗族募捐启示》。

---

　　①　袁小伦:《港岛殊勋》,《党史纵横》1998 年 3 月。
　　②　郁风:《永远值得记取》,文通学社编《历史的轨迹》,广东人民出版社 1987 年版,第 209—217 页。
　　③　冯亦代:《我的文艺学徒生涯》,《新文学史料》1996 年第 1 期。戴望舒给《耕耘》的译诗稿,具体篇名及内容待考。
　　④　参王文彬:《雨巷中走出的诗人——戴望舒传论》,商务印书馆 2006 年版,第 246 页。

4 月

8 日　文通召开了第 12 次会员大会,总结工作,改选理事会。

14 日　中华全国文艺界抗敌协会香港分会召开会员大会,通电声讨汪精卫,并改选理事,戴望舒与施蛰存、乔木(乔冠华的笔名)、许地山、杨刚、叶灵凤、袁水拍、黄绳、徐迟一起当选为中华全国文艺界抗敌协会香港分会第二届(1940 年度)理事。

中旬　施蛰存被朋友们留住,为天主教真理会审校教义译稿,便在学士台租了一间房子,妻子陈慧华携 4 个孩子从上海来到香港一起生活。

本月　再度当选中华文艺界协会留港通讯处干事,同时兼任宣传部负责人。

本月　中华全国文艺界抗敌协会香港分会计划组织一个暑期讲习班,培训香港青年。据冯亦代回忆:"学习班的校址就借用黄苗子大哥黄祖芬任校长的坚道中华中学里。要办学习班,眼前的徐迟、袁水拍甚至乔冠华、戴望舒、杨刚都没有这种经验,可巧这时内地来个施蛰存回上海探亲,他一直在教书,也搞过学校行政。望舒就把他扣留了,要他帮我们把这个暑期学习班办起来,以后还担任了教课,大概是讲外国文学和创作。"①

本月　《文艺月刊》(战时特刊)第 4 卷第 3、4 期合刊上,刊登了韩侍桁《"第三种人"的成长及其消解》,提及:客观上讲,或许在"第三种人"的名称下,是应当含有施蛰存、叶灵凤、戴望舒、穆时英,甚至高明等人。但实际上并不如此:这些作家们,不但

---

① 冯亦代:《我的文艺学徒生涯》。

没有参与过"第三种人"的理论的斗争,而且根本上对"第三种人"这个名词的本身都不能表示赞同。特别是当事态的发展对"第三种人"在文坛上的存在日形不利时,环围的冷嘲热讽,使"第三种人"变成一个耻辱的名称,这些被人硬戴上"第三种人"帽子的作家们,更是没法避免这个并不十分荣誉的头衔。

5 月

3 日　创作诗歌《白蝴蝶》。白蝴蝶小小的翅膀就像空白书页,无论翻开还是合上,满眼所见的唯有"寂寞",表达了内心的孤寂之感。

14 日　《星岛日报·文协》第 53 期第 3 张,刊载了一小段文字,题为《实践我们的运动》,署名戴望舒:"关于肃清文化□□运动。现在已不是单单说在嘴上或是写在纸上的时候了。我们现在的急务,便是怎样来实践这个运动,而不是纸说'我们要肃清文化□□(抽检)'。"此处两个□□表示被检出的很可能是"汉奸"二字。可见当时的日伪文化检查制度之严①,但编者以保留空格和在括号里加"抽检"二字,以示无声的抗议。

23 日　香港《大公报》刊登《音乐座谈会旁听记》:"昨日下午5 时在温莎餐室三楼举行音乐会。出席者有本港音乐家、作家及新闻记者等二十余人。出乎意料之外,名作家林语堂氏,安偕其兄憾庐氏入会。与会者有许地山、姚锦新、赵不炜、郁风、连壁光、刘思慕、乔木、陆丹林、徐迟、戴望舒、施蛰存、冯亦代、马耳、林焕平、叶灵凤、吴佑刚、杨刚、李驰等。"

---

①　郁风也提到过:当时香港报纸不许出现"汉奸""敌人"等字样。参见郁风:《永远值得记取》,文通学社编《历史的轨迹》,广东人民出版社 1987 年版,第 214 页。

本月　收到郁达夫函。请求帮忙在《星岛日报》封面，连续三天登五行与王映霞的离婚启事，并乞代付广告费，或用未领的稿费旧账充抵。表示此后身居异地，可再为《星座》写点杂文。称正在赶译林语堂的《瞬息京华》(即《京华烟云》——笔者)，"年内可全部脱稿"。针对欧战转机，认为"我国抗战亦渐入佳境"，预言抗战最后胜利在三年之内。①

31 日　替郁达夫在《星岛日报》刊出离婚启事："达夫与王映霞女士已于本年三月脱离关系，嗣后王女士之生活行动与达夫无涉。两家亲友处，恕不一一函告。仅此启事。"

6 月

11 日　在《星岛日报·文协》第 57 期第三张(二)上，刊载了《文艺讲习会科目内容》，包括：一、许地山：中国文学与印度文学；二、刘思慕：集纳与文学；三、戴望舒：巴尔扎克研究；四、黄绳：文艺的民族形式；五、乔木：香港文艺青年的习作问题；六、端木蕻良：创作方法；七、简又文：青年文学修养；八、杨刚：新写实主义；九、徐迟：抒情与记述；十、林焕平：十五年来的日本文学；十一、叶灵凤：短篇小说；十二、冯亦代：抗战中之戏剧运动；十三、施蛰存：文学欣赏；十四、袁水拍：新诗；十五、林琼：抗战文艺运动；十六、临时讲座。其中戴望舒将要讲授的"巴尔扎克研究"，时长为 3 小时。其内容简介为：

> 巴尔扎克是写实主义这个文学名词之创造者。他的作品就是研究写实主义的好材料。戴望舒先生从事法国文学十余年，对于巴尔扎克尤有研究，他将在本会中讲述巴尔扎

---

①　郁达夫：《郁达夫文集》(第九卷)，花城出版社 1984 年版，第 497 页。

克之生平及其文学理论和技巧。

据卢玮銮:1940—1941 年,文通曾举办 4 期文艺讲习班,学员人数达到 200 多人,与林焕平、冯亦代、徐迟等一道为其授课,共开办 15 科,戴望舒讲授巴尔扎克和诗歌创作专题:第一次文艺讲习会负责讲授《巴尔扎克研究》,第二次文艺讲习会负责讲授《小说史略》[①]。

16 日　《立报》刊登了"七月文艺通讯竞赛征稿启事",进一步推动香港的文艺通讯运动。

19—23 日　翻译法国作家都德小说《柏林之围》,连载于《星岛日报》副刊《星座》第 621—625 期,署名陈艺圃译。小说写一个上校靠听法国军队节节战胜的消息支撑自己活下去,但现实与他所听到的消息完全相反。当他发现法国军队败给普鲁士军队时精神不堪重击而去世,当国家失去名字时意味着他的生命也走到了尽头。

24—28 日　翻译法国作家都德小说《卖国童子》,连载于《星岛日报》副刊《星座》第 626—630 期,署名陈艺圃译。小说写一个小孩受到普鲁士士兵引诱出卖国家消息使得法军大败,其父并没有因为孩子无知导致的大错迁怒于他,而是为了国家的仇恨和普鲁士敌军殊死决战。身兼慈父和爱国志士双重身份的法国普通男子,国家仇恨和个人温情完美融于一身,小说的动人之处呼之欲出。

28—30 日　翻译法国作家都德小说《最后一课——一个阿尔萨斯孩子的故事》,连载于《星岛日报》副刊《星座》第 630—632 期,署名陈艺圃译。最后一堂法语课成为和祖国告别的仪式,小

---

① 卢玮銮:《灾难的岁月——戴望舒在香港的日子》。

说选取最普通的日常事件，以小见大地再现法国战后割地普鲁士的历史事件。在戴望舒看来，都德的小说可以引起人们对战争的思考，激起人们的爱国激情。

28 日　时任汪伪刊物《国民新闻》社长的穆时英，在上海公共租界福州路上遭人枪击。据新闻报道，6 月 28 日下午 6 点 40 分，穆时英下班经过上海三马路福建路 195 号附近时突遭狙击，失血过多在送往仁济医院途中不治身亡，年仅 28 岁。事由是 1940 年春穆时英受汪伪头目丁默邨之邀，返回上海办报，被国民党当局视作"附逆"，遂被上海潜伏的军统"锄奸"组织暗杀。另一种说法认为穆时英系受国民党中统派遣，他的死是军统和中统的矛盾造成的。20 世纪 70 年代一位自称是当事知情者嵇康裔，写了一篇《邻笛山阳——悼念一位三十年代新感觉派作家穆时英先生》文章，披露当年就是他亲自安排穆时英到上海担任伪职的。由于国民党军统势盛，枪了穆时英且"已经邀了功"，中统"只有牺牲穆时英"。由此"蒙受了一个汉奸的罪名而死"的穆时英是"双重特务制下的牺牲者"。①

不过，穆时英被枪杀时，戴望舒仅知道前一种说法。穆母闻讯后，悲痛返回上海。作为《星座》主编、活跃的抗日文艺战士，戴望舒面对民族大义，不为亲情所动，甚至显示出不近人情的一面。面对丽娟的悲痛，戴望舒不仅没有抚慰之语，反而斥责丽娟："你是汉奸妹妹，哭什么劲！"甚至不愿她回沪奔丧，埋下日后穆丽娟坚决要求离婚的导火索。三日后穆丽娟带着女儿朵朵乘船返沪，料理完丧事后又在上海住了两个多月。返回香港后家

---

①　参见香港《掌故》月刊 1973 年 11 月，转引自严家炎《中国现代小说流派史》，人民文学出版社 1989 年版，第 139—140 页。

庭关系跌至冰点。穆丽娟不高兴时常常不和丈夫讲话,有时长达月余。①

月底 文协香港分会组织的第一期讲习班正式开学,戴望舒与杨刚、冯亦代共同主持,参与讲授诗歌课程。8月底结业,正式学员 50 人。"到第一期文艺讲习班讲课的有乔冠华(讲哲学),杨刚(讲小说),徐迟、袁水拍、戴望舒、梁宗岱(讲诗歌),许地山、叶灵凤(讲散文),冯亦代、葛一虹(讲戏剧),以及黄绳、林焕平和黄药眠(讲文艺理论),刘思慕(讲国际时事)等先生。"②

据余思牧:"我 1939 年七月参加的那次'青年文艺讲座'应是第一次举办的,它先在报上刊出广告,然后在'中华中学'的临时报名处接受听讲申请。我记得讲师有茅盾(讲小说创作及抗战文艺),徐迟、袁水拍、戴望舒(讲诗歌的创作及欣赏),乔冠华(讲时事分析及社论写作),施蛰存(讲外国文学和白话文的写作),冯亦代(讲戏剧)。"③

7 月

1 日 时任《大公报·文艺》副刊编辑的杨刚,在《文艺青年》第 2 期上,发表了《反对新式风花雪月——对香港文艺青年的一个挑战》,尖锐批评了当时青年文艺作者由于香港教育的滞后,又脱离血与火的社会实践,青年人对祖国的渴望常常流于感伤的"怀乡"情绪或空洞暴怒的堆砌辞藻的呼喊,虽在某方面可以

---

① 徐品玉:《我所知道的戴望舒和穆丽娟》,香港《星》报,1983 年 1 月 9 日。

② 陈汉华、李少芬、钟膺、史丹:《回忆"香港青年文艺探究社"》,文通学社编《历史的轨迹》,广东人民出版社 1987 年版,第 38 页。

③ 余思牧:《对茅盾三居香港及其在港文学活动的探讨(续)》,《香江文坛》2002 年第 2 期。余记忆讲习班的时间可能有误。

引起相当的社会共鸣,但"风花雪月,怜我卿我正是这类文章的旧底,不过改了一个新的样子,故统名之曰新式风花雪月"。之后在香港文坛引起一场大讨论。

其后《文艺青年》杂志和《文通》周刊都组织召集过多次讨论。1940 年 11 月 1 日的《文艺青年》上发表了《新式风花雪月讨论提纲》,希望青年读者们就什么是新式风花雪月,其产生的背景、对其的态度和评论、影响和作用、如何克服,新青年文艺运动的检讨……方面进行广泛、深入的探讨。1940 年 11 月 24 日下午在香港坚道文艺协会举办了一次"反对新式风花雪月"的座谈会,有 83 人参加,杨刚、曾洁孺、乔冠华、黄绳、冯亦代、叶灵凤等都有发言。座谈会记录发表在 1940 年 12 月 19 日、26 日的香港《中国晚报》第 4 版和《文通》周刊第 57—58 期上。①

8 月

1 日　杨之华作《穆时英论》,刊于南京《中央导报》第 1 卷第 5 期,其中提及:"穆氏真正地过着文士的生涯是《现代》杂志创刊时始,这个时代正是'普罗文学'的主潮下降的 1932 年代,以一个簇新的姿态代替了《北斗》《文学月报》等而出现在当时的文坛上顶有名的杂志,是以施蛰存、杜衡、戴望舒、刘呐鸥等为主干的《现代》,而穆氏在当时正是现代派的阵营里在创作方面的一方主将。"

本月 2—14、16—20 日　由施蛰存翻译马尔洛的《鄙弃的日子》(Le Temps du mepris. 1935,今译《轻蔑的时代》),在《星座》第 664 至 681 期上连载。全文共八章,讲述二次大战期间反纳

---

① 文通学社编:《历史的轨迹》,广东人民出版社 1987 年版,第 102—118 页。

粹的遭遇,为马尔洛另一重要短篇作品。可惜 1940 年 7 月份的《星岛日报》未能保存,原译文可参见邝可怡《战火下的诗情——戴望舒在香港的文学翻译》第 389—423 页。

3 日 参与筹划"鲁迅先生诞辰 60 周年纪念会"。据冯亦代回忆:"要举行这个会是乔冠华、戴望舒、郁风、徐迟和我在中华百货公司阁仔上喝茶时谈的,由徐迟去征得许地山先生同意后,就这样捣鼓起来了。"①

8 日 《星岛日报·星座》第 679 期第 3 版 2 页发表编者《启示》:"萧红女士新著长篇小说《马伯乐》不日起将在本栏连载,请读者注意。"

24 日 论文《小说旧闻续钞(一)》,载《星岛日报·星座》第 682 期第 3 版 2 页,署名蠡庐(笔名之一)。开篇交代钞录缘起:鲁迅先生辑《小说旧闻钞》汇集中国小说史料,至为精湛。较之蒋瑞藻氏《小说考证》之芜杂淆混,孔令俊氏《中国小说史料》因袭獭祭,不可同日而语。惜乎所见有限,采录无多,未能蔚为巨观,集其大成。今兹羁旅海涯,长夏无事,取前人笔记读之,以消永书。凡遇与小说有关史料,辄另纸录出,久之居然成秩。因合为一卷,题名《小说旧闻续钞》,盖亦"学习鲁迅先生"之意。以后如续有所得,当再编《三钞》。

此后,《小说旧闻续钞》每日连载,至 8 月 31 日已连载至十一。目前从香港中文大学图书馆"香港文学资料库"的《星座》副刊查到 9 月 23 日连载到十六,最终连载了多少期,待考。

夏 茅盾代表文协总会写信给戴望舒,要他在香港联络几位同道,以中华全国文艺界抗敌协会香港分会的名义,办一个英

---

① 冯亦代:《我的文艺学徒生涯》。

文版的文学刊物,向海外朋友介绍中国抗战时期的文学作品。

本月 为了对外宣传抗战,采用外国杂志管理模式,文协重庆总会授权戴望舒出任经理编辑、马耳(叶君健)任主编、冯亦代任经理,创办《中国作家》(*Chinese Writers*)杂志,共出版了 4 期。这份刊物是以中华全国文艺界协会香港分会名义,与重庆总会合作出版的,同时也请了旅港英美文化人如爱泼斯坦、艾伦等为顾问,这是头一个向国外宣传的文艺刊物。①

据徐迟《江南小镇(上)》自述:"马耳编了第一期以后,他到内地去了。望舒虽法文极好,但这是本英语刊物,就无他的用武之地。他提出第二期由我来编。我只是名列于一般编辑的名单的。既然他说了,我也动手编起来。""到第三期,轮到冯亦代编。最后老戴自己还编了一期,便收场了,因为本钱赔光,重庆的总会也没有再寄钱来了。"

另据叶君健:这个刊物名《中国作家》(*Chinese Writers*),基本班底只有戴望舒、徐迟、冯亦代和我。戴望舒负责与重庆的"中华全国文艺界抗敌协会"总会联系,徐迟和冯亦代负责筹集印刷费和出版,我负责编辑和翻译作品及具体出版的一切实务,包括编排和看校样这类的技术性工作。重庆的总会赞成这个计划,寄来了五百元钱作为第一期的印刷费补贴。关于刊物的内容,他们让我们全权处理,只交给我们一个编委的名单。这个名单按照"不问派别、只求共同协力抗战"的原则,包括了一大批人,洋洋洒洒,阵容看起来相当强大。但实际做工作的就是上述那几个人。戴望舒任总编辑,我为主编。实际上我是选稿人(中

---

① 老舍:《八方风雨》节录,《文学运动史料选》第四册,上海教育出版社 1979 年版。

文)、翻译(英文)兼编排者。第一期的编辑业务几乎是由我唱独角戏。但刊物终于出来了。在中国文学的对外宣传说来,以纯文学的期刊形式出现,这是破天荒第一次——这一点上,香港在中国新文学的对外交流上,占有一定的历史地位。①

31 日　《星岛日报·星座》学生园地 692 期第 3 版 2 页发表编者《启示》,预告:"萧红女士新著长篇小说《呼兰河传》,将自明日起在本栏连载,祈读者注意及之。"

9 月

1 日　收到萧红刚刚写好的代表作《呼兰河传》。从 9 月 1 日至 12 月 7 日,《星座》用了三个月时间连载完这部中国现代小说史上的杰作。

3 日　午后,接替穆时英任《国民新闻社》社长的刘呐鸥,被枪杀在上海公共租界四马路平望街口 623 号京华酒楼楼梯口。

15 日　《大公报》的《本港简讯》栏刊出一则关于中国文化协进会将于 17 日假座胜斯酒店举行成立大会并选理事的预告简讯。

17 日　由许地山、简又文、陆丹林筹组的中国文化协进会,在下午三时假座胜斯酒店举行成立典礼,继而选出了许地山、简又文、戴望舒、杨刚、胡春冰等 27 人为理事。②

18 日　《大公报》第 6 版以《中国"文协"成立:发扬光大祖国固有文化,通过工作提案选出理事》为题,报道了 17 日这次成立大会的意义。

---

① 叶君健:《在香港的时候(中)——回忆之一》,《香港文学》1992 年第 86 期。
② 黄傲云:《从文学期刊看战前的香港文学》,《香港文学》1986 年第 13 期。

中旬　太平洋风云突变,香港已非乐土。施蛰存偕夫人陈慧华及孩子举家返回上海。

在香港期间　据施蛰存自述:"38年、40年,在香港,马路上行人不多,只有皇后道是热闹的,但也只有下午4时以后,我从坚道真理会出来,到中华阁仔吃茶,有红茶、牛奶、三明治,坐二小时,只付四个毫子,望舒、灵凤、杨刚、徐迟、乔冠华(乔木)都是当年的茶座朋友。吃过茶,大家走散,我上摩罗街去逛旧货摊,买些小东西,乘巴士回薄扶林道戴望舒家吃晚饭。"①

在香港期间　施蛰存曾"看到望舒书桌上有一本译诗稿《西班牙反法西斯谣曲选》。望舒说,准备印一个单行本。后来亦未见有此书印出。在他的遗稿中,有半篇《跋西班牙抗战谣曲选》,仅400字的稿纸一页,还失去了四五行。但由此可知这部'谣曲'选收诗20首,大概就是《反法西斯谣曲选》的改名。我在《顶点》中抄得《西班牙抗战谣曲抄》5首,应当就是这个集子中的四分之一,但其余的15首却不能知其踪迹了"(据施蛰存《戴望舒译诗集·序》)。

10月

13日　日寇出动27架飞机投弹百余轰炸昆明,云南大学被炸毁。

本月　参与文协香港分会、中国文化协会、中华漫画界协会香港分会、中国青年新闻记者学会香港分会联合举办的"鲁迅逝世三周年纪念会"的筹备工作。

---

① 据施蛰存1988年6月14日复古剑函。

11 月

1—3 日　由于在《星岛日报》副刊《星座》连续刊载端木蕻良的《论阿 Q》，被新闻检察官删削，以编者身份在文中注明"此文被删去百字"以示抗议。

4 日　连载端木蕻良的《论阿 Q》之（三），因被删太多不成一篇文章，于是决定刊登一则《启事》："端木蕻良先生的《论阿 Q》，因检测过多，断然不能成篇，只得中止刊载，故希作者及读者原谅。此言。"以此公开揭露日伪对抗战文艺的干涉阻挠。

据端木蕻良回忆："那时，望舒约我写稿子，我总能很快完成。我写的《论阿 Q》，稿子发出，却开了'天窗'。望舒把校样拿来给我看，待我写《再论阿 Q》，删节得更多。他不怕麻烦，又把校样带给我。这样，我本来要写《三论阿 Q》，也只好搁笔了。（后来离开香港，因为校样遗失了，我又在记忆中补缀起来，写了《论阿 Q 拾遗》，结果还是被检查者删去很多。）在发我的稿子上，望舒费了不少劲。我们和望舒，在香港接触是很频繁的，谈论一些问题，彼此也能理解。但同时也感到望舒多少是抑郁的。"[①]

24 日　晚上 7 点，在文协香港分会会址（坚道十三号 A）内，由文协香港分会组织关于"新式风花雪月讨论会"，与叶灵凤、杨刚、乔冠华、冯亦代、郁风和袁水拍等一起参会，与胡春冰、曾洁儒、张若荣等人展开激烈辩论，批评了抗日文艺统一战线中的一股暗涌。

---

① 端木蕻良：《友情的丝——和戴望舒最初的会晤》，《八方文艺丛刊》第 5 辑，1987 年 4 月。

12 月

22 日　穆丽娟母亲承受不了穆时英被刺的痛苦,在上海家中服毒身亡①。穆丽娟却被蒙在鼓里。无知无觉的她冬至日还穿着红衣裳,直到被朋友提醒才知噩耗。错过见母亲最后一面的机会,穆丽娟痛定思痛之余,当掉翡翠胸针和朵朵的戒指,三天后携女回沪,开始分居。后通过书信正式提出离婚。

26 日　在《星岛日报》副刊《星座》"学生园地"第 809 期的《来件》栏目,刊登了《文协分会举办第二届文艺讲习会》的预告:

> 中华全国文艺界协会香港分会,培养广大的文艺青年群期间,决定于明年初举办第二届文艺讲习会,分请留港文学专家许地山、马鉴、戴望舒、叶灵凤、杨刚、乔木、端木蕻良等义务担任文学各部门问题之研究演讲及指导。科目有:文学概论、写作研究、诗歌、报告文学、抗战戏剧、近代法国文学、战争文学、战争文学、现代欧美文学、弱小民族文学、新现实主义及临时讲座等。

29—30 日　翻译西班牙巴罗哈著的《西班牙怀旧录》,连载在《星岛日报》副刊《星座》第 812—813 期第 3 版第 2 页,署名艺圃(笔名之一)译。

1941 年(辛巳,民国三十年)　36 岁

▲1 月,皖南事变发生。

---

① 据戴望舒:《我的辩白》,《收获》1999 年第 6 期,题目为整理者李辉所加。

▲10月,日本近卫内阁倒台,东条英机出任首相。

▲12月,日军突袭珍珠港,发动太平洋战争。

▲12月25日,香港历史上的"黑色圣诞"。总督杨慕琦向日本投降,香港陷入"三年零八个月"的日占时期。

1月

4日 在《星岛日报》的《星座》副刊上创设《俗文学》周刊。栏目标题"俗文学"三字系柳亚子手书。每周六刊出,至当年12月6日停刊,在此期间除5月24日、31日和10月4日、11日四周无《俗文学》周刊外,一共出版了43期。网罗了国内著名的俗文学专家孙楷第、吴晓铃、罗常培、叶德辉、柳存仁、容肇祖等和戴望舒自己关于中国古典小说和戏曲研究方面的高质量论文。据赵景深著《银字集》①和《通俗文学周年纪念》②一文披露,戴望舒"未刊稿还有《小说考证》《中国小说史料》《小说旧闻钞》一类的东西"③。

在《编辑致语》中,戴望舒说明了办刊目的及取稿原则:"(一)本刊每周出版一次,以中国前代戏曲小说为研究主要对象,承静安先生的遗志,继鲁迅先生余业,意在整理文学遗产,阐明民族形式。(二)本刊登载诸家对于戏曲小说研究最近之心得,以及重要文献,陈论泛论,概不列入,除函约诸专家执笔外,并欢迎各界投稿。"由此不难看出编者对这个周刊的期待和起点,在民族危亡的严酷现实下创刊,绝非只是为了学术,而是有

---

① 赵景深:《银字集》,永祥印书馆1946年版,第60页。

② 赵景深:《通俗文学周年纪念》,《大晚报·通俗文学》周刊1947年第4期。

③ 关家铮:《二十世纪四十年代戴望舒主编的"港字号"〈俗文学〉周刊》,《民俗研究》2008年第2期。

着一以贯之的使命感。因此,可以说戴望舒利用在香港主编的《星岛日报》的《俗文学》专刊,广泛联系了内地沦陷区、后方的学者,使得香港成为当时中国俗文学研究新的中心和重要的学术阵地。俗文学研究中的民族因素和民主因素,对唤起民族意识起到了独特的作用。

同日　出席文艺协会香港分会欢迎柳亚子的茶话会。

18 日　发表《袁刊〈水浒〉之真伪》,载《星岛日报》的《俗文学》专刊第 3 期。

25 日—2 月 5 日　翻译苏联梭罗维也夫的小说《第九十六个女人》(1—11),连载于《星岛日报》副刊《星座》第 830—841 期,署名张白衔(笔名之一)译。

2 月

3 日　沈从文由昆明复施蛰存函,提到穆时英被刺,关心戴望舒近况。"新作家联大方面出了不少,很有几个好的。有个汪曾祺,将来必有大成就。萧乾太太王树藏,写小说或者也有前途。刊物少,不够运用,否则一面学,一面写,两年内必有一批生力军露面。望舒不知如何?舅爷一下子被人打死,屋里人必相当痛苦,健吾闻尚在上海,只译书,不再活动。周二先生居然在北方做教育监督一类事情,老年真是可怕!"[1]

27 日　出席中国文化协进会招待夏衍、宋之的等人的茶话会。

同日　出席文艺协会招待史沫特莱的茶话会。

---

[1]　参沈建中:《施蛰存先生编年事录》(上),第 470 页。

3 月

10 日　随笔《蠖庐琐记》载《星岛日报》副刊《俗文学》第 10 期。共含三题三部分，分别是：一、《欢喜冤家》著作之年代；二、清平三堂所刊话本；三、爱斯高里亚尔静院所藏中国小说戏曲。

24—28 日　重译季奥诺的《怜悯的寂寞》，载《星岛日报》副刊《星座》（第 883—886 期），署名施蛰存译[①]。和 1933 年第一次发表的译文相比，戴望舒对这个译作做了百余处改动。[②]

30—31 日　随笔《苏联文艺杂志漫谈》（一）—（二），载《星岛日报》副刊《星座》第 889—890 期第 3 版 2 页，署名张白衔。

4 月

本月　中华全国文艺界协会留港通讯处易名为中华文艺界协会香港分会。

1—4 日　《苏联文艺杂志漫谈》（三）—（六），连载于《星岛日报·星座》第 891—894 期第 3 版 2 页，署名张白衔。

14 日　散文《漫谈南斯拉夫的杂志》，载《星岛日报》副刊《星座》第 902 期第 3 版 2 页，署名张白衔。

13 日　将萧红写于 3 月 26 日的一部 1.6 万字的小说《北中

---

① 沈建中在《施蛰存先生编年事录》（上）中未指出此点，而把此篇归入施蛰存本人的译作，信息有误。

② 这些修改一部分是为了更贴合原文，例如 1933 年版本中的称呼胖子和瘦子二人为伴侣，在 1941 年版中，将"伴侣"改为"伙伴"，伴侣通常是指男女之间的情感，而伙伴无关性别。但更多的改动是为了增强文本的讽刺和悲哀意味，丰富作品的意蕴表达。从留法期间最初在这篇小说中感知到深切的诗意，到后来在抗战时期包裹着对战争的思考，《怜悯的寂寞》在不同时代的翻译蕴含着戴望舒不同的感悟和寄托。参李苑：《"雨巷诗人"的翻译小说》，上海财经大学硕士论文，2022 年。

国》中的 14 段内容,在《星座》上分多次连载至 29 日结束。

16 日 寓言诗《狼和羔羊》,载《星岛日报》副刊《星座》第
905 期,署名陈艺圃。

《狼和羔羊》借用了中国的传统民间故事,一头饿狼通过罗
织罪名,最终吃掉了小羔羊,最后一节是"讲道理":

> 寓言曰:一朝权在手,黑白原不分,
>
> 　　何患无辞说,加以大罪名。
>
> 　不管你分辨声明,
>
> 　　请戴红帽子一顶。
>
> 　　让你遭殃失意,
>
> 　　　我且饱了肚皮。

20 日 寓言诗《生产的山》,载《星岛日报》副刊《星座》第
909 期,署名陈艺圃。

> 话说有一座山
>
> 　嚷着要生产
>
> 　大家都赶来看个分明
>
> 以为祂要像圣玛丽一样
>
> 　没有父亲,把耶稣生养
>
> 将要生产一个巨镇大城,
>
> 　像成都、昆明或是重庆,
>
> 　谁知道嚷了半天,
>
> 　　哎呀我的天,
>
> 　山崩地裂鬼神诉,
>
> 祂却养出了一只吃米的老鼠!

《生产的山》讽刺了两件时事,一是国民党政府偏安于西南
一隅,但却常常叫嚣要把重庆、昆明、成都建设成为南京和上海

这样的"巨镇大城",但实际上却并没有人来真正抓生产建设;二是不少政府官员趁着时局混乱大肆中饱私囊,成为可恨的"硕鼠"。这两首诗寓意明显,前者讽刺了"强权政治"、"侵略"的可耻;后者直指反动无能而又腐朽的国民政府。诗作带有鲜明的中国传统民间俚曲和西班牙谣曲的风格,在戴望舒一生的诗歌创作中属于真正的"另类"。

同日 散文《列宁图书馆的手稿部》,载《星岛日报》副刊《星座》第 909 期,署名张白衔。

本月 散论《"欢喜冤家"著作之年代》,重刊《辅仁文苑》第 7 期,署名戴望舒。

29 日 《大公报》报道了 4 月 28 日举办文协香港分会理事会,由许地山主席议决 5 月 4 日召开第三周年会员大会,选举新理事的简讯。

5 月

4 日 再次当选为文协香港分会理事,同时兼宣传部的负责人。

5 日 《大公报》报道了文协香港分会新理事选出的消息。

6 月

1 日 周鲸文、端木蕻良主编的大型文学刊物《时代文学》创刊号在香港出版,戴望舒被列为《时代文学》的"特约撰述人"。创刊号上载有戴望舒翻译的法国作家圣代克茹贝里(即圣埃克苏佩里)的小说《绿洲》,文后有戴望舒写的作者简介:本篇作者圣戴可茹贝尔是法国著名的航空小说家,最初以长篇小说《南方邮航》名世,1931 年出版的《夜航》受到纪德的推荐,成为法国文坛一颗明亮的新星。除以上两篇名作外,还有一部《人的地》集,《绿洲》就选译于此书。1942 年 11 月 15 日《绿洲》再刊于《创作月刊》第 1 卷第 6 期,署圣茹丹贝里作,戴望舒译。

约在此期间　端木在大时代书局做编辑时,曾热情地向戴望舒建议,邀请他写作一本《诗坛随想录》。他认为以戴望舒在诗坛的所见所闻及其地位和影响,写作出来的这本书应该可以在读者大众中产生影响,而且也能够为中国现代文学史积累下丰富的资料。戴望舒对这个提议非常赞同,他说正在翻译一部外国《诗论》,端木立即建议可以将这两部分放在一起,编辑成一本书,戴望舒也同意了。现存资料中没有见到这部书稿,可能因为战乱动荡,这个计划没有实现。

本月　听闻有一位姓朱的大学生在追求穆丽娟,便赶到上海,住在姐姐戴瑛家中,与穆丽娟长谈了两三次,未果。汪伪宣传部长胡兰成得悉消息托人传话,要他留在上海办报纸。汉奸头目李士群也乘机要挟,说只要答应为他们工作,就保证穆丽娟会回到身边,均被拒绝①。因为害怕在上海落入魔网,只住了两三天,就悄悄离沪返港②。回港后,给穆丽娟发出"绝命书":

　　……从我们有理由必须结婚的那一天起,我就预见这个婚姻会给我们带来没完的烦恼。但是我一直在想,或许你将来会爱我的。现在幻想毁灭了,我选择了死,离婚的要

---

① 参温梓川:《雨巷诗人》,痖弦编《戴望舒卷》,台湾洪范书店 1977 年版,第174—182 页。

② 据王文彬 1994 年 8 月 24 日穆丽娟访谈记录:"日伪时期,胡兰成叫他(戴望舒)留下来,他没有同意,这次李士群以我做人质,他也没有同意。他偷偷溜走了,临走前一天晚,和我告别。"

求我拒绝，因为朵朵已经五岁了，我们不能让孩子苦恼，因此我用死来解决我们间的问题，它和离婚一样，使你得到解放。

穆丽娟接信后，心情沉重地把信拿给戴瑛看，戴瑛说：一个人不可能再自杀一次。但他真的还是服了毒，幸而获救。不幸的是绝命书和试图自殒，都没能使穆丽娟回心转意。她回信的态度很决绝："今天我将坚持自己的主张，我一定要离婚，因为像你自己说的那样，我自始至终就没有爱过你！"①此后，双方通过信函联系，并经律师马叔庸办理离婚（分居）协议，半年为期，以观后效。分居期间穆丽娟和朵朵（戴咏素）的生活费由戴望舒负担。②

16 日　开始在《星岛日报》副刊《星座》第 961 期连载法国作家马尔洛的反法西斯小说《希望》(L'espoir) 的全文翻译，署名江思译。可惜因为太平洋战争爆发，小说连载于 1941 年 12 月 8 日终止。译文主要为《希望》第一部"诗情的幻觉"，接近全书二分之一的篇幅。连载具体情况如下：《希望》（一至一四八）自 1941 年 6 月 16 日至 12 月 8 日于《星座》连载，其中 1941 年 11 月 17 日刊载《希望》所标示的期数"一三〇"误为"一三一"，由此

---

①　温梓川：《雨巷诗人》，痖弦编《戴望舒卷》，台湾洪范书店 1977 年版，第 174—182 页。

②　据蒋锡金 1980 年 10 月对王文彬所谈：1941 年夏有一天，我在新亚饭店喝茶，戴望舒来了，说要在我旁边坐一坐。我就问他什么时候来上海的，来干啥。他说：要与穆丽娟离异，非得这么做不可了，有些事不好说，事到如今不得不这样做。我来这里等穆丽娟，要到三楼请律师一起吃饭，谈离异的事。坐了一小会儿，律师和穆丽娟来了，他们一起上楼去。1949 年 7 月第一次文代会召开之际，对戴望舒的代表资格进行审查时，蒋锡金曾以此为戴氏出具毁家纾难的证明。另据 1994 年 8 月 25 日穆丽娟女士对王文彬说："我和戴望舒离异的事情，由马叔庸律师办理。"参王文彬《雨巷中走出的诗人——戴望舒传论》，商务印书馆 2006 年版，第 253 页。

略去了一期,故《希望》连载实际只有一百四十七期。又因报刊资料散佚不全,据现存资料整理校订,小说刊载具体日期为 1941年 6 月 16、18—20、22—27、29—30 日;7 月 1—4、6—10、13—15、17—18、20—21、23—25、27—31 日;9 月 1—5、7—12、14—19、21—26、28—30 日;10 月 1—10、12—17、20—31 日;11 月2—7、11—12、14、17—20、23—24、26、28、30 日;12 月 1、3—5、7—8 日。《希望》整理从缺期数如下:第廿二期(7 月 11 或 12日)、第三十八至六十三期(8 月 1—31 日)、第一一八期(11 月 1日)、第一二五期(11 月 8、9 或 10 日)、第一二八期(11 月 13日)、第一三五期(11 月 21 或 22 日)、第一三九(11 月 27 日)及一四三期(12 月 2 日)。[①]

小说以马尔洛自己所经历的西班牙内战为背景,将战争中军队的英勇战斗、世界反法西斯力量的支援、战争的残酷、共和党的反击等社会历史重大事件表现出来,赞颂了西班牙人民的正义斗争。此外,小说中还有多处关于人类存在的哲学话题的探讨,传达出哪怕西班牙人民最后败了战争,这种团结一致的反抗精神就是一种希望,一个人、一个民族只要有这种精神是不会被打倒的。这或许才是戴望舒从 1938 年 8 月到 1941 年 12 月如此长的时间跨度中,不间断地翻译这篇小说的真正原因。

7 月

11 日　翻译洛尔加的诗歌《诗三章》,目次包含《三河谣》(王文彬、金石主编《戴望舒全集·诗歌卷》第 506—507 页题名为

---

①　参邝可怡:《战火下的诗情:抗日站着时期戴望舒在港的文学翻译》,商务印书馆(香港)有限公司 2014 年版。

《三河小谣》)、《无题》(后收入《洛尔迦诗抄》中题名为《冶游郎》)、《蔷薇小曲》,载《星岛日报》副刊《星座》983 期,署名御月(笔名之一)译。

16—17 日 翻译莱蒙托夫的《达满》,载《星座》第 987—988 期,署名白衔(笔名之一)译。此篇是 1929 年发表过的《达芒》的重译本再刊,篇名略有改动。此时香港局势严峻,文化管制十分严格,在自己主编的《星座》上,借这篇小说曲折表达国家危难的悲哀与沉痛。

6—7 月 开始调整自己,细心地补救自己的过失,补救业已残损的婚姻。他坚持记日记,并且把两个月的日记寄给丽娟,"为了让她可以更充分地了解自己"①。

29 日 日记记载,接到穆丽娟从上海发来的信。

8 月

4 日 日记记载:下午二时许,许地山突然去世了。他的身体是一向很好的,我前几天也还在路上碰到他,真是想不到!听说是心脏病,连医生也来不及请。感慨:"这样死倒也好,比我活着受人世最大的苦好得多了。"折射出被离婚要求所打击之痛。

5 日 许地山遗体在香港安葬,港九鸣钟,香港大学降半旗致哀。日记中写:"世上的人真奇怪,都以为死是可悲的,却不知生也更为可悲。我从死里出来,惟有我能对这两者作一个比较。"流露出为离婚殉死被救后对生死的深痛感悟。

① 可惜这两个月的日记没有留存下来,现存只有 7 月 29 日开始的 8—9 月日记,收入王文彬、金石主编的《戴望舒全集·散文卷》里,从中可以一窥戴望舒对穆丽娟的感情以及为挽救婚姻所做的苦心努力。

9 日　为穆丽娟订送生日蛋糕,又打了一个贺电,祝贺她"今天再度生日"。穆丽娟的生日是农历六月十五日(1941 年闰六月,阳历应该是 8 月 7 日——笔者注)。同一天日记记载:凌晨林泉居闹贼失窃,徐迟夫人陈松"五十元光景的钱"被偷。

13 日　日记里思念丽娟,说她和朵朵是自己"一生中最宝爱的人","总得到上海去看她们一次,就是冒什么大的危险也是甘愿的"。

14 日　日记记载:"饭间复陆侃如夫妇和吴晓铃的信,又把他们在俗文学的稿费寄给他们。"可见冯沅君和陆侃如在《俗文学》上也发表过文章。

15 日　日记记载:收到穆丽娟 7 日所发的信,但劝他"不要到上海去,看看照片也是一样"。从信中得知丽娟病了,就急切地劝她能回到香港,"让自己好好服侍她,为她调理"。

16 日　想到丽娟在上海一定很寂寞,又分头写信给周黎庵(劭)、姐姐戴瑛、施蛰存的妻子陈慧华,要他们"常去找找她,以解她的寂寞"。

17 日　日记记载:收到丽娟来信,叫他写信给周黎庵,要周教她国文。望舒照办写了一封,唯一感到不安的是,不知"报酬如何算","我们已麻烦他的太多了,这次不能再去花他许多时间。可是信上也不能如何说,还是让丽娟自己去打听他一声吧"。这一天,把丽娟回沪时典当的翡翠佩针和朵朵的戒指赎回,并写信告诉了她。

18 日　从结婚后所拍的照片中,挑选特别显现亲情的 9 组 30 余幅,制成一个精巧凝重的相夹,寄给了穆丽娟。在相夹的扉页上写道:"丽娟:看到了这些的时候,请你想到我和朵朵在等待你,等待你回到我们这里来,不要忘记我们,永远不要忘记我们。"

同日　日记还记载了一天的活动:"晚间马师奶请她的三个女学生吃饭,叫沈仲章、何迅和我三人做陪客。一个是姓何的,名叫 geitunde,两个姓余的,是姊妹,一叫 maguatt,已忘掉。三个人话很多,说个不停,一直说到十一点光景才走。姓何的约大家在下下星期日到赤柱去钓鱼野宴并游水,她在赤柱有一个游泳棚,可以消磨一整天。"

19 日　日记记载:寄去 6—7 月的日记,丽娟"看了反而生气"。

20 日　为穆丽娟买衣料,并托人带到上海。丽娟在信中偶尔提一下,"也许今年年底或明年年初能到香港一次",便在日记中写道:"这是多么可喜的消息啊! 丽娟,我是多么盼望你照香港来。我哪里会强留你住? 虽则我是多么愿意永远和你在一起,但是如果这是你所不愿意,我是一定顺你的意志去做的。"

21 日　日记记载:穆丽娟希望把她的箱子在八月底九月初带到上海去,让他颇伤脑筋:"陶亢德、沈仲章现在都不走,托谁带去好呢? 小东西倒还可以能转辗托人,着急这样大的箱子别人哪里肯带?"

25 日　请胡好作保,托中国旅行社为丽娟母女办了两年的人口证。在日常生活中,想到"丽娟曾劝我把脾气改得和气一点",自我反省,表示愿为她尽力改变。

27 日　日记记载:到文化协会讲了 1 小时的诗歌。收到孙大雨的信,希望代寄一封信给重庆任泰。

30 日　日记记载:小丁(丁聪)来访,一起吃中饭、晚饭,聊到晚上 12 点。小丁刚从仰光回来不久。

31 日　日记记载:"⋯⋯(早上)沈仲章来唤醒了我。原来今天是何姑娘约定到赤柱去钓鱼的日子。……到了赤柱何家游水棚,除了仲章和马师奶外,大家都下去游水。"

9 月

1 日　日记记载,收到穆丽娟 8 月 25 日写的信说,"国文已不再读了,只读英文"。慨叹她太没有长性了,"读英文没有什么大用处,黎庵也不见得教得好,还是仍旧读国文好"。

2 日　复穆丽娟信。

3 日　因穆丽娟久居上海不回香港,婚姻出现裂痕,不免引起朋友们的猜测和关心。据日记记载:收到施蛰存的信,"他很关心我的事。他只听得我和丽娟有裂痕的话,以为她现在得到了遗产,迷恋上海繁华(如果他知道真情,他不知要作何感想呢?)他劝我早点叫她回来,或索性放弃了"。"别人都这样劝我,他也如此。……我也不是不明白这种道理,但是我却爱她,我知道她在世界上孤苦零丁,没有一个真心对她的人。对于我,对于这两方面说,我不能让她离开我;再说我们还有朵朵呢!"

同日　日记记载,晚上去文化协会讲诗歌。

4 日　日记记载,上午给穆丽娟写信。下午张君干约游泳、吃饭看电影。

5 日　日记记载,上午给穆丽娟写信。晚饭后访陶亢德和林臧庐。

6 日　日记记载,下午回施蛰存信,请他多写文稿来。没有多提关于丽娟的事,但说"相信她会回来的"。

9 日　日记记载,上午回穆丽娟信,晚饭后,找盛舜商量出版《苏联文学史话》和《西班牙抗战谣曲选》。

在现存保留的 1941 年 7、8、9 三个月的日记中,记载最多的

310

是如何筹集款项，如何汇兑到上海，供丽娟母女生活费用，可见当年为挽回这段婚姻所尽的努力。

12 日　翻译亚力舍·托尔斯泰的《希特勒军队的暴行》，载《星岛日报》副刊《星座》第 1038 期第 3 版，署名白衔。

21 日　香港文化界 400 多个团体近千名代表举行"许地山先生追悼大会"，香港所有的机构和学校下半旗，港九钟楼再度鸣钟致哀。

10 月

1 日　施蛰存作诗《挽许地山先生》，载《星岛日报》副刊《星座》第 1054 期。

25 日　陈寅恪致函戴望舒，认为《星岛日报》的《俗文学》专刊第 29 期上"吴晓铃先生青楼集作者姓名考辨，论据精确，钦佩至极"，可见办刊的水准。①

本月　译作《苏联文学史话》由林泉居自费出版，《星岛日报》印刷部印刷，耕耘书店总经销，署名戴望舒译。目次为第一部：从个人主义到革命——第一章混乱中的作家们、第二章布尔塞维克诗人、第三章在革命中的诗歌、第四章意象派——叶赛宁、第五章俄罗斯的未来、第六章民间歌谣、第七章雪作的纪念像、第八章七人团；第二部：从革命到集团主义——第一章沿革、第二章布格达诺夫的理论、第三章无产阶级文学的第一个时期、第四章新经济政策、第五章无产阶级文学的第二个时期、第六章"瓦泊"(无产阶级作家内部分裂出的一个愿与"同路人"合作的

---

①　陈寅恪：《致戴望舒》，原刊《星岛日报》的《俗文学》专刊第 41 期，参《陈寅恪集》(书信集)，生活·读书·新知三联书店 2001 年版，第 235 页。

作家团体协会,由无产阶级作家和劳动通讯员组成,口号包含在"修养、创作、自我批判"这几个词中。此章包含"无产阶级文学的突进、文艺政策的改变、作家的突击队、巴斯戴尔拿克"四篇——笔者注);目次的最后还有附录五篇《诗人叶赛宁之死》(原载《贡献》杂志——据戴望舒"译者附记"说明,下同)、《诗人玛牙可夫斯基之死》(原载《小说月报》第 21 卷第 12 号)、《无产阶级文化协会宣言》(原载布格达诺夫的《新艺术论》,水沫书店出版)、《观念形态战线和文学》、《关于文艺领域上的党的政策》(后 2 篇取自鲁迅先生所译的《文化政策》)。

此本法文著作原名为《俄罗斯革命中的诗人们》,1934 年出版后一个月,就已从沈宝基处借得,伏在巴黎小旅社的小书桌上,放弃每天塞纳河边的散步,勤勤恳恳地翻译出来了。但是译稿寄到国内以后,却到处碰壁,周游了上海的各书店,光听到书名,"已够使那些危在旦夕的出版家吓退了"。只有等到 1936 年归国,这本小书的第一部换成《苏联诗坛逸话》这样一个"轻松的题名"才得以出版。直到译成 8 年后的香港,才终于自费以林泉居为出版者,把一、二两部分完整印行。

"译者附记"介绍作者本约明·高力里 1898 年生于苏联,大学毕业后就开始创办文艺杂志,向西欧国家介绍俄国的革命文艺成果。他用法文在法、比各革命刊物上撰稿,把苏联青年诗人们的作品第一次译成法文结集出版,并把玛牙可夫斯基的《穿裤子的云》介绍给法国读者。书中所接触到的是革命前后的整个苏联文坛,所以中译本改书名为《苏联文学史话》。"在这部小书之中,作者要指出的是俄国文学是怎样地去和革命结合,又从哪一条路去和它结合"——这正是戴望舒自己在和艾青编《顶点》以及批评国防诗歌时所努力追求的方向。

12 月

8 日　凌晨,日军突袭珍珠港,发动太平洋战争,也同时进攻香港,《星座》改为特刊,刊发 1 期即停刊。

望舒一早来到报馆,为安全计,和徐迟一家来到叶灵凤姐姐住处,她家对面有防空洞,可以躲避日机的轰炸。望舒他们曾三次躲进防空洞。因为隧道里空气不通畅,第二次进洞后不久,望舒曾晕倒一次,直到晚上,他们才回到林泉居。①

10 日　《星岛日报》与原有的《中国与世界》《星座》《娱乐》及晚报《星云》各版合并为一张报纸,改名为《战时生活》,由戴望舒与叶灵凤、张君干、梁度孙三人负责合编。

几年之后,戴望舒追忆了《星岛日报》被迫关门的情景:

……因为炮火的关系,有的同事已不能到馆,在人手少的时候,不能不什么都做了。从此以后,我便白天冒着炮火到中环去探听消息,夜间在馆中译电。在紧张的生活中,我忘记了家,有时竟忘记了饥饿。接着炮火越来越紧,接着电也没有了。报纸缩到不能再小的大小,而新闻的来源也差不多断绝了。然而大家都还不断地工作着,没有绝望。

接着,我记得是香港投降前三天吧,报馆的四周已被炮火所包围,报纸实在不能出下去了。消息越来越坏,馆方已准备把报纸停刊了。同事们都充满了悲壮的情绪,互相望着,眼睛里含着眼泪,然后静静地走开去。然而,这时候却

---

① 王文彬:《雨巷中走出的诗人——戴望舒传论》,商务印书馆 2006 年版,第 260 页。

传来了一个欺人的好消息，那便是中国军队已打到新界了。

消息到来的时候，在报馆的只有我和周新兄。我们想这消息是不可靠的，但是我们总得将它发表出去。然而，排字房的工友散了，我们没有将它发出去的方法。可是我们应该尽我们最后一天的责任。于是，找到了一张白报纸，我们用红墨水尽量大的写着："确息：我军已开到新界，日寇望风披靡，本港可保无虞"，把它张贴到报馆门口去。然后两人沉默地离开了这报馆。[①]

这就是香港沦陷前夕戴望舒最后的编务工作。

25 日　经过 18 天的保卫战，英国当局宣布无条件投降。

年底至春　根据中共中央指示，300 多名爱国民主人士和文化界知名人士，在东江游击队保护下开始陆续安全撤离香港，抵达后方。

约在此期间　因等待穆丽娟回心转意而滞留香港。

1942 年(壬午，民国三十一年)　37 岁

▲1 月，中、美、英、苏等 26 国代表在华盛顿签署《联合国共同宣言》。

▲5 月，中共中央宣传部在延安杨家岭召集文艺工作者 80 余人座谈，毛泽东两次到会讲话，后以《在延安文艺座谈会上的讲话》为题整理发表。

---

① 　戴望舒：《十年前的〈星岛〉和〈星座〉》，王文彬、金石主编《戴望舒全集·散文卷》，中国青年出版社 1999 年版，第 203—204 页。

1 月

22 日　萧红病逝于香港圣司提反女校,年仅 31 岁。

本月　杜衡跟随国际通讯社到达重庆,不久加入《中央日报》,出任主笔。

2 月

下旬　施蛰存在厦门大学任教,聘书改称"文学院讲席",经报教育部审议被评为副教授。

3 月

本月　被日本人关进奥卑利监狱,即今天的奥卑利街(也有说是域多利监狱 D 仓。B 仓是终生监狱)。①

　　望舒那天去看望原任香港大学中文院教授的马鉴,马先生住在香港大学附近半山腰的一座洋房里。望舒从马家出门后,就下坡到一家旧书店去看看,不知道自己从马家出来时已被日方特务钉上了。他一走出书店门,就有两个特务靠摆来,威胁他说:"戴先生,请你跟我们走一遭。"就这样,他被逮捕入了牢狱。②

　　戴望舒被捕的直接原因,据说是与离开香港的抗日作家端木蕻良过从甚密。端木蕻良在香港时是知名的左翼文学人士,抗日表现积极,深受日方的痛恨。香港沦陷,端木蕻良接到情报

---

①　廖伟棠:《和幽灵一起的香港漫游(组诗选三)》,《香港文学》2008 年第 285 期。

②　孙源:《回忆诗人戴望舒》,《海洋文艺》1980 年第 7 卷第 6 期。

远走内地，日方恼羞成怒，逮捕了没有撤离的戴望舒，让他揭发端木蕻良，对他施以各种酷刑。① 当端木"得知望舒因跟他有关而入狱之时，心中万分不安，而苦于无解救之力"。辗转来到贵州遵义时，已是1944年11月，他向还停留在香港的戴望舒发去一函，表达了这种心情。信中写道：

> 望舒兄：马季明先生来桂时告我兄被诬陷入狱备受苦刑，马先生当时并以经过相告。谓日宪以一黑名单送兄指认，当时兄虽以弟为念者因而被捕，果如是则兄之苦刑实由弟所起，心兹不安，并一时达衷愫而不能，其痛苦想与兄所同也。今者，忠奸大白，兄之亮节，久之弥望，而弟之同情可借斯纸而传达也，但以不愁确址，幸星岛日报能代为传达，幸何如之。②

4月

1日 叶灵凤创办《大众周报》。自香港沦陷后，日伪为了管制出版、发动宣传起见，对于比较有名气的作家都加以联络监视，故以写稿维生的文友生活顿成问题。叶灵凤合计办一份《大众周报》，解决自身和一班落难文友的生活，因此刊出的文章除了部分社论为拖延日方意旨外，主要走"逸腔"文风，谈风俗掌故消闲考证之类的③，以避开政治检查。戴望舒后来的"广东俗语

---

① 半个世纪后，端木蕻良在1979年4月29日香港《文汇报》上发表的《五四怀旧词》中记叙："望舒被传讯，故置黑名单于侧，要彼相认。望舒知余已离港甚久，又念发表我的文章甚夥，如云不识，难令置信。遂漫应之，与端木相识。因此入狱。"

② 孔海珠：《友情的丝在延伸——端木蕻良和戴望舒》，《香港文学》1988年第46期。

③ 方宽烈：《谈叶灵凤主编的〈大众周报〉》，《天天日报》1987年4月25日。

图解"和"古代小说戏曲考"由此应运而生。《大众周报》社址设在香港必打街必打行大楼,逢星期六出版一期,十六开本,每期连封面、封底恰好是一张报纸的版面。

27 日 创作《狱中题壁》,抒发了视死如归的决心和必胜的信念。

5 月

本月 经叶灵凤等设法相救,被保释出狱,后到大同图书印务局编辑部任编辑。同时,与狱中难友诗人黄鲁、万扬合股开设怀旧斋书店,因不善经营,4 个月后倒闭。

同期 参与叶灵凤主编的《大众周报》的编辑工作。

出狱时,身体变得非常虚弱,"日本地牢里的阴湿,使他的气管炎变成经常的了"。当年的同事郑家镇[①]后来在文章中回忆:"好一副书生气质,患哮喘,冬天穿较多衣服,少不了围巾,手中总有一条白手帕,似是患了重伤风,老是医不好的重伤风。"这跟他几年后的英年早逝直接相关。[②]

本月 经胡好介绍,结识在大同图书印务局经理部工作的杨静。杨静原名杨丽萍,原籍浙江镇海,出生于香港本土,时年 16 岁,长得娇小美丽,热情大方,一派南国美少女的风韵。两人相差 21 岁,却一见如故,开始热恋。

---

① 郑家镇 20 世纪 30 年代后期认识戴望舒,和戴望舒在香港同事两年多。戴望舒的广东俗语系列文章,就是由他负责插画的,笔名陈第。

② 郑家镇:《我认识的戴望舒》,《香港文学》1985 年第 2 期。

8 月

1 日　翻译日本杉村、广藏的论文《日美开战与中国经济》（节译），载《新东亚》月刊第 1 卷第 1 期，署名方思（笔名之一）译。

10 月

本月　开始创作讽刺日本侵略者的民歌《忠灵塔》《神风》《玉碎》《大东亚》等十余首。

11 月

本月　翻译日本太田正雄的文章《云冈石佛寺之今昔》，载《新东亚》月刊第 1 卷第 4 期，署名方思译。

24 日　在写给穆丽娟的信中，表示"同意离婚"①。

本月　经一位萧红生前相识的日本《读卖新闻》驻港记者平泽的帮助，与叶灵凤和平泽三人去了当时还是禁区的浅水湾凭吊萧红。三人找了一下午，才在丽都酒店前面找到了埋葬萧红的地方。在萧红墓前拍了两张照片。15 年后，这张照片成了确认萧红墓的物证。之后还多次前往浅水湾，并在萧红墓前口占了一首纪念诗，即著名的《萧红墓畔口占》。②

---

①　卢玮銮：《戴望舒在香港》，施蛰存、应国靖编《中国现代作家选集·戴望舒》，人民文学出版社 1993 年版，第 335 页。

②　袁培力：《萧红与戴望舒鲜为人知的友情》，《各界》2020 年第 15 期。

望舒(右)、平泽(中)、叶灵凤(左)在浅水湾萧红墓前

1943年(癸未,民国三十二年) 38岁

▲1月,苏联红军在斯大林格勒全歼入侵德军。

▲9月,意大利法西斯政府宣布无条件投降。

▲10月,《解放日报》全文发表毛泽东《在延安文艺座谈会上的讲话》。

▲11月,中、美、英三国首脑在埃及开罗举行会议,发表《开罗宣言》。

1月

1日 翻译印度罗什·罗阿的文章《护金蛇》,载《新东亚》(月刊)2卷1期,署名文生(笔名之一)译。①

26日 给穆丽娟寄出已经签字的离婚契约。根据契约,女

---

① 因为《新东亚》是日本人办的刊物,原载时间为"昭和18.1.1",换成公历即是1943年元旦。

儿戴咏素由戴望舒抚养。随后,将穆丽娟的所有物件全部打包,寄回上海。二人正式解除婚约。①

28 日　创作《心愿》。在诗的前三节,诗人叙述了自己的心愿:"开颜笑笑",吃饱,散步,睡觉,游山,玩水,谈心,喝咖啡,抽烟,一家团聚,拥抱妻子儿女,看电影,烧个好菜……每一节最后都有一句:"只有把敌人打倒""只有送敌人入殓""只有将敌人杀尽"。最后一节则已是抗战动员的口吻:"只有起来打击敌人,/自由和幸福才会降临"。

2 月

17 日　《申报》登载"戴望舒与穆丽娟离婚声明":"兹经双方同意已在港沪签订合法离婚契约,除各执一份外特此声明。"这一段不到七年的婚姻终于宣告结束。

4 月

3 日　"广东俗语图解"之(一)《竹织鸭》,载《大众周报》第 1 卷 1 期,署名达士解辞。由此至 1944 年 10 月 19 日,用达士笔名,以"广东俗语图解"为栏名,在《大众周报》上连载 81 篇学术

---

①　参卢玮銮:《灾难的里程碑——戴望舒在香港的日子》"注释 70",《香港文纵》,香港华汉文化事业公司 1987 年版,第 207 页。王文彬的《雨巷中走出的诗人——戴望舒传论》第 267 页也同引卢玮銮的注释内容,即施蛰存摘抄的望舒日记,却把日期"1 月 26 日"错抄为"1 月 23 日"。把卢玮銮的注释"70"误记为注释"170"。实际上卢玮銮此文的注释一共只有 126 条。

小品①,对广东俗语的来源和内涵作了考证和阐释。叶灵凤都惊奇戴望舒作为一个浙江人,居然能把广东俗语阐释得这样生动而精准。卢玮銮认为这是因为戴望舒是"把广东俗语当成俗文学来研究。文中广引古书笔记,加上广东民间传说及风俗数据,给广东俗语来源合理的解释,并不是信口雌黄的游戏之作"②。这些融知识性和趣味性于一炉的文章,本来已经列入《大众周报丛书》,在1945年5月已经见到有关它的出版广告,但最终由于日本投降,局势突转,而未能出版。

10日 "广东俗语图解"之(二)《石罅米》,载《大众周报》第1卷2期,署名达士解辞。

同日 书评《读〈水浒传〉之一得——幽居识小录之一》,载《大众周报》第1卷2期,署名白衔。后又刊于《太平》第2卷第11期。

17日 "广东俗语图解"之(三)《沙烂砌》,载《大众周报》第1卷3期,署名达士解辞。

23日 旧译诗作牙麦(耶麦)的《要下雪了——赠莱奥巴尔·比波》,载《华侨日报·文艺周刊》第13期,署名戴望舒译。

同日 《东南日报》刊发一篇题为《戴望舒离婚了》的文章。文中除了转录《申报》戴穆离婚声明原文外,还提到戴望舒将好友杜衡从香港文协开除出去,以及施蛰存为戴氏之言行进行辩

----

① 王文彬、金石主编《戴望舒全集·散文卷》第398页以"广东俗语图解"为总题简单介绍了戴望舒81篇文章发表在《大众周报》上,由陈第插图,表明全集只收录了30篇,强调"文中注释系作者原注,篇末所标示的,是该文发表的时间和报刊"。但把陈第的原名郑家镇错写成"郑永镇",而且不知为何在收录的30篇文章篇末,发表刊物每篇都错标成了《大众日报》!此讹误在此一并说明,不再每篇加脚注。而有些具体篇目存在时间、日期上的错误,本谱尽力在脚注中做出提示说明。

② 据卢玮銮:《灾难的里程碑——戴望舒在香港的日子》,第192页。

护的文字。

24 日　"广东俗语图解"之（四）《盲佬贴符》，载《大众周报》第 1 卷第 4 期，署名达士解辞。

同日　同期还刊载了书评《十七字诗之祖——幽居识小录之二》，署名白衔。

5 月

1 日　"广东俗语图解"之（五）《阎罗王揸摊》，载《大众周报》第 1 卷第 5 期，署名达士解辞。①

8 日　"广东俗语图解"之（六）《蛋家鸡》，载《大众周报》第 1 卷第 6 期，署名达士解辞。

15 日　"广东俗语图解"之（七）《幡竿灯笼》，载《大众周报》第 1 卷第 7 期，署名达士解辞。

22 日　"广东俗语图解"之（八）《顶趾鞋》，载《大众周报》第 1 卷第 8 期，署名达士解辞。

29 日　"广东俗语图解"之（九）《酸姜竹》，载《大众周报》第 1 卷第 9 期，署名达士解辞。

30 日　与杨静（丽萍）在香港毕打街香港大酒店举行婚礼。②

婚后　先住薄扶林道的林泉居，后迁至干德道，最后搬至蓝

---

①　王文彬、金石主编《戴望舒全集·散文卷》中标注"载《大众日报》"，刊名有误，应为《大众周报》。

②　应国靖的《戴望舒年表》中却说戴望舒与杨静结婚是在"5 月 9 日"。查阅卢玮銮《戴望舒在香港》一文中有关"5 月 30 日，与杨静（丽萍）在香港毕打街香港大酒店举行婚礼"这一条的尾注，"据杨静女士一九八四年五月五日口述资料"，来自当事人杨静女士的亲述，显然更可靠。可见应国靖《戴望舒年表》中的"5 月 9 日"日期有误。

戴望舒、杨静婚礼照片

干道。

"战火中的患难结合,既苦涩又甜蜜,的确使望舒感到亲切温馨。望舒把他和杨静的结婚照片寄给穆丽娟,不言之中告诉丽娟,我可以找到比你更年轻的漂亮姑娘。望舒至少在结婚的时候是满意的。他已经到了需要过一种宁静生活的年龄,不希望也担心再出现波折。"①

6 月

5 日　"广东俗语图解"之(十)《单料铜煲》,载《大众周报》第 1 卷第 10 期,署名达士解辞。②

12 日　"广东俗语图解"之(十一)《放路溪钱》,载《大众周报》第 1 卷第 11 期,署名达士解辞。

19 日　"广东俗语图解"之(十二)《长塘街较剪》,载《大众周

---

① 参王文彬:《云锁烟埋,这幸福是短暂的——戴望舒和穆丽娟》,《新文学史料》1995 年第 3 期。

② 王文彬、金石主编《戴望舒全集·散文卷》中标注"载《大众日报》1943-5-5",期刊名和日期错误,应该是《大众周报》,刊载日期为"1943.6.5"。

报》第 1 卷第 12 期,署名达士解辞。

26 日 "广东俗语图解"之(十三)《冬前腊鸭》,载《大众周报》第 1 卷第 13 期,署名达士解辞。

7 月

3 日 "广东俗语图解"之(十四)《冷巷尿塔》,载《大众周报》第 1 卷第 14 期,署名达士解辞。

10 日 "广东俗语图解"之(十五)《摩登嫁妆》,载《大众周报》第 1 卷第 15 期,署名达士解辞。

15 日 翻译阿左林的《一座城》,载《风雨谈》第 4 期,署名白衔译。

17 日 "广东俗语图解"之(十六)《大花面抹眼泪》,载《大众周报》第 1 卷第 16 期,署名达士解辞。

24 日 "广东俗语图解"之(十七)《掘芋头》,载《大众周报》第 1 卷第 17 期,署名达士解辞。

31 日 "广东俗语图解"之(十八)《亚军买水》,载《大众周报》第 1 卷第 18 期,署名达士解辞。

本月 在《古今》第 27/28 期合刊发表阿左林(阿索林)著《小城中的伟人》,署名白衔译。

8 月

7 日 "广东俗语图解"之(十九)《水鬼升城隍》,载《大众周报》第 1 卷第 19 期,署名达士解辞。

14 日 "广东俗语图解"之(二十)《冇掩鸡笼》,载《大众周报》第 1 卷第 20 期,署名达士解辞。

21 日 "广东俗语图解"之(廿一)《晚年煎堆》,载《大众周报》第 1 卷第 21 期,署名达士解辞。

28 日 "广东俗语图解"之(廿二)《秀才手巾》,载《大众周报》第 1 卷第 22 期,署名达士解辞。

9 月

4 日 "广东俗语图解"之(廿三)《盐仓土地》,载《大众周报》第 1 卷第 23 期,署名达士解辞。

11 日 "广东俗语图解"之(廿四)《十月芥菜》,载《大众周报》第 1 卷第 24 期,署名达士解辞。

18 日 "广东俗语图解"之(廿五)《火麒麟》,载《大众周报》第 1 卷第 25 期,署名达士解辞。

25 日 "广东俗语图解"之(廿六)《市桥蜡烛》,载《大众周报》第 1 卷第 26 期,署名达士解辞。

10 月

2 日 "广东俗语图解"之(廿七)《打斋鹤》,载《大众周报》第 2 卷 1 号第 27 期,署名达士解辞。

9 日 "广东俗语图解"之(廿八)《倒乱砖头烧坏瓦》,载《大众周报》第 2 卷 2 号第 28 期,署名达士解辞。

16 日 "广东俗语图解"之(廿九)《缸瓦船打老虎》,载《大众周报》第 2 卷 3 号第 29 期,署名达士解辞。

17 日 据《陈君葆日记》:"晚叶灵凤戴望舒假大华饭店请宴,到的东亚研究所的小川,中原和中达,同盟社的小椋。灵凤的太太也于此次初认识,以前她大盖(概)不大出来活动也。"

23 日 "广东俗语图解"之(三十)《狗上瓦坑》,载《大众周报》第 2 卷 4 号第 30 期,署名达士解辞。

30 日 "广东俗语图解"之(三一)《亚福老婆》,载《大众周报》第 2 卷 5 号第 31 期,署名达士解辞。

11 月

6 日 "广东俗语图解"之(三二)《亚崩咬狗虱》,载《大众周报》第 2 卷 6 号第 32 期,署名达士解辞。

13 日 "广东俗语图解"之(三三)《空袭泮塘》,载《大众周报》第 2 卷 7 号第 33 期,署名达士解辞。

20 日 "广东俗语图解"之(三四)《亚六捉蛤》,载《大众周报》第 2 卷 8 号第 34 期,署名达士解辞。

26 日 施蛰存由上海致香港戴望舒函:"弟于 8 月中旬归申……足下始终未有信寄友人,人人皆以足下为念。在港生活如何?经济情形想必不差,但不知其他方面如何?前曾闻兄在港办了一个《大众》杂志(应该是指与叶灵凤一起主持的《大众周报》——笔者注),尚未见到。前《星岛日报》副刊不知兄处尚存一全份否?弟近来颇以收存文献为意,希望将能办些出版事业。港中一切刊物书志(指 1941 年以后)尚祈多多收集。穆时英遗文,亦须征存。《星岛日报》'娱乐版',如能见一全份(穆兄所编者)最好。呐鸥遗文,亦须收存,将来当为他们出一全集,亦朋友之谊也。《新诗》及《新诗丛书》在上海何处,能否再弄得一份?"流露出对老友的关心、对亡友的情谊以及作为编辑的敏感。

27 日 "广东俗语图解"之(三五)《陆云亭睇相》,载《大众周报》第 2 卷 9 号第 35 期,署名达士解辞。

12 月

4 日 "广东俗语图解"之(三六)《肇庆荷包》,载《大众周报》第 2 卷 10 号第 36 期,署名达士解辞。

11 日 "广东俗语图解"之(三七)《蛋家婆打仔》,载《大众周报》第 2 卷 11 号第 37 期,署名达士解辞。

18 日 "广东俗语图解"之(三八)《亚聋送殡》,载《大众周报》第 2 卷 12 号第 38 期,署名达士解辞。

20 日 《新智囊》,载《香岛日报·明朗》,署名方仁(笔名之一)。

23 日 《科学家的空军预言》,载《香岛日报·明朗》,署名方仁。

25 日 "广东俗语图解"之(三九)《鞋桶砂》,载《大众周报》第 2 卷 13 号第 39 期,署名达士解辞。

31 日 创作诗歌《等待(一)》。

本月 次女咏絮出生。

1944 年(甲申,民国三十三年)   39 岁

▲6 月,英、美两国军队在法国诺曼底登陆。

▲7 月,日本东条英机内阁倒台。

▲11 月,汪精卫在日本名古屋病亡。

1 月

1 日 论文《除夕旧闻录》,载《太平》画报月刊第 3 卷第 1

戴望舒、杨静与女儿戴咏絮

期,署名戴望舒。

  同日 "广东俗语图解"之(四十)《猪笼落水》,载《大众周报》第 2 卷 14 号第 40 期,署名达士解辞。

  同日 上海中华日报社出版杨之华编的《文坛史料》,列入《中华副刊丛书》之一。其中收录的《记现代社》一文谈道:现代社的解体距今快将十年了,但"一谈起'现代社'的人物,首先就会想起施蛰存,接着便是戴望舒、杜衡、刘呐鸣等人"。称施、戴、杜、刘四人是现代社的"主脑"。

  8 日 "广东俗语图解"之(四十一)《老周旺船》,载《大众周报》第 2 卷 15 号第 41 期,署名达士解辞。

  15 日 "广东俗语图解"之(四十二)《青砖沙梨》,载《大众周报》第 2 卷 16 号第 42 期,署名达士解辞。

  22 日 "广东俗语图解"之(四十三)《周先生讲书》,载《大众周报》第 2 卷 17 号第 43 期,署名达士解辞。

同日 香港《华侨日报》刊出预告,言叶灵凤、戴望舒将为该报编辑副刊《文艺周刊》。

29 日 "广东俗语图解"之(四十四)《老鼠跌落天平》,载《大众周报》第 2 卷 18 号第 44 期,署名达士解辞。

30 日 与叶灵凤主编《华侨日报·文艺周刊》,创刊号上发表《给读者》一文:

> 近来,时常从报纸上所见到文艺爱好者发出的要求,说是南国的文艺园地荒芜了,寂寞得一点可看的东西都没有……现在,我们大胆的开辟了这一块小小的园地。我们敢于尝试的原因,就是知道有许多文艺爱好者正和我们一样,沉默得太久,有一点不甘寂寞了。

在战火恇偬的年代,《文艺周刊》共出版了 72 期,内容可谓非常丰实,有创作、翻译、评论和随笔等,主要撰稿人除叶、戴两位外,黄鲁、臧生、任真汉、罗玄囿、陈君葆等都经常有作品发表。

同日 在《华侨日报·文艺周刊》创刊号上发表创作于 1941 年 6 月的《致萤火》一诗,署名戴望舒。

2 月

5 日 "广东俗语图解"之(四十五)《黄腥医眼》,载《大众周报》第 2 卷 19 号第 45 期,署名达士解辞。

6 日 《诗论零札》重刊于《华侨日报·文艺周刊》第 2 期。

12 日 "广东俗语图解"之(四十六)《神枢猫屎》,载《大众周报》第 2 卷 20 号第 46 期,署名达士解辞。

13 日 翻译罗曼·罗兰的《致维尔海仑书》,载《华侨日报·文艺周刊》第 3 期,署名戴望舒译。

同日　翻译昂特莱·纪德的《和罗曼·罗兰两次的邂逅》，载《华侨日报·文艺周刊》第 3 期，署名江思译。

19 日　"广东俗语图解"之(四十七)《寿星公吊颈》，载《大众周报》第 2 卷 21 号第 47 期，署名达士解辞。

20 日　编译法国诗人梵乐希的《艺文语录》，载《华侨日报·文艺周刊》第 4 期，署名戴望舒译。

26 日　"广东俗语图解"之(四十八)《东莞佬猜枚》，载《大众周报》第 2 卷 22 号第 48 期，署名达士解辞。

27 日　选译《西班牙新诗人狄戈诗抄》，载《华侨日报·文艺周刊》第 5 期，署名戴望舒译。目次包含《西罗斯的柏树》《不在此地的女人》《胡加河谣》《反映》①。诗后有"译者附记"，介绍狄戈是西班牙诗人间的一个中心人物，是各种新派别的一个重要联系。西班牙诗歌对中国读者来说是一片未知的丰饶的土地。"导引读者到这片土地上作一次巡礼，是译者一向的洪(宏)愿。"七八年前，戴望舒就是凭着这个心愿先于英美国家将洛尔迦、沙里纳思、阿尔陀拉季雷等西班牙著名诗人的名篇引介到中国诗坛，显示出敏锐不凡的诗歌造诣和世界眼光。

本月　将旧译叶赛宁的 6 首诗《母牛》《启程》《我离开了家园》《安息祈祷》《最后的弥撒》《如果你饥饿》，重刊于《文艺阵地》文阵新辑之二。

3 月

2 日　创作诗歌《过旧居》(初稿)。

---

①　据王文彬、金石主编《戴望舒全集·诗歌卷》记载，戴望舒还翻译过狄戈的《杜爱罗河谣曲》《不眠》《秋千》，但没有标明发表刊物和日期。《杜爱罗河谣曲》后来以《杜爱罗河谣》题名发表于 1947 年 10 月的《诗创造》上，后两首有待后续查证。

4 日 "广东俗语图解"之(四十九)《牛嚼牡丹》,载《大众周报》第 2 卷 23 号第 49 期,署名达士解辞。①

10 日 创作诗歌《过旧居》。

11 日 "广东俗语图解"之(五十)《两公婆见鬼》,载《大众周报》第 2 卷 24 号第 50 期,署名达士解辞。

12 日 译作《几个人物的侧影》发表在《华侨日报·文艺周刊》第 7 期,署名西班牙阿索林著,戴望舒译。目次包含《美赛第达丝》《玛丽亚》《两个人》。

18 日 "广东俗语图解"之(五一)《跛妹睇戏》,载《大众周报》第 2 卷 25 号第 51 期,署名达士解辞。

19 日 翻译法国牙麦的《我爱那驴子……》,载《华侨日报·文艺周刊》第 8 期,署名戴望舒译。

同日 论文《〈古代小说钩沉〉校辑之时代和逸序》,载《华侨日报·文艺周刊》第 8 期,署名江思。文章就鲁迅先生的《〈古小说钩沉〉序》一文的发现经过、《古小说钩沉》校辑的过程作了较全面的补充论证,首次发现并确证鲁迅先生的《〈古小说钩沉〉序》,原刊于民国二年二月浙江绍兴的小刊物《越社集刊》上。抗战胜利后,该文经过修改,连同发现的鲁迅的《〈古小说钩沉〉序》,又一同刊发在 1946 年 9 月 10 日上海的《大晚报·通俗文学》周刊第 2 期上。

25 日 "广东俗语图解"之(五二)《楼蘘衣救火》,载《大众周报》第 2 卷 26 号第 52 期,署名达士解辞。

---

① 王文彬、金石主编《戴望舒全集·散文卷》中标示此篇发表于"1944.3.2《大众日报》",有二处错误:一刊名有误,应是《大众周报》;二日期有误,应是"1944.3.4"。

4 月

1 日　"广东俗语图解"之(五三)《生骨大头菜》,载《大众周报》第 3 卷 1 号第 53 期,署名达士解辞。[①]

2 日　译作《魏尔兰诗抄》载《华侨日报·文艺周刊》第 10 期,目次为《秋歌》、《皎皎好明月》、《泪珠滴滴心头著》[②]、《瓦上长天》、《一个暗黑的睡眠》5 首,署名戴望舒。"译者附记"里交代这些都是旧译,除了最后一首,前四首都用旧诗词翻译,《泪珠滴滴心头著》当年竟然用了"菩萨蛮"的词调。因为照当年中国人的看法,与其说魏尔兰是个诗人,"毋宁说是词人更妥切一点"。

同日　同期发表散文《魏尔兰诞生百年纪念》,署名吕一湘。"译者附记"里略带调侃地说在魏尔兰诞生百年纪念之际,有"吕君写了一篇介绍文,不得不从书简中寻出这几篇旧译来做陪衬",听语气"吕君"似乎是另有其人,而不是戴望舒自己的笔名。但署名吕一湘的这篇文章,被收进 1985 年 4 月 27 日台湾《中国时报》推出的《残损的手掌 戴望舒遗稿专辑》中,并未对作者进行说明。1987 年 11 月程步奎主编,由三联书店香港分店出版的《戴望舒文录》中,也收入了此篇,但也未提及作者吕一湘或吕一湘是戴望舒的笔名。故录此待考。

8 日　在《大众周报》第 3 卷 2 号的增刊《南方文丛》上,发表

---

① 王文彬、金石主编《戴望舒全集·散文卷》中标示此篇发表于"1944.4.3《大众日报》",有二处错误:一刊名有误,应是《大众周报》;二日期有误,应是"1944.4.1"。

② 《泪珠滴滴心头著》与 1930 年 11 月 16 日发表在《现代文学》第 1 卷第 5 期上的《泪珠飘落萦心曲》字句完全相同,且后者最早发表在施、戴、杜三剑客 1926 年自编的文学刊物《璎珞》第 3 期上,署名"信芳"即为戴望舒笔名,故两者应是同一首诗,与戴望舒在译后记中所说"旧译"吻合。

了译自《露西亚月刊》的《萧洛霍夫新作品》,还有一篇摘录文章《周作人逸著〈艺文杂话〉》,署名戴望舒。其后《南方文丛》独立发行。但大概因为发行情况不佳,只发行了三号(期)就停刊了。①

同日 "广东俗语图解"之(五四)《屎氹关刀》,载《大众周报》第3卷2号第54期,署名达士解辞。

15日 "广东俗语图解"之(五五)《陈村打大交》,载《大众周报》第3卷3号第55期,署名达士解辞。

16日 翻译法朗士《漫谈中国小说》,载《华侨日报·文艺周刊》第12期,署名张白简(笔名之一)译。

18日 蛰居重庆的文艺界人士,在百龄餐厅举行庆祝老舍创作20周年纪念茶会。郭沫若、茅盾、胡风、黄炎培、沈钧儒、吴组缃等名流,纷纷到会表示祝贺,竞相献上贺词、书画、花篮和寿糕。唯有吴组缃事先没准备礼物,即兴把一些与会作家的名字组成一首献诗,由郭沫若当众朗诵:

戴望舒志向文炳,凡海十方杨振声。

碧野长虹方玮德,青崖火雪明辉英。

高歌曹聚仁熏宇,小默齐同金满城。

于展洪深高植地,寿昌藤固蒋青山。

老舍听完,兴奋不已,连声称赞吴组缃这份"礼物"符合自己所好。原来这对忘年之交在敌机空袭重庆时,早在阴暗的防空洞里就精于此道,联名成诗十分成功,被时人广为传诵。②

22日 "广东俗语图解"之(五六)《屎坑三姑》,载《大众周

---

① 方宽烈:《谈叶灵凤主编的〈大众周报〉》,《天天日报》1987年4月25日。

② 参见方锡德:《老舍、吴组缃与"抗战人名诗"——老舍致吴组缃七封信考释,兼谈人名诗的唱和》,《现代中文学刊》2010年第2期。

报》第 3 卷 4 号第 56 期,署名达士解辞。

29 日 "广东俗语图解"之(五七)《塘底特》,载《大众周报》第 3 卷 5 号第 57 期,署名达士解辞。

30 日 论文《李娃传非白行简作说辩证》,载《华侨日报·文艺周刊》第 14 期。显示出戴望舒严谨扎实的学术研究功底和开阔不拘的跨学科视野。如针对唐人白行简所撰《李娃传》中"荥阳生为何两面扑空"的问题,参考了《长安志》《长安图志》《唐会要》的记载,认真考订唐代长安城中坊里的布局安排,并据此绘制地图以推求当时荥阳生的具体行进路线;又通过《唐律疏议》以及其他唐人小说中的记载,考察了唐代夜禁令的实施情况,由此判断李氏姨"最大的关键全在于利用这个犯夜律,使荥阳公子两面扑空,而金蝉脱壳之计始遂"。得出白行简这样安排小说情节完全出于实情,绝不是"漫笔书之",只是时移代转,"后世人不明白当时坊里的组织,不明白当时夜禁的法令,便至于不了解这一段文章的用心之处,反而怀疑到作者的错误了"。这样兼具历史地理、民俗、法律等多方面的知识,并加以融会贯通,鞭辟入里的分析研讨,才能发前人未发,对看似不合常理的情节做出令人信服的解释。①

约下旬 翻译古希腊路吉亚诺思文录《娼女问答》之一则

---

① 杨煮:《作为中国古典文学研究者的戴望舒》,《现代中文学刊》2018 年第 1 期。

《捐弃》和二则《传闻》，载《大众周报·南方文丛》第 2 号①，署名戴望舒译。

5 月

6 日　"广东俗语图解"之(五八)《豆腐刀》，载《大众周报》第 3 卷 6 号第 58 期，署名达士解辞。

10 日　翻译古希腊路吉亚诺思文录《娼女问答》之三则《训女》，载《大众周报·南方文丛》第 3 期，署名戴望舒译。

13 日　"广东俗语图解"之(五九)《星架坡卖蔗》，载《大众周报》第 3 卷 7 号第 59 期，署名达士解辞。

14 日　论文《凌濛初的剧本——蟫庐读稗乙录之三》，载《华侨日报·文艺周刊》第 16 期。

20 日　"广东俗语图解"之(六十)《绣花枕头》，载《大众周报》第 3 卷 8 号第 60 期，署名达士解辞。

21 日　翻译《鲍德莱尔诗钞》，目次为《应和》《那赤心的女仆》《秋歌》《入定》4 首，载《华侨日报·文艺周刊》第 17 期，署名戴望舒译。《那赤心的女仆》后再单独刊于《申报》1944 年 10 月 31 日第 9 版，署名波德莱尔作，戴望舒译。

27 日　"广东俗语图解"之(六一)《亚聋卖姜》，载《大众周

---

①　路吉亚诺思文录《娼女问答》共有 15 则，戴望舒以五题一组共译了两组。此为第一组的头二则。在戴望舒自己收藏保存的剪报里，第三则《训女》的剪报后，有手写标注："第一则《捐弃》、第二则《传闻》载《大众周报》附镌《南方文丛》第二期，未觅得"。而方宽烈在《谈叶灵凤主编的〈大众周报〉》(《天天日报》1987 年 4 月 25 日)一文中提到了《南方文丛》第二期(号)上有刊载戴望舒译的路吉亚诺思文录，虽无具体篇名，但应该就是这两篇。依据方宽烈说的《南方文丛》自 1944 年 4 月 8 日独立发行，拟两周出一次的计划，又据戴望舒剪报已知第三期在 5 月 10 日，故推断《南方文丛》第 2 期大约在 4 月下旬。

报》第 3 卷 9 号第 61 期,署名达士解辞。

28 日 翻译阿索林的《蒙田的理想》,载《华侨日报·文艺周刊》第 18 期,署名戴望舒译。

6 月

3 日 "广东俗语图解"之(六二)《床底下破柴》,载《大众周报》第 3 卷 10 号第 62 期,署名达士解辞。

同日 《联合周报·笔会》第 2 卷第 18 期刊登施蛰存复 XX 先生一函,题为《港湖沪讯》,提及戴望舒:"叶灵凤仍在香港,与戴望舒办小报度日,去年曾为敌拘絷于宪兵司令部,历时二月,释出后满头白发矣。"此处可能是由于战乱音信不通,把叶灵凤和戴望舒的经历搞混了。

4 日 《诗二章》(《示长女》《在天晴了的时候》),载《华侨日报·文艺周刊》第 19 期,署名戴望舒。

9 日 创作诗歌《赠内》,送给妻子杨静。

10 日 "广东俗语图解"之(六三)《老虎吊颈》,载《大众周报》第 3 卷 11 号第 63 期,署名达士解辞。

17 日 "广东俗语图解"之(六四)《胭脂马》,载《大众周报》第 3 卷 12 号第 64 期,署名达士解辞。

18 日 翻译阿索林的《灰色的石头》,载《华侨日报·文艺周刊》第 21 期,署名戴望舒译。

24 日 "广东俗语图解"之(六五)《细佬哥剃头》,载《大众周报》第 3 卷 13 号第 65 期,署名达士解辞。

7 月

1 日 "广东俗语图解"之(六六)《半夜食黄瓜》,载《大众周报》第 3 卷 14 号第 66 期,署名达士解辞。

8 日 "广东俗语图解"之(六七)《千年棺材馅》,载《大众周报》第 3 卷 15 号第 67 期,署名达士解辞。

15 日 "广东俗语图解"之(六八)《猪嫲食芋荚》,载《大众周报》第 3 卷 16 号第 68 期,署名达士解辞。

16 日 翻译法国诗人韩波的《散文六章》,目次为《神秘》《车辙》《花》《致》《理性》《黎明》《战争》,载《华侨日报·文艺周刊》第 25 期,署名戴望舒译。

22 日 "广东俗语图解"之(六九)《偷鸡奉神》,载《大众周报》第 3 卷 17 号第 69 期,署名达士解辞。

29 日 "广东俗语图解"之(七十)《蛋家婆打醮》,载《大众周报》第 3 卷 18 号第 70 期,署名达士解辞。

30 日 翻译西班牙巴罗哈的散文《流浪人》,载《华侨日报·文艺周刊》第 27 期,署名戴望舒译。后又重刊于 1947 年 5 月 31 日的《时事新报(重庆)》,署名戴望舒译。文末附"译者后记"提到巴罗哈的作品最早是由鲁迅根据日文翻译介绍进中国的,但日文与西班牙原文有许多出入,表示"译笔未必能及鲁迅,但至少对原文更忠实一点吧"。

8 月

1 日 散文《跋〈山城雨景〉》,载《华侨日报·侨乐村》。此文是为卢梦殊 1944 年 9 月 1 日出版的《山城雨景》(署名罗拔高)一书写的一篇跋文。这篇跋文,成为战后被留港粤文艺作家何家槐、黄药眠等联名向文协总会检举"附敌"的"证据"。

细读《跋〈山城雨景〉》,其实更像是一篇忆旧之作。

"约在二十年前,上海的文士每逢星期日总聚集在北四川路虬江路角子上的那间'新雅茶室',谈着他们的作品,他们的计划,或仅仅是清谈。他们围坐在一张大圆桌周围高谈阔论着,从早晨九时到下午一时,而在这一段时间,穿梭地来往着诗人、小说家、戏剧家、散文家和艺术家,陆续地来又陆续地走,也不问到底谁'背十字架',只觉得自己的确已把一个休暇的上午有趣地度过了而已。"

"在这集会之中,有两个人物都是以健谈著名的:一个是上海本地的傅彦长,一个是从广东来的卢梦殊。"

文中回忆了20年前上海文士热闹的生活,诙谐地点出作者笔名"罗拔高"的由来。在灾难的岁月里,巧妙地避开了政治表态的雷区,并无任何附敌的内容。

关于卢梦殊,卢玮銮曾谈道:叶灵凤和戴望舒曾替他的《山城雨景》写过序跋,这纯粹是他利用日人势力施压的结果。在《华侨日报》做事,其他人尽力躲避,卢梦殊却前后两次去东京开"大东亚文学者大会",并且在香港电台和东京电台,直播以香港代表身份宣读的广播词,会后又在全日本走了一圈,回来写了长篇的《东游观感》。拖拖拉拉、断断续续地在《华侨日报》不同版面登了颇长时间;频繁现身香港的各种公开活动,种种迹象都可见出卢梦殊要在文坛占位的企图。[1]

同日　《文帖》第1卷第5期(八月号)刊登了施蛰存1943年11月26日致戴望舒函。谈及想为穆时英、刘呐鸥两位亡友收集遗文出版的事情。

5日　"广东俗语图解"之(七一)《蚕虫师爷》,载《大众周报》

---

①　参卢玮銮、郑树森、熊志琴:《沦陷时期香港文学及资料三人谈》,《香港文学》2017年总第389期。

第 3 卷 19 号第 71 期，署名达士解辞。

12 日　"广东俗语图解"之(七二)《江西佬打死马骝》，载《大众周报》第 3 卷 20 号第 72 期，署名达士解辞。

19 日　"广东俗语图解"之(七三)《盲眼佬过光雅里》，载《大众周报》3 卷 21 号第 73 期，署名达士解辞。

26 日　"广东俗语图解"之(七四)《火烧旗杆》，载《大众周报》3 卷 22 号第 74 期，署名达士解辞。

27 日　翻译《纪德日记抄》，载《华侨日报·文艺周刊》第 31 期，署名戴望舒译。

9 月

3 日　《对山居诗文杂话》，载《华侨日报·文艺周刊》第 32 期。谈英国诗人道生，录以前和杜衡一起翻译道生的三首旧体诗《秋光》、《勃列达尼的伊凤》(《勃勒达涅之伊凤》)和《在春天》。

7 日　"广东俗语图解"之(七五)《阿超采耳》，载《大众周报》第 3 卷 23 号第 75 期，署名达士解辞。

10 日　《诗二章》(《赠内》《墓边口占》)，载《华侨日报·文艺周刊》第 33 期。《墓边口占》第一次发表时的文字是这样的：

走六小时寂寞的长途，

到你头边偷放一束红山茶，

我等待着，长夜漫漫，

你却卧听着海涛的闲话。

从戴望舒自己保存的作品剪报中可以看到他在这首诗的题目旁备注："原题为《萧红墓边口占》，萧红二字被检。"说明在日占香港期，"萧红"二字是不能见报的，因为她是著名的抗日作家。第二句写"偷"放了红山茶，同样也说明了当时环境的不自由。

14 日　"广东俗语图解"之(七六)《开路神》,载《大众周报》第 3 卷 24 号第 76 期,署名达士解辞。

17 日　论文《对山居读书杂记》,载《华侨日报·文艺周刊》第 34 期。记的是买到了京都东方文化研究所出版的《东方学报》,第 14 册里有一篇吉川幸次郎先生的文章《元杂剧之构成》,指出吉川的一个"小疵"。①

21 日　"广东俗语图解"之(七七)《歪嘴尿壶》,载《大众周报》第 3 卷 25 号第 77 期,署名达士解辞。

28 日　"广东俗语图解"之(七八)《冇鼻佬戴眼镜》,载《大众周报》第 3 卷 26 号第 78 期,署名达士解辞。

10 月

5 日　"广东俗语图解"之(七九)《乌蝇楼马尾》,载《大众周报》第 4 卷 1 号第 79 期,署名达士解辞。

12 日　"广东俗语图解"之(八十)《冇耳酒壶》,载《大众周报》第 4 卷 2 号第 80 期,署名达士解辞。

15 日　论文《读日译〈元曲金钱记〉》,载《华侨日报·文艺周刊》第 37 期。

19 日　"广东俗语图解"之(八一)《镜箱柜桶》,载《大众周报》第 4 卷 3 号第 81 期,署名达士解辞。

22 日　诗歌《秋二章》(《夜思》和《烦忧》),载《华侨日报·文

---

①　还有一篇《对山居读书杂记·无鬼论》,见戴望舒自己保存的剪报第 46 页,手写标注《南方文丛》第一辑,但无具体出版日期。文中写偶然买到一本宋人李献民的《云斋广录》,在该书卷七中看到一篇《无鬼论》,"情节复杂,亦异亦艳",但原文较长,所以节录梗概以介绍。

艺周刊》第 38 期。

31 日 翻译波德莱尔的《那赤心的女仆》,重刊于《申报》
1947 年 10 月 31 日第 9 版。

11 月

4 日 《"豆腐渣落水"》,载《大众周报》第 4 卷 5 号第 81 期,
署名达士。

约中旬 收到端木蕻良从贵阳寄来的一封写于 11 月 1 日
的信,信的上半段说由马季明得知被捕情况,并为望舒遭受的苦
刑表示内疚不安;信的下半段恳请望舒照料萧红墓,并就想将萧
红墓迁葬到杭州西湖一事征求意见。可能是接到此信后,百感
交集又无能为力,又去萧红墓凭吊,并斟酌修改了口占诗:

> 走六小时寂寞的长途,
>
> 到你头边放一束红山茶,
>
> 我等待着,长夜漫漫,
>
> 你却卧听着海涛闲话。

第二行少了一个"偷"字,最后一行删去了一个"的"字。这一次
修改可能正是后来此诗有多个写作时间的缘起。

25 日 翻译诗歌《密拉波桥》,载《大众周报》第 4 卷 8 号第
86 期,署名阿保里奈尔著,戴望舒译。

30 日 《释"设法"》(原文缺篇名,后收入《小说戏曲论集》才
得此名)①,载《香港日报·香港艺文》第 1 期《读书杂记》栏目,署
名戴望舒。

---

① 卢玮銮:《沦陷时期香港文学作品选·戴望舒、叶灵凤合集》,香港天地图书
有限公司 2013 年版,第 339 页。

12 月

3 日 翻译阿索林《玛丽亚》,载《华侨日报·文艺周刊》第 44 期,署名戴望舒译。

14 日 《松江绰号"呼保义"解》,载《香港日报·香港艺文》第 3 期《读书杂记》栏目,署名戴望舒。

17 日 翻译阿索林《倍拿尔陀爷》,载《华侨日报·文艺周刊》第 46 期,署名戴望舒译。

28 日 《葫芦提及酪子裹解》,载《香港日报·香港艺文》第 5 期,署名戴望舒。

30 日 翻译阿索林《婀蕾利亚的眼睛》,载《大众周报》第 4 卷 13 号第 91 期(未完),后于 1945 年 1 月 6 日在《大众周报》第 4 卷 14 号第 92 期刊完,署名戴望舒译。

1945 年(乙酉,民国三十四年) 40 岁

▲1 月,联合国成立,通过《联合国宪章》。

▲5 月,苏联红军攻克柏林,德国法西斯无条件投降。

▲8 月,日本天皇发表《停战诏书》,宣布无条件投降。

▲9 月,香港接受日军投降典礼。

1 月

7 日 翻译阿索林散文《刚杜艾拉》,载《华侨日报·文艺周刊》第 49 期。署名戴望舒译。

13 日   翻译波特莱尔诗歌《风景》，载《大众周报》，署名戴望舒译。

16 日   香港遭到盟军飞机轰炸，创作《口号》一诗，抒发"沉默的欢快"，预感到"苦难的岁月不会再迟延，解放的好日子就快到"，因为盟军的轰炸机带来了好消息。

18 日   在《香港日报·香港艺文》第 8 期发表《读书杂录》，包含《跋醉翁谈录》《词谑》《跋欢喜冤家》《清平山堂所刊话本》四小段，署名戴望舒。

25 日   论文《日本日光轮王寺所藏中国小说》《西班牙爱斯高里亚尔静院所藏中国小说戏曲》，载《香港日报·香港艺文》第 9 期《读书杂记》栏目，署名戴望舒。

28 日   译作《阿保里奈尔诗钞》，载《华侨日报·文艺周刊》第 52 期，署名戴望舒译。目次为《诀别》《病的秋天》《启程》3 首。

2 月

1 日   翻译梵乐希文论的《文学的迷信》，载《香港日报·香港艺文》第 10 期，署名戴望舒译。

3 日   翻译魏尔哈伦诗歌《风车》，载《大众周报》，署名戴望舒译。①

4 日   翻译魏尔哈仑的诗歌《努力》，载《华侨日报·文艺周刊》第 53 期，署名戴望舒译。后于 1947 年 2 月 22 日再刊于《文汇报·笔会》第 175 期；1947 年 3 月 12 日又刊于《华西晚报》，署

---

①   据戴望舒自己收集的剪报，此篇的发表时间手写标注的是：民国三十四年二月三日，即 1945 年 2 月 3 日，王文彬、金石主编《戴望舒全集·诗歌卷》诗尾标的是 1944 年 2 月 3 日载《大众周报》，年份有误。

名比利时魏拉伦作,戴望舒译。

8日 《李绅莺莺歌逸句》,载《香港日报·香港艺文》第 11 期《读书杂记》栏目。署名戴望舒。

15日 散文《"合生"小考》,载《香港日报·香港艺文》第 12 期,署名戴望舒。

18日 翻译《波特莱尔诗抄》,目次为《信天翁》《遨旅》《枭鸟》《赠你这几行诗》4 首,载《华侨日报·文艺周刊》第 55 期,署名戴望舒译。

21日 据陈君葆日记:"午与灵凤、望舒请小原到香港大酒店吃点心,小掠也来。"①

22日 译作特华牙的《争和书》,载《香港日报·香港艺文》第 13 期,署名戴望舒译。

24日 翻译洛尔迦诗歌《海水谣》,载《大众周报》,署名戴望舒译。

25日 翻译洛尔迦的《小夜曲》,载《华侨日报·文艺周刊》第 56 期,署名戴望舒译。

3 月

4日 译作瓦尔的《致饥饿谣断章》,载《华侨日报·文艺周刊》第 57 期,原文缺译者。(参卢玮銮:《沦陷时期香港文学作品选:叶灵凤、戴望舒合集》,第 345 页。)

11日 散文《记玛德里的书市》,载《华侨日报·文艺周刊》第 58 期,署名戴望舒。

22日 译作梵乐希的《谈诗》,载《香港日报·香港艺文》第

---

① 参陈君葆:《陈君葆日记全集(卷二:1941—1949)》。

17 期,署名戴望舒译。

25 日　论文《张山人小考》(上),载《华侨日报·文艺周刊》第 60 期,署名戴望舒。

同日　翻译魏尔哈仑的诗歌《穷人们》,载《华侨日报·文艺周刊》第 60 期,原文缺译者。[①] 1947 年 2 月 21 日《穷人们》单独刊于上海的《联合晚报》,署名比利时·魏拉伦著,戴望舒译。1947 年 8 月《魏尔哈仑诗两首》(包含《风车》和《穷人们》),又载《诗创造》第 2 期,署名戴望舒译。

26 日　据陈君葆日记:"望舒来适不暇与彼谈。"[②]

4 月

1 日　论文《张山人小考》(下),载《华侨日报·文艺周刊》第 61 期。署名戴望舒。

历史学家邓之诚曾耗费 20 多年时间校注《东京梦华录》,对其中一位活跃于北宋熙宁至崇宁间,擅长"说诨话""能作十七字诗",并"以诙谐独步京师"的"张山人"的本名以及生平无法明确给出结论。因掌握材料有限,对其"说诨话"的记载也只能阙而不注。戴望舒则钩稽排比相关史料,在《张山人小考》中对其本名、经历、生卒等逐一考订,指出"张山人名寿","十七字诗确系张寿所首创","作十七字诗外,亦以十六字作诗","不事节蓄,仅

---

① 卢玮銮:《沦陷时期香港文学作品选:叶灵凤、戴望舒合集》第 345 页说明;又据戴望舒自己收集的剪报,此篇手写标注发表时间是民国"卅四年三月廿五日",即 1945 年 3 月 25 日,刊于《华侨日报·文艺周刊》,故王文彬、金石主编《戴望舒全集·诗歌卷》说是发表在 1945 年 3 月 15 日的《华侨日报·文艺周刊》60 期,刊号正确,日期有误。

② 参《陈君葆日记全集(卷二:1941—1949)》。

足糊口,既无妻妾,自鲜子孙,及至耄耋之年,心力交瘁,无以再继,遂不得不返故里"。"虽身后萧条,然其寿不可谓不高也。"这些结论都言之有据坚确不移,足以凭信。故此后日本学者入矢义高、梅原郁在合作译注《东京梦华录》时就直接采纳了戴望舒的研究成果。[①]

5日 论文《元曲的蒙古方言》,载《香港日报·香港艺文》第19期,署名白衔。

针对元曲中频繁出现的外来异族语言,戴望舒认为当务之急是充分利用相关工具书来扫清阅读障碍。为了说明问题,他举了关汉卿《邓夫人苦痛哭存孝》中的一段作为例证:米罕整斤吞,抹邻不会骑,弩门并速门,弓箭怎的射?撒因答剌孙,见了抢着吃,喝的莎塔八,跌倒就是睡。若说我姓名,家将不能记,一对忽剌孩,都是狗养的。原文中夹杂了大量蒙古词语,在后世读者眼中显得扞格艰涩难以卒读。戴望舒巧妙地借助明初火源洁所著《华夷译语》,将上引片段转译如下:肉整斤吞,马不会骑,弓箭也不会射,好酒见了就抢着吃,喝的醉了,跌倒就睡。若说我姓名,家将也不能记。我们是一对贼,都是狗养的。整段内容顿时就涣然冰释,文从字顺。《华夷译语》内容生僻而流传未广,近代以来只有商务印书馆在1918年间印行的《涵芬楼秘籍》第四集中曾予以收录,戴望舒所依据的正是这一影印本。这篇论文的篇幅虽然不长,却能结合实例要言不烦地指示门径,对后来的研究者启发颇深。凡此种种,都显示出戴望舒在这方面发凡起例,

---

① 杨煮:《作为中国古典文学研究者的戴望舒》,《现代中文学刊》2018年第1期。

堪称孤明先发。①

同日　翻译阿索林的散文《在大食故宫》,载《华侨日报·文艺周刊》第 62 期,署名戴望舒译。

14 日　在《大众周报》发表路吉亚诺思文录《娼女问答》之四题《魔法》,署名戴望舒译。

15 日　翻译捷克却贝克的《在快镜头下》(包含《赶飞蛾》《追电车》《牵狗散步》《颠踬》《避泥泞》),载《华侨日报·文艺周刊》第 63 期,署名江思译。

22 日　散文《巴巴罗特的屋子——记都德的一个故居》,载《华侨日报·文艺周刊》64 期,署名戴望舒。后再刊于 1947 年 11 月《文艺》丛刊第 2 集。

26 日　翻译古希腊路吉亚诺思的《哲人》,载《香港日报·香港艺文》第 22 期,署名戴望舒译。

30 日　翻译洛尔迦的诗歌《不贞之妻》,载《时事周报》,署名戴望舒译。此与《诗创造》上的《不贞之妇》是同一篇。

5 月

1 日至 8 月 31 日　《新译世界短篇杰作选》刊于香港《香岛日报·综合》副刊,包含戴望舒翻译的 10 篇小说。意大利 2 篇、法国 3 篇、俄国 1 篇、西班牙 1 篇、罗马尼亚 1 篇、挪威 1 篇、英国 1 篇,都是欧洲小说。1945 年 5 月 8 日德国签署无条件投降书,欧洲战事结束。戴望舒翻译这些欧洲小说多少有种纪念和祭奠

---

① 杨煮:《作为中国古典文学研究者的戴望舒》,《现代中文学刊》2018 年第 1 期。

的意味。①

3 日　翻译古希腊路吉亚诺思的《激妒》,载《香港日报·香港艺文》第 23 期,署名戴望舒译。

4 日　在《大众周报》上发表路吉亚诺思《娼女问答》之五题《爱钞》,署名戴望舒译。

2—5 日　翻译意大利朋丹贝里《我在非洲》(一)—(五),载《香岛日报·综合》的《新译世界短篇杰作选》栏目,署名戴望舒译。

6—12 日　译作法国都德《卖国的孩子》(一)—(七),载《香岛日报·综合》的《新译世界短篇杰作选》栏目,署名戴望舒译。

6 日　译作《波特莱尔诗续抄》(《高举》《人和海》《黄昏的和谐》《裂缝》4 首),载《华侨日报·文艺周刊》第 66 期,署名戴望舒译。

13—23 日　译作俄国迦尔洵《旗号》(一)—(九),载《香岛日报·综合》的《新译世界短篇杰作选》栏目,署名戴望舒译。此篇曾在 1928 年 9 月 29 日—10 月 3 日《中央日报》的《红与黑》副刊连载过。《旗号》的再次发表,戴望舒做了多处改动,对自己年少时较为稚嫩的译笔做了修正,在词语的选用上更显示出主人公自我牺牲精神的感染力。时隔十几年一场大战结束时,戴望舒用翻译作品继续思考和回应战争带给人类的伤痛。

20 日　翻译法国诗人阿保里奈尔诗歌《莱茵河秋日谣》②,载《华侨日报·文艺周刊》第 68 期,署名戴望舒译。

---

①　张蕾:《重光之前:戴望舒〈新译世界短篇杰作选〉及其他》,《中国现代文学研究丛刊》2020 年第 12 期。

②　王文彬、金石主编《戴望舒全集·诗歌卷》中题名《莱茵河秋日谣曲》,有一字之误。

24 日　《旧作三章》[《答客问》(后改名为《古意答客问》)、《对灯》(后改名为《灯》)、《秋夜思》],载《香港日报·香港艺文》第 26 期,署名戴望舒。

同日　同期刊载梵乐希《诗见偶抄》,署名江思抄译。

24 日—6 月 5 日　翻译西班牙乌拿莫诺的小说《龙勃里亚侯爵》,在《香岛日报·综合》的《新译世界短篇杰作选》栏目分 13 期连载完毕,署名戴望舒译。后又于 1947 年 1 月 15 日再刊于上海《文艺春秋》第 4 卷第 1 期。[①]

小说描写龙勃里亚侯爵人生的唯一憾事就是没有儿子继承爵位,希望两个女儿能生个男孩来替他传承。当女儿终于生下一个男孩时他才安心离开人世。但这种自我存在的危机感又转移到两个女儿身上,她们为了确保自己的存在展开争夺同一个男人的斗争。小说中的每一个人都处在找不到自我存续的惶恐之中。文末的《译者附记》介绍"米盖尔·德·乌拿莫诺(Miguel de Unamuno)是西班牙二十世纪最伟大的作家,和巴罗哈、瓦利英克朗、阿索林等同为所谓'九八系代'的中坚分子。生于一八六四年,曾任最著名的沙拉曼加大学校长及希腊文学教授,一九二四年,为独裁者里维拉所放逐,一九三〇年革命成功后,始回西班牙任原职。一九三六年法朗哥起事,他仍在沙拉曼加,在法西斯的魔网中悒郁而死"。

27 日　翻译瑞士作家拉缪士小说《农民的敬礼》,分上、中、下三部分连载于《华侨日报·文艺周刊》第 69、70、71 期,即在 5 月 27 日、6 月 3 日、6 月 10 日连载三期结束。署名戴望舒译。

---

① 在王文彬、金石主编《戴望舒全集·小说卷》"附录一　其他国家作品篇目及译者附记"中,提到这篇发表于 1947 年 4 月的《文艺春秋》第 4 卷第 1 期,期号对,但日期有误,应该是 1 月 15 日。

同日　在《华侨日报·文艺周刊》第 69 期发表译诗梅德林（今译梅特林克）的《歌》，未署名。

31 日　诗歌《偶成》，载《香港日报·香港艺文》第 27 期。

6 月

4 日　翻译任尔惟的小说《万县的神父》，载《时事周报》，署名陈庭坚（笔名之一）译。

6—9 日　翻译罗马尼亚的贝特雷思古的小说《逃兵》（一）—（四），载《香岛日报·综合》的《新译世界短篇杰作选》栏目，署名戴望舒译。

7 日　《粗犷的华尔兹》，载《香港日报·香港艺文》第 28 期，署名尧若（笔名之一）。

10 日　翻译法国许拜维艾尔《赛纳河的无名女》（一）—（八），连载于《香岛日报·综合》的《新译世界短篇杰作选》栏目，每天一部分，于 18 日连载完，署名戴望舒译。后于 1947 年 5 月 1 日《文潮月刊》3 卷 1 期全文刊出，文末加一简短译者附记，介绍许拜维艾尔是法国现代最伟大的诗人之一，同时他也写剧本和短篇小说。戏剧有《林中睡美人》，短篇集有《马槽里的牛和驴》等。但严格说来，他的短篇小说也还是诗，正像这篇《赛纳河的无名女》中所看到的那样。

14 日　翻译《若望·瓦尔诗选》，载《香港日报·香港艺文》第 29 期。目次包含《人》《梦》《欢乐——鸟》，署名戴望舒译。

16 日　《玩火》，载《香港日报·副刊》，署名尧若。

17 日　《寻常的故事》，载《华侨日报·文艺周刊》第 72 期，署名尧若。

同日　译作耶麦《膳厅》，载《华侨日报·文艺周刊》第 72

期,原文缺译者①。同期编者声明"因报社不允提高编费稿酬"而将停编。

19—22 日 翻译挪威霍克兰特《熊》(一)—(四),载《香岛日报·综合》副刊的《新译世界短篇杰作选》栏目,署名戴望舒译。

21 日 翻译阿保里奈尔《旅人》,载《香港日报·香港艺文》30 期,署名戴望舒译。

22 日 据陈君葆日记:"《文艺周刊》一事,到下午戴望舒又变卦了,卒决意不办,因此到最后我要接手了。"

23 日 散文《流星》,载《香港日报·副刊》,署名尧若。

23—27 日 翻译意大利冈巴尼莱《贼脸的人》(一)—(五),载《香岛日报·综合》的《新译世界短篇杰作选》栏目,署名戴望舒译。1948 年 2 月 1 日再刊于《文潮月刊》第 4 卷第 4 期。

24 日 据陈君葆日记:"《文艺周刊》由七十三期起便归我主编了。"

28 日—7 月 12 日 修订重译法国穆朗《六日竞赛之夜》(一)—(十二),于《香岛日报·综合》的《新译世界短篇杰作选》栏目连载 12 期,署名戴望舒译。

29 日 散文《四月八荔枝》,载《大众周报》第 4 卷 36 号第 116 期的《广东俗语补解》栏目,署名达士。

30 日 散文《蟹与人》,载《香港日报·副刊》,署名尧若。

7 月

1 日 《香港日报·日曜文艺》创刊。与叶灵凤共同主编《日曜文艺》副刊,至 8 月 26 日,发刊 9 期,随着日本投降而停刊。

---

① 卢玮銮:《沦陷时期香港文学作品选:叶灵凤、戴望舒合集》,第 347 页。

同日 在《日曜文艺》创刊号上发表《赠友》(即《赠克木》)一诗,属于旧诗的换题重发。创刊号上还有叶灵凤的短文《不值一嘘》、黄鲁的散文《蝇》和青木正儿的论文《宋人的词说》(臧生译)。①

同日 诗歌《过旧居》,载《华侨日报·文艺周刊》第 74 期,署名尧若。表达对过往恬静、幸福的家庭生活的缅怀。

3 日 据陈君葆日记:"午间到大同去访望舒,遇黄鲁、高雄均在,后来更与高雄到陆羽去饮茶。"

5 日 散文《回家》,载《香港日报·香港艺文》第 32 期,署名尧若。

同日 《香岛月报》创刊,仍由《香岛日报》总编辑卢梦殊主编。这是香岛日报社发行的一份杂志,在出刊之前和之后,《香岛日报》几乎每天都为它做广告,称它是中国南方"唯一定期刊物,全港文化界最新贡献",声势很大,但由于战争结束,只刊出 7 月号和 8 月号两期。

同日 在《香岛月报》创刊号上发表论文《李卓吾评本水浒传真伪考辨》以及《战后重建新香港的几项建议》和《文学新香港　香港新文学》三篇,署名戴望舒。

6 日 《"风吹鸡蛋壳财散人安乐"》,载《大众周报》第 117 期《广东俗语补解》栏目,署名达士。

8 日 散文《山居杂缀》(《山风》《雨》《树》《失去的园子》),载《香港日报·日曜文艺》第 2 号(期),署名戴望舒。

"抱着幼小的孩子,我又走到那棵合欢树的树根边来了。锯

---

① 青木正儿是日本著名的汉学家,也是最早向日本介绍中国新文学的学者。《日曜文艺》还刊载了他的《中国欧化文学思想之兴起》和芥川龙之介的《艺术杂谈》、鹤见祐辅的《我所望于文学家者》等文,这几位日本作家都为鲁迅所欣赏。

痕已由淡黄变成黝黑了，然而年轮却还是清清楚楚的，并没有给苔藓或是芝菌侵蚀去。我无聊地数着这一圈圈的年轮：四十二圈！正是我的年龄①。它和我度过了同样的岁月，这可怜的合欢树！"由树及人，既是忆旧，也是叹息。

同日 散文《寄友人》，载《华侨日报·文艺周刊》第 75 期，署名尧若。

12 日 散文《回家》(下)，载《香港日报·香港艺文》第 33 期，署名尧若。

同日 据陈君葆日记："《洋鬼子》的稿，警报解除后，着戴望舒派人到中华来取。"

13 日 《亚兰嫁阿瑞》，载《大众周报》第 118 期的《广东俗语补解》栏目，署名达士。

13 日—8 月 31 日 翻译英国加奈特小说《淑女化狐记》(1—41)(未完)，载《香岛日报·综合》的《新译世界短篇杰作选》栏目。具体连载日期为 1945 年 7 月 13—14、16—21、23—28、30—31 日；8 月 1—4、6—11、14—18、20—25、27—29、31 日，共 41 期。唯 1945 年 8 月 11 日所载第 26 期之《淑女化狐记》被错误重复标示为"第廿五期"，故最后一期之《淑女化狐记》被标示为第 40 期。

在戴望舒的中译文之前，《香岛日报·综合》有一段"新作露布"："'新译世界短篇杰作选'已经刊载了两个多月，译者想换换新鲜，读者想来也需要换换口味吧。为此之故，特请戴望舒先生编译一个中篇小说，选定了世界名著《淑女化狐记》。该书作者为加奈特，以此书及《万牲园中的人》驰名世界文坛。《万牲园中

---

① 此处应该算的是虚岁。

的人》我国前有徐志摩译本,惜未译完,此书则从未经人迻译。戴望舒先生译笔流畅可诵,兹为本报担任此书翻译,必能胜任愉快,此可为读者告也。"

小说讲述主人公妻子变身为狐后,人和动物之间尝试建立新的亲密关系,对动物野性和人物心理刻画十分细致,展现出戴望舒译笔的不同风格。

15 日 散文《老人的呼喊》,载《华侨日报·文艺周刊》第 76 期,署名尧若。

同日 短篇小说《五月的寂寞》(上),载《香岛日报·日曜文艺》3 号,署名尧若。

22 日 短篇小说《五月的寂寞》(下),载《香岛日报·日曜文艺》3 号和 4 号,署名尧若。

22 日、29 日 旧文《巴黎的书摊》(首次发表于 1937 年 7 月 16 日的《宇宙风》杂志),分两篇连载于《香岛日报·日曜文艺》4 号和 5 号。

23 日 据陈君葆日记:"《草堂消夏录》交了给望舒,渠在中华似待了我很久了。晚饭后复遇望舒,共饮咖啡于安乐园。"

27 日 《水流神主》和《湿水榄核》,载《大众周报》第 120 期的《广东俗语补解》栏目,署名达士。

同日 据陈君葆日记:"戴望舒交来陈季博的一篇《和平刍议》,今日看完了,略为换上几个字眼,便送回去,望舒要我依着他意思另写一篇,但这又何必,而且我本来全不怀有那种意思,如何能凭空袭得出来,还是依他的本意略为词句上润饰而已。然而这样一来'全面和平''提携''协作'这些字句,比以前写得多了,开从来不曾有的局面也似的!"①看得出来,戴望舒希望陈君葆能把原文作者歌功颂德的意思委婉变弱而又不得罪当局,陈君葆不愿勉为其难,因为"本来也没有"媚日的想法。从中可约略窥见戴望舒在日伪势力下编报的困难。

29日 翻译《梵乐希诗论抄》,载《香岛日报·日曜文艺》5号,署名江思译。

同日 散文《孩子》,载《华侨日报·文艺周刊》第78期,署名尧若。

8月

3日 《豆腐刀》,载《大众周报》第121期的《广东俗语补解》栏目,署名达士。

5日 小说《海的遗忘》和杂笔《本年上半年度香港首轮影戏概况》,载《香岛月报》1945年第2期8月号,署名尧若。

同日 同期发表古希腊路亚诺思文录《娼女问答五题》,目次包含《一、人妖》《二、爱俏》《三、争风》《四、报复》《五、误会》,署名戴望舒译。据《译者附记》介绍:此五篇译自古希腊学者路吉亚诺思的问答体著作《娼女问答》,共15篇。周作人翻译过其中的3篇,刊登在1921年《晨报》附刊上。戴望舒此前翻译过其中的7篇②,如今"长夏得暇,再抄译五则","几可尽窥全豹矣"。

---

① 参《陈君葆日记全集(卷二:1941—1949)》。

② 已在1944—1945年的《大众周报》(含《南方文丛》)上发表《捐弃》《传闻》《训女》《爱钞》《魔法》5则和1945年的《香港日报·香港艺文》上发表《哲人》《激妒》2篇。王文彬、金石主编《戴望舒全集·散文卷》将前五题(漏收《捐弃》和《传闻》)归入《路吉亚诺思文录》(之一)总题中,而将《香岛月报》上的此5题归入《路吉亚诺思文录》(之二)总题,收入第517—545页。

同日　翻译波特莱尔的诗《音乐》，载《香岛日报·日曜文艺》第 6 期，署名戴望舒译。

同日　散文《父与子》，载《香岛日报·日曜文艺》第 6 期，署名尧若。

同日　散文《灯》，载《华侨日报·文艺周刊》第 79 期，署名尧若。文中说自己爱灯，其实爱的是"寂寞"和"沉思"，与诗歌旧作《灯》(1934 年)所表达的孤寂之感一脉相承。

12 日　散文《茉莉》，载《香岛日报·日曜文艺》第 7 期，署名尧若。

以上两篇散文《父与子》和《茉莉》相隔一周，分别写对父母之爱的体悟和对故国家园花草的忆念，在战争即将结束的时刻，流露出渴望和平的归家心态和飘零寂寥之感。

同日　翻译阿索林的《群众》，载《香岛日报·日曜文艺》第 7 期。

同日　《守窗独语》(《苍蝇》《梦幻》)，载《华侨日报·文艺周刊》第 80 期，署名尧若。

15 日　日本无条件投降。接到老舍重庆来电，积极参加香港文协恢复工作。

本月　散文《诗人梵乐希逝世》，载《南方文丛》第一辑，署名陈御月。同页还刊登了之前发表过的戴望舒所译梵乐希诗作《失去的酒》。法国诗人梵乐希(今译瓦雷里)于上月 20 日在巴黎逝世，戴望舒写作此文纪念这位他喜爱的大诗人，评论他的诗最大主题是"意识对于本身和对于生活的觉醒"。智识和意识冲突，诗歌是调解者，使他们和谐，使灵魂和可见的世界接触。不愿迷失或沉淹于朦胧意识中，便是梵乐希的杰作《海滨墓地》的主旨。认为诗人虽已逝，但他在法国文学中所竖立的纪念碑将是不可磨灭的。

21 日—9 月 19 日　重庆《新华日报》连续 6 次公布上海、北平、华北等地文化界"汉奸名录",涉及六七十人。其中如周作人、张资平等确系汉奸;有的虽有瑕疵或不检点,但还不是附逆;有的是因为情况不明而被错误定性。

据文雨在《中华全国文艺界抗敌协会大事记(续)》(《抗战文艺研究》1982 年第 3 辑)中记载:抗战结束后不久,文协即成立"附逆文人调查委员会",议决凡担任伪文化官主编和出版书报杂志以及著有伪宣传品,伪特务文化人员以及在敌伪控制下的文化机关团体中工作和其他不法人物都属附逆文化人范围之内。抗战之后,人们对于劣迹多端的汉奸充满义愤是理所当然的,但由于战乱时期音讯阻隔,各种证据还来不及深入调查确证就在报刊上公布名单,也难免存在论人论事简单化的弊端。

29 日　郁达夫失踪,并于当晚被日本宪兵杀害于苏门答腊。

9 月

1 日　致函茅盾并文协。望舒对自己在抗战时期坐过牢、出狱后又滞留香港在日本人眼皮底下当编辑的经历,不免有些顾虑,于是积极写信到重庆,表明心迹,多少也希望他们能理解自己的苦楚与经历。①

2 日　重庆《新华日报》刊出《上海文化汉奸补遗》,张爱玲位列"文化汉奸"的名单中。

11 日　致函中华全国文艺界抗敌协会(后更名为"中华全国

---

①　据杜宣说看过戴望舒《写给茅盾同志一封表明心迹的信》。参见杜宣:《忆望舒》,《飞絮·浪花·岁月》,天津百花文艺出版社 1984 年版,第 73—80 页。

文艺协会"),报告自己从港战发生以来的情况。①

中旬　据杜宣回忆,他8月31日抵达香港后,找到陈紫然,九月中旬和黄新波一起,联系上戴望舒,商量恢复文协的活动。约了几位原来香港文协的人一起开了一次会,推选了几个人当理事,报纸上发了一个消息,还没有开展实质工作。②

另据陈丙莹《戴望舒评传》第185页记载:1945年9月杜宣受中共南方局指示到港筹建印刷所和出版所,经新波介绍,约请戴望舒到出版社当编辑。这些接触实际也算是表达文协没有忘记他的意思。

24日　文协致函:委托戴望舒负责"调查附逆文化人"。信函如下③:

望舒先生:

接9月11日由昆明转寄重庆航信,知道你从港战发生到最近的大概情形,我们感到愉快和安慰。这里特向你贺辞并慰问。

在这次的神圣抗战中,汉奸如此之多,是中华民族的奇耻大辱。本会已设立机构"附逆文化人调查委员会",负调查文化汉奸之责。香港方面传闻甚多,本会一时难于判断。现经本会常会议决,请你和其他在港坚贞会员开始初步工作,调查附逆文化人罪行,并搜集证据。但暂勿公布姓名,一俟全国调查完竣,证据备齐,加以审查后,才来作一个总公布。

香港分会暂缓正式恢复,请先与会员举行谈话会或座

---

①　陈建军:《戴望舒的一封辩诬函》,《中华读书报》2021年7月7日第14版。
②　杜宣:《一点回忆》,文通学社编《历史的轨迹》,广东人民出版社1987年版。
③　陈建军:《戴望舒的一封辩诬函》,《中华读书报》2021年7月7日第14版。

谈会,磋商有关作家本身权益的初步工作。现在抗战结束,对象已无,本会正进行商讨改换名称为"中华全国文艺协会",定议后当即公布。

港方情形,望能详细告知,并请将各会员之通讯处见示,同时将此信传观,并代致辞慰问之意。

如邮递无困难,所需文艺书刊,当随后寄来。

专此即祝

文祺!

中华全国文艺界抗敌协会

卅四年九月廿四日重庆

信末附"附逆文化人调查表"一张,请照样印制分发各会员填写。①

25日 《文协函慰上海作家并请调查附逆文化人》,载重庆《大公报》第1张第3版。当日《新华日报》也发表了同题通讯。该通讯末附:"又讯:该会接到香港戴望舒来信,随即去函慰问,并托其调查附逆文化人。"

同日 夏衍在由恢复的《救亡日报》改名的《建国日报》终刊号《春风》副刊上,以编者名义为戴望舒和叶灵凤辩护。他说诗人戴望舒"对于反对汉奸文艺,素来是非常积极,并曾不断和《南华日报》的汉奸们进行笔战"。他说叶灵凤"也是香港文协分会理事,也是当时香港反对汪逆'和运'的健将",并委婉提及叶可能负有潘汉年给的特殊"使命"留港。此说1988年经姜德明进一步跟夏衍先生致函确认过。②

---

① 李辉:《难以走出的雨巷》,《收获》1999年第6期。

② 姜德明:《夏衍为戴望舒、叶灵凤申辩》,载《文艺报》1988年9月24日。

11 月

15 日　得到文协老舍和茅盾的嘱托,大有"归队"之感,迅速召开了文协香港会员通讯处第一次会议,宣告通讯处成立,随后又召开两次会议,展开初步活动。[①]

12 月

15 日　应《新生日报》社长陈君葆之邀,担任该报《新语》副刊主编,在该刊第 1 期上发表创刊词《致语》:"以前,文化界有一个单纯的目标,那就是抗敌,而今后,它的目标将更广泛。它需要建设新的文化,它需要扫除法西斯的渣滓,它需要给民众以再教育。"面对劫后余生的人们的精神饥荒,感到香港文化人的担子的重大,于是发愿"《新语》这小小的篇幅,便带着负点沉重的责任心呈现给它们的读者。它的谦卑的愿望是,提供一点希望合于卫生条件的精神食粮给它的读者"。显示出文化复兴民族国家的使命感。

15—23 日　在《新生日报·新语》发表译作《托尔斯泰日记抄》,连载 4 期,至 12 月 23 日载完,署名戴望舒译。

17 日　借《新生日报》版面,快速恢复出版香港文协通讯处主编的《文协》,作《复刊小语》,称"本刊今后的目标,将是促进本港新文艺的复兴以及与全国文艺界密切的联系,从我们的岗位上去推中国的复兴和繁荣"。

正当戴望舒全力以赴投入文协嘱托的大事中时,已有一些

---

① 王文彬:《雨巷中走出的诗人——戴望舒传论》,商务印书馆 2006 年版,第289 页。

人对他的行为表示不满。大概认为委托一个"曾与敌伪往来"的人来办文协,尤其是由他来"领导"留粤港的文艺作家有点难以接受。

同日 中华全国文艺界协会上海分会在金城银行七楼召开成立大会。

22日 《申报》复刊。暨南大学迁回上海复校。

25日 翻译西班牙阿索林的《鱼和表》,载《新生日报》第4页,署名戴望舒译。

30日 散文《关于"合生"》,载《新生日报》第4页。

31日 杂笔《沦陷期法国文坛总清账》,载《新生日报·文协》新3期第4版,"香港会员通讯处",署名江思。后又以《沦陷期法国文坛总清算》之题发表于1946年10月17日的《和平日报·和平副刊》,署名戴望舒。

自戴望舒避战来港以后,积极参加抗日活动,但他钟爱的小说家穆杭却在二次大战中"可以确切断为附敌[作家]"了。他的作品《莫泊桑的一生》(Vie de Maupassant)位于这篇总清账文章列出的"协助德国的作家们的作品"名单中。至于穆杭名篇《六日之夜》故事中的主要场景,则成为第二次世界大战期间"巴黎自行车冬赛场大猎捕"事件的发生地。[①]

此文在1946年重刊时题目有一字之差,其中"协助德国的作家们的作品"里面还包含了戴望舒曾经也很喜欢的作家季奥诺(多次复译发表他的《怜悯的寂寞》)的剧本《路的尽头》。

本月 三女咏树出生。

---

① 1942年7月16日至17日,亲纳粹的法国政府猎捕超过万名犹太人,并将之收押在冬季自行车竞赛场,然后再转往集中营,该事件成为法国近代史上黑暗的一页。

1946 年(丙戌,民国三十五年) 41 岁

▲1 月,政治协商会议在重庆开幕,国共双方正式签署《停战协定》。

▲3 月,《惩治汉奸条例》公布。

▲6 月,蒋介石悍然撕毁停战协定,大举进攻中原解放区。

年初 哮喘病发作,住院约两个月。

1 月

1 日 由何家槐、黄药眠、司马文森和陈残云等 21 人联名签署了一份《留港粤文艺作家为检举戴望舒附敌向中华全国文艺协会重庆总会建议书》,上报重庆文协总部,落款是"民国三十五年一月一日"。表示不同意总会委托戴望舒主持文协驻港通讯处的决定,并要求撤销已成立的通讯处,另组香港分会。

建议书认为"戴望舒前在香港沦陷期间,与敌伪往来,已证据确凿(另见附件)"。"附件"有三份:一是 1942 年 1 月 28 日伪《东亚晚报》所载,戴望舒任"香港占领地总督部成立二周年纪念东亚晚报征求文艺佳作""新选委员会"委员;二是昭和廿年八月十日发行的伪文化刊物《南方文丛》第一辑一本,上面载有周作人、陈季博、叶灵凤、戴望舒、黄鲁、罗拔高及敌作家火野苇平等文字;三是剪贴戴望舒为 1944 年 9 月 1 日在香港出版的罗拔高《山城雨景》所写的《跋山城雨景》。

据"检阅过当时戴望舒发表的全部报刊文字"的卢玮銮说，她把望舒那时以各种笔名在香港报刊上发表的东西分成三类，即翻译、研究古典戏曲小说等的学术性文章、创作的诗歌和散文。最后她得出的结论是：在望舒所有这些文字中"未见片言只字讨好日本人"。偶然给拉去看电影，参加"日本名片《欢乐家庭》试映座谈会"时也只说些无关痛痒的话。虽然也曾担任过"香港占领地总督部成立二周年纪念"征文的"新选委员会委员"，但他去参加那些活动，"恐怕都不是出于自愿"。①

5 日 诗作《旧诗帖抄》5 首，载《新生日报·新语》第 4 版，署名林泉居士。目次包括《题壁》《愿望》（收入诗集《灾难的岁月》中改名为《心愿》）、《等待》（后改名为《等待（一）》）、《墓畔》（即《萧红墓畔口占》）和《口号》。

同日 在《新生日报·新语》第 4 版发表《小诗》，署名文生。同日还刊载了翻译若望·瓦尔的诗歌《梦》，署名戴望舒译。

7 日 散文《悼杜莱塞》，载《新生日报·文协》新 4 期第 4 版，署名冼适（笔名之一）。

10 日 新诗《断章》，载《新生日报·新语》第 4 版。

四月蒂带来暂（崭）新的叶子给老树

给我的只有挂虑

海啊，一片白帆飘去！②

---

① 卢玮銮：《灾难的里程碑——戴望舒在香港的日子》，《香港文纵》第 193 页。

② 此诗第一次收入王文彬、金石主编《戴望舒全集·诗歌卷》第 163 页。民国时期面世的戴望舒 4 本诗集和新中国成立后卞之琳、施蛰存等编的诗选本中都未见到此篇。由于数据库资料权限问题，笔者也未能在《新生日报·新语》数据库中找到此篇，有待后续查证。此外，这首诗名为《断章》要与 1928 年发表于《小说月报》的 Fragments（标题是法文）、收入《望舒诗稿》时改为《断章》的那首区别开来。

18 日 据《陈君葆日记》(1941—1949)："到报馆与戴望舒、高雄商量再订稿费问题"。

19 日 旧译法国阿尔朗的短篇《蔷薇》,重载《新生日报·新语》第 4 版,署名江思译。

20 日 翻译罗曼·罗兰散文《我为什么,为谁而写作》,载《新生日报》第 4 页。署名文生译。1949 年 1 月 16 日重刊于《华侨日报·文艺周刊》第 91 期,署名戴望舒译。

21 日 由戴望舒以中华全国文艺协会香港会员通讯处名义主编的《文协》,刊出至第 6 期后即告停刊。

22 日 为纪念萧红逝世 4 周年,诗作《萧红墓边口占》改题为《萧红墓照片题诗录》,发表在重庆《新华日报》上,署名戴望舒。

走六小时寂寞的长途,

到你头边放一束红山茶,

我等待着,长夜漫漫,

你却卧听着海涛闲话。

诗歌内容有两处稍作修改:第二句减去一个"偷"字;第四句减去一个"的"字。显得更为精练,节奏感增强。诗末标注写作时间为"1944 年 12 月 20 日①。墓在香港浅水湾海滨"。

25 日　诗歌《示长女》,载香港《新生日报·新语》第 4 版。

同日　翻译《高尔基致契霍夫书》,载《新生日报》第 4 页,署名文生辑译。

26 日　翻译《罗曼·罗兰和魏尔哈仑的战时书札》,载《新生日报·新语》第 4 版。共收录 5 封信,包括魏尔哈仑给罗曼·罗兰的三封信,以及后者给前者的两封信。

29 日　由港粤两地作家分别选出理事,发表宣言,宣布成立另一个班子的"文协港粤分会",并组成"附逆文艺工作者调查委员会",由分会主编的《港粤文协》第 1 期的《敌占领期香港文化活动》一文中,已经多处提及戴望舒的名字了。

---

①　据袁培力发表在《各界》2020 年第 15 期上《萧红与戴望舒鲜为人知的友情》一文披露,这首诗标注写作日期为"一九四四.十二.二十"的诗为"中华文艺协会保存物"。此前 1944 年 9 月 10 日和 1946 年 1 月 5 日两次发表时均未标注写作时间。此后这首著名的小诗又发表了 3 次,写作时间又有两种不同:在 1946 年 2 月 25 日的《鲁迅文艺月刊》第 1 卷第 1 期上,诗题为《吊萧红》(单独发表,袁培力文误标《房居诗抄六首之一》),写作时间具标为"一九四二.十二.二十"(即 1942 年 12 月 20 日);在 1946 年 10 月 15 日(袁培力文错写成 3 月 15 日)上海《文艺春秋》3 卷 4 期上发表时标注为"一九四四.十一.二十"(即 1944 年 11 月 20 日);收入 1948 年的诗集《灾难的岁月》中备注的写作时间与前同,也是 1944 年 11 月 20 日。因此《萧红墓畔口占》这首诗的写作时间有三个:1942 年 12 月 20 日、1944 年 11 月 20 日、1944 年 12 月 20 日。据笔者查阅原始资料,这首口占诗第 1 次发表在《华侨日报·文艺周刊》是在 1944 年 9 月 10 日,后两个写作时间即 1944 年的 11 月 20 日和 12 月 20 日明显迟于第一次发表时间,这看起来像是一个明显的错误。但由于口占诗有过修改,一共发表了 6 次,后 5 次内容都删除了"偷放红山茶"的"偷"字,因此三个写作时间很有可能代表 1942 年 12 月 20 日的是初稿时间;结合 1944 年 11 月 1 日端木蕻良给戴望舒希望他帮忙将萧红墓迁至杭州西湖的信,可能又被触动再次去萧红墓畔凭吊,进而修改口占诗,删除"偷"和"的"字成为定稿,因此 1944 年 11 月 20 日应该是定稿时间;1944 年 12 月 20 日可能是初稿时间 1942 年 12 月 20 日的年份错记。

2 月

1 日　在司马文森和陈残云主编的《文艺生活》光复版第 2
期和《文艺阵地》光复第 2 号上,同时刊出了 21 人联名的检举
"建议书",使得戴望舒"附敌"的消息广泛传播。

6 日　戴望舒给文协港粤各位会员写了一封陈述和辩白的
信函。

我的辩白①

文协港粤各位会员先生:

　　我不得不承认,在读到诸君在《文艺生活》第二期刊布
的那篇《来件二》的时候,我所感到的,是一种超乎沉痛的
情感。

　　我很了解诸君的热情,诸君的良心,诸君的正义感。如
果我处于诸君的地位,也许我也会采取和诸君同样的行动,
对于自己认为附敌的文人,加以无情的打击。诸君之中也
许有人记得,当我以前的妻兄穆时英附逆的时候,便是我亲
自在香港文协的大会中揭发他并驱逐他出去的。我绝对同
情于诸君的动机,然而我希望诸君对于我有一个更正确更
深切的理解。

　　也许现在来要求诸君理解是迟了一点,因为我一向以
为诸君对于我所处的地位是很明白而不需要多余的解释
的,三次的文协座谈会中,诸君从来也没有向我提过质问;
在私人之间,诸君也没有向我表示过怀疑;就是在诸君对我

---

　　①　本文在事隔半个世纪之后被李辉先生公开刊布于《收获》1999 年第 6 期,题
目为整理者李辉所加。

提出检举之前,也并没有向我查明事实真相。但是,我坚信诸君是具有热情、良心、正义感的人,诸君的检举,也不是对人而是对事,而毫无私人的好恶存在其间的。所以我这迟发的申辩,也是对那种热情、那种良心、那种正义感而发的。我觉得横亘在我的处境以及诸君的理解之间的,是那日本占领地的黑暗和残酷。因为诸君是生活在自由的土地上,而我却在魔爪下捱苦难的岁月。我曾经在这里坐过七星期的地牢,挨毒打,受饥饿,受尽残酷的苦刑(然而我没有供出任何一个人),我是到垂死的时候才被保释出来抬回家中的。从那里出来之后,我就失去一切的自由了。我的行动被追踪,记集,查考,我的生活是比俘虏更悲惨了。我不得离港是我被保释出来的条件,而我两次离港的企图也都失败了。在这个境遇之中,如果人家利用了我的姓名(如征文事),我能够登报否认吗?如果敌人的爪牙要求我做一件事,而这件事又是无关国家民族的利害的(如写小说集跋事),我能够断然拒绝吗?我不能脱离虎口,然而我却要活下去。我只在一切方法都没有了的时候,才开始写文章的。(在香港沦陷后整整一年余,我还没有发表过一篇文章,诸君也了解这片苦心吗?)但是我没有写过一句危害国家民族的文字,就连和政治社会有关的文章,我在(疑为"再"——整理者)一个字都没有写过。我的抵抗只能是消极的,沉默的。我拒绝了参加敌人的文学者大会(当时同盟社的电讯,东京的杂志,都已登出了香港派我出席的消息了),我两次拒绝了组织敌人授意的香港文化协会。我能做到的,如此而已。也许我没有牺牲了生命来做一个例范是我的一个弱点,然而人要活是人之常情,特别是生活下去看到敌人灭亡的时候。对于一个被敌人奸污了的妇女,诸君有勇气指她是一个淫妇吗?对于一个被敌人拉去做劳工的劳动者,诸君有勇气指他是一个叛国贼吗?我的情况,和这两者相类似,而我的苦痛却是更深沉。

有时我惨然地想,如果我迟一个星期不释放而死在牢里,到现在情形也许会不同吧。于是我对自己起了一个疑问:难道朋友们所要求于我的,仅仅是我的牺牲吗?我难道分得一点胜利的欢乐也是不可能的吗?我自己呢,我觉得幸而没有死,能够在等待中活下去,而终于如所愿望地看见敌人的毁灭,看见抗战的胜利,看见朋友的归来。我是带着欣喜感动至于垂泪的感情等到这一切的,我期待从诸君那里得到一切苦难、委屈、灾害的偿报:我是为了这些才艰苦地有耐心地等下去的。就是现在,我不断地自问着:我没有白等吗?一些诸君会问我:"你为什么不早点走了呢?不是每一个有良心的文化人都离开了这个魔岛吗?"这个问题,使我想起了我的几句诗:

……把我遗忘在这里,让我来见见,

做个证人,做你们的耳,你们的眼,

尤其做你们的心,来受苦难,辛艰,

仿佛是大地的一块,让铁蹄蹂践,

仿佛是你们的血,遗在你们后面……

然而这也仅仅是我对自己的一种自解,现实的情形是更个人的;我是一个过分注重感情的人,我有一个所爱的妻子和女儿留在上海,而处于无人照料的地位。在太平洋战争未起来之前几个月,我的妻子因为受了刺激(穆时英被打死,她母亲服毒自尽),闹着要和我离婚,我曾为此到上海去过一次,而我没有受汪派威逼溜回香港来这件事,似乎使她感动了,而在战争爆发出来的时候,她的态度已显然地转好了。香港沦陷后,我惟一的思想便是等船到上海去,然后带她转入内地;然而在这个计划没有实现之前,我就落在敌人宪兵队的魔手中了。而更使我惨痛的,就是她后来终于离开了我,而嫁给了附逆的周黎庵了,这就是我隐秘的伤痕。

如果解释是需要的,这里便是。我在沦陷期中的作品,也全部在这里,请诸君公览;我在沦陷期中做过什么,也请诸君加以调查,诸君的一切询问,我都愿意答复。我所要求于诸君的,只是公正的判断和不可少的辩正。我这样向诸君的热情、良心、正义感申诉。专此谨致敬礼!

戴望舒谨上二月六日

6日 翻译法国作家任尔惟的《西医旅华闻见录·前言》,载《星岛日报》第4版,署名江思译。

8日 翻译法国作家任尔惟的《西医旅华闻见录之(二)·一箱重要的秘密文件》,载《星岛日报》第4版,署名江思译。

14日 寓言诗《小山羊和狼》,重刊《新生日报》第4页,署名史方域(笔名之一)。

18日 翻译茹勒·雷纳的《博物志抄》,载《新生日报》第4页,署名林泉居译。

19日 翻译巴罗哈的《牧调散论》,载《新生日报·新趣》第4页,署名林泉居译。

25日 《萧红墓畔口占》改题为《吊萧红》,再刊于《鲁迅文艺月刊》第1卷第1期,署名戴望舒。诗尾标注写作时间为1942年12月20日。

本月 《新生日报》社长陈君葆辞职,戴望舒随之也失去副刊主编的席位,生活陷入前所未有的困局。

3 月

2 日　翻译杜乐牙的《战争和书籍》,载《新生日报》第 4 页,署名林泉居译。

7 日　翻译阿索林的《宵谈》,载《新生日报》第 4 页,署名林泉居译。

15 日　在《新生日报》第 4 页发表《再生的波兰》,署名艺圃。

4—5 月

约在此期间　据说当时重庆文协总会并未完全同意检举信上的指控,指令戴望舒到上海去向文协报到,以为回避之计。为了生活,也为了给自己谋求自辩机会,戴望舒携妻女一家四口(包括妻子杨静,女儿戴咏絮、戴咏树)回到上海。① 他们先落脚在姐姐戴瑛位于胶州路的家,后迁居到孙大雨在方浜中路的旧宅,那房子推门出来对面就是城隍庙。

6 月

本月　旧译里别里进思基《一周间》,由上海作家书屋重版,署名江思译。

---

①　据杨静女士 1984 年 5 月 5 日口述记录,参见卢玮銮《灾难的里程碑》第 206 页第 69 条注释。

7 月

中旬 施蛰存辞去省立江苏学院教职,接受了暨南大学的聘书。

15 日 闻一多在昆明被潜伏跟踪的特务枪杀。

25 日 巴金、田汉、周信芳等 260 人联名发表《上海文化界反内战争自由宣言》。

9 月

1 日 上海新陆师范学校正式成立。经周煦良介绍在该校任教,并兼任暨南大学教授,教西班牙文。

同日 施蛰存正式出任暨南大学中文系教授。

24 日 诗作《示长女》,载《申报》1946 年 9 月 24 日第 1 版。

10 月

9 日 在《申报》再刊旧译捷克却贝克的《在快镜头下》,署名江思译。目次包含《赶飞蛾》《追电车》《牵狗散步》《颠踬》《避泥泞》。

15 日 诗作《房居诗抄》6 首,载《文艺春秋》第 3 卷第 4 期"纪念鲁迅先生逝世十周年特辑",署名戴望舒。目次包含《致萤火》、《愿望》、《等待》[后改题为《等待》(一)]、《过旧居》、《萧红墓畔口占》和《口号》6 首。①

---

① 王文彬发表在《中国现代作家丛刊》2001 年第 2 期上的《论戴望舒晚年的创作思想》中,把《狱中题壁》也算在《房居诗抄》内,认为一共有 7 首,是为误记。

18日 夏衍(用笔名朱儒)在《新民报·晚刊》的《夜光杯》栏发表随笔《拆与造》,肯定了戴望舒在香港沦陷时创作的抗日民谣。

> 去年途次香港,朋友们曾指着这建筑得颇为堂皇的塔对我说:"建这个塔的时候,有一位中国诗人(后来知道是戴望舒先生)做过一首民谣'巍巍乎,忠灵塔,今年造明年拆',老百姓恨日本人,这首民谣在日本人投降之前,几乎每个'野孩子'都会唱的。"现在从这篇文章的题目推想起来,大概是诗人的预言已经中的,香港政府已经决定把这侵略的遗迹"拆除"了吧。

同日 诗作《示长女》刊于《新中国》月报1946年第1卷第2期。

同日 在《世界晨报》发表散文《香港的旧书市——这里有生意经,也有神话》,署名江思。

11 月

9日 马凡陀(袁水拍笔名)所写的《戴望舒所作的民谣》,发表在《东南日报》第2张第7版《长春》副刊上。

文中说,香港被日寇入侵后,民间广为流传一首讽刺日本侵略者为祀奉所谓"阵亡英灵"而建造"忠灵塔"的民谣——"忠灵塔,忠灵塔,今年造,明年拆",是戴望舒写的。当时,戴望舒所编制的民谣共有十几首,其中一首诅咒日本"神风飞机"的民谣是这样写的:"神风,神风,只只拨空,落水送终。"在马凡陀看来,以《雨巷》等抒情诗闻名的戴望舒"忽然写出这种朴实的作品来",一点也不奇怪,"因为任何认真地生活在这个时代中的人没有不受时代的波动的,何况一个敏感的诗人呢?"他还说:"戴先生曾被捕下狱,受尽苦楚,虽然生还,身体大受影响。"

此后,汉口《大公报》(11 月 12 日)、重庆《大公晚报》(11 月 14 日)、贵阳《中央日报》(11 月 27 日)等报纸纷纷转载了这篇文章,在文末署有"文联"字样。11 月 18 日,改题为《香港的战时民谣》,再次在香港《华商报・热风》第 229 期转发时,文末标示"文联社特稿",差不多等于表明了组织审查的态度,不但没有追究他的所谓"附逆",还表彰了他的诗歌贡献。可以说马凡陀的这篇文章为戴望舒洗清冤白起到了重要作用。

15 日 散文《记玛德里的书市》(收入王文彬、金石主编《戴望舒全集・散文卷》中的题名为《记马德里的书市》),载《文艺春秋》第 3 卷第 5 期。

20 日 在《书报精华》第 23 期发表散文《山风》,署名戴望舒。

23 日 翻译波特莱尔诗歌《烦闷》,载唐弢主编的上海《文汇报・笔会》第 103 期,署名戴望舒译。

29 日 翻译波特莱尔诗歌《风景》,再刊于《文汇报・笔会》第 108 期,署名戴望舒译。不承想引发了一场关于波特莱尔诗歌的文艺论争。

12 月

10 日 在《月刊》第 2 卷第 4 期,发表《白蝴蝶及其它》(诗四首),署名戴望舒。目次包括:《白蝴蝶》、《过旧居》(初稿)、《赠内》、《偶成》。

15 日 诗作《诗二章》,目次为《我用残损的手掌》和《等待》

［即后来定稿的《等待》(二)］,载《文艺春秋》第 3 卷第 6 期。①

《我用残损的手掌》发表时标注的创作时间为"1942.7.3",王文彬认为应该是"不真实的"创作时间,是戴望舒有意提前了,为了隐晦辅证自己被冤枉附敌的悲愤和屈辱以及表达对祖国的坚贞等"微妙和苦涩的用心"②。在戴望舒自己保存的剪报中没有《手掌》一诗,但有一首《断篇》,只有短短 8 行:

> 我用无形的手掌摸索广大的土地:
>
> 这一角已破碎,那一角是和着血的泥,
>
> 那辽远的地方依然还完整,硬坚,
>
> 我依稀听到从那里传来雄壮的声音。
>
> 辽远的声音啊,虽然低沉,我仍听到,
>
> 听到你的呼召,也听到我的心的奔跳,
>
> 这两个声音,他们在相互和应,招邀……
>
> 啊!在这血染的岛上,我是否要等到老?

这首诗作曾经发表过,在剪报 47 页上可以看出来署名为"易鱼",但没有具体发表刊物和发表时间。从剪报所提供的材料看,至迟到 1946 年 1 月,《手掌》一诗还未问世,只有与之相似的《断篇》。这首诗作的前三句,与《我用残损的手掌》一诗中的语式相似,而第二节又与《等待》相似。显然可以说,这首诗是《我用残损的手掌》和《等待》两诗的草稿。一般而言,草稿即使

---

① 　王文彬、金石主编《戴望舒全集・诗歌卷》第 157 页《等待》(二)诗尾标注"载《文艺春秋》第三卷第五期一九四六年十二月",期号错误,应是"第 3 卷第 6 期"。《等待》发表时也无序号(二)。另外,苟强诗《戴望舒全集・诗歌卷补正及其他》一文中误为《我用残存的手掌》,有一字之错。

② 　王文彬:《论戴望舒晚年的创作思想》,《中国现代文学研究丛刊》2001 年第 2期。

374

在日后经过更精妙的提炼或扩展,成型定稿后依然将初稿时间标注为最初酝酿时的草稿时间,其实也无可厚非。因此说诗人有意隐瞒故意提前写作时间的说法,不免存在苛责之嫌。

《我用残损的手掌》这首诗情感内敛,意象鲜明,节奏沉稳,视野开阔,被许多现代新诗研究家誉为"空前绝后"的"杰作"。如法国汉学家苏珊娜·贝尔纳就说:"在这篇作品中,诗人竭力把前期经验——形象的感染力(对每个地区的描写,都力求概略而精确)、强烈的感受(芬芳、微凉、彻骨的寒冷、从指间滑出的水等)——与新的内容和新的感情结合起来",她认为这首诗是戴望舒诗歌创作的坐标:"众所周知,此作处于戴诗过去、现在、未来的交叉点上。新的抒情,坚定而自信。诗人终于找到了自己的另一个声音,它不再是孤芳自赏的低吟,也没有了失望的悲苦,它转向世界,朝向每一个人。"[①]

孙玉石也高度评价了这首"杰作",他说:"这是戴望舒在日寇的铁牢中写下的一首情真意挚的诗篇,有撼人心灵、催人泪下的力量。一位身陷囹圄的现代诗人超人的艺术才华和炎黄子孙炽热的爱国感情一旦结合,竟会迸发出如此美丽而永不凋落的奇葩!"[②]

本月5日—1947年1月15日　翻译苏联梭罗维也夫的小说《第九十六个女人》(1—11),曾连载于《星岛日报》副刊《星座》第830—841期。此又再次连载于1946—1947年《涛声》复刊1—2期,署名张白衔。小说表现人民群众的团结和战争中英勇奋战、不畏牺牲的精神,表现出昂扬向上、慷慨激昂的情绪。戴

---

①　苏珊娜·贝尔纳:《生活的梦》,《读书》1982年第7期。
②　孙玉石主编:《戴望舒名作欣赏》,中国和平出版社1993年版,第332页。

望舒将这些与局势相呼应的小说进行反复刊载,其实也是他参与抗战的一种方式。

21日 翻译波特莱尔诗歌《人与海》,载《文汇报·笔会》第126期。

26日 在《江声》再刊《纪德日记抄》,署名戴望舒译。

28日 《文汇报》的社论委员林焕平在第132期的《笔会》上,总标题为《艺文管窥备忘》栏中,发表《波特莱尔不宜赞美》一文,认为登载波特莱尔的译诗是"孤芳自赏"。

29日 在冯至主编的天津《大公报·星期文艺》第12期上发表了波德莱尔的译诗《诗二章》(包含《那赤心的女仆》和《遨旅》两首),署名戴望舒译。

本月 编译的《西班牙抗战谣曲选》,列入《大地文学丛书》,由香港大地书局出版。该书送赠茅盾时,曾受到茅盾的激赏。他对前来访谈的戴望舒说:"这些歌谣,充分反映了西班牙人民反法西斯斗争艰苦卓绝的精神,对我们反内战、争民主的广大'国统区'人民是一种极好的鼓舞。"根据这次谈话,茅盾写了一篇《民间艺术形式和民主的诗人》,指出:"歌谣这一式样,因其扎根在广大人民群众中,为人民所'喜闻乐见',所以现代的争自由的诗人,还是爱用这一形式。眼前的例证之一,就是西班牙人民反法西斯的内战时期的战争谣曲。"还说:"外国的民间艺术形式也有供我们借镜观摩的价值。在这意义上,戴译《西班牙抗战谣曲选》的问世,因不能使我们对于现代西班牙人民文学更多认识的要求得到满足,而对于我们新诗的大众化或许也是一种参考吧。"①

1947年(丁亥,民国三十六年) 42岁

▲1月,国共两次谈判彻底破裂。

▲2月,中共中央政治局举行扩大会议,会议讨论并发出《迎接中国革命的新高潮》的指示。

▲5月起,"反饥饿、反内战、反迫害"的民主爱国运动波及全国大中城市。

▲10月,中共中央公布《中国土地法大纲》,解放区掀起土改运动。

▲11月,石家庄解放,成为中国第一个解放的城市。

1月

30日　在《文汇报·笔会》153期上,刊载了波特莱尔的诗歌《盲人》,署名陈敬容译。

同日　作为《笔会》编者的唐弢,在本期写了《编者告白》一文。表示他虽然并不同意上个月林焕平对波特莱尔诗的看法,但秉着"记得自己是编者,最好不说话"的编刊原则,只是同时刊发了持反对态度的《从波特莱尔的诗谈起》(李白凤)与《从自作多情说开去》(司空无忌)两文,以示作为编者的公允。其中司空

---

① 茅盾:《民间艺术形式和民主的诗人》,载《文艺丛刊》之一《脚印》1947年10月,收入《茅盾文集》第10卷时改题为《民间、民主诗人》。

无忌的文章反对观点尤为激烈,直指陈敬容大名。①

2 月

19 日　在《笔会》第 172 期上,针对波特莱尔有害论,唐弢写了《举一个例》,表示:"即使不读波特莱尔,也未必成为革命文学家的。"

唐弢的针锋相对引来了反对者更大的不满,耿庸写了《略说"不安"——兼致唐弢君》,刊登在 1947 年 3 月 17 日由郭沫若、杨晦主编的《文汇报》副刊《新文艺》第 3 期上。这就使《文汇报》版面上出现了左右手互搏的尴尬态势,唐弢因而产生不满提出辞职。为了调和互斥"之流"的双方都偃旗息鼓,《新文艺》主编郭沫若公开著文《想起了斫樱桃树的故事》,刊登在 3 月 24 日出版的《新文艺》第 4 期上,但实际的效果却并不佳。

3 月

20 日　《恶之花译后记》,载《和平日报》的《和平》副刊,署名戴望舒。文末附有"编者按","特此预作介绍"《怀正文艺丛书》即将出版戴望舒的《恶之华掇英》。但译后记题目却是"恶之花"而非"恶之华"。

同日　同期还刊载了波德莱尔作的《声音》一诗,署名戴望舒译。

26 日　翻译波特莱尔诗歌《亚伯与该隐》,载《文汇报·笔会》第 205 期,署名戴望舒译。

---

①　数十年后,陈敬容著文忆及此事仍颇为介怀。查司马无忌者,实为文怀沙的笔名。

论战还在持续,唐弢又发表戴望舒译波特莱尔诗作,意在再一次表明立场。耿庸在气急之下,自认为是"为了抗击居然蔚然成风的一些作品里的堕落倾向",并直接以"巴金先生及唐弢之流"反击。耿庸的朋友们觉得郭沫若是在拉偏架,直指郭文是"王八蛋文章"。有研究者认为,以当时郭沫若在左翼文坛的地位,应该可以判断郭当时意在调停的所言所行,并非仅仅代表其个人的所愿所为。因此,耿庸们的不听招呼,差不多"坐实"了其背后有胡风撑腰的"后台"说。这大约也为稍后的香港批胡风理论,甚至更远的世纪大案埋下了"草蛇灰线"的伏笔。(吴霖:《从戴望舒抵达波特莱尔》,《书屋》2020年第9期。)

　　翻阅当年旧报,据不完全统计,戴望舒在《文汇报》副刊《笔会》上发表的译诗其实并不算多,除了有四首波特莱尔诗作外,另有爱侣亚和魏拉伦诗作各一首。但就是这寥寥几首诗(当然还包括陈敬容的波特莱尔译作),掀起了动静不算小的文坛波澜,这大概是所有人都始料未及的。

　　本月　将自己翻译的24首波特莱尔诗作,以《〈恶之华〉掇英》之名在上海怀正文化社出版发行。据刘以鬯回忆:"施蛰存替我写信给戴望舒,后来戴望舒就把他的《恶之华掇英》交给我出版。"①

　　除了诗作,戴望舒还翻译了法国文豪梵乐希(瓦雷里)的一篇长文《波特莱尔的位置》,用来作为译著的前言,希望通过瓦雷里的文章,帮助读者更好地解读波特莱尔。瓦氏文章第一句"波特莱尔是到了光荣的顶点",深得戴望舒认同,不过他似乎还意

---

　　①　刘以鬯:《我在四十年代上海的文学工作》,《城市文艺》创刊号第1卷第1期,2006年2月15日。

犹未尽,又写了《译者后记》表达自己对波特莱尔诗歌的看法,也是对文化界就波氏诗论争的直接回答:"对于指斥波特莱尔的作品含有'毒素',以及忧虑他会给中国新诗以不良的影响等意见,文学史会给予更有根据的回答,而一种对于波特莱尔的更深更广的认识,也许会产生一种完全不同的见解",并进一步指出:"以一种固定的尺度去度量一切文学作品,无疑会到处找到'毒素'的,而在这种尺度之下,一切古典作品,从荷马开始都可以废弃了。"从《译者后记》看,此文写于 1947 年 2 月 18 日,这正是对波特莱尔以及《恶之华》争论"战犹酣"的时间段。

4 月

1 日　翻译西班牙阿索林的散文《玛丽亚》,重刊《文潮月刊》第 2 卷第 6 期。后又再刊于同年 5 月 10 日重庆的《时事新报》,署名戴望舒译。

9 日　翻译法国爱侣亚诗歌《自由》,载《文汇报·笔会》第 128 期。后收入《文汇丛刊》第二辑,1947 年 9 月,署名戴望舒译。

5 月

1 日　翻译阿索林的《玛丽亚二题》,署名戴望舒译,载《自由谈》创刊号。本月 24 日再刊于《现实文摘》第 1 卷第 4 期,署名戴望舒译。

20 日　翻译瑞士作家拉缪士小说《农民的敬礼》,载《人世间》第 1 卷第 3 期,署名戴望舒译,此次为第二次发表。文前附一段简短的译者说明,介绍拉缪士是当代瑞士小说家,地方文学巨子。他用一种新的田园风和史诗风的文笔,来写故乡的农民、牧人和山民。小说风格自然、直接而富有诗意。

同日 震惊全国的"五二〇"血案发生。随着人民解放战争的胜利发展,国统区爆发严重经济危机。5月4日,上海一些院校的学生上街宣传反对内战,遭到军警镇压,引起各校学生罢课抗议。15日,南京中央大学等校3000余人前往教育部请愿,要求解决"饥饿"问题,并得到北平学生的响应。16日,北大院系联合会首先提出"反饥饿、反内战"口号,矛头直指国民党最高统治当局。18日,蒋介石颁布《维持社会秩序临时办法》,严禁10人以上的请愿和一切罢工、罢课、游行示威,激起学生更大的不满。20日,沪、宁、苏、杭各校学生6000余人在南京举行"挽救教育危机联合请愿游行",遭到宪兵、警察、特务殴打,百余人被打伤,20多人被抓。同日,天津各校也有50余名学生在"反饥饿、反内战"的游行中被军警殴伤,造成震惊全国的"五二〇"血案。随后,全国60多个大中城市的学生在反内战、反饥饿、反迫害的口号下,纷纷举行罢课和游行示威。

25日 《柯罗连科——逝世二十五周年纪念》,载《华侨日报·文艺周刊》第13期,署名苗秀。

30日 翻译法国小说家欧仁·达比的《老妇人》,载《东方杂志》第43卷第10期,署名戴望舒译。

7月

1日 翻译西班牙作家阿左林的《一座城》,刊载于《远风》第4期。后又再刊于1947年8月29日的《时事新报(重庆)》。

11 日 《扇杂考》,载《星岛日报》副刊《星座》第 8 期,署名江湖①(卢玮銮《戴望舒在香港的著作译作目录》未收此条目)。

13 日 《韩文公与华南文化》,载《星岛日报》副刊《星座》第 8 页,署名江湖。

18 日 《漂泊》,载《星岛日报》副刊《星座》第 8 页,署名江湖(卢玮銮《戴望舒在香港的著作译作目录》收此条目)。

20 日 散文《茉莉》,再刊于《星岛日报》副刊《星座》第 8 页,署名戴望舒。

25 日 《六月六·晒经文》,载《星岛日报》副刊《星座》第 8 页,署名江湖(卢玮銮《戴望舒在香港的著作译作目录》收此条目)。

29 日 《长生灵药考》,载《星岛日报》副刊《星座》第七页,署名江湖(卢玮銮《戴望舒在香港的著作译作目录》收此条目)。

本月 因参加教授联谊会,支持进步学生爱国民主运动,被暨南大学解聘。

8 月

1 日 《柳宗元与岭南文化》,载《星岛日报》副刊《星座》第 8 页,署名江湖(卢玮銮《戴望舒在香港的著作译作目录》收此条目)。

---

① 据卢玮銮意见,"江湖"笔名发表的多是民俗杂文,该笔名见施蛰存提供的资料,但是否为戴望舒笔名,则还有存疑。参卢玮銮《戴望舒在香港的著作译作目录》,《香港文学》1985 年第 2 期。笔者查阅"香港文学资料库",发现在著者"江湖(叶灵凤)"中,有几十篇与卢玮銮归为戴望舒名下的篇目重叠,包括 1985 年重发在《香港文学》第 2 期,1999 年收入王文彬、金石主编《戴望舒全集·散文卷》中的《小说与自然》一文。而且在戴望舒逝世后,仍有一两篇以"江湖"为笔名的文章见诸香港报刊,故此类条目暂收本谱,还可作进一步的查证、考订。

戴望舒与女儿戴咏树在上海

5日　《陶渊明与饮酒》，载《星岛日报》副刊《星座》第 7 页，署名江湖（卢玮銮《戴望舒在香港的著作译作目录》收此条目）。

本月　任上海市立师范专科学校教授、中文系主任，教唐诗研究和中国古代小说史，同时兼任上海音乐专科学校教授，教音韵学。因学校有提供其美路（今四平路）上新陆邨的宿舍，生活有了起色。①

在新陆邨，戴望舒和朋友们成了同事兼邻居，戴家住十一号，隔壁十二号是孙大雨，对门六号是周煦良。戴望舒接来母亲

---

①　参施蛰存 1990 年 4 月 10 日复陈福康函。据施蛰存自述："抗战胜利后，董任坚从重庆飞来上海，接收了一个日本女子学校，改为上海市［立］师范专科学校（校址即今之虹口中学），请孙大雨、周煦良去该校任教。一年后，戴望舒和我也被邀请去任课。因为有宿舍可分得，故大家乐意应聘。"

和长女戴咏素,还把香港的藏书八大箱悉数运抵上海,总算安置好了一家大小。

在此期间 除了教课和翻译,戴望舒还投身到了民主运动中。据历史学家程应镠回忆:

1947年秋,我任教于上海市立师范专科学校,"师专同事和我往来最密切的是孙大雨和戴望舒","孙大雨和戴望舒介绍我参加了大教联①",并"和大雨、戴望舒两位先生一同支持学生的斗争"。"大教联当时的活动是不公开的,开会的地方也常常变换","开会是没有书面通知的,只口头传达"②。斗争打破了书斋的宁静,把望舒和社会生活的联系加深了。有时他在家里指导学生朗诵诗歌,或支持学生办墙报等。有时到孙大雨家聊天,秘密收听解放区电台的广播③,在兴奋和激动中,升腾起对解放区和新中国的向往。

据黄昌勇《孙大雨传略(下)》:

当时,孙大雨住在通向江湾五角场美其路市立师专宿舍里,他用二两黄金的高昂代价购置一架灵敏度较高的收音机,经常召集进步师生一起收听解放区电台广播。那时,在师专任教的现代诗人戴望舒也常到孙大雨家闲谈,收听

---

① "大教联"最初成立于1946年6、7月间,由张志让在重庆受周恩来的指示发起成立。孙大雨参加上海大教联后,担任临时召集人和干事(任干事的尚有彭文应、许杰、陈仁炳等共七人)。1947年5月,上海爆发了"反饥饿、反内战、反迫害"大规模学生运动,5月20日发生了震动全国的"五二〇事件"。孙大雨等盟员起草了大学教授支持学生运动的宣言,并征集了76名教授签名。宣言的中文本在《大公报》《文汇报》发表,英文本在《字林西报》《密勒氏评论报》以及美国的《民族周刊》和《新共和》上发表,塔斯社向全世界作了广播,有力地支持了学生的爱国民主运动。

② 程应镠:《回忆大教联片断》,孙近仁、孙佳怡《孙大雨纪传》,山西人民出版社1999年版,第63页。

③ 黄昌勇:《孙大雨这一辈子》,《上海滩》1994年第10期。

从解放区传来的消息。当年"大教联"成员程应镠回忆说，
淮海战役之后，他几乎每夜都在孙大雨家里收听解放区广
播，他们估计全中国的解放已为时不远。①

9 月

18 日　在《自由谈》第 1 卷 4—5 期合刊上"关于上海特辑"
中发表《关于上海的几句话》：

> 有什么话可说呢，关于上海？可以说的话自有人来说，
> 想说的话呢，这里不是说话的地方。岂止这里，最好还是全
> 人三缄其口。可怜的是说话的口同时还是吃饭的口，最好
> 是不必吃饭，最好是不让米粒进去。然而人们的要求是：不
> 吃饭，说好话。

短短几句大白话，却含蓄而愤激地影射了国民党政府贪污
腐败一心内战，致使物价横飞民不聊生，还要以白色恐怖镇压说
真话的知识分子(如暗杀李公朴、闻一多等)，同时又要利用文化
粉饰太平的无耻嘴脸。其中的"不吃饭"，暗指国民党搜刮民脂
民膏不给人民饭吃，人民没饭吃闹饥荒，以致 1947 年爆发了全
国的"反饥饿反内战反迫害"的民主运动的写作背景。

19 日　《新民报·艺文坛》(晚刊)刊登：吕白华主编的《自由
谈》月刊第 4、5 期合刊业已出版，有"关于上海特辑"：黎烈文、赵
景深、许钦文、魏金枝、丰子恺、施蛰存、徐仲年、胡山源、戴望舒、
鲁莽、陆丹林、孔另境、钱君匋 13 家执笔，及谢冰莹《忆香半园》、
纽约通信等篇。

---

①　程应镠：《回忆大教联片断》，《纪念上海民盟四十周年》，民盟上海市委文史
资料委员会编印，1986 年 9 月。

本月　翻译西班牙诗人洛尔迦诗作《不贞之妇》,载《诗创造》第 3 期。署名戴望舒译。

　　本月　翻译法国作家萨特尔(现通译为萨特)小说《墙》,载《文艺春秋》第 5 卷第 3 期,署名戴望舒译。

10 月

　　1 日　翻译西班牙巴罗哈的《西班牙怀旧录》,重刊于《文潮月刊》第 3 卷第 6 期。

　　同日　翻译法国作家路易·阿拉贡短篇小说《好邻舍》,载《人世间》复刊第 2 卷第 1 期,署名戴望舒译。在文末的"附记"中,戴望舒简单介绍了从达达主义到超现实主义再到 1931 年断然转向,加入革命作家协会的法国诗人兼小说家路易·阿拉贡,是与存在主义的萨特和超现实主义的艾吕亚齐名的法国文坛翘楚。而作为左翼盟主,更是文坛解放运动和组织的核心。差不多一切半公开和地下的刊物,都是由他直接或间接领导的。在这段时间里,他出版了好几个诗集,两个长篇,几个短篇。这篇《好邻舍》就是从他的短篇集里译出的。

　　30 日、11 月 30 日　翻译西班牙乌拿莫诺的《雾》,连载于《今文学丛刊》第 1 期和第 2 期,署名艾昂甫译。他在"译者附记"里强调了乌拿莫诺(Miguelde de Unamuno)兼顾了诗人和小说家的两重身份,显露出作为诗人的戴望舒选择翻译作品时的一个重要因素。如他认为瑞士作家拉缪士"用一种自然、直接、而仍然富有诗情的方法,把那些单淳的人民的单淳的生活表现出来";评价季奥诺的"伟大之处"在于他的作品"充满了一种急切的深情,把深切的诗情和粗俗的民众的生活联在一起,而使人感到一种难以言传的美丽";对白朗好·吴素(Madame Blanche

Rousseau)的评价则是"充满着诗的情味与诗人独具的魄力";认为加弥易·勒穆尼(Camille Lemonnier)的"长篇小说大都描写人类的蛮性,但他以美丽的风格出之,使人觉得诗趣盎然"。这些异域作家的小说中表现出来的诗意诗情和忧郁的情调,正与他自己的诗歌风格遥相呼应。

本月　翻译西班牙诗人狄戈诗歌《杜爱罗河谣》,署名戴望舒译,载《诗创造》第 4 期。

11 月

8 日　《广东文学述略》载《华侨日报》第 3 张第 4 页,署名江湖。①

12 月

本月　翻译法国诗人爱吕亚《战时情诗七章》,载《诗创造》第 6 期,署名戴望舒译。诗后译者"附记"介绍艾吕亚是法国当代大诗人,超现实主义的领袖,沦陷期法国抗战作家中的中坚分子,秘密出版社和地下战斗的组织者,胜利后加入共产党。所译 7 首诗名叫"情诗"却是抗战诗,因在敌人的铁蹄下写得难免晦涩了一点,但艾吕亚到底还是一位超现实主义诗人。

---

①　卢玮銮《戴望舒在香港的著作译作目录》中未收此条目。"香港文学资料"数据库中此文被归为"江湖(叶灵凤)"词条下。

1948年(戊子,民国三十七年)　43岁

▲6月,北平各大学教授百人联名发表声明,表示宁愿饿死也拒领"美援"面粉。

▲6月,《人民日报》在河北省平山县创刊。

▲9月,辽沈战役打响。

▲11月,东北解放。淮海战役打响。

1月

1日　《新历元旦与旧历新年》,载《星岛日报》副刊《星座》第11页,署名江湖(卢玮銮《戴望舒在香港的著作译作目录》收此条目)。

3日　《冬令食品》,载《星岛日报》副刊《星座》第11页,署名江湖(卢玮銮《戴望舒在香港的著作译作目录》收此条目)。

8日　《虾子》,载《星岛日报》副刊《星座》第11页,署名江湖(卢玮銮《戴望舒在香港的著作译作目录》收此条目)。

10日　《广州开埠考》,载《华侨日报》第3张第4页,署名江湖(卢玮銮《戴望舒在香港的著作译作目录》收此条目)。

17日　按郑振铎日记:"午睡。睡后起……慰堂来谈、施蛰存来谈。蛰存说起师专风潮事,我殊有愤慨! 小人之合也以利,利害相冲突,便非互相搏击不可矣,可叹也!"

据施蛰存自述:"孙大雨和董任坚不知为何事闹期,孙发起驱董风潮,戴望舒也被大雨拉进去,闹得很不像样。我与周煦良只采取旁观态度,不介入。""以后董任坚下台,孙大雨也没有做

到校长,让渔翁得利了。以上是郑振铎所记之事。看来,他对孙和董都瞧不起的。我当时不知。"①

23 日 《梅花》,载《星岛日报》第 11 页,署名江湖(卢玮銮《戴望舒在香港的著作译作目录》收此条目)。

31 日 《海底觅宝史话》,载《星岛日报》副刊《星座》第 11 页,署名江湖(卢玮銮《戴望舒在香港的著作译作目录》收此条目)。

本月 翻译《爱吕亚抄诗》,包含《公告》《受了饥馑的训练》《戒严》《一只狼》《勇气》《自由》《蠢而恶》7 首,载于《新诗潮》第 1 期,署名戴望舒译。

2 月

5 日 《对聊杂话》,载《星岛日报》副刊《星座》第 11 页,署名江湖(卢玮銮《戴望舒在香港的著作译作目录》收此条目)。

9 日 《除夕采风》,载《星岛日报》副刊《星座》第 11 页,署名江湖(卢玮銮《戴望舒在香港的著作译作目录》收此条目)。

11 日 《故都的过年景象》,载《星岛日报》副刊《星座》第 11 页,署名江湖(卢玮銮《戴望舒在香港的著作译作目录》收此条目)。

15 日 翻译雨戈(雨果)《良心》(这是戴望舒震旦读书时的最早译诗),经过多次修改,发表于《文讯》月刊第 8 卷第 2 期,署名戴望舒译。

---

① 参施蛰存 1990 年 4 月 10 日复陈福康函。参照本谱相关当事人回忆大教联的活动资料,可推知戴望舒是秘密参加大教联的,估计连施蛰存也没有透露,所以施蛰存以为仅是孙大雨和董校长之间的私人恩怨造成的"风潮",波及戴望舒。

24 日 《春灯谜》,载《星岛日报》副刊《星座》第 11 页,署名江湖(卢玮銮《戴望舒在香港的著作译作目录》收此条目)。

28 日 《华南的石器时代》,载《华侨日报》第 3 张第 3 页,署名江湖(卢玮銮《戴望舒在香港的著作译作目录》收此条目)。

29 日 《原子时代的幽默》,载《星岛日报》副刊《星座》第 11 页,署名江湖(卢玮銮《戴望舒在香港的著作译作目录》收此条目)。

本月 第 4 本诗集《灾难的岁月》,由曹辛之(杭约赫)的上海星群出版社出版。该诗集共收 25 首诗,每首诗后都注明了写作时间,目次分别是《古意答客问》(1934.12.5)、《灯》(1934.12.21)、《秋夜思》(1935.7.6)、《小曲》(1936.5.14)、《赠克木》(1936.5.18)、《眼》(1936.10.19)、《夜娥》(1936.12.26)、《寂寞》(1937.2.12)、《我思想》(1937.3.14)、《元日祝福》(1939.1.1)、《白蝴蝶》(1940.5.3)、《致萤火》(1942.6.28)、《狱中题壁》(1942.4.27)、《我用残损的手掌》(1942.7.3)、《心愿》(1943.1.28)、《等待(一)》(1943.12.31)、《等待(二)》(1944.1.18)、《过旧居(初稿)》(1944.3.2)、《过旧居》(1944.3.10)、《示长女》(1944.6.27)、《在天晴了的时候》(1944.6.2)、《赠内》(1944.6.9)、《萧红墓畔口占》(1944.11.20)、《口号》(1945.1.16 香港大轰炸中)、《偶成》(1945.5.31)等。

《灾难的岁月》在交给曹辛之之前,已经被好几个出版社退拒了。曹辛之后来被称为九叶诗派中的一员,当时在编《诗创造》,也印一些诗集。所谓星群出版社,是他"在唱独角戏时挂的一块招牌。是一批穷朋友硬撑出来的一个场面"。许多经济困难都是靠比较富裕的诗人王辛笛解决的。不仅没稿费,多数作

《灾难的岁月》书影

家是自己掏腰包交给星群出书。① 但曹辛之对戴望舒这位现代派前辈很是仰慕,还是想办法付了他一笔稿费。

据曹辛之回忆,为了编辑《诗创造》和《中国新诗》杂志,他多次前往戴望舒"那间昏暗小楼去看望",那时的戴望舒"患着痛苦的哮喘",得知他们正在从事的事业后,"极力给予支持"。在曹辛之主编的诗刊上,戴望舒发表了由他翻译的魏尔哈仑、洛尔迦和艾吕雅等人的诗作,体现了他们之间深厚的友谊。

曹辛之深深地懂得戴望舒诗作的重要价值,在《灾难的岁月》出版后,还在《诗创造》上刊登了篇幅很长的广告,予以热情洋溢而又实事求是的推荐:"戴望舒先生,是新诗拓荒者之一",当年"《望舒草》行世的时候,整个中国诗坛几乎全在作者诗风的

---

① 周良沛:《戴望舒诗集·编后》,四川人民出版社1981年版,第172页。

吹拂下","近年来,他专致力于翻译和介绍工作,很少创作。这本《灾难的岁月》,便是从少数诗作中选辑而成的"。[①]

本月 翻译法国诗人阿保尔里奈尔的诗歌《莱茵河秋日谣》,载《诗创造》第 8 期,署名戴望舒译。

本期 《诗人与书》栏记载戴望舒二月以来因患气管炎,病势转剧,卧床已半月。

3 月

3 日 散文《蝴蝶》,载《星岛日报》副刊《星座》第 11 页,署名江湖(卢玮銮《戴望舒在香港的著作译作目录》收此条目)。

16 日 散文《中国茶品》,载《星岛日报》副刊《星座》第 11 页,署名江湖(卢玮銮《戴望舒在香港的著作译作目录》收此条目)。

22 日 上海《东南日报》第 1 张第 4 版刊登消息《粤高院通缉汉奸三百余名传叶灵凤戴望舒匿居本市》,称:"广东高等法院最近通缉汉奸一批计三百余名,文化汉奸叶灵凤,戴望舒亦在其内。传叶戴二逆,改姓更名,潜居沪市。"

24 日 重庆《大公晚报》也发表了题名《粤高院通缉汉奸传戴望舒叶灵凤匿居沪市》的消息,其电讯头为"广州二十三日电"。戴望舒看到《东南日报》上的消息后,"不胜骇异",遂于 3 月 24 日致信《东南日报》,请予更正。全文如下:

> 径启者,本月二十二日贵报第一张第四版,载有粤高等法院通缉汉奸三百余名消息一则,独举出叶灵凤及鄙人姓名,并称叶君与鄙人均改姓更名,潜居沪市等语,阅之不胜

---

① 曹辛之(杭约赫):《最初的蜜·后记》,文化艺术出版社 1985 年版,第 21 页。

骇异。按鄙人在港，身陷日寇牢狱，受尽虐刑，始终不屈，事实俱在，人所共知。（忆贵报长春副刊亦曾刊出短文一篇，记鄙人在港时编制民谣打击日寇事。）胜利后复员来沪，先后在国立暨南大学、国立音专及市立师专等校任教，得暇并为各报章杂志撰文，现寓本市其美路新陆邨，从未改姓移名，更无所谓潜居，贵报所载种种，想必出于别有用心者之恶意毁谤，用特奉函，请予更正。是所至感！此上

《东南日报》

戴望舒顿首三月廿四日

26 日　这封信被刊发在上海《东南日报》第 1 张第 4 版《来函照登》栏。戴望舒认为，他在香港"身陷日寇牢狱，受尽虐刑，始终不屈，事实俱在，人所共知"，而《东南日报》所载的不实消息，是别有用心者对他的"恶意毁谤"。信中，戴望舒提到"贵报长春副刊亦曾刊出短文一篇，记鄙人在港时编制民谣打击日寇事"。"短文一篇"即指前述马凡陀所写的《戴望舒所作的民谣》，发表在《东南日报》1946 年 11 月 9 日第 2 张第 7 版《长春》上。那时马凡陀的这篇文章差不多已经为戴望舒洗清了冤白。正因如此，戴望舒才在这封要求更正的信中特别提到两年前的这篇短文，以正视听。

4 月

5 日　《清明时节》，载《星岛日报》副刊《星座》第 11 页，署名江湖（卢玮銮《戴望舒在香港的著作译作目录》收此条目）。

11 日　《上巳祓禊》，载《星岛日报》副刊《星座》第 11 页，署名江湖（卢玮銮《戴望舒在香港的著作译作目录》收此条目）。

同日　《青岛晚报》上有一则简讯，题为《戴望舒不白之冤》，

对《东南日报》所载消息及戴望舒信作了比较客观的报道:"日前上海某报记戴望舒附逆嫌疑,与叶灵凤之名并列。此讯刊出后,载(戴)立函该报更正……上海某报以戴行踪秘密,实误传,戴寓于上海江湾其美路,且常在各种文艺集会中漏(露)脸焉。"算是一篇最清楚、明白地为戴望舒正名的良心文了。

22 日 《银鱼》,载《星岛日报》副刊《星座》第 11 页,署名江湖(卢玮銮《戴望舒在香港的著作译作目录》收此条目)。

24 日 致函陈敬容:为陈敬容的朋友帮忙指点拉丁文,虽自己有病在身,却依然耐心助人:"请他将不识的字抄出来,注明页数(他大概是用的 Nelson 本子吧,我只有这个版本),我知道的就解释了寄还他,这样可以免得奔走,只须陆续一来一往写信就是了。你以为如何?我病还没有好,可是不得不上课,每上两小时课,回来就得睡半天。《中国新诗》什么时候集稿请示知,一定有稿子给你。你的《交响集》什么时候可以出来?不要忘记送我一部。"《交响集》是陈敬容的第一本诗集,从这封信中可以看出戴望舒对于年轻诗人的热情关注和切实支持。

26 日 《兰蕙考》,载《星岛日报》副刊《星座》第 11 页,署名江湖(卢玮銮《戴望舒在香港的著作译作目录》收此条目)。

本月 因参加教授罢课,被上海市立师范专科学校串通地方法院诬陷控告,遭国民党地方法院通缉[①]。被迫携妻女离开上海再去香港,走前匆匆将一只装有文稿等物件的皮箱交给施蛰

---

① 施蛰存说:"戴望舒与孙大雨一起反对校长董任坚,董串通法院说他是香港汉奸文人、附逆文人,出票传讯。"参陈丙莹:《戴望舒评传》,重庆出版社 1993 年版,第 103 页。商务印书馆 2006 年版王文彬的《雨巷中走出的诗人——戴望舒传论》第 318 页说戴望舒被法院诬告通缉是在"1947 年 8 月",此时间信息有误,应为"1948 年 4 月"。

存保管。①

5 月

4 日 《樱桃》,载《星岛日报》副刊《星座》第 11 页,署名江湖(卢玮銮《戴望舒在香港的著作译作目录》收此条目)。

5 日 《立夏》,载《星岛日报》副刊《星座》第 11 页,署名江湖(卢玮銮《戴望舒在香港的著作译作目录》收此条目)。

15 日 《润笔与润格》,载《星岛日报》副刊《星座》第 11 页,署名江湖(卢玮銮《戴望舒在香港的著作译作目录》收此条目)。

16 日 《蔷薇与玫瑰》,载《星岛日报》副刊《星座》第 11 页,署名江湖(卢玮銮《戴望舒在香港的著作译作目录》收此条目)。

24 日 《润笔余谈》,载《星岛日报》副刊《星座》第 11 页,署名江湖(卢玮銮《戴望舒在香港的著作译作目录》收此条目)。

本月 《诗创造》第 11 期的《诗人与书》栏预告:"方晨宇近将中国新诗译成英文,在英国印行",所选诗作第一位便是戴望舒 15 首(大半选自《灾难的岁月》),金克木诗 7 首,臧克家诗 17 首(分别选自《烙印》《罪恶的黑手》《运河》《泥土的歌》等),卞之琳诗 8 首(选自《十年诗章》),何其芳诗 17 首(选自《预言》及《夜歌》),陈敬容诗 17 首(大半选自《交响集》),辛笛诗 8 首(选自《手掌集》),杜运燮诗 7 首(选自《诗四十首》),穆旦诗 9 首(选自《旗》及《穆旦诗集》等),郑敏诗 6 首,艾青诗 6 首,田间诗 10 首,绿原诗 5 首(选自《童话》),胡风诗 1 首,丁耶诗 2 首,共 150 余首。

---

① 参施蛰存对沈建中的口述。《施蛰存先生编年事录》(上),上海古籍出版社 2013 年版,第 556 页。

本月 独自先到香港,住叶灵凤家。

6 月

1 日 《夏日谈茉莉》,载《星岛日报》副刊《星座》第 11 页,署名江湖(卢玮銮《戴望舒在香港的著作译作目录》收此条目)。

4 日 《新民报·文化走廊》(晚刊)《作家们》栏刊登:"诗人戴望舒患支气管炎已半年余,近已赴港医疗,其师专及音乐院课程分请施蛰存及田仲济代授。"

11 日 《端午风俗谈》,载《星岛日报》副刊《星座》第 11 页,署名江湖(卢玮銮《戴望舒在香港的著作译作目录》收此条目)。

19 日 《杨梅》,载《星岛日报》副刊《星座》第 11 页,署名江湖(卢玮銮《戴望舒在香港的著作译作目录》收此条目)。

本月 翻译西班牙作家乌那慕诺的短篇小说集《寂寞》(从原著《死的镜子》中选译《一个体面的更正》《寂寞》《官费》《华安、蔓棱》四篇),首次由文化生活出版社出版,署名庄重译。

7 月

2 日 《中国花园》,载《星岛日报》副刊《星座》第 11 页,署名江湖(卢玮銮《戴望舒在香港的著作译作目录》收此条目)。

9 日 《扇乘》,载《星岛日报》副刊《星座》第 11 页,署名江湖(卢玮銮《戴望舒在香港的著作译作目录》收此条目)。

12 日 翻译罗曼·罗兰的《罗曼·罗兰日记抄:记与甘地论真实与艺术》,载《华侨日报·文艺周刊》第 65 期第 3 张第 1 页,署名陈御月译。

25 日 翻译波兰查萧夫斯基的《解放后的波兰文学》一文,

载《华侨日报·文艺周刊》第 67 期第 3 张第 3 页,署名江思译。

同日 《世界文坛近讯》一文,载《华侨日报·文艺周刊》第 67 期第 3 张第 3 页,署名文生。

29 日 《夏日谈瓜》,载《星岛日报》副刊《星座》第 11 页,署名江湖(卢玮銮《戴望舒在香港的著作译作目录》收此条目)。

30 日 《记〈僧尼孽海〉》,载《星岛日报》副刊《星座》第 11 页,署名白衔。

本月 以江思笔名主编《星岛日报·读书与出版》副刊。这一次匆忙回港,面临前所未有的失业、家累和疾病的沉重困扰,总算在老东家胡好手下找到编副刊的工作。

8 月

1 日 散文《十年前的星岛和星座》,载《星岛日报》副刊《星座》增刊第 10 版。记叙成为《星座》主编的经过、《星座》的编辑宗旨以及编辑《星座》中的一些困难和成就。

同日 翻译式马拉的《高尔基与戏剧》,《大公报·文艺》(香港)第 16 期第 7 版,署名江思译。

7 日 《莲花·莲蓬·藕》,载《星岛日报》副刊《星座》第 11 页,署名江湖(卢玮銮《戴望舒在香港的著作译作目录》收此条目)。

8 日 《颓废诗人艾略特》,载《华侨日报·文艺周刊》第 69 期第 3 张第 1 页,署名江湖(卢玮銮《戴望舒在香港的著作译作目录》收此条目)。

同日 《法国文坛杂讯》,载《华侨日报·文艺周刊》第 69 期第 3 张第 1 页,署名文生。

11 日 《七夕说双星》,载《星岛日报》副刊《星座》第 11 页,署名江湖(卢玮銮《戴望舒在香港的著作译作目录》收此条目)。

12 日　翻译《龚果尔日记抄》,刊《星岛日报》副刊《星座》第11 页。

19 日　《中元节与孟兰盆的故事》,载《星岛日报》副刊《星座》第 11 页,署名江湖(卢玮銮《戴望舒在香港的著作译作目录》收此条目)。

20 日　朱自清在北平病逝。

22 日　翻译法国诗人许贝维艾尔小说《陀皮父子》,载《华侨日报·文艺周刊》第 71 期。署名江文生译。

23 日　翻译匈牙利莫尔拿《最好的策略》,载《华侨晚报·星期》的《社会小说》栏目,配英子画的一幅漫画插图。

28 日　《汉唐时代的广州》,载《华侨日报》第四张第三页,署名江湖(卢玮銮《戴望舒在香港的著作译作目录》收此条目)。

30 日　翻译西班牙阿左林的《海贼》,载《星岛日报·文艺》第 40 期第 10 版,署名戴望舒译。

本月　杨静带着二朵(咏絮)、三朵(咏树)来到香港。

9 月

5 日　《长日惟消一局棋》,载《星岛日报》副刊《星座》第 11 页,署名江湖(卢玮銮《戴望舒在香港的著作译作目录》收此条目)。

17 日　《中秋谈月亮》,载《星岛日报》副刊《星座》第 11 页,署名江湖(卢玮銮《戴望舒在香港的著作译作目录》收此条目)。

25 日　《说萤》,载《星岛日报》副刊《星座》第 11 页,署名江湖(卢玮銮《戴望舒在香港的著作译作目录》收此条目)。

26 日　《谈幽默文学》,载《华侨日报·文艺周刊》第 76 期,署名苗秀。

30 日　《奇花异草》,载《星岛日报》副刊《星座》第 11 页,署名江湖(卢玮銮《戴望舒在香港的著作译作目录》收此条目)。

10 月

6 日　《文人洁癖》,载《星岛日报》副刊《星座》第 11 页,署名江湖(卢玮銮《戴望舒在香港的著作译作目录》收此条目)。

9 日　翻译青木正儿的《小说〈西湖三塔〉与〈雷峰塔〉》,载《华侨日报·文史》第三张第二页,署名江湖(卢玮銮《戴望舒在香港的著作译作目录》收此条目)。

12 日　《重九杂话》,载《星岛日报》副刊《星座》第 11 页,署名江湖(卢玮銮《戴望舒在香港的著作译作目录》收此条目)。

17 日　翻译西班牙阿左林的《伤逝》,载《华侨日报·文艺周刊》第 79 期第 3 张第 1 页,署名江思译。

同日　《英国颓废派的刊物〈奥菲斯〉》,载《华侨日报·文艺周刊》第 79 期第 3 张第 1 页,署名江湖(卢玮銮《戴望舒在香港的著作译作目录》收此条目)。

20 日　《晚秋谈菊》,载《星岛日报》副刊《星座》第 11 页,署名江湖(卢玮銮《戴望舒在香港的著作译作目录》收此条目)。

24 日　《野鸡山雉》,载《星岛日报》副刊《星座》第 11 页,署名江湖(卢玮銮《戴望舒在香港的著作译作目录》收此条目)。

11 月

9 日　致赵景深函,内容如下:

景深兄:承赐大作《小说闲话》及卫聚贤君《薛仁贵征东

考》，已于上月底收到。弟忽染时疫，几致不起，今日才能起床握管，特奉函道谢。卫君所考《薛家府演义》作者为赵炳，然弟觉甚为勉强。如照这样推测，则吾人颇有理由说《金瓶梅》为于慎行作，《今古奇观》为顾有孝所选，且理由比卫君充足也。《醉翁谈录》消息如何？承允赐大作何久不寄下，均请赐复。即颂文祺（弟望舒，十一月九日）

14 日　翻译法国诗人爱吕亚《诗四首》，目次包括《公告》《戒严》《一只狼》和《蠢而恶》，载《华侨日报·文艺周刊》第 83 期，署名戴望舒译。

15 日　翻译法国马赛尔·阿朗《村中的异乡人》，载《星岛日报·文艺》第 48 期，署名戴望舒译。

21 日　《小说与自然——文艺漫笔》，载《华侨日报·文艺周刊》第 84 期第 3 张第 4 页，署名江湖①。文章探讨自然景物来做小说的背景，是否用得其法，要看作家自己的心境和手法如何而定，且首先应该服务于小说思想内容的表达。

22 日　《饮酒与酒量》，载《星岛日报》副刊《星座》第 11 页，署名江湖（卢玮銮《戴望舒在香港的著作译作目录》收此条目）。

24 日　《肉食种种》，载《星岛日报》副刊《星座》第 11 页，署名江湖（卢玮銮《戴望舒在香港的著作译作目录》收此条目）。

28 日　翻译西班牙阿索林的《夜行者》，载《华侨日报·文艺周刊》第 85 期，署名江思译。

本月　受到《星岛日报》国民党派的总编辑沈颂芳排挤，失去《读书与出版》副刊编辑工作。幸得老朋友陈君葆的大力照

---

① 卢玮銮《戴望舒在香港的著作译作目录》中收此条目。王文彬、金石主编《戴望舒全集·散文卷》中也收入此文，标注的发表时间和期刊号都相同，却未提及笔名"江湖"。

顾,他的文稿还可在《华侨日报》和《华侨晚报》刊出,同时介绍他替香港大学中文系主任马鉴代编《华侨日报·民风》双周刊,连主编的名字也无法标明,这个时期的困苦可想而知了。①

12 月

2 日 《渔船·蛋家》,载《星岛日报》副刊《星座》第 11 页,署名江湖(卢玮銮《戴望舒在香港的著作译作目录》收此条目)。

12 日 《跋西班牙抗战谣曲选》,载《华侨日报·文艺周刊》第 87 期,署名戴望舒。

15 日 《秘密武器史话:德国长射程大炮》,载《星岛日报》副刊《星座》第 11 页,署名江湖(卢玮銮《戴望舒在香港的著作译作目录》收此条目)。

17 日 《麝与麝香》,载《星岛日报》副刊《星座》第 11 页,署名江湖(卢玮銮《戴望舒在香港的著作译作目录》收此条目)。

19 日 《关于颐和园》,载《星岛日报》副刊《星座》第 11 页,署名江湖(卢玮銮《戴望舒在香港的著作译作目录》收此条目)。

同日 翻译《契诃夫与莫斯科艺术戏院》,载《华侨日报·文艺周刊》第 88 期,署名江湖译(卢玮銮《戴望舒在香港的著作译作目录》收此条目)。

24 日 《谈故宫古物》,载《星岛日报》副刊《星座》第 11 页,署名江湖(卢玮銮《戴望舒在香港的著作译作目录》收此条目)。

26 日 《写实作家库布林——逝世十周年纪念》,载《华侨日报·文艺周刊》第 89 期,署名江湖(卢玮銮《戴望舒在香港的著

---

① 卢玮銮:《灾难的里程碑——戴望舒在香港的日子》,《香港文纵》,香港华汉文化事业公司 1987 年版,第 199 页。

作译作目录》收此条目)。

本月　大朵(咏素)由一对信教的夫妇带着,乘船到香港,戴望舒和杨静到码头迎接,借住在叶灵凤家里。气喘病日益严重。据叶灵凤记述:"家庭间又在一再发生纠纷,私生活苦痛已极。"①这时,他的大女儿又从上海来了。为了病,为了这些不如意的事,他的肉体和精神上的负担实在很大。本来乐观、倔强的他,这时也一再在人前摇头说:"死了,这一次一定死了。"②

1949年(乙丑)　44岁

▲1月,淮海战役结束,北平和平解放。

▲3月,中国妇女第一次全国代表大会召开。

▲7月,由郭沫若、茅盾、周扬等42人组成的筹备委员会发起的中华全国文学艺术工作者代表大会在北平召开。出席大会代表824人。

---

① 由于年龄学养、人生经验和生活趣味等各方面的差异,戴望舒和杨静的结合一开始就不被看好。回沪两年中龃龉加深,尤其是戴望舒被迫重回香港艰难求存时期,被失业、穷困、多病拖至人生最低谷,婚姻更是出现了致命裂痕:杨静与住在同一幢房子里的一蔡姓青年学生相爱。来自这个年龄相仿的青年的爱情,热烈率性,不顾后果。杨静虽结婚六年,且有了两个女儿,却是初次体验到这种奔放近乎狂热的激情。所以尽管使君有妇,罗敷有夫,且又都有儿女,却双双计划私奔到一个想象中浪漫的国度——法国去留学。于是,杨静向戴望舒提出离婚。戴望舒再次面临情感打击,尽管很痛苦,这次却保持了冷静。为了挽救即将破裂的家庭,他做了许多努力,但杨静仍然坚持己见。最后戴望舒成全了杨静,双方和平分手。参见陈实:《戴望舒最后的爱》,《芙蓉》1997年第5期。

② 叶灵凤:《望舒和灾难的岁月》,《文艺世纪》,1957年8月号,1957年8月1日,第8—9页。

▲10 月,中华人民共和国成立。

1 月

5 日 《华北的商店招牌》,载《星岛日报》副刊《星座》第 11 页,署名江湖(卢玮銮《戴望舒在香港的著作译作目录》收此条目)。

10 日 《燕京旗闻》,载《星岛日报》副刊《星座》第 11 页,署名江湖(卢玮銮《戴望舒在香港的著作译作目录》收此条目)。

18 日 《暗香疏影话梅花》,载《星岛日报》副刊《星座》第 11 页,署名江湖(卢玮銮《戴望舒在香港的著作译作目录》收此条目)。

21 日 《灶君上天》,载《星岛日报》副刊《星座》第 11 页,署名江湖(卢玮銮《戴望舒在香港的著作译作目录》收此条目)。

24 日 《门神考源》,载《星岛日报》副刊《星座》第 11 页,署名江湖(卢玮銮《戴望舒在香港的著作译作目录》收此条目)。

2 月

3 日 《岁朝清供》,载《星岛日报》副刊《星座》第 11 页,署名江湖(卢玮銮《戴望舒在香港的著作译作目录》收此条目)。

6 日 《战后挪威文学》,载《华侨日报·文艺周刊》第 93 期,署名江湖(卢玮銮《戴望舒在香港的著作译作目录》收此条目)。

同日 翻译西班牙作家费囊德思诗歌《农民最初的胜利》,载《华侨日报·文艺周刊》第 93 期,署名戴望舒译。王文彬《戴望舒年表》中将此篇归为短篇小说,估计是并未见到原文因而发生体裁错误。香港文学资料库中收录了《农民最初的胜利》,并

不是小说,其实是一首诗歌,附录如下:

农民最初的胜利

西班牙·费囊德思作 戴望舒译

西维思推那个农民

正在那儿发言。

农民们小心留意,

紧紧挤在他旁边。

风带来不幸的消息,

说西班牙已经大变。

保王党又卷土重来,

把他们的生命作践,

蹂躏他们的辛苦和希望

所凝聚成的阡陌禾田;

在老祖母的记忆中,

保王党多么阴险!

他们的妻子,儿女,

和他们的家园,

都要给那些前来的保王党

作了战利品,那是可以断言。

这千思万虑

都把西维思推队长熬煎。

叫这个正直有为的人

整个灵魂都倒倒颠颠。

一个邻居高声地

对西维思推说道:

"要保卫咱们的家，
咱们就拿起镰刀！"
"跟他们的兵器去斗，
这种兵器已经不可靠！"
在外边，在街上，
最初的枪声已听得到。
那就是镇上的法西斯谛。
他们在那儿动手骚扰。
于是那响亮的声音又说：
"队长，咱们怎样办才好？"
西维思推想了想打定主意，
断然决然，有队长的风范。

在侯爵的府第里，
兵器等着手爪，
高贵的战士的手爪。
正义的战士的手爪。
那侯爵门府第，
□那儿有十几□之□。

黎明的阳光，
已在□上闪耀，
勤劳的鸟雀在歌唱。
月亮已经下去了。
农民们高高兴兴，
立刻动身把路跑。
山，河，和磨坊，
已经都在后边抛。

他们的声音多么洪亮！
他们的话语多么高傲！
"头一支步枪该给我！"
"我还是拿猎枪的好！"
"手枪可要归我！"
说着说着就到了。
没有抵抗，不用斗争，
他们就把兵器拿到。
他们的手指在装饰着
一排排的子弹，不知多少。
他们是这样地快乐，
他们是这样地欢笑。
竟把那侯爵夫人
和她的女仆们的性命也饶了。
那里的男子们都已逃走，
到保王党那儿去报到。
农民们只说了一声：
"这多少糟糕！"
于是那些农民们
就走上了回去的大道。
那些步枪在他们手里，
跳着优美的舞蹈。
渴望了那么许多夜的真理，
现在是就要来到。
岩石，树木，江河，
牲畜，和田里的河道，

和他们的进行一接触
好似就有了生气，跳跳蹦蹦。
在早上，他们一定互相认识，
　和亲生弟兄一般地好！
　于是他们搂到村镇去，
　那村镇是只等他们来到。
　　步枪滔滔地发话，
把耳朵也震聋，声音真不小。
　他们用不着费甚么劲，
　　交战的时候没有多少！
　那县长，没心肝的贪官，
　　现在已经性命不保
　　此外还有听他指挥的
　　　那些家丁军□
还有四五个叫做法西斯谛的
　　　有家财的土豪；
　　还有那荒淫的教士，
和他的侍妾那个小风骚。
于是人民被救赎了出来，
　　从这传统的横暴。
　在交战完毕的时候，
　　战士们便都走到
　　那广场的中央，
　　聚在那儿，静悄悄
　　听到刚正有为的
　　西维思推的报告。

407

"现在咱们怎么办,西维思推?"

　　"弟兄们,听我说,不要闹。

　　那些打过来的保王党,

　　　他们人多,我们人少。

　　这儿,我们的战斗已结束。

可是在我们的西班牙,你们要知道,

　　　还有一个更大的战争,

是在等待我们,又在向我们呼召。

　　　放了我们的牲口,

　　　让它们自由去吃草。

　　　把我们家里的人,

　　送到别的地方,要安全可靠。

　　　保存我们的纪念物,

　　　把我们的门户锁牢,

　　　等这场舞蹈完结,

　　　我们再回来逍遥。"

　　这番话大家都觉得有理,

　　　大家都开始欢笑。

　　　西维思推真不愧是

　　　一位队长,正义崇高。

　　　在山的那一面,

　　无产阶级的同志们,

　　　紧握着拳头,

　　唱着歌,在等待他们,

　　　要继续去斗争,

一直到能做太平天下太平人。

（注：□为因史料字迹过于模糊无法辨识的文字）

12 日　《元宵看灯》，载《星岛日报》副刊《星座》第 11 页，署名江湖（卢玮銮《戴望舒在香港的著作译作目录》收此条目）。

21 日　与杨静离婚。两人各自带一个女儿，咏絮归望舒，咏树归杨静。全国解放在即，决计北上解放区，对一再挽留的朋友说："我不想再在香港住下去了，一定要到北方去。就是死也要死得光荣点。"①

3 月

6 日　翻译西班牙洛尔加的诗歌《圣女欧拉丽亚的殉道》，载《华侨日报·文艺周刊》第 97 期，署名戴望舒译。

同日　《美国的青年作家》，载《华侨日报·文艺周刊》第 97 期第 3 张第 1 页，署名江湖（卢玮銮《戴望舒在香港的著作译作目录》收此条目）。

同日　《牡丹妖艳值千金》，载《星岛日报》副刊《星座》第 11 页，署名江湖（卢玮銮《戴望舒在香港的著作译作目录》收此条目）。

11 日　携长女和二女与卞之琳结伴，由中共安排乘挂巴拿马旗的货船离港北上②。据戴望舒致杨静 1949 年 4 月 27 日函："房舱很舒服，约等于普通船的头等舱。大菜间也是我们独占的，我们整天在那里玩。伙食也不错，而且餐餐有酒喝。"

---

①　灵凤：《悼望舒》，《华侨日报·文艺周刊》第 127 期，1950 年 4 月 10 日。

②　卞之琳在 1949 年 6 月 26 日给父亲的信中说："从英国回家，在香港等船等了两个月，终由中共党方面招呼了坐船到北平。"卞之琳：《卞之琳纪念文集》，江苏海门市政协文史资料编辑部，2002 年 10 月，第 252 页。

17 日　《东风杨柳碧氄氄》,载《星岛日报》副刊《星座》第 11
页,署名江湖(卢玮銮《戴望舒在香港的著作译作目录》收此条
目)。

18 日　船到大沽口。北平派人用小船接到塘沽,宿在海关
的宿舍里,受到隆重的招待。

19 日　抵达北平。据戴望舒致杨静函:19 日先有"塘沽公
安局招宴,宴毕,才上了专为我们而备的专车。十二时到天津,
市政府又在车站中款待我们,休息了一小时,在四时到了北平,
当即来到翠明庄。翠明庄是从前日本人造来做将校招待所的,
胜利后国民党拿来做励志社,现在是人民政府拿来做招待民主
人士的地方"。安排住进的 31 号是全庄最好的房间,有客厅有
电话。

29 日　《奇离异鸟》,载《星岛日报》副刊《星座》第 11 页,署
名江湖(卢玮銮《戴望舒在香港的著作译作目录》收此条目)。

31 日　《打油诗的祖宗》,载《星岛日报》副刊《星座》第 11
页,署名白衔。

4 月

1 日　《打油诗余话》,载《星岛日报》副刊《星座》第 11 页,署
名白衔。

3 日　《西班牙的前进文学家》,载《华侨日报·文艺周刊》第
101 期,署名江湖(卢玮銮《戴望舒在香港的著作译作目录》收此
条目)。

3—5 日　翻译亚历山大的《偷书贼》(上)(中)(下),《星岛日
报》副刊《星座》第 11 页连载 3 期,署名白衔译。

5 日　《城中桃李愁风雨》,载《星岛日报》副刊《星座》第 11

页,署名江湖(卢玮銮《戴望舒在香港的著作译作目录》收此条目)。

8日 《芳草地放风筝》,载《星岛日报》副刊《星座》第11页,署名江湖(卢玮銮《戴望舒在香港的著作译作目录》收此条目)。

19日 《踢毽子》,载《星岛日报》副刊《星座》第11页,署名江湖(卢玮銮《戴望舒在香港的著作译作目录》收此条目)。

27日 给杨静写信一封。

致杨静(一)

丽萍:

　　到平已月余,可是还没有给你写一封信,这种心情也许你是能理解的吧。我一直对自己说,我要忘记你,但是我如何能忘记! 每到一个好玩的地方,每逢到一点快乐的事,我就想到你,心里想:如果你在这儿多好啊! 一直到上星期为止,我总以为朵朵暂时不记得你:从上船起一直到上星期这一个多月中,她从来没有提到你一个字,我以为新年快乐使她忘记了一切,可是,在上星期当她打了防疫针起反应而发高烧的时候,她竟大声喊道:"妈咪,你作乜嘢要我第,顶乜解我第嗨里处!"这呓语泄露出了她一个月以来隐藏着的心情,使我眼泪也夺眶而出。真的,你为什么抛开我们? 我们为什么会在这里的啊! 可是不要说这些感伤的话了,且把我们分手后的情形告诉你吧。那一天,船一直到晚上九点才开,上船后,我的气喘就好多了。我和二朵朵,卞之琳和邝先生各占一个房舱(大朵朵在我们隔壁的房舱)。房舱很舒服,约等于普通船的头等舱。大菜间也是我们独占的,我们整天在那里玩。伙食也不错,而且餐餐有酒喝。在海上除了第一二天有雾外,一路风平浪静,船上的人,除了大朵朵外，一个晕船的也没有。三月十七日晨，船就到了大沽口，可是并没有当天上岸，因为从北平派来接我们的人，一直到十八日下午才开了小轮船来接我们（我们的船太大了不能一直开到天津）。那天晚上，我们到了塘沽，宿在海关的宿舍里，受着隆重的招待，第二天十九日，塘沽公安局招宴，宴毕，才上了专为我们而备的专车。十二时到天津，市政府又在车站中款待我们，休息了一小时，在四时到了北平，当即来到翠明庄。翠明庄是从前日本人造来做将校招待所的，胜利后国民党拿来做励志社，现在是人民政府拿来做招待民主人士的地方，虽不及北京饭店或六国饭店大，但比前二处更清净而进出自由。我住的三十一号是全庄最好的一间，有客厅、卧室、浴室、贮藏室等四间，小而精致，房中有电话，十分方便。在军调部时代，据说是叶剑英将军住的，而北平解放后人民政府副市长徐冰也曾住在这里，可以算是有历史性的房间了。卧室有两张沙发床，我和二朵朵睡，大朵朵独自睡一张，一个多月来我们就一直生活在这儿。在刚来的那一天，二朵朵高兴兴奋得了不得，变成小麻雀一样地多话了。真的，一切在她都是新鲜的，我一辈子也没有坐过专车，她却第一次坐火车就坐了。高耸着的正阳门，故宫的琉璃瓦，这一切都是照她所说那样，是"从来也没有看见过"的。（以后她还吃了她"从来也没有吃过"的糖葫芦、炒红果、蜜饯、小白梨等。）这里我们的一切需要他们都管，如洗浴、理发、洗衣、医药等，饭食是每日三餐，早晨吃粥，午晚吃饭，饭菜非常丰富，每餐有鱼有肉，有时是全只的鸡鸭，把嘴也吃高了，不知将来离开此地时怎样呢？

这一个多月差不多是游玩过去的，不是看戏就是玩公园、故宫等等。孩子们成天跟着我,直到四月一日以后,我才比较松一点。因为她们是在四月一号起进了孔德学校①的。孔德学校是北平有名的中小学,虽然现在已不如从前,可是总还不错。因为校长和主任都是认识的,所以她们两人就毫无困难地进了去。大朵进了五年级,二朵进了幼稚园大班。麻烦的是二朵只上半天课,下午还是缠住了我。她现在北京话已说得很不错了。我身体仍然不大好,所以本来计划从军南下的计划,只能搁起而决定留在北平。也许最近就得到新的工作岗位上去,不再过这种舒适有闲的生活了。我希望仍能带着孩子,可是事情只能到那时再说。政府的托儿所是很好的,好些同志的孩子们都是红红胖胖的,恐怕比我管好得多。前些日子和二朵到颐和园去玩,请朋友照了相,这里寄奉,大朵因为在读书,所以没有去。预料你回信来时我一定不住在这里了,所以你的信还是写下列地址好:"北平宣武门外校场头条二十一号吴晓铃先生转"。

你的计划如何? 到法国去呢②,到上海去呢,还是留在香港? 我倒很希望你到北平来看看,索性把昂朵也带来。现在北平是开满了花的时候,街路上充满了歌声,人心里充满了希望。在香港,你只是一个点缀品,这里,你将成为一个有用的人,有无限前途的人。如果有意,可去找沈松泉设法,或找灵凤转夏衍。

我应该连忙声明这是为你自己打算而不是为我。昂朵

---

① 孔德学校即现在的北京二十七中。
② 即指杨静与蔡姓青年准备私奔去法国的计划。

好否？你身体如何？请来信告知一切。

（望舒四月二十七日灯下）

1949 年 4 月 9 日与女儿咏絮于北京颐和园

5 月

5 日　《今日浴佛》，载《星岛日报》副刊《星座》第 11 页，署名江湖（卢玮銮《戴望舒在香港的著作译作目录》收此条目）。

6 日　《立夏风俗》，载《星岛日报》副刊《星座》第 11 页，署名江湖（卢玮銮《戴望舒在香港的著作译作目录》收此条目）。

13 日　翻译英国陶格拉斯·安士黎《真假皇帝》，载《星岛日报》副刊《星座》第 11 页，署名白衔译。

15 日　《都德故居访问记》（续完，5 月 14 日报纸缺失），载《星岛日报》副刊《星座》第 11 页，署名白衔。

20 日 《饕餮的食量》,载《星岛日报》副刊《星座》第 11 页,署名江湖(卢玮銮《戴望舒在香港的著作译作目录》收此条目)。

25—26 日 翻译阿左林的《玛丽亚》,再刊于《星岛日报》副刊《星座》第 11 页,署名白衔译。

28 日 《梅酸李沃》,载《星岛日报》副刊《星座》第 11 页,署名江湖(卢玮銮《戴望舒在香港的著作译作目录》收此条目)。

6 月

本月初 离开翠明庄招待所,因两个女儿还没放假,暂时住在离学校附近的北池子八十三号文管会。

1 日 翻译法国诗人艾吕雅的《一篇要算的账》,发表于《诗号角》1949 年第 6 期,署名戴望舒译。

同日 《端午谈钟馗》,载《星岛日报》副刊《星座》第 11 页,署名江湖(卢玮銮《戴望舒在香港的著作译作目录》收此条目)。

17 日 《五月榴花照眼明》,载《星岛日报》副刊《星座》第 11 页,署名江湖(卢玮銮《戴望舒在香港的著作译作目录》收此条目)。

本月 冯亦代从上海来北京参加第一届文代会,戴望舒"抱着一个拖着一个"孩子在北京火车站迎接好友,冯亦代跟他一见面就"问他写了多少诗。他说在明朗的天空下,到处是诗,但诗人的笔却无以写出人民的欢乐于万一"。①

7 月

1 日 《狗的伎俩》,载《星岛日报》副刊《星座》第 11 页,署名

---

① 冯亦代:《祭戴望舒》,《香港文学》1990 年第 67 期。

江湖(卢玮銮《戴望舒在香港的著作译作目录》收此条目)。

2—19日　全国第一次文代会在北平召开。应邀出席参加的是美术代表团①,住地在前门留香饭店(私营),带着两个女儿一块住进留香饭店。

会议期间　两个女儿也每人拿到一本"代表纪念册",叔叔阿姨们就纷纷在"纪念册"上为她们俩绘画题诗(文)。咏素的一本遗失了,咏絮的一本还保存着。在这本"纪念册"上,有李可染、吴作人、陆志庠、叶浅予、彦涵、陈烟桥和朱鸣冈、袁水拍、张昭、田友、司空谷等人的绘画。绘画的内容,或是画一个小姑娘手拿镰刀割稻,或画一面党旗(袁水拍画并题词:"画一面红旗给戴咏絮"),或画小咏絮打鼓,或画蚱蜢停在青草上,或画小山羊和蜻蜓,或画一只大虾、小白兔和小黑兔等等,充满了春天的活泼气息。题词中有关露的诗"漂亮的小姑娘,/像一个小月亮。/月亮在天空,/小姑娘跟着毛泽东!——写给咏絮小朋友";公超的诗:"小小花园真正好,/我在里面——/浇花又拔草,/看看蚯蚓地上爬,/听听树上小鸟叫。/将来的世界,/是个大花园,/豺狼虎豹都要赶掉,/男男女女都做工,/快快活活活到老。——给咏絮小朋友";金近的题词:"在北平你看了不少的戏,好看吗?这些戏里都是真事呢!——写给咏絮小朋友"。这些诗文,率真地表达了中国一代知识分子对即将诞生的新中国、新社会的由

---

①　文代会召开时,戴望舒的代表资格受到严格审查。据1980年10月王文彬走访蒋锡金先生记录,他曾为戴望舒出具抗战时期毁家纾难的证明。另据1999年4月王文彬走访戴望舒长女戴咏素女士,据她说,第一次文代会结束,父亲和她姐妹住在北平钱粮胡同,徐迟来聊天,说到×××在会上提出戴望舒"附敌"问题,是茅盾讲了话,才告罢休。参王文彬《中西诗学交汇中的戴望舒》,安徽教育出版社2003年版,第221页。

衷祝福。①

6 日　晚 7 时,毛泽东主席莅临大会并作了简短讲话。据戴咏素回忆,平时爸爸每逢雨天就发病,毛主席接见的那天晚上,虽然也下雨,但爸爸很兴奋,病都未发。②

7 日　《槐阴转午一庭新绿》,载《星岛日报》副刊《星座》第 11 页,署名江湖(卢玮銮《戴望舒在香港的著作译作目录》收此条目)。

17 日　参加大会中的诗歌工作者座谈会。

同日　《梦的迷信》,载《星岛日报》副刊《星座》第 11 页,署名江湖(卢玮銮《戴望舒在香港的著作译作目录》收此条目)。

26 日　迁居至华北联大第三部大院。

8 月

1 日　《凤仙原是女儿花》,载《星岛日报》副刊《星座》第 11 页,署名江湖(卢玮銮《戴望舒在香港的著作译作目录》收此条目)。

2 日　参加全国诗歌工作者联谊会,被推选为理事。

同日　《乞巧余话》,载《星岛日报》副刊《星座》第 11 页,署名江湖(卢玮銮《戴望舒在香港的著作译作目录》收此条目)。

4 日　致杨静函第二封。

丽萍:

　　你的信收到已有半个多月了,因为在开文学艺术工作

---

① 王文彬:《雨巷中走出的诗人——戴望舒传论》,商务印书馆 2006 年版,第 340 页。

② 王文彬:《雨巷中走出的诗人——戴望舒传论》,商务印书馆 2006 年版,第 340 页。据戴咏素与王文彬 1999 年 4 月 10 日的谈话。

者代表大会，一点空也没有，开完会搬到华北大学来。病了，本来还想搁一搁，二朵朵天天催我写信，只好就写了。现在先把这几个月的生活状态报告你吧：我是在六月初离开翠明庄招待所的，本来应该就到华大来，可是因为大朵朵、二朵朵都还没有放假，所以暂时在离学校很近的北池子八十三号文管会旧剧处住了一个月，等孩子们一放假，接着就开文代大会了，就一家子住到前门外的留香饭店去，一直到七月二十六日才搬到华大来。二朵已在幼稚园毕业了，成绩很好，如下：唱歌甲，美术甲，故事甲，工艺乙，常识乙，游戏甲，运动甲，智力程度甲，体格发育甲，操行考查甲。大朵则较差，有一门算术不及格，要补考。二朵认识了很多的大朋友，如舒绣文、周小燕等，连我也都不熟的；马思聪家我也常带她去，她和思聪的次女雪雪是好朋友，她认戴爱莲做姑姑。她很有机会接近音乐和舞蹈，然而我哪里有工夫去管她？自从你写信来说要带昂朵来平后，她时常问你什么时候来，你叫我怎样回答她呢？我以为你到这里来也很好，做事和学习的机会都很多，决不会落空的。筹一笔船费就是了，一到天津就有人招待你的。如果连船费也没有办法，那么让我去和沈松泉商量，叫他们的货船带你来。我这几天工作上就要有调动，调到国际宣传局去（将来有出国可能），孩子们下半年读书的问题，须待调过去后决定。母亲决计请她来平，因为上海没人照顾，而此地生活比上海便宜。二朵已长了不少，去年的夏衣已短小了，在开文代会的时候，她天天看戏，看了差不多一个月。现在在华大，每天除写一点字以外，就跟同住的孩子们玩，看华大同学排戏，她不断地想你和昂朵，所以你能来就好了。你来了有这些工作可以由你选:进华大学习,进文工团参加音乐或戏剧活动(音专的贺丽影、郑兴丽都在文工团,马思聪、李凌也在那里。)进电台,其他机关的工作也很多,孩子们也不必自己管,只是要严肃地工作,前途是无量的。广州,不久就要解放,香港畸形的繁荣必然要结束了,你应该为自己前途着想。如果决定来而又可自筹旅费,请即打电报给我(北平煤渣胡同四号沈宝基转望舒),告知行期,到天津后找沈松泉(天津马场道三盛里二十五号),他自会招待你,不能筹钱也打电报给我,让我和沈去商量坐他们的船。不过后者要麻烦人家,还是自筹船费的好。来时不必使叶灵凤等人知道,会生许多麻烦。秋天是北平最好的季节,你的女儿日夜望你来。我身体还不错,就是还不错,就是常发病。上月照的一张相,这里寄上。祝好。阿宝①也有意思来平否?请代致候!(望舒八月四日)

10 日 《折扇小考》,载《星岛日报》副刊《星座》第 11 页,署名江湖(卢玮銮《戴望舒在香港的著作译作目录》收此条目)。

18 日 《秋蝉余话》,载《星岛日报》副刊《星座》第 11 页,署名江湖(卢玮銮《戴望舒在香港的著作译作目录》收此条目)。

19 日 《堆盘菱熟胭脂角》,载《星岛日报》副刊《星座》第 11 页,署名江湖(卢玮銮《戴望舒在香港的著作译作目录》收此条目)。

26 日 《东坡遗物》,载《星岛日报》副刊《星座》第 11 页,署名江湖(卢玮銮《戴望舒在香港的著作译作目录》收此条目)。

---

① 阿宝,即陈实,是戴望舒和杨静的朋友。半个世纪后写过一篇回忆纪念文章《戴望舒最后的爱》,刊于《芙蓉》1997 年第 5 期。

1949 年 7 月穿中山装干部服的戴望舒

本月　听从组织安排，参加国际新闻局筹备工作。

约在此期间　母亲已从杭州迁住在外甥女钟萸上海的家里。钟萸丈夫在银行工作，住的是银行宿舍，碰巧与袁水拍在一个大院里。因而北京安顿好后就请袁水拍将母亲从上海带到北平，帮忙照顾两个孩子，一家子住在二楼。臧克家一家住一楼，大院里还住着一个文工团。

有了新的工作，参加各种会议，生活十分忙碌，同时还要接受政治教育，完成繁重的政治学习任务。在新的岗位上，对前途充满了希望，"决心改变他过去的生活和创作方向"①，投身到新

①　据胡乔木披露，望舒曾向他表示过改变自己的决心。参见《悼望舒》，载《人民日报》1950 年 3 月 1 日。

420

中国的建设事业中去。

9 月

3 日 《水藕初凝雪一梢》,载《星岛日报》副刊《星座》第 11 页,署名江湖(卢玮銮《戴望舒在香港的著作译作目录》收此条目)。

8 日 《海棠》,载《星岛日报》副刊《星座》第 11 页,署名江湖(卢玮銮《戴望舒在香港的著作译作目录》收此条目)。

24 日 《霜叶红于二月花》,载《星岛日报》副刊《星座》第 11 页,署名江湖(卢玮銮《戴望舒在香港的著作译作目录》收此条目)。

29 日 《关公轶闻》,载《星岛日报》副刊《星座》第 11 页,署名江湖(卢玮銮《戴望舒在香港的著作译作目录》收此条目)。

30 日 《古迹荒唐》,载《星岛日报》副刊《星座》第 11 页,署名江湖(卢玮銮《戴望舒在香港的著作译作目录》收此条目)。

10 月

1 日 毛泽东主席在天安门城楼上庄严宣告中华人民共和国成立。

本月 国家新闻总署下设的国际新闻局正式挂牌。戴望舒由华北联合大学第三部被调到国际新闻局担任法文组组长(科长)①。当时的新闻总署署长是胡乔木,戴望舒就是由他点名要来的。法文科的第一项工作就是翻译出版毛主席的《新民主主

---

① 据戴望舒 1949 年 10 月 15 日致叶灵凤的信中说,"前月被调到国际新闻局来,担任编译部法文组的主任"。法文组后改为法文科。

义论》和《全国政治协商会议纲领》两本文献。

当时法文科只有戴望舒和孙源两个人。据孙源（原《星岛日报·语言》编辑——笔者）回忆："我问他：'怎么你不搞文艺，搞新闻工作啦？'望舒一笑说：'革命需要嘛。眼下无人，先搞起来，以后再说。'"当孙源发愁自己的外文水平不能胜任时，戴望舒说："现在找不到别人，你不能不干。有我，我们两人合作，能搞得下去。"在戴望舒的安慰鼓励下，孙源打消顾虑增强了信心。由于人员设备和资料紧缺，戴望舒就把自己的打字机、字典和参考书统统带来用上。上级要求一开张就要出书，戴望舒虽也是新手，"但他总是以很高的热情把书稿逐字逐句推敲斟酌，一丝不苟，深知代表国家说话的每个字的分量"。感慨赞叹望舒是一个无私投入革命工作，勇挑重担，迎着困难而上的"革命者"。①

据薛葭《外文印刷厂建立的前前后后》中说："国际新闻局一成立，就面临十分重要的对外宣传任务。当时急需出版外文版的毛主席著作《论人民民主专政》和《新民主主义论》。"戴望舒负责这两本重要著作的法文版和西班牙文版的翻译工作。

据戴望舒在北京工作时的同事程代熙回忆："1949年，他从香港到北京。当时海岸被美国封锁，北上要过台湾海峡，得冒生命危险的。我比戴望舒晚一些，是坐英国货船回来的。回来以后也到国际新闻局工作，与戴望舒同住在国际新闻局宿舍里。戴望舒住在楼下，和他的母亲住在一起。

乔冠华原来在香港办了一个《中国文摘》，从香港带了一批人到北京，筹组国际新闻局，搞对外宣传。当时在一个大办公室里，分法文科、俄文科、英文科……在一起办公，叫编纂处，还有

---

① 孙源：《回忆诗人戴望舒》，《海洋文艺》1980年第6期。

新闻处。

戴望舒当时在法文科,还在西单大木仓中法大学(朝阳大学)兼课。英文科有外国顾问,法文科没有外国人,主要是戴望舒,《论人民民主专政》的法文版和西班牙文版,就是他翻译的,当时毛主席、周总理的报告、接见都由他翻译,所以他特别忙。"[①]

4日 《月饼的故事》,载《星岛日报》副刊《星座》第11页,署名江湖(卢玮銮《戴望舒在香港的著作译作目录》收此条目)。

8日 杨静致戴望舒函(一)。

望舒:

　　两封信都已收到了。当我收到第一(封)信后因邮政不通,所以曾给一电报您,在未收到您的信之前,也曾有一信寄北京饭店转交给您。此信想您未必能收到,我很感谢您的关怀。我们在港都很平安,昂朵头上的疮已将痊愈了,只有耳朵旁一点点烂。前个星期,曾经病过一次。大概是因为初次游泳受惊之故。看了医生后,现在已好了。但是身体并不强健。我正预备给她上学,般含道英华女书院招生要有出世纸才有资格报名。我的生活一如从前,没有多大改变,每星期二、四、六上法文课,也没有找到事情做,偶然做做经纪赚一点钱。而这是不正常的入息,尤其是最近手头很拮据,不然我倒想由沪转平玩玩。我极想送昂朵来平。她在这里是很寂寞的,常常想念着朵朵。如果北平有工作给我做,生活不致丛生问题,那我即能设法带昂朵来北平。

---

　　① 参郑择魁整理记录:《访问程代熙谈戴望舒》,1995年9月18日于杭州文艺大厦。

当然我是不敢冒险而行,法国之行①,我已取消。这是为了昂朵,我不能遗下她而远行。况且经济方面,也是不可能的事。以后来信,请详细写些孩子日常生活的情形,我更希望,您能给朵朵受音乐的训练,她的性情喜爱音乐,别埋没了她的天才。告诉朵朵及大朵朵,常给信我,免我挂念着她们的平安,如果她俩需要在港买东西,那就写信给我好了,有便人去平,即可带上了。

……以后写信别写我的名字。家里不高兴的。

致好!

静(八日)②

16日　杨静致戴望舒函(二)。

望舒:

两封信今天才收到,一切详知,谢谢您还是那样地关怀我,电报给宝(陈实)遗失了,所以没有看到。我在八月一日离港到渝去了一趟,十月二日才回来,因此您的信及电报耽搁了一时期,照片一张,同时收到了,旅行了两个月,身体很好,胖了七磅,生活依旧,家里各人都很好,昂朵的疮时愈时发花了很多钱,可是,还不能医好,她的身体并不好,常常看医生,每次游泳后,总发热,现在她长大了,很高,也很懂事,没有像从前那样爱哭,不讲理,本来送她到幼稚园读书,然而为了头上的疮,便不可以去上学。我决定来平,过几天我

---

① 据陈实《戴望舒最后的爱》中披露,杨静和望舒分手后,她的恋情也由于对方妻子坚决不愿离婚而"只开花不结果,去法国念书的梦想破灭"。加之杨静自己割舍不下女儿,所以她在给望舒的回信中说:"法国之行,已取消。"从信中可以看出望舒对杨静并没有丝毫责备,而是继续关怀鼓励指点她对人生道路做出慎重的选择。

② 此信只有日期,年月都无。

要去找黄先生商量,然后给电报您,我希望自己能筹到一笔钱,但是很不容易,经济拮据得很,欠了别人钱都无法可想。老实说,现在的我,已经变多了。因为没有人管我,而我也很会自爱当心,交际场中已经绝迹,去看看电影,熟朋友家里玩玩。香港也是没有意思的,我是很想能挣扎过来,所以我一定会来平的,常为自己前途焦急,对任何的东西,我都不留恋,也许,我爱孩子的心强极,常梦见朵朵,尤其在离渝前,差不多每天梦见朵朵,于是急忙赶回港对我太影响了。

宝病了一场,痢疾,几乎活不了。她也是那么穷,表妹全家搬到她家里,别的朋友就一无所知,根本就没有遇见过。且我也不爱去谈论他人,自顾不及。孩子们的身体可好,读书问题解决了没有?这是使我最忧心的事。我想您一定会替她们解决,这一点,在以前早已信任您了,希望您恨我的心,别放在孩子们身上,假如来平,我一定会给孩子们带些东西及衣服,脚踏车可有钱就买,如果我筹不到一笔钱,那是不可能去平,但愿不要失败,有空叫孩子们给信我为盼,二朵写一些字给我看。致好!

(静 一九四九.十.六)

13日 《广东的古寺》,载《星岛日报》副刊《星座》第11页,署名江湖(卢玮銮《戴望舒在香港的著作译作目录》收此条目)。

15日 致函叶灵凤。

灵凤兄:

由端木蕻良带来的信已经收到了,真是对不起。到了北京还没有写信给你过。我是一向懒写信的,再加上不是病就是忙。竟至执笔的机会都没有了。来到北京后先在招待所住了一个多月,接着就到华北大学第三部去做翻译工作，开了一个多月的文代会，前月被调到国际新闻局来，担任编译部法文组的主任。这就是我来到北京以后的经历。这期间夹着时好时坏发病，现在，在写这封信的时候，是在北京大学医院住院的第六天。还是老病：哮喘。

在这封信到达你那里的时候，广州一定早已下来了。你到底怎样打算？回上海呢还是留香港？你这样的大家庭真有点难办，可是我总觉得老耽在香港没有意思，尤其是大家都离开香港，连朋友也没有几个了。

这里朋友很多，可是也因为大家忙，没有功夫见面。只有星期天有空。我的母亲已来了，孩子有了照顾。现在你的情况如何？我们个个供给制，吃中灶，拿二十斤小米一月，只是无钱买书耳。这制度大概不久就要改了，因为政府成立了。在一起工作的，除了局长乔冠华外，朋友尚有徐迟、冯亦代、萧乾。不久刘邦琛和郁风听说也要来。毛头在新华社英译部工作，现改名为叶周，他们那一部，将来也要并到我们局里来。

香港的朋友们，秀、尚雄、黄鲁等好否？见面时请代为致候。赵小姐也代向致候。祝好。

望舒 十月十五日（一九四九年）[1]

17日 《故垒萧萧芦荻秋》，载《星岛日报》副刊《星座》第11页，署名江湖（卢玮銮《戴望舒在香港的著作译作目录》收此条目）。

29日 杨静致戴望舒函（三）。

---

[1] 该函原载1957年8月1日香港《文艺世纪》。参王文彬《戴望舒作品新编》，人民文学出版社2009年版。

望舒：

　　前信收到否？念念，我暂无法来平，详情已见前信，家里各人都平安，昂朵的疮已痊愈了，但愿以后不会重发，就好了，她的身体也还好，比从前乖得多了，我的一切如旧，生活得更安静，我希望在年底之前，设法筹一笔旅费就妥当了。十月廿九日有友人王缉庵和赵家瑶两位先生转津赴平。我托他们带上一点东西给朵朵，麻烦人家真是不大好意思，您见到她们，谢谢之。另由邮局寄上圣诞卡，在圣诞夜希望您能给孩子们去受洗。孩子应有宗教的认识，总是担忧着她们，因为她们是失去母亲的爱护之下生活着，别让她们有一种遗憾存在内心对她们的影响太大了，我常在梦中惊醒，也许是我太想念之故吧！盼望您（你）们有空之时不断地给信我以免远念，请代致候老太太，谢谢她照顾着孩子们。

　　致好！

（静 二十九日）

30 日　《重九谈糕》，载《星岛日报》副刊《星座》第 11 页，署名江湖（卢玮銮《戴望舒在香港的著作译作目录》收此条目）。

11 月

5 日　《石鸡·鹌鹑》，载《星岛日报》副刊《星座》第 11 页，署名江湖（卢玮銮《戴望舒在香港的著作译作目录》收此条目）。

7 日　《糯糯热白果》，载《星岛日报》副刊《星座》第 11 页，署名江湖（卢玮銮《戴望舒在香港的著作译作目录》收此条目）。

17 日　《养鸭·烧鸭和门鸭》，载《星岛日报》副刊《星座》第 11 页，署名江湖（卢玮銮《戴望舒在香港的著作译作目录》收此条目）。

21 日 《岭南的青果》,载《星岛日报》副刊《星座》第 11 页,署名江湖(卢玮銮《戴望舒在香港的著作译作目录》收此条目)。

本月 哮喘病复发,入协和医院治疗。

12 月

2 日 《蛤蟆·青蛙与田鸡》,载《星岛日报》副刊《星座》第 11 页,署名江湖(卢玮銮《戴望舒在香港的著作译作目录》收此条目)。

5 日 《张天师玉玺》,载《星岛日报》副刊《星座》第 11 页,署名江湖(卢玮銮《戴望舒在香港的著作译作目录》收此条目)。

17 日 《柑与橘》,载《星岛日报》副刊《星座》第 11 页,署名江湖(卢玮銮《戴望舒在香港的著作译作目录》收此条目)。

22 日 《冬至吃汤圆》,载《星岛日报》副刊《星座》第 11 页,署名江湖(卢玮銮《戴望舒在香港的著作译作目录》收此条目)。

27 日 《南昌的青云圃》,载《星岛日报》副刊《星座》第 11 页,署名江湖(卢玮銮《戴望舒在香港的著作译作目录》收此条目)。

1950 年(庚寅) 45 岁

▲4 月,中央人民政府公布《中华人民共和国婚姻法》。

▲6 月,抗美援朝战争爆发。

▲10 月,中国人民大学正式成立。

1 月

10 日 《呢绒在中国》,载《星岛日报》副刊《星座》第 11 页,署名江湖(卢玮銮《戴望舒在香港的著作译作目录》收此条目)。

本月 病情恶化。据孙源《追忆良师益友戴望舒》一文中回忆:约在 1949 年 11 月到 1950 年 2 月,戴望舒住在单位安排的宿舍中。位于北京老莱街的一个胡同里的一个两进式平房,有十几户同事同住。他被安排单独住在后院一间宽敞的屋子里。此时母亲也从上海来北京,与两个女儿住在隔壁房间,有了亲人的陪伴和照料,孤独寂寞感有些消除,但"平房没有暖气设备,冬季严寒时要生炉子取暖,望舒闻到煤气就会引起哮喘",且日益严重,曾两次住院经名医动过手术,病情却没有缓解。但戴望舒一心扑在工作上,住院时还亲自动手改稿。曾多次向朋友兼同事孙源表示,怨恨疾病剥夺了他的工作能力,多么希望能战胜病魔,哪怕只是病情好转一点也好帮孙源完成第一批出版的两本书。①

2 月

28 日 开刀后并未痊愈,惦记毛泽东《新民主主义论》法文本的翻译,要求提前出院,在家自己注射针剂治疗。可能是想早点康复,早上 8 点多注射麻黄素时加大了剂量,针后不久,突然间感到心跳急速,高喊一声:"快去找医生!"就扑到床边地上昏迷过去。同院的刘邦琛(曾是《星岛日报》娱乐版编辑,老

---

① 孙源:《回忆诗人戴望舒》,《海洋文艺》1980 年第 6 期。

朋友)闻声赶来,把他抱上床,已不省人事。速叫门房去新闻局报告。副局长刘尊祺和秘书长冯亦代闻讯急忙带上医务室医生乘汽车赶去,虽尽力抢救,但已无力回天,至下午1时停止呼吸。

噩耗传出后不多时,胡乔木也赶到寓所。向遗体默哀,对望舒的老母亲致以哀悼慰问,并表示政府会负责安排望舒遗属今后的生活。当天下午,殡仪馆的工人给戴望舒换上了崭新的灰布棉服,戴上了棉布帽子(以示他的革命干部身份)。随即,遗体被装进棺材。当天夜晚,工人将戴望舒的灵柩抬到了西单的舍饭寺停厝,后安葬在万安公墓。前来送殡的只有几个戴望舒的生前好友。高层领导对这位影响过新诗的著名诗人之死十分惋惜重视,第二天新华社就发表了一条吊唁电讯,随后又举行了隆重肃穆的追悼会。①

杨静看到报纸新闻后也从香港带着小女儿咏树(昂朵)来北京奔丧。据戴望舒北京同事程代熙回忆:戴望舒生病住在协和医院,孙源劝他不要急着出院,不要把命丢了,但他急着要出来工作。望舒病逝那天,我们正在上班,工友来报告,说望舒去世,我们都赶去。他宿舍里只有一张床,一张三斗桌。他躺在床上,盖一条黄军毯,他母亲守在旁边哭。说戴早上起来感到憋气,就走到桌上拿喷雾器,就跌倒了,这时约上午九、十点钟。半个小时后,周扬、郭老、陆定一赶来。他们看到20多平方米的房间里只有一张床、一张桌,就说(周扬或陆定一说的):"太简陋了,还应该照顾得好一点。""杨静后来到我们单位(国际新闻局),安排

---

① 孙源:《回忆诗人戴望舒》,《海洋文艺》1980年第6期。

她搞图书资料工作。"①

———————

　　① 据郑择魁整理的记录:《访问程代熙谈戴望舒》(1995 年 9 月 18 日于杭州文
艺大厦)。另据陈实《戴望舒最后的爱》(《芙蓉》1997 年第 5 期)中记载:陈实是戴望
舒和杨静共同的朋友,阔别 30 年后于 20 世纪 70 年代在香港重逢,杨静告知在国内
带着两个稚气女儿,"经历了一次又一次运动",幸而年轻身体好顶住了生活的磨炼,
后再婚嫁给一个与望舒气质类似的归国学人型丈夫,忠厚老实,年纪偏大。又养了
两个儿子,都在美国学成定居。70 年代杨静由母亲申请到香港居住,此后来回往返
美国和香港,都随身带着在十年动荡中仅存下来的戴望舒给她的一封信,那代表着
她生命中极重要的美好时光。可见刘保昌《戴望舒传》中说杨静赴北京奔丧后把"昂
朵留在了北京。杨静只身一人返回香港"的说法有误。

后世影响

一、纪念文章和活动

1950年3月1日,《人民日报》发表"戴望舒逝世"的消息,称"诗人戴望舒因患气管炎割治无效,于今日下午一时逝世。戴氏自去年秋季以来,因患哮喘曾数次入协和等医院治疗,终未见效。戴氏逝世后,首都文社界闻耗甚为悲悼。入殓时,陆定一、沈雁冰、胡乔木、周扬、艾青、乔冠华、刘尊棋均亲往照料。"

同日,胡乔木在《人民日报》发表文章《悼望舒》:"我为中国丧失了一个决定为人民服务的有才能的抒情诗人而悲悼。"接着,他重点肯定了戴望舒在人民中国热心学习,积极跟上时代步伐的努力精神,据说戴望舒还曾表示过"要求加入中国共产党";说"他暂时停止了他的文学活动,不过是这个进步的一方面表现。他决心改变过去的生活和创作的方向",又说,如果戴望舒不是这样英年早逝的话,他相信"不久以后将写出新的美丽的诗章来"。

1950年3月2日,孙源在《光明日报》发表文章《哀悼望舒兄》,其中提到"他法译毛主席的《论人民民主专政》一书,虽在病

432

中,却定要亲自动笔,付印时又连夜赶来亲自校对,我们劝他早些回家休息,他坚持要看过二校。在我们恳劝下,才嘱我替他校三校。而译文中,为了便利外国读者还翻阅各种参考书附上注释。他的工作精神就是如此认真"。

1950年3月4日,苏凤在《上海大报》发表《悼:诗人戴望舒》,谈到:"我们缔交在少年时代……他的第一次婚姻还是我做的介绍人……我可惜他死得太早了,还是一个四十五岁的人啊!以他的学养来说,他所应有的成就,何止一本已经旧的《望舒草》,和另一本'不够深'的《灾难的岁月》呢?"

1950年3月5日,全国文联和新闻总署联合举行追悼会,沈雁冰部长和胡乔木、乔冠华三位主祭,参加追悼会的有郑振铎、老舍、艾青、袁水拍、冯亦代、叶浅予、常任侠、丁玲、文怀沙、萧乾、金克木、卞之琳、冯亦代等文化界人士六七十人,政务院副总理董必武、文教委员会主任郭沫若、教育部部长马叙伦和中共中央宣传部部长陆定一等送了花圈和挽联。政务院的挽联下联是:"雄心在入党知先生非复象征诗人"。

当日戴望舒母亲请吴晓铃代笔给望舒姐姐戴蘐玫写去一信,详述了公祭的情况:

今天早晨x(此处利大英注:中文不清)点半钟到中午12点钟,全国文联和国家新闻总署联合举行了庄重的悼念会,由沈雁冰部长主持,胡乔木和乔冠华列席。致悼词的有沈部长、胡乔木同志、孙晓村先生、罗常培教授、沈瑜其(Shen. Yuji)教授、刘遵麒(Liu Zunqi)同志,徐迟朗读了望舒的诗。六七百位朋友都来了,其中有著名的郑振铎、老舍、艾青、袁水拍、冯亦代、叶浅予,常任侠、丁玲、文怀沙、魏建功、萧乾、荒芜、郭琳戈、金克木、卞之琳、陈占元、冯至、邓慕三、章振朗、傅惜华以及其他许多著名人士。所有政府机关以及郭沫若、金碧梧(Jin Biwu)、马叙伦、陆定一等都送来了挽联。政府还派来了乐队，令人十分感动。

诗人身后事政府亦有妥善安排，戴母信中说："目前我住在望舒的好友吴晓铃先生家。政府很快就会给我一个住所……政府给我每月生活费是 130 磅小米（这个月每磅小米为 1590 元，合计为 206700 元）"，"新潮书店经理沈松泉通常是在上海，请蛰存把放在上海的望舒的手稿遗著整理一下并交给沈先生，请他带来北平。在这里，他们将把他未发表过的手稿遗著编辑并出版成集"。①

1950 年 3 月 5 日，卞之琳在《人民日报》发表《悼望舒》一文。

1950 年 3 月 7 日下午 1 时，灵柩由政府公葬在北京香山万

---

① 引自陈丙莹《戴望舒评传》，重庆出版社 1993 年版，第 201 页。

安公墓①,与李大钊、朱自清的墓地毗邻②。墓碑上刻有沈雁冰手书"诗人戴望舒之墓"。"文革"期间,墓地受到极大毁坏,1980年修复。

1950年3月9日,《亦报》以《戴望舒长眠香山》为题报道了戴望舒逝世并被安葬在香山万安公墓的消息。

1956年4月,施蛰存在北京参加教育部召开的全国高等大学古典文学及中国通史教材座谈会。在京期间,施蛰存与吴元成、孙晓村夫妇同去为戴望舒扫墓,当时还拍摄了照片留念,合照中还有戴望舒次女戴咏絮。照片刊于《香港文学》1990年第67期。③

1957年2月13日,文化部副部长夏衍复施蛰存函:关于施

---

① 关于戴望舒身后事,除以上追悼规格,还有旧友的一点资料值得附带提及:据戴望舒的老朋友沈仲章儿子沈亚明考证,戴望舒逝后,"沈仲章惊闻噩耗,了解挚友身边无至亲,倘若缺人出资出力料理后事或抚恤遗属,他愿承责顶上"。沈亚明发现了一张写于3月2日的"王惇常(王德孚)"的名片,名片反面有手写附言,应是王氏向天津万孚行介绍沈仲章的便条,称"姻兄戴望舒在京逝世,如需用款项,亦望交仲章兄为盼。弟德孚三月二日"。沈仲章到京后知戴氏正受高层礼遇,不便以私交好友身份插手,也顾虑造次,所以后续是否有参与料理后事不详。沈亚明在《叶叶心心:戴望舒与沈仲章的相识们》中还留有一个疑惑:称"亦不详戴望舒与王德孚的姻亲由哪条线相连",猜测是第二任太太杨静方面的。其实王德孚就是戴望舒姐姐戴瑛的第二任丈夫。此前的传记资料中提到戴瑛与孔另境同居分手后,"嫁与一留学日本回来的王姓男子",便是王德孚,也即戴望舒去法国前在达特安号邮船上拍摄亲友送别照片的"老王"。在戴望舒的外甥女钟萸写给戴咏絮的信中,也多次提及这个继父。

② 参望舒母亲给女儿的信《致戴瑛》,1950年3月5日。另在上文冯亦代的回忆里也提到望舒旁边的三座墓都残破不堪,唯有后排的李大钊先生的墓上还有一排青年在扫墓,"年轻的声音在说着令人心上沸腾的话",也总算可告慰望舒当年无比艰难中拖着两个孩子北上投身革命的赤子之心。

③ 沈建中《施蛰存先生编年事录》(上)第621页说照片刊于"《香港文学》1990年7月号",期号有误。

蛰存信中提出的"在杭州建立已故作家戴望舒、郁达夫、赵柔石等人的纪念室事",表示"文化部很难处理,因为这是要由中国作家协会统一考虑的问题。我已将您的这一建议转给该协会研究。如果您对此尚有具体意见,可径与该会联系"。①

1957 年 8 月 1 日,叶灵凤在香港《文艺世纪》第 3 期发表纪念文章《望舒和灾难的岁月》,披露了戴望舒 1949 年 10 月 13 日在北京开了文代会后致叶灵凤的一封信,以及端木蕻良为戴望舒逝世写给叶灵凤的一封短信,未署日期,信中言及闻噩耗深感悲痛,表示他日有机会再来抒写"痛悼"之情。

1965 年 3 月 5 日,康培初的《戴望舒的诗——诗人逝世十五周年纪念》,载《中国学生周报》第 659 期第 4 版。

1965 年春戴咏絮、戴咏树在戴望舒墓畔

1979 年,赵景深在《百花洲》上发表《回忆诗人戴望舒》一文,

———————————

① "中华人民共和国文化部(57)文夏字第 95 号,抄自上海市文化局"。引自沈建中《施蛰存先生编年事录》(上),上海古籍出版社 2013 年版,第 635 页。

提到 1949 年第一次文代会期间常跟戴望舒、吴晓铃、孙楷第、傅惜华一起谈新发现的中国古典小说戏曲。文中说戴望舒是因为喝治哮喘的药而死(实际是注射麻黄素);在香港是"被英国当局捕去坐牢,后因爱国无罪而出狱",这两个记忆有误。文中还提到赵景深结婚时的证婚人是郑振铎,男傧相就是戴望舒和徐霞村。①

1980 年 7 月,艾青在《与青年诗人谈诗》中说:"我说的诗的散文美,说的就是口语美。这个主张并不是我发明的,戴望舒在写《我底记忆》时就这样做了。戴望舒那首诗是口语化的,诗里没有韵脚,但念起来和谐。"②

1980 年 4 月 10 日,陆七郎《诗人戴望舒三十年祭》,载《海洋文艺》第 7 卷第 4 期。

1980 年 5 月 10 日,冯亦代《戴望舒在香港》,载《海洋文艺》第 7 卷第 5 期。又载《新文学史料》1980 年第 4 期。

1980 年 6 月 10 日,孙源《回忆诗人戴望舒》,载《海洋文艺》第 7 卷第 6 期。

1981 年 12 月 21 日,王辛笛在《香港,我来了!》一诗中写道:"……我真想再一次在薄扶林道上散步,/去望一下当年的望舒,/我还分明记得/那是还在永别亭前/我们一起在路旁默默地守着/送葬人的路祭,/隐隐升起的/是伤心的野哭!"③

1982 年 4 月 29 日,冯亦代在《人民日报》发表《壬戌清明扫望舒墓》一文,讲到望舒墓在"文革"中被破坏后于 1980 年修复

---

① 赵景深:《回忆诗人戴望舒》,见《我与文坛》,上海古籍出版社 1999 年版,第167 页。
② 艾青:《艾青创作论》,上海文艺出版社 1985 年版,第 563 页。
③ 辛笛:《辛笛诗稿》,人民文学出版社 1983 年版,第 176—177 页。

1980年在重建的戴望舒墓地,自左至右:高瑛、吕剑、艾青、戴咏絮、周良沛、冯亦代、邵燕祥、邹狄帆、记者

的一些经过。

"文革"结束后的1979年,望舒二女儿咏絮调回北京后去万安公墓探问(望舒下葬时她还是幼儿园的孩子),好不容易在一所破旧小屋里找到管墓人,才找到墓地的下落。只见墓碑被砸断了横卧在荒草里,墓盖裂成了两段塌陷了下去。咏絮回城告知了冯亦代,使他心生惨然。1980年经过周良沛和邹狄帆的奔走,作家协会同意拨款修墓。

望舒墓碑上的字原是茅盾先生写的。那一年夏天茅盾先生的健康不好,经常出入医院,而且眼睛也不行,写字有困难。我们想不要再去麻烦他老人家了,就用原字照片放大去镌刻也许可以,而事实上匠人说照片放大后字迹还是模糊不清。只能去请茅公重写了。我从电话里可以听出茅公的心情。茅盾先生听了要修望舒墓十分高兴,但不无一些负疚的语调说,多亏你们几个老朋友了,我是自身难保,出不了什么力,墓碑我一定写。不过我现在没法子写大字了,是不是写了小字再去放大? 又说,我知道你要出国,就不用自己来了,叫望舒女儿来拿吧! 真想不到这是我最后一次听到茅盾先生的声音。而再见到他时,已是1981年的遗体告别礼了。悲夫!

1982年5月22日,由施蛰存整理、徐仲年翻译的《艾登伯致戴望舒信札》,发表在《新文学史料》1982年第2期。由于戴望舒的介绍,中国革命文艺在法国产生了影响,艾登伯"深信中国只能靠革命方能自救",把研究的兴趣放在中国"革命派的短篇小说家"身上,并且为自己能在戴望舒的帮助下,"向法国介绍今日中国在艺术上最动人的真面目,深为欣幸"。1982年6月28日,丁玲看到《新文学史料》上的这18封信后,给施蛰存写了一封信,表示"很同意这些信件,不只是记录了艾登伯和望舒之间的个人友谊,还记录了艾登伯对中国革命,中国左翼作家,对中国人民的同情和友谊。对于像艾登伯这样中国人民的老朋友,我们是不应该忘记的",并澄清"注释中提到的《囚歌》不是我写的。《巡逻》也不是我的作品"。①

1982年7月,苏珊·贝尔纳在《读书》上发表《生活的梦》,评价戴望舒:"在诗人的作品中,西化成分是显见的,但压倒一切的是中国诗风。由此产生了非常精巧的合金,兼有两者长处。"

1983年8月18日,《文学报》发表了一篇杜宣的《忆望舒》,提到戴望舒在被检举前,曾把自己在沦陷期间的痛苦经历说给杜宣听过,也给他看过写给茅盾表明心迹的申诉信和那个时期所写的诗。杜宣认为那些诗是"符合他的思想和性格的",在香

---

① 施蛰存:《〈丁玲致施蛰存〉附记》,《北山散文集(一)》,华东师范大学出版社2001年版,第852页。

港沦陷后 3 年零 8 个月的日子里,他是在难耐的痛苦中度过的,"他爱祖国,爱高度的文化,爱美好的生活,但他不敢去战斗……"

1985 年,戴望舒逝世三十五周年。刘以鬯计划在《香港文学》推出"戴望舒逝世三十五周年纪念特辑",为此向施蛰存约稿。施蛰存将自己珍藏的戴望舒遗稿《林泉居日记》节抄了部分,并写了"附记"交《香港文学》刊出。

1985 年 2 月 25 日、5 月 5 日及 1987 年 3 月 5 日,卢玮銮的《戴望舒在香港》一文,在《香港文学》第 2、5、27 期载完[①]。这篇长文分三章介绍了三个时间段内戴望舒在香港的文学创作活动和生活状况。第一章包含 1938—1941 年,主编《星岛日报》副刊《星座》、推动抗日文艺活动、翻译园地的耕耘、文学遗产的整理这几个方面;第二章介绍 1942—1945 年戴望舒入狱、出狱、婚姻、工作、抗日民谣的创作等情况;第三章梳理了 1945 年抗战胜利后戴望舒受"附敌"嫌疑的困扰辗转香港上海的困苦生活,直到 1949 年做出"死也要死得光荣一点的"的决定,回内地北上参加新中国建设的艰难历程。这篇文章应该是了解戴望舒在香港十年的最早、最全面的资料。

1988 年 6 月 6 日,冯亦代在《瞭望》周刊第 23 期发表了纪念两位老朋友的文章《叶灵凤和戴望舒》。

1989 年,英国青年 Gregory Lee 的研究专著《戴望舒:一个

---

① 但在收入施蛰存、应国靖编,人民文学出版社 1993 年版的《中国现代作家选集·戴望舒》中第 338 页注释后标注为"原载《香港文学》月刊第四、五、二十七期",此处第一个期号错误,应为"第二期"。而在第 330 页正文结束右下标注完稿时间"一九八六年十月三日完稿",迟于最早发表在《香港文学》1985 年第 2 期和第 5 期的时间,可能性有二:一是作者卢玮銮的修订稿时间,二是标注错误。

中国现代派诗人的生平及其诗》（"Dai Wangshu: The life and poetry of a Chinese modernist"）由香港中文大学出版社出版。施蛰存在《诗人身后事》中评价："这是第一本用英文写的戴望舒评传，也是外国学者研究中国现代派文学的第一本著作。"

1989 年，陈玉刚主编的《中国翻译文学史稿》出版，对戴望舒的翻译活动进行了评价：

> 戴望舒是一位有渊博知识和丰富才能的翻译文学家。他的翻译活动和他的创作活动一样，表现了中国一位正直的有很高文化教养的知识分子的道路。这种知识分子，反抗黑暗，反抗压迫，有一颗爱国之心。这一点，不仅从他全部的翻译活动中得到证明，单就他在抗战时期与诗人艾青合作创办的诗刊《顶点》，并在《顶点》第一期翻译《西班牙抗战谣曲钞》这个例子中也可以得到说明。戴望舒为了爱国和抗日，翻译了西班牙阿尔培谛的《保卫玛德里，保卫加达鲁涅》；阿莱桑德雷的《无名的军民》《就义者》；贝德雷的《山间的寒冷》；维牙的《当代的男子》；伯拉哈的《流亡之群》；洛格罗纽的《橄榄树林》；鲁格的《摩尔逃兵》等等。译诗出版以后，引起各方面的重视。作家林焕平很快撰文加以评论说："在这一期里，值得向读者推荐的，是艾青的《纵火》《死难者的画像》；戴望舒的译诗《西班牙抗战谣曲钞》和马耳的《一个记忆》。"

1989 年 12 月 27 日，施蛰存致信古剑："一九九〇年二月廿日是戴望舒逝世四十年纪念，想组织几篇文章在港或台刊物上发表。二月已来不及，拟在五、六月号上刊出，已托孔海珠写信给刘以鬯，问问《香港文学》可出否。你如有机会，打个电话去问问他的意思。大约可有吴晓铃、孙源、冯亦代、纪弦和我的文章。"自从戴望舒逝世后,施蛰存为好友做了各种努力,正如他在《诗人身后事》中所言:"四十年来,我对亡友的职责,只是为他经营后事。一个文人的后事,不是处理田地、房产、企业,而只是几卷遗文残稿。望舒的文稿,在前三十年,我只尽了保藏之责,但也有一小部分损失。近十年间,我为他经营编集和出版,做了一部分工作,还留下不少。现在我写此文,作一个总结和交代,为研究戴望舒及其诗的青年学者提供一份信息。"

1990年,戴望舒逝世四十周年。

1990年1月,周良沛的《诗就是诗》,由人民文学出版社出版。其中收入《戴望舒面面观》一文,就所谓戴望舒"附敌"一案,表示了自己的看法:"是由于情况复杂而对他的误会,还是人事纠纷、权力斗争所致,这,恐怕只能作个悬案继续悬下去,不过,(文协)总会接纳了他的自辩,茅盾等朋友是完全理解他的。"

1990年3月1日,施蛰存致信刘以鬯谈"戴望舒逝世四十周年纪念特辑"的组稿计划:"我计划有下列诸文:(1)吴晓铃、冯亦代、纪弦、我、利大英各一篇。(2)望舒未完译稿《堂吉诃德先生传》之一章,有很多注。此稿因不全,无法出版,但比杨绛译得好。因为是学术性的译文,我想发表一章,留一鸿爪。现在,纪弦已答应。他直接寄与兄而将复印本寄我。兄收到后,暂勿付排字房。吴晓铃病入医院,怕不能写了。我的一篇最早要三月底可交。利大英的一篇尚得回信⋯⋯稿全后,由兄决定排在第几期⋯⋯我以为文章不宜太多,按照我的计划够了。"据刘以鬯回忆,"直到5月底,施蛰存才将'戴望舒逝世四十周年纪念特辑'的文章收齐,共三万字"。

1990年7月5日出版的《香港文学》第67期推出了"戴望舒逝世四十周年纪念特辑",包括施蛰存自己写的《诗人身后事》、纪弦的《望舒二三事》、孙源的《追忆良师益友戴望舒》、利大英（Gregory Lee）的《戴望舒在法国》、孔海珠的《〈断指〉的本事》，还有戴望舒译的西班牙赛尔房特思的《吉诃德爷传》（译稿第四章）。①

1990年7月7日，《华侨日报》推出一则新闻，报道《香港文学》七月号刊出的由施蛰存组稿的"戴望舒逝世40周年特辑"，刊载了戴望舒所译的《吉诃德爷传》未发表的遗稿，还有叶君健的一篇题为"一席话旧"的纪念文章。

1999年2月23日，黄宗英在《文汇报》发表《盈盈望望舒》一文，提到她在淘换收检冯亦代书橱时发现一个书有"望舒稿"的牛皮大信封，里面收藏了戴望舒最早出版的几本诗集，还有四大页含泪泣血的致文协港澳会员先生的申诉函。询问冯亦代为什么当年东江纵队有组织保护撤出的文化名人里没有戴望舒，冯回答是潘汉年指示戴望舒留下的，但新中国成立后也没说明白，"不了了之"。此为有关戴望舒"附逆"的一种新说法。

---

①　注：戴望舒在西班牙淘到了不少好书，仅塞万提斯的《堂吉诃德》他就买了好几个版本。他还在马德里找到塞万提斯的铜像，跟它合影留念。据叶灵凤说："他一直将翻译《堂吉诃德》当做自己一生一个最大的志愿。"（叶灵凤《读书随笔》第2集，生活·读书·新知三联书店1988年版）"这个愿望，本来是可以顺利完成的，因为在抗战以前，他已经从庚款文化委员会订好了翻译这书的合约，而且已经动手翻译了。"（叶灵凤：《望舒和灾难的岁月》，《文艺世纪》1957年第8期）但是，不久爆发的抗日战争让庚款文化委员会的合约失效，戴望舒也从上海逃亡到香港，生活动乱，他还是抓紧时间见缝插针，时作时辍，陆续翻译出了一些章节，直到1949年他离开香港来到北京，也将"堂吉诃德译稿随身带着北上了"，叶灵凤不敢肯定"他的'堂吉诃德'究竟已经译成了多少"。好友施蛰存则在《诗人身后事》中说："这个翻译工作是做完成的，但因为译稿按月寄去北京，经过战争，全稿至今不知下落。"这个说法应该比较可信。

443

二、遗著发表和文集出版

1950 年 3 月 13 日,《荞麦面的故事》,载《星岛日报》副刊《星座》第 11 页,署名江湖;20 日,《铁拐李的传记》,载《星岛日报》副刊《星座》第 11 页,署名江湖(卢玮銮《戴望舒在香港的著作译作目录》收此 2 条目)。

1951 年 4 月,商务印书馆编审部由上海迁往北京。因出版业务方向改变,把所存一切文艺著译原稿移交给人民文学出版社。其中就有戴望舒译的《意大利短篇小说集》的全部剩稿,因译者已经逝世,就把这部原稿寄给施蛰存保存。①

1955 年 7 月,施蛰存着手校读戴望舒翻译遗稿,拟编辑出版戴望舒译诗集。

1955 年,《鹅妈妈的故事》,由儿童读物出版社再版。

1956 年 6 月,《洛尔伽诗钞》,由作家出版社初版印行,署名戴望舒译、施蛰存编。共收戴望舒翻译的西班牙诗人洛尔伽的 32 首译诗,以及施蛰存补译的一首《黎明》。这 33 首选译的诗歌大致呈现了洛尔伽在各个年龄段创作的、来自多本诗集的诗歌发展轨迹,目次分别是:"诗篇(1918—1921)二首"(《海水谣》《小广场谣》);"歌集(1921—1924)十四首"(《木马栏》《猎人》《塞维拉小曲》《海螺》《风景》《骑士歌》《树呀树》《冶游郎》《小夜曲》《哑孩子》《婚约》《最初的愿望小曲》《水呀你到哪儿去?》《两个水手在岸上》);"深歌诗集(1921)三首"(《三河小谣》《村庄》《吉他琴》);"吉卜赛谣曲集(1924—1927)六首"(《梦游人谣》《不贞之妇》《安东尼妥·艾尔·冈波里奥在塞维拉街上被捕》《安东尼

---

① 施蛰存:《诗人身后事》,《香港文学》1990 年第 67 期。

444

妥·艾尔·冈波里奥之死》《西班牙宪警谣》《圣女欧拉丽亚的殉道》）；"诗人在纽约（1929—1930）一首"（《黎明》，施蛰存译）；《伊涅修·桑契斯·梅希亚思挽歌（1935）》一首；"杂诗歌集（1927—1936）六首"（《安达路西亚水手的夜曲》《短歌》《蔷薇小曲》《恋爱的风》《小小的死亡之歌》《鸣喑》）。

"诗钞"的最后，施蛰存还附上了英国的乔治·李森的《洛尔伽活在人民的心中》一文（原文载美国《群众与主流》1953 年 8 月），并于 1955 年 9 月 5 日写了一篇《编者后记》，交代编此诗钞是由于望舒对洛尔迦的热爱和重视，他一直想要把洛尔迦所走过的诗歌道路全面介绍过来，但生前没有得到《诗人在纽约》的西班牙原文，所以施蛰存想为亡友了却这一心愿，同时"也因为洛尔迦谣曲所具有的意义正是我们今天诗歌工作者值得借鉴的"。为此施蛰存借到《诗人在纽约》这个集子的西班牙原文，并参照英法译本，翻译了一首短歌《黎明》以补上这一空白。从中也可一瞥施蛰存对故友的情谊和他们共同理想的担当。

1956 年 7 月，《伊巴涅思短篇小说选》（新版）由上海新文艺出版社出版。署名伊巴涅思著，戴望舒译。内容提要中提到"本书是戴望舒先生从法译本《西班牙的爱与死的故事》中选译的"，曾在民国时期出版过，"现根据译者遗留的改正稿，作了一些必要的修润，印行了这个新版"。全书共收 12 篇短篇小说，分别是：《提莫尼》《海上的得失》《虾蟆》《堕海者》《女罪犯》《疯狂》《哀愁的春天》《天堂门边》《伐朗西亚的最后的狮子》《巫婆的女儿》《墙》和《三多老爹的续弦》。文末附戴望舒《译者后记》，高度赞扬了伊巴涅思的爱国主义和现实主义的艺术成就。

1956 年 8 月，《中国新诗选（1919—1949）》由中国青年出版社出版，编选者为臧克家。按臧克家的自述，在编选时他对徐志摩、朱湘和戴望舒是否入选产生疑虑，曾写信向周扬请示，后来在第一版中收入了戴望舒诗二首：《狱中题壁》和《我用残损的手掌》，称赞他这些诗是"带着民族反抗意志和要求自由解放的歌声"。但在《代序》中却将戴望舒为首的"现代派"，定位为"落后的起着反面作用的诗歌"，批判《雨巷》和《我的记忆》不敢正视轰轰烈烈的阶级斗争和民族斗争，"是个人主义的没落的悲伤，是逃避现实脱离群众的颓废的哀鸣"。①

作为中华人民共和国成立初期时段最重要的新诗选本，《新诗选》经历了两次重大修改，五次印刷中形成了三种版本差异，即 1956 年 8 月初版、1957 年 3 月二版和 1979 年 9 月三版。而在第三版中，臧克家终于拓展了编选视野，增选了戴望舒的《雨巷》，并对他的诗歌艺术也给予了很高的评价，认为《雨巷》旋律铿锵动人，值得学习借鉴。《雨巷》就此重新进入新诗爱好者和青年读者的阅读视野，从中可略见历史语境的变化痕迹。②

1957 年 4 月，《戴望舒诗选》(初版)由人民文学出版社出版，由艾青编选并作序《望舒的诗》，1958 年再版。共计行销了 18500 册。这是在批判"胡风反革命集团"之后不久，正是在"反右倾"的热潮之中和"诗歌大跃进"的前夕，能拥有这样的销量，

---

① 臧克家：《"五四"以来新诗发展的一个轮廓》，《中国新诗选(1919—1949)》，中国青年出版社 1956 年版。

② 袁洪权：《〈中国新诗选(1919—1949)〉的编选与修订》，《艺术广角》2021 年第 6 期。

可见戴望舒诗歌的无形的影响力。①

1958 年 2 月，《小说戏曲论集（论文集）》（初版），由北京作家出版社出版，署名戴望舒著，吴晓铃编。

1958 年 6 月，《一周间》由北京人民文学出版社再版，署名（苏）里别进斯基著，戴望舒译。版权页增加一帧作者像，正文前有出版说明："《一周间》最初发表于 1922 年。二十余年前，戴望舒先生曾将此书自法文译出。今次出版根据的是苏联国家文学出版社 1955 年版本，文字方面还是尽量保持戴先生的译文风格。"书末收录一篇原作者写于 1957 年的《我是怎样写〈一周间〉的》文章（原文发表在苏联《青年近卫军》杂志第 2 期上，由伍俊翻译成中文，载《译文》月刊 1957 年 7 月号）。

1958 年 8 月，译作伏·伊万诺夫的《铁甲车》，由人民文学出

---

①　施蛰存在 1985 年 5 月 18 日撰写的《戴望舒诗校读记引言》中追记："这个本子是从《望舒诗稿》中选取了二十三首，从《灾难的岁月》中选取了二十首，合共四十三首。这是一个相当精的选本，可以看到望舒诗艺的整个历程。这是望舒的第五个诗集，他自己不及见到的。"施蛰存"费了三个月时间，从二十年代、三十年代的报刊中检阅望舒每一首诗的最初发表的文本，和各个集本对照之后，发现有许多异文"，有些是作者在编集时修改的，有些是以误传误的。因此，他决心做一次校读工作，把"异文写成校记，有些诗需要说明的，就加以说明，整个资料，不单为研究者提供方便，也可以作为青年人探索艺术手法的一些例子"。

在这篇文章中，施蛰存总体评价了戴望舒的诗歌："望舒作诗三十年，只写了八九十首，论数量是很少的，但是这八九十首诗所反映的创作历程，正可说明五四运动以后第二代新诗人是怎样孜孜屹屹地探索着他自己的道路。在他的五本诗集中，我以为《望舒草》显示了诗人的艺术性的完成，《灾难的岁月》显示了诗人的思想性的提高。望舒的诗的特征，是思想性的提高，非但没有妨害他的艺术手法，反而是他艺术手法更美好更深刻地助成了思想性的提高。即使在《灾难的岁月》里，我们还可以看到，像《我用残损的手掌》《等待》这些诗，很有些阿拉贡、艾吕亚的影响。法国人说，这是为革命服务的超现实主义，我以为，不如说是左翼的后期象征主义。"参施蛰存 1981 年 5 月 18 日《戴望舒诗校读记引言》，施蛰存、应国靖编《中国现代作家选集·戴望舒》，人民文学出版社 1993 年版。

版社再版,署名戴望舒译。目次与1932年11月现代书局初版本相同,内页多了一帧伊万诺夫的作者像。为了便于读者了解当时的历史背景和本书的写作经过,编者增加了一篇作者写的《小说"铁甲车"是怎样写成的》(原载于《我们的同时代人》1957年第3期),附于本书后面供读者参考。书前还有署"人民文学出版社编辑部"的《前记》,首先补充介绍了伊万诺夫20多年间,出版了五六十种作品,包括小说、散文和剧本,还有作为战地记者的出色报道等,由于伊万诺夫的多方面的艺术成就,苏联政府授予他劳动红旗勋章和多个奖章;其次还交代了《铁甲车》二十多年前就有从日文转译的中译本,"1932年又由我国已故诗人戴望舒先生根据法译本转译",戴望舒在"译者序"中曾坦言伊凡诺夫的文字并非最艰深的,但有时很难翻译,因为里面有许多地方的方言。他的法译本与中国已有的日译本,在许多地方都不无出入之处,所以诚意希望能够有根据原文的更完备的译本尽早出现。针对法译本删节较多、原作者又有新修改等情况,人民文学出版社此次再版时专门"又请了高存五先生根据苏联作家出版社1952年的版本,将译文作了一些补充和校订"。

1979年10月10日,遗作《〈意大利短篇小说集〉上卷导言》,载香港《海洋文艺》第6卷第10期,第4—8页。署名戴望舒译。

11月10日,遗作《〈意大利短篇小说集〉下卷导言》,载香港《海洋文艺》第6卷第11期,第27—33页。署名戴望舒译。

12月10日,遗译《培尔法戈》,意大利尼·却维里作,载香港《海洋文艺》第6卷第12期,第90—96页。署名戴望舒译。

1980年1月10日,遗译《沙第尼亚的小鼓手》,意大利艾·特·阿米契斯作,载香港《海洋文艺》第7卷第1期,第125—131页,署名戴望舒译。

1980 年 5 月 10 日,《诗刊》第 5 期重刊了戴望舒的《雨巷》《我用残损的手掌》《过旧居》《偶成》以及集外佚诗《流水》。同期还刊发了金克木的两首纪念诗《星辰》和《夜雨》,卞之琳的《戴望舒诗集·序》。

1980 年 5 月,《中国现代文选丛书·戴望舒选集》,由香港文学研究社出版。前有戴望舒小像一帧和一幅题名《元日祝福》的"作者手迹"。据吕达在前言中介绍,本集辑录了戴望舒创作和翻译的精品,共分四部分:其一,诗选:共 54 篇,其中前 29 首(自《夕阳下》至《霜花》)选自《我的记忆》《望舒草》和《望舒诗稿》;自《古意答客问》以下 25 篇,则是他后期的诗集《灾难的岁月》的全部。其二,译诗选:选自波特莱尔的《恶之华》7 首,选自《许拜维艾尔诗钞》5 首,选自《洛尔伽诗钞》6 首。其三,文学评论:这部分包括《诗论零札》16 条和两篇《意大利短篇小说集导言》(上、下)。其四,译文选:包括尼·却维里的《培尔法戈》和阿米契斯的《沙第尼亚的小鼓手》,这两篇都选自戴望舒译《意大利短篇小说集》。

1981 年 1 月,由周良沛于 1980 年 2 月编定、卞之琳作序的《戴望舒诗集》,由四川人民出版社印发第 1 版,同年 12 月印了第 2 版。这是戴望舒诗的第一个全集本,共收诗 92 首。

1981 年 12 月,江西人民出版社再版法国梅里美的《高龙芭》,署名戴望舒译。

1982 年,法文本的《戴望舒诗选》由北京外文出版社印行出版。法文译者为燕汉生和苏珊·贝尔娜。此集主要从周良沛选编的《戴望舒诗集》中选译了 70 首,但"其中有六首诗是作者自己译成法文,曾在一九三五年三月号的法国文学月刊《南方文钞》上发表过"。"这是第一本外文版的望舒诗选集,编入《熊猫丛书》。"卷前有译者燕汉生的序言,后附有戴望舒的《诗论零札》、金克木的两首纪念诗、望舒的生平年表和胡乔木的悼词。

1983年4月,施蛰存编辑的《戴望舒译诗集》由湖南人民出版社印刷发行。据施蛰存《诗人身后事》:1981年老友彭燕郊为湖南人民出版社计划编一套译诗丛书名为《诗苑译林》,希望他能编一本望舒的译诗集。他用一年的时间,把散见于二三十年代各种刊物上的望舒的译作,连同1947年刘以鬯印的《恶之花(华)掇英》和1956年的《洛尔迦诗钞》交给湖南人民出版社,初版共印行了42200册。

1985年2月5日,卢玮銮在《香港文学》第2期(第26—29页),发表《戴望舒在香港的著作译作目录》。

1985年4月23—28日,台湾《中国时报》推出《残损的手掌:戴望舒遗稿专辑》,标题上头醒目地印着"雨巷诗人戴望舒散文遗稿首次披露"。在"编按"中,编者写道:"戴氏生前以新诗与译述著称,散文乏人与论。《人间》所刊散文遗作,为戴氏死后其家人托付吴晓铃先生收藏,辗转迄今三十余载首度发表,堪称弥足珍贵。"该报共连载7篇戴望舒散文,依次为:《山居杂缀》(4月23日)、《记马德里的书市》(4月23日)、《巴巴罗特的屋子——记都德的一个故居》(4月24日)、《巴黎的书摊》(4月25日)、《香港的旧书市——这里有生意经,也有神话》(4月26日)、《魏尔兰诞生百年纪念》(4 月 27 日)、《诗人梵乐希逝世》(4 月 28 日)。①

　　1987 年 11 月,程步奎编的《戴望舒文录》由三联书店香港分店出版,分三辑收戴望舒散文 15 篇。目次为第一辑:《巴黎的书摊》《记马德里的书市》《巴巴罗特的屋子——记都德的一个故居》《香港的旧书市》《山居杂缀》;第二辑:《望舒诗论》《法国通信》《诗人梵乐希的逝世》《魏尔兰诞生百年纪念》《诗人马牙可夫斯基之死》;第三辑:《袁刊〈水浒传〉之真伪》《〈古小说钩沈〉校辑之时代和逸序》《读〈李娃传〉》《张山人小考》《关于“合生”》;还有根据刘以鬯先生编的《香港文学》月刊 1985 年第二期的《戴望舒逝世三十五周年纪念特辑》补编的 5 篇:《小说与自然》《〈苏联文学史话〉译者附记》《再生的波兰》《跋西班牙抗战谣曲》《诗论零札》《林泉居日记(片段)》。最后还附录了一首戴望舒的佚诗——据程步奎《萧条异代不同时——记戴望舒遗文》披露:一九四七年春戴望舒到上海,在“香雪园”茶室,应几个文艺青年所请,即席附了一首即兴之作,不曾命题(后收入《戴望舒诗全编》的《集外拾佚》时,由编者命名为《无题》)。诗只有四行:

---

　　①　以上几篇散文于 20 世纪 40 年代都已在上海和香港的报纸杂志上发表过,后收入 2013 年 6 月由卢玮銮、郑树森主编的《沦陷时期香港文学作品选——叶灵凤、戴望舒合集》。《中国时报》的编者可能由于战争和政治等历史原因当时并未了解这些文章的发表信息。此外,这段短短的按语中还有两处值得商榷的说法:一是戴望舒“是与李金发同为三十年代坚持纯文学立场的新诗‘象征派’先导者,与那时的左翼作家成为鲜明的对立,并被鲁迅批评为‘第三种人’的代表人物之一”。鲁迅是有批评过戴望舒的“第三种人”的观点,但以戴望舒与冯雪峰的密切友谊,左联成立当天就参会,并翻译了大量的苏联革命文学理论和作品,说他是左翼的“对立面”有点欠妥。二是说他 1949 年由港赴北平后“贫病交迫而亡”就更是想象了。事实是戴望舒回到北京后被政府委以重任,在新闻总署下的国际新闻局任法文组长,负责翻译毛泽东著作,享受国家干部的供给制待遇。

我和世界之间是墙，

墙和我之间是灯，

灯和我之间是书，

书和我之间是——隔膜！

据程步奎回忆："这首戴望舒的佚诗，从来没有人提到过。不久以前，才由当天参加'香雪园'文艺聚会的一名'文艺青年'公诸（之）于世。周良沛兄知道我在整理望舒遗稿，便寄了一份给我。在此，我借花献佛，呈给爱好望舒诗作的朋友。"

1988年1月，湖南人民出版社《犀牛丛书》重印了戴望舒译奥维德的《爱经》。在戴望舒的《译者序》前，增加了一篇施蛰存的《新版序》，后有彭燕郊的《重印后记》，盛赞"故诗人戴望舒译奥维德名著《爱经》，是五四以来少见的佳译之一"。

1988年6月，作为"中国现代文学史参考资料"之一种，《望舒草》由上海书店根据现代书局1933年8月初版本影印出版。

1989年，《戴望舒诗全编》由浙江文艺出版社印行，施蛰存编。据施蛰存《诗人身后事》："这个集子收入了望舒的全部诗作及译诗，也有一些补佚的作品。"

1993年4月，施蛰存、应国靖主编的《中国现代作家选集》之《戴望舒》，由人民文学出版社、三联书店（香港）有限公司联合编辑出版。

1993年8月，花洲文艺出版社根据1981年江西人民出版社版重印梅里美的《高龙芭》。卷首保留了写于"一九八一年四月"的《出版说明》："本书译者戴望舒（1905—1950）是我国五四以来的著名诗人和文学翻译家。早年曾游学法国。他的译笔严谨优美，在文学译坛上独树一帜。据了解，他是我国介绍《高龙芭》和《伽尔曼》的第一人。但目前国内读过他的译作的人已经不多。"

此次征得译者家属同意后根据中华书局1935年初版本重印此书，以飨读者。再版时，校正了原版中的一些错字，对译文作了某些技术性的整理，更换了个别注释，并增加了若干注释。

1999年，王文彬、金石主编的《戴望舒全集》（诗歌卷、散文卷、小说卷），由中国青年出版社出版。此书要算是迄今最全的戴望舒创作和翻译的合集了，但或许是因为时代地域阻隔资料不全和篇幅受限等原因，有很多译作只在《附录一》和《附录二》中列出了题目，未见全文，也有不少译作题目也未收进附录中，且存在多处发表时间、期号、内容等漏误之处。此后陆续有研究者发表补正文章进行增补和勘误①，本谱也做了多处的勘订。

2005年1月，《望舒诗稿》作为《现代文学名著·原版珍藏》之一种，由百花文艺出版社影印再版。

2013年6月，卢玮銮、郑树森主编的《沦陷时期香港文学作品选——叶灵凤、戴望舒合集》由香港天地图书有限公司出版。书中配有戴望舒在香港沦陷时期的创作书目与译文书目，由于戴望舒在香港文坛活动中留存的文字资料很少，因此这本书给出的译文书目清单成为研究戴望舒文学活动的重要文献。

2014年9月，邝可怡《战火下的诗情——抗日战争时期戴望舒在港的文学翻译》由商务印书馆出版。这部书收录了戴望舒在香港时期翻译的马尔洛《希望》小说原文，对研究戴望舒有很大的史料价值。在"导言"部分，邝可怡认为当下戴望舒翻译文学研究具有三种倾向：一种偏向于讨论戴望舒的翻译诗歌；一种偏向于探讨戴望舒赴港前在上海完成的译作；第三种倾向于强

---

① 熊婧：《〈戴望舒全集〉补正》，《中国现代文学研究丛刊》2015年第3期；苟强诗认为这套全集是"全而不全"的集子。参苟强诗：《戴望舒全集·诗歌卷补正及其他》，《现代中国文化与文学》2012年第1期。

调诗人在香港翻译的《西班牙抗战谣曲》的价值,从而肯定其爱国诗人的地位。邝可怡认为戴望舒在港期间的法文翻译小说一部分体现诗情概念,一部分表现他作为一位文人面对战争的复杂心态,雨巷诗人和爱国诗人分别代表戴望舒的艺术和政治取向,在诗人身上不能截然二分。

2019 年,《戴望舒译作选》(故译新编),由商务印书馆出版。精选了戴望舒的诗歌随笔类翻译作品,主要包括法国的雨果、魏尔伦、果尔蒙、瓦雷里、保尔·福尔、耶麦、许拜维艾尔,西班牙的沙里纳思、狄戈、洛尔伽,英国的勃莱克、道生,俄罗斯的普希金,苏联的叶赛宁等诗人的诗歌和散文作品,完整收录了戴望舒著名的翻译诗集——波特莱尔的《〈恶之华〉掇英》和《洛尔伽诗钞》,充分展现了戴望舒高超的翻译水平和诗歌艺术技巧。本书由翻译家、浙江大学教授许钧和翻译理论家、上海外国语大学教授谢天振担任主编,组织了国内文学翻译理论界的一流专家学者担任选编者,并撰写了深入浅出的前言,帮助读者理解每部译作诞生的时代背景与文学特色。

参考文献

一、图书类

包子衍著：《冯雪峰年谱》，上海文艺出版社 1985 年版。

北塔著：《雨巷诗人戴望舒》，浙江人民出版社 2003 年版。

卞之琳：《人与诗：忆旧说新》，上海三联书店 1984 年版。

陈丙莹著：《戴望舒评传》，重庆出版社 1993 年版。

陈君葆著：《陈君葆日记全集》(卷二：1941—1949)，商务印书馆(香港)有限公司 2004 年版。

戴望舒著，梁仁编：《戴望舒诗全编》，浙江文艺出版社 1989 年版。

戴望舒著，王文彬、金石主编：《戴望舒全集》，中国青年出版社 1999 年版。

戴望舒著：《戴望舒诗集》，四川人民出版社 1981 年版。

戴望舒著：《望舒草》，上海现代书局 1933 年版。

姜云飞著：《戴望舒论》，天津人民出版社 2001 年版。

孔另境编：《现代作家书简》，生活书店 1936 年版。

邝可怡著：《战火下的诗情：抗日站着时期戴望舒在港的文

455

学翻译》,商务印书馆(香港)有限公司 2014 年版。

蓝棣之编选:《现代派诗选》,人民文学出版社 1986 年版。

李杭春、郁峻峰著:《郁达夫年谱》,浙江大学出版社 2021 年版。

刘保昌著:《戴望舒传》,湖北长江出版集团 2007 年版。

罗大冈著,杜玲编:《罗大冈散文选集》,百花文艺出版社 1996 年版。

蒲风著,黄安榕、陈松溪编选:《蒲风选集》(下册),海峡文艺出版社 1985 年版。

沈建中编:《施蛰存先生编年事录》(上),上海古籍出版社 2013 年版。

沈建中著:《遗留韵事·施蛰存游踪》,文汇出版社 2007 年版。

施蛰存、应国靖编:《中国现代作家选集〈戴望舒〉》,人民文学出版社 1993 年版。

施蛰存著,应国靖编:《施蛰存散文选集》,百花文艺出版社 1986 年版。

孙玉石主编:《戴望舒名作欣赏》,中国和平出版社 1993 年版。

孙玉石著:《中国现代诗导读(1917—1938)》,北京大学出版社 1990 年版。

王文彬、郑择魁著:《戴望舒评传》,百花文艺出版社 1987 年版。

王文彬编著:《戴望舒作品新编》,人民文学出版社 2009 年版。

王文彬著:《戴望舒与穆丽娟》,中国青年出版社 1995 年版。

王文彬著:《雨巷中走出的诗人——戴望舒传论》,商务印书馆 2006 年版。

文通学社编:《历史的轨迹》,广东人民出版社 1987 年版。

吴晓铃编:《小说戏曲论集》,北京作家出版社 1958 年版。

郁达夫著:《郁达夫文集》(第九卷),花城出版社 1984 年版。

张静庐辑注:《中国现代出版史料·丁编》,中华书局 1959 年版。

赵景深著:《我与文坛》,上海古籍出版社 1999 年版。

赵景深著:《银字集》,上海永祥印书馆 1946 年版。

郑择魁、王文彬著:《戴望舒评传》,百花文艺出版社 1987 年版。

二、报纸杂志类

《文艺谈话:戴望舒》,《369 画报》1941 年第 7 卷第 17 期。

《作家逸话:戴望舒》,《大光图书月报》1936 年 10 月 25 日第 1 卷第 2 期。

艾生著:《腐败了的诗人:评戴望舒等》,《思想月刊》1937 年 6 月 1 日第 1 卷第 5 期。

保尔(徐元度):《一条出路》,《新文艺》第 1 卷第 2 期,1929 年 10 月。

鲍晶:《留下屐痕的诗人戴望舒》,《中国现代文学研究丛刊》1981 年第 3 期。

卞之琳:《悼望舒》,《人民日报》1950 年 3 月 5 日。

杜宣:《忆望舒》,《文学报》1983 年第 4 期。

端木蕻良:《友情的丝——和戴望舒最初的会晤》,《八方文艺丛刊》第 5 辑,1987 年 4 月。

冯亦代：《戴望舒在香港》，《新文学史料》1980年第4月。

冯亦代：《祭戴望舒》，《香港文学》1985年第2期。

冯异：《戴望舒与纪弦》，《中国现代文学研究丛刊》1988年第1期。

高穆：《戴望舒论》，《小说月报》1944年6月15日第42期。

公孙树：《与杨静女士谈戴望舒的爱与死》，《南北极》1978年第10期。

关家铮：《二十世纪四十年代戴望舒主编的"港字号"〈俗文学〉周刊》，《民俗研究》2008年第2期。

胡乔木：《悼望舒》，《人民日报》1950年3月1日。

黄时枢：《灾难的岁月》，《诗创造》1948年7月第2卷第1期。

纪弦：《戴望舒二三事》，《香港文学》1990年7月第67期。

姜云飞：《论戴望舒的美学风范》，《浙江师大学报（哲社版）》1992年第3期。

姜云飞：《论戴望舒的诗情结构》，《浙江学刊》1992年第5期。

姜云飞：《论戴望舒的圜道思维与感觉想象逻辑》，《文学评论》2008年第2期。

康林：《〈雨巷〉：本文结构论析》，《中国现代文学研究丛刊》1987年第4期。

邝可怡：《战争语境下现代主义的反思——保尔·穆杭〈六日之夜〉的四种中文翻译》，《中国现代文学研究丛刊》2014年第10期。

邝可怡：《中国现代派与欧洲左翼文艺的研究——兼论封存七十年的戴望舒〈致艾田伯〉信函，香港《中国文化研究所通讯》

2019 年第 2 期。

李朝平：《戴望舒早期佚作钩沉》，《中国现代文学研究丛刊》2016 年第 5 期。

利大英（Gregory Lee）：《戴望舒在法国》，《香港文学》1990 年 7 月第 67 期。

林樾著：《戴望舒的诗》，《红棉旬刊》1932 年 2 月 1 日第 1 卷第 4 号。

刘军：《戴望舒与施绛年的一段往事》，《新文学史料》2022 年第 3 期。

刘勇：《在现代与传统之间——略论戴望舒诗歌创作的审美追求》，《北京师范大学学报》1999 年第 4 期。

侣伦：《"雨巷诗人"戴望舒》，香港《大公报》1980 年第 12 期。

罗大冈：《望舒剪影》，《中国作家》1987 年第 3 期。

蒲风著：《论戴望舒的诗》，《东方文艺》1936 年 3 月 25 日第 1 卷第 1 期。

秦宗元：《论戴望舒诗艺的美学特征》，《新文学史料》1985 年第 3 期。

阙国虬：《戴望舒旅法有关时间的考订》，《杭州大学学报（哲社版）》1984 年第 4 期。

阙国虬：《试论戴望舒诗歌的外来影响与独创性》，《文学评论》1983 年第 4 期。

施蛰存：《〈现代〉杂忆》，《新文学史料》1981 年第 1 期。

施蛰存：《艾登伯致戴望舒信札》，《新文学史料》1982 年第 2 期。

施蛰存：《震旦二年》，《新文学史料》1984 年第 4 期。

宋永乐：《戴望舒开创一代诗风的履印》，《文史哲》1988 年第

6 期。

苏珊·贝尔娜:《生活的梦——〈戴望舒诗选〉·法译本序》,《读书》1982 年第 7 期。

孙克桓:《戴望舒的诗》,《甘肃文艺》1980 年第 12 期。

吴奔星:《论中国的"现代派":兼论戴望舒其人其诗》,《浙江学刊》1986 年第 6 期。

吴心海:《"雨巷诗人"戴望舒的尘封情书》,《档案春秋》2018 年第 12 期。

晓林:《超脱的诗意与执着的人生:老庄思想在戴望舒诗中的溶受及其意义》,《求是学刊》1992 年第 3 期。

熊婧:《〈戴望舒全集〉补正》,《中国现代文学研究丛刊》2015 年第 3 期。

徐品玉:《我所知道的戴望舒和穆丽娟》,香港《星报》1983 年 1 月 9 日。

杨青容:《勃洛克与戴望舒》,《九江师专学报(哲社科版)》1986 年第 3 期。

叶灵凤:《忆望舒》,《华侨日报》1950 年 4 月 10 日。

叶孝慎、姚明强:《戴望舒著译目录》,《新文学史料》1980 年第 4 期。

余光中:《论戴望舒的诗》,《名作欣赏》1992 年第 3 期。

张厚明:《试论戴望舒的诗歌艺术》,《武汉教育学院学报(哲社版)》1987 年第 2 期。

张林:《艾青、戴望舒审美意识比较》,《山东师大学报(哲社版)》1986 年第 6 期。

张天翼:《我的幼年生活》,《文学杂志》第 1 卷第 2 期,1933 年 5 月。

张亚权：《论戴望舒诗歌的古代艺术渊源》，《中国现代文学研究丛刊》1988 年第 2 期。

张直心：《试论戴望舒对法国象征派诗歌的接受》，《大理师专学报（哲社版）》1987 年第 1 期。

赵景深：《通俗文学周年纪念》，《大晚报·通俗文学》周刊 1947 年 9 月 8 日第 4 期。

赵景深：《现代中国诗歌》，《现代文学评论》第 2 卷第 3 期。

周红兴、葛荣：《艾青与戴望舒》，《新文学史料》1983 年第 4 期。

朱湘：《通信》，《新文艺》1929 年 11 月第 1 卷第 3 期。

后　记

　　历时三年多,这本《戴望舒年谱》终于要脱手交稿了。这是我平生写得最慢、最辛苦的一本书,却也是收获和感慨最多的一本书。写作过程中,好像时不时地会触碰到一个时光机的按钮,蓦然回首中,不断惊现、闪回、看清自己曾经的来时路,以及路上的稚嫩足印……

　　曾经,戴望舒的作品于我,就像是一个青春时代的"精神密友"。不夸张地说,所有我对诗歌创作和文学研究的兴趣,最初直接来自他的作品的滋养和启迪。如果不是这次修年谱的工作,我都遗忘了有过那样一个深的缘起。

　　大学时的我是一个忧郁苍白、孤独离群的女孩,不爱待在宿舍,讨厌聊八卦凑热闹,每日食堂、教室、图书馆三点一线。唯有晨间和黄昏,喜欢在校园围墙外的田野上漫步,随身带着最爱的《戴望舒诗选》和唐诗宋词选本,沉浸在穿越时光逶迤而来的低回婉转的诗意氤氲中,也由此深切贴近了一个文本中的精神世界,仿佛心意相通般地懂得了诗人对那个"如此青的天的怀乡病",和他那"琐琐地永远不肯休止的"诉说着的、忠实的"记忆"友人;在乡间的小路上日复一日地"徘徊"中,轻轻吟咏体味着那"寂寥又悠长的雨巷"和"丁香一般的叹息和惆怅",反复咀嚼着

"我是青春和衰老的集合体,/我有健康的身体和病的心""鲜红并寂静得与你嘴唇一样的枫林"这些诗句时,就如同听一个密友天天在耳畔细声低语、琐琐叹息……后来诗心萌动,开始尝试模仿着表达,多半是有这个好叹息的"密友"的引领和启发的结果。大二那个暑假,全校诗歌征文比赛,没想到我的处女诗作获得了最高的二等奖(那次没设一等奖),而由校团委颁发的奖励竟然就是一本周良沛编的1981年版的《戴望舒诗集》!

硕士三年中,当我读了更多的文学作品和理论著作后,越来越觉得现代诗歌中戴望舒的成就没有得到足够的重视,就凭他短暂一生创作不足百首却完成了三次自我超越,且每一次都达到了新诗史上一个思想和形式完美融合的新高度。我开始好奇追索:是怎样的一个人,写出了这些诗句?他所钟情的"青色""绛色"等色彩意象蕴含着怎样的诗情意绪?他为什么喜欢在诗歌结尾以"然而""但是""可是"来转折?这样的诗歌结构背后,反映着诗人怎样的性格和心理?……这些好奇正式开启了我的文学研究大门,把我带进了诗歌研究领地。此后我一路追索,连续在《浙江师范大学学报》和《浙江学刊》发表了几篇关于戴望舒的色彩意象与诗情结构、节奏形式与审美思维、精神指归与美学风范等方面的研究论文。虽然后来为解精神之惑,博士三年转向女性文学与性别研究,但我博士毕业后的第一本专著,仍然是21万字的《戴望舒论》。探究他独特的感觉想象逻辑背后的时空观以及与传统文化圜道思维关系的论文,也在权威期刊《文学评论》上发表了。但此后又延宕了许多年——我在跨学科的性别研究领域走得有点远,甚至一度偏离了文学,倾向了社会学和心理学。

感谢恩师王嘉良和师兄洪治纲两位教授的召唤,再一次激活了我对戴望舒的研究热忱,让我有机会回望来路,惭愧地发现:虽然曾经在戴望舒研究领域发表了十来篇论文,出版了一本专著,但是对于这样一个于我个人的精神成长和学术生涯产生过重要影响的作家,做得实在是太不够了! 比如对他的实际生平年表,尤其是他作为一位非常优秀的法文和西班牙文翻译家,一位非常出色的文学编辑和文学活动家,我过去知之甚少,对许多语焉不详的问题也未有进一步探究的热望。好在有这次珍贵的编撰年谱的机会,在对海量资料的一一爬梳、甄别和考订中,我才真正深深地走进了一个作家的生活世界,而不只是文本里展现出来的"半是真实、半是想象"的艺术氛围和精神境界。

但真正进入年谱的编撰进程,面对的是前所未有的挑战和困难。原本特别在意所谓"原创性"的我,首先掉入的是"编撰年谱像是炒冷饭"这样先入为主的谬见误区,造成心理上和方法论上准备不足的缺陷,多走了不少弯路,多花了许多的时间,年过半百眼睛的近视还增加了上百度。尤其令我没料到的是,像戴望舒这样一个重要的作家,以往传记、评传、传论成果已有好几部,研究论文更是不计其数,但对于他的出生时间、家庭住址、兰社编辑部地址、何时旅法归国、结婚离婚时间等重要的"生命史"节点,竟然都还是众说纷纭未有定论的状态,我这才意识到,作为诗人逝世 70 多年后的第一部年谱,编撰工作有多重要! 以往自己和现存的研究成果都不太考究的时间、日期、刊号、年月日这些细节,对年谱来说就是重要的"生命线"。于是为了一个日期、一个刊号有时要花几天的时间去查阅、追索、分析、勘误、考订,还不一定都有结果。所以我的编撰工作第一阶段就像是吸铁石一样吸附所有跟戴望舒相关的信息,第二阶段则像是在择几大捆荠菜,细细的混杂缠绕着的枯叶和绿草被一根根地理出来、拣出去，再慢慢地就像剥玉米棒子……一稿、二稿、三稿，每一遍修改都会发现新的问题，不断地删减、浓缩、勘误、修订、补充新资料，去芜存菁往复进行；每一次材料的剪裁调整都在慢慢地让时间线浮凸出来，捋得更直；同时也像拧毛巾，每一次都拧掉一些主观的水分雾气，更接近、触及一点历史现场的"干货"质感……当终于理清谱主的生命史和创作史后，又要尽可能让它寻求与环境、与历史、与人际相交融的丰满立体感……

经过这几年在资料堆中的摸爬滚打和辗转浸泡，我终于敢说懂得了一点点年谱写作的方法和意义。当通过爬梳整理各种细节资料而逐渐地描画出一个作家的生命轨迹和创作历程的轮廓时，那些影响人生和创作的重要历史事件、发生关联纠葛的人物关系和日常生活点滴，都忽然有了鲜活的温度，展现出作为一个人的作家和作为作家的人，在时代的波峰浪谷里相互嵌入、互文建构的生态形态时——原创的感觉油然升起，照映出自己此前关于年谱写作"炒冷饭"偏见的无知和狭陋。只是遗憾的是，受制于学识、时间和原始资料等多方面的局限，目前终于完成的这本年谱稿子，最多只能说是对戴望舒生平、创作、翻译、编辑事业做了一个粗描而已，资料的挂漏缺失在所难免，敬请读者诸君原谅并期待日后的持续工作可以做出弥补、修正。因为我对戴望舒对中国新诗和中国翻译史的贡献更加确凿坚定，敬佩、景仰和感动也油然而生并将历久弥新！日后我愿以年谱为基础，更加踏实深入地继续从事戴望舒研究，为将这个苦难不幸的诗人于中国新文学的伟大贡献——重现于人世，再添几块坚实的砖瓦。

一部书稿的完结出版，总是离不开许多人的支持和帮助。最深的谢意要呈给王嘉良和洪治纲两位教授，没有你们的组织、召唤和敦促,就没有我与戴望舒研究"重续前缘"的契机!尤其是洪师兄的几次点拨指教,让我看到了差距,也看到了继续努力的方向。感谢杭州师范大学浙籍现代作家年谱项目管理团队的辛苦付出,为课题组提供了多次切磋交流的机会,使我受益良多!感谢浙江大学出版社的胡畔编辑,她的专业意见弥补了我的不少错漏,感谢她严谨、高效的工作!

其次要特别感谢已故王文彬教授穷毕生精力研究戴望舒,给后学留下了许多珍贵的资料。感谢安徽教育出版社的何客主编引荐,承王文彬教授夫人张老师慨然应允,许我查阅并复印相关资料,给我的编撰工作提供了不少珍贵的线索和便利的帮助!文彬教授若在泉下有知,请受晚辈深深一拜!

还要特别感谢我的研究生李苑,她从硕士论文阶段就涉入戴望舒翻译小说的研究选题,积累了不少收集整理资料的经验和数据库资源,即使毕业后,也在繁忙的工作之余帮我熬夜查找、核对资料,修改格式。还有研究生赵梓晴、崔晓晨、吉妮,也帮我做了不少查找、下载、核对资料信息的工作,谢谢你们的付出!最后要感谢我的爱人参与了前期资料收集和录入工作。在酷热的夏天一起分担家务、并肩作战的感觉,以及在 40 多度高温的杭城,踏遍大小塔儿巷,寻访戴望舒故居踪迹,致使两人的鞋底被 60 多度的滚烫地面熔穿的特殊体验,也是这部书稿写作中不可多得的美好回忆。

2023 跨年夜的钟声已经响起,我在 2024 的曦光中深深合掌:

感恩有你们!

平安吉祥!

2024 年元旦,于上海

466